Dicionário de Termos de Negócios

EDITORA ATLAS S.A.
Rua Conselheiro Nébias, 1384 (Campos Elísios)
01203-904 São Paulo (SP)
Tel.: (0_ _11) 221-9144 (PABX)
www.editoraatlas.com.br

EDITORA ATLAS S.A.
Rua Conselheiro Nébias, 1384 (Campos Elísios)
01203-904 São Paulo (SP)
Tel.: (0_ _ 11) 221-9144 (PABX)
www.edatlas.com.br

Manoel Orlando de Morais Pinho

DICIONÁRIO DE TERMOS DE NEGÓCIOS

Português – Inglês
English – Portuguese

2ª Edição

SÃO PAULO
EDITORA ATLAS S.A. – 1997

© 1997 by EDITORA ATLAS S.A.
Rua Conselheiro Nébias, 1384 (Campos Elísios)
01203-904 São Paulo (SP)
Tel.: (011) 221-9144 (PABX)

1. ed. 1995; 2. ed. 1997; 4ª tiragem

ISBN 85-224-1758-X

Impresso no Brasil/*Printed in Brazil*

Dèpósito legal na Biblioteca Nacional conforme Decreto nº 1.825, de 20 de dezembro de 1907.

Composição: PC Editoração Eletrônica Ltda.

Dados Internacionais de Catalogação na Publicação (CIP)
(Câmara Brasileira do Livro, SP, Brasil)

Dicionário de termos de negócios : português-inglês : english-portuguese / Manoel Orlando de Morais Pinho. – 2. ed. – São Paulo : Atlas, 1997.

ISBN 85-224-1758-X

1. Inglês - Dicionários - Português   2. Negócios - Dicionários   3. Português - Dicionários - Inglês   I. Pinho, Manoel Orlando de Morais.

95-1289   CDD-650.03

Índices para catálogo sistemático:
1. Dicionários : Termos de negócios 650.03
2. Termos de negócios : Dicionários 650.03

Dicionário de Termos de Negócios
Dictionary of Business Terms

Português – Inglês / Portuguese – English
English – Portuguese / Inglês – Português

Manoel Orlando de Morais Pinho

Esta é a segunda edição do dicionário publicado em 1995, que, além da revisão que sofreu, incorpora agora novos termos e palavras de uso freqüente em negócios, incluindo cerca de 1.150 verbetes sobre a área de seguros. Na primeira edição, o autor contou com a contribuição de H. J. Alfonso, M. J. A. Lins, H. F. Luz, G. H. Mitchell, J. G. Moye e I. de Mula, todos sócios da firma Price Waterhouse, de quem ele próprio foi sócio por mais de vinte anos.

This is the second edition of the dictionary first published in 1995, which as well as being revised, also incorporates new terms and words frequently used in business including about 1.150 words used in the insurance area. In the first edition the author had the valuable assistance of H. J. Alfonso, M. J. A. Lins, H. F. Luz, G. H. Mitchell, J. G. Moye and I. de Mula all partners of Price Waterhouse of which the author was also a partner for more than twenty years.

Índice
Contents

Abreviações / Abbreviations

Substantivo / Noun	s. / n.
Verbo / Verb	v. / v.
Adjetivo / Adjective	adj. / adj.
Auditoria / Auditing	Aud. / Aud.
Finanças / Finance	Fin. / Fin.
Jurídico / Legal	Jur. / Leg.
Processamento Eletrônico de Dados / Electronic Data Processing	PED / EDP
Seguros/Insurance	Seg./Ins.
Estados Unidos da América / United States of America	EUA / USA
Reino Unido / United Kingdom	Reino Unido / UK
Organização das Nações Unidas / United Nations Organization	ONU / UNO

Os termos jurídicos são, principalmente, aqueles usados nas empresas, isto é, de legislação societária e tributária. Os termos de Processamento Eletrônico de Dados estão restritos aos de uso empresarial, sem a pretensão de servir ao pessoal com conhecimento especializado. Os termos sobre seguros são aqueles usados principalmente em negócios, incluindo os da área contábil. Os demais termos não identificados por natureza são de uso geral nas atividades empresariais.

The legal terms are those used mainly in companies i.e. corporate and taxation. The electronic data processing terms are those used by businessmen and do not pretend to serve persons with specialised knowledge in this area. The insurance terms are those mainly used in business including the accounting area. Other terms not identified by their nature are generally used in business activities.

Prefácio

A segunda edição deste dicionário é a continuação da obra iniciada em 1995 com a intenção de reunir, em um só dicionário, os termos usados nos negócios em geral, para facilitar a consulta, sem recorrer a várias publicações, para o entendimento de termos e textos de publicações especializadas, bem como de outros dados utilizados no mundo dos negócios no Brasil, nos Estados Unidos da América do Norte e no Reino Unido e de outras informações nem sempre prontamente disponíveis.

Este dicionário visa contribuir, de alguma forma, para auxiliar empresários e profissionais das áreas de administração e finanças, economia, direito, controladoria, auditoria e contabilidade. Visa, ainda, ser de utilidade para professores e alunos das faculdades de disciplinas pertencentes a essas áreas, para profissionais que atuam na área de traduções ou versões de matérias relacionadas a negócios e, naturalmente, para pessoal estrangeiro designado para atuar no Brasil. Também, a partir desta edição, objetiva servir como auxílio aos profissionais da área de seguros.

Críticas ou sugestões para aprimorar futuras edições são muito bem-vindas.

Manoel Orlando de Morais Pinho

Setembro de 1997

Preface

The second edition of this dictionary is a continuation of the book originally published in 1995 with the intention of containing, in only one dictionary, terms used in business in general to facilitate an understanding, without having to resort to other publications, for terms and texts as well as to other data used in business in Brazil, the United States of America and the United Kingdom and of other information not always readily available

It is intended to help in a general manner, those businessmen and professionals in the administrative, financial, economic, legal, controllership, audit and accounting areas. It is also intended to be of use to university professors and students in the disciplines pertaining to these areas, to professionals who work in translations or versions of material related to business, and naturally to a foreigner coming to work in Brazil. Also, with this edition it is intended to help professionals in the insurance area.

Criticisms or suggestions to improve future editions will be very welcome.

Manoel Orlando de Morais Pinho

September 1997

Português - Inglês
Portuguese - English

A

Abaixo da linha (do lucro operacional)	Below the line
Abaixo do valor nominal/par	Below par
Abandono (de bens)	Abandonment
Abandono do trabalho	Walkout
Abatimento	Rebate, abatement
Abertura de capital	Going public
Abertura de inquérito (Jur.)	Opening of public enquiry (Leg.)
Abertura de inventário (Jur.)	Opening of probate proceedings (Leg.)
Abonado (Jur.)	Accommodated (Leg.)
Abonador (Jur.)	Accommodation maker/party (Leg.)
Abonar (Jur.)	Guarantee; warrant (Leg.)
Abordagem baseada em formulários	Form-driven approach
Abordagem comprobatória (Aud.)	Substantive approach (Aud.)
Abordagem da diretoria executiva	Top management approach
Abordagem descendente (Aud.)	Top-down approach (Aud.)
Abordagem empresarial (Aud.)	Business approach (Aud.)
Abordar	Approach
Abrangente	Comprehensive
Abrir um processo (Jur.)	Filing of a lawsuit (Leg.)
Ab-rogar (Jur.)	Abrogate (Leg.)
Absenteísmo/absentismo	Absenteeism
Absorver	Absorb
Absorver a maior	Overabsorb
Abuso de autoridade	Abuse of authority
Ação	Stock (USA)/share (UK)
Ação ao portador	Bearer stock (USA)/share (UK)
Ação bonificada	Bonus stock (USA)/share (UK)
Ação cheia (Fin.)	Cum dividend (Fin.)
Ação civil (Jur.)	Civil action (Leg.)
Ação coletiva (Jur.)	Class action (Leg.)
Ação com direito a voto	Voting stock (USA)/share (UK)
Ação com direitos especiais (EUA)	Senior stock (USA)
Ação cominatória (Jur.)	Injunction (Leg.)
Ação corretiva	Remedial action
Ação declaratória (Jur.)	Declaratory action (Leg.)
Ação de despejo (Jur.)	Eviction (Leg.)
Ação de fruição	Fruition share
Ação de primeira linha/qualidade	Blue-chip stock (USA)/share (UK)
Ação de responsabilidade (Jur.)	Liability action (Leg.)
Ação direta (Seg.)	Direct cause (Ins.)
Ação em tesouraria	Treasury stock (USA)/share (UK)
Ação escritural	Book entry share

Ação executiva (Jur.)	Execution proceedings (Leg.)
Ação fracionária	Fractional share
Ação hipotecária (Jur.)	Mortgage foreclosure proceedings (Leg.)
Ação julgada improcedente (Jur.)	Claim dismissed (Leg.)
Ação legal (Jur.)	Legal action/lawsuit (Leg.)
Ação não cotada em bolsa	Unlisted security
Ação nominativa	Nominative stock (USA)/share (UK)
Ação ordinária	Common stock (USA)/share (UK); ordinary lawsuit (Leg.)
Ação preferencial	Preferred capital stock (USA)/share (UK)
Ação revocatória (Jur.)	Revocation suit (Leg.)
Ação vazia (Fin.)	Ex-dividend (Fin.)
Acaso	Hazard
Aceitação	Admission, admittance
Aceitação (Seg.)	Acceptance (Ins.)
Aceitação e retenção de clientes (Aud.)	Acceptance and retention of clients (Aud.)
Aceitar	Adopt
Aceitar um risco (Seg.)	Accept a risk (Ins.)
Aceite bancário	Bank acceptance
Aceite de título comercial	Acceptance
Aceites e saques de depósitos (Fin.)	Deposit acceptance and withdrawal (Fin.)
Acessar (PED)	Access (EDP)
Acesso	Access
Acesso a serviços bancários em casa	Home banking
Acesso aleatório (PED)	Random access (EDP)
Acesso direto a dados (PED)	Direct access (EDP)
Acesso seqüencial de dados (PED)	Sequential access (EDP)
Acidente (Seg.)	Accident (Ins.)
Acidente coletivo (Seg.)	Collective accident (Ins.)
Acidente de trabalho (Seg.)	Work related accident (Ins.)
Acidentes pessoais (Seg.)	Personal accident (Ins.)
Acima da linha (do lucro líquido)	Above the line
Acionar, processar (Jur.)	Sue (Leg.)
Acionista	Stockholder (USA)/shareholder (UK)
Acionista majoritário	Majority stockholder (USA)/shareholder (UK)
Acionista minoritário	Minority stockholder (USA)/shareholder (UK)
Ações (investimentos)	Equities
Ações alavancadas (Fin.)	Leveraged stocks (Fin.)
Ações baratas (Fin.) (EUA)	Cheap stocks (Fin.) (USA)
Ações caídas em comisso (Jur.)	Forfeited shares (Leg.)

Ações de segunda linha (Fin.)	Secundary stocks - "junk" (Fin.)
Ações doadas	Donated capital stocks
Ações do capital	Equity securities
Ações do IRB (Seg.)	IRB shares (Ins.)
Ações emitidas em circulação	Outstanding stocks (USA)/shares (UK)
Ações em tesouraria	Treasury stocks (USA)/shares (UK)
Ações inativas	Inactive stocks (USA)/shares (UK)
Ações não emitidas	Unissued capital
Ações normativas (Jur.)	Regulatory actions (Leg.)
Ações preferenciais com direito a dividendo cumulativo	Cumulative preferred stocks (USA)/ (UK)
Ações representativas do capital	Capital stocks
Ações subscritas	Subscribed capital
Acompanhamento	Follow-up; Attendance
Acondicionamento (s.), acondicionar (v.)	Package (n.) (v.)
Aconselhamento	Counselling
Acordo amigável	Amicable settlement
Acordo comercial	Trade agreement
Acordo compensatório	Offset agreement
Acordo, contrato, convênio	Agreement, contract
Acordo de "spread" a termo (Fin.)	Forward Spread Agreement - FSA (Fin.)
Acordo de câmbio a termo (Fin.)	Forward Exchange Agreement - FXA (Fin.)
Acordo de cavalheiros	Gentlemen's agreement
Acordo de cessão	Assignment agreement
Acordo de cessão/transferência	Deed of assignment
Acordo de colocação (Fin.) (EUA)	Underwriting agreement (Fin.) (USA)
Acordo de cooperação	Cooperation agreement
Acordo de cooperação	Cooperative agreement
Acordo de licença (de fabricação)	License agreement
Acordo de produtividade	Productivity agreement
Acordo de recompra	Buy-back agreement
Acordo de taxa a termo (Fin.)	Forward Rate Agreement - FRA (Fin.)
Acordo de taxa de câmbio (Fin.)	Exchange Rate Agreement - ERA (Fin.)
Acordo de voto	Voting agreement
Acordo extrajudicial	Out-of-court settlement
Acordo final	Closing agreement
Acordo Geral de Tarifas e Comércio - GATT	General Agreement on Tariffs and Trade - GATT
Acordo Geral em Comércio e Serviços (ONU)	General Agreement on Trade and Services - GATS (UNO)
Acordos de revenda (Fin.)	Reverse repurchase agreements (Fin.)
Acordos de venda e recompra	Sale and repurchase agreements

Acordos para transação/contrato futuro (Fin.)	Futures contract (Fin.)
Acréscimo à margem do lucro	Additional mark-up
A curto prazo	Short-term, current
Adaptação	Fitness
Adendo/aditivo	Addendum, addenda
Adequado	Adequate, fair, suitable
A descoberto (Fin.)	At risk (Fin.)
Adiamento	Deferment
Adiantamento	Advance
Adiantamento sobre Contratos de Câmbio - ACC	Advance on Export Contracts
Adiantamentos a empregados	Advances to employees
Adiantamentos a fornecedores	Advances to suppliers
Adiantamentos de fregueses/clientes	Advances from customers
Adiantamentos sobre as apólices (Seg.)	Policy loans (Ins.)
Adiantar	Advance
Adiar	Defer, postpone, delay
Adição	Addition
Adicional	Further
Adicional de Imposto de Renda Estadual - AIRE	Additional state income tax
Adido comercial	Commercial attaché
Administração	Administration, management
Administração baseada em atividades	Activity Based Management - ABM
Administração de assuntos do meio ambiente	Environmental affairs management
Administração de base de dados (PED)	Database administration (EDP)
Administração de fideicomissos/"trust"	Trust administration
Administração de fundos de clientes, sem restrições (Fin.)	Discretionary management of client funds (Fin.)
Administração de pessoal	Personnel management
Administração de risco	Risk management
Administração de vendas	Sales management
Administração do escritório	Office management
Administração financeira	Financial management
Administração/gerência de linha	Line management
Administração por crise	Management by crisis
Administração por exceção	Management by exception
Administração por objetivos	Management by objectives
Administrador	Administrator, manager
Administrador de banco de dados (PED)	Data Base Administrator - DBA (EDP)
Admissão	Admission, admittance
Admitir pessoal	Hire
Adotar	Adopt
Adulteração (Jur.)	Adulteration (Leg.)

Adulterar	Alloy, garble
Advertência	Caveat
Advogado (Jur.)	Attorney, lawyer, solicitor, legal counsel (Leg.)
Advogado de defesa	Counsellor
Aeronave	Aircraft
Afetar	Affect
Afetar desfavoravelmente/adversamente	Adversely affect
Afretamento	Charter
Agência	Agency, branch
Agência Nacional das Telecomunicações – ANATEL	National Agency for Telecomunications – ANATEL
Agenda	Diary
Agente	Agent
Agente a del-credere	Del credere agent
Agente de seguros (Seg.)	Insurance agent (Ins.)
Agente emissor de apólices (Seg.)	Direct writer (Ins.)
Agente exclusivo	Sole agent
Agente extraordinário (Seg.)	Commercial contact (Ins.)
Agente fiduciário	Trustee
Agente inspetor (Seg.)	Commercial clerk (Ins.)
Agente representante (Seg.)	Agency (Ins.)
Ágio	Premium, goodwill, share premium
Ágio não realizado	Unrealized premium
Ágio na venda de direito de taxa de prêmio (Seg.)	Premium on the sales of subscription premium rate (Ins.)
Ágio sobre emissão de ações	Share premium
Ágio sobre obrigação/título	Bond premium
Agiota	Usurer
Agitação	Wave
A granel	In bulk
Agravo (Jur.)	Appeal (Leg.)
Agroindústria, agroempresa	Agribusiness
Agrupamento de computadores (PED)	Cluster (EDP)
Ajuda	Relief
Ajuda ampla	Extensive aid
Ajuda de custo	Cost of living allowance
Ajuizamento de causa (Jur.)	Filing of a lawsuit (Leg.)
Ajustador (Seg.)	Adjuster (Ins.)
Ajustar em detalhes, tocar	Fine-tune
Ajuste	Adjustment
Ajuste de efeito retroativo	Retroactive adjustment

Ajuste de exercício anterior	Prior year adjustment
Ajuste de prêmio (Seg.)	Premium adjustment (Ins.)
Ajuste pelos níveis de preços de reposição	Replacement price adjustment
Ajustes contábeis acumulados	Cumulative accounting adjustments
Ajustes de conversão (de demonstrações financeiras) de uma moeda para outra	Translation adjustments
Ajustes nos registros contábeis	Book adjustments
Alavancagem financeira	Financial leverage
Alavancagem operacional	Operating leverage
Aleatório	Random
Alfândega, aduana	Customs
Algoritmo	Algorithm
Alienação	Disposal, sale
Alienação de participação societária	Divestiture
Alienação fiduciária	Statutory lien, collateral
Alienar	Dispose of, sell
Alíquota de imposto	Tax rate
Almoço	Lunch
Almoxarifado	Stores, store room, warehouse, stock room
Alojamento	Housing
Alta administração	Senior management
Alta de preços rápida	Boom
Alta prioridade (PED)	Foreground (EDP)
Altamente endividado (Fin.)	Heavily-indebted (Fin.)
Alteração	Alteration
Alterar indevidamente	Tamper with
Alto funcionário	Senior official
Alto nível	High level
Alto risco	High risk
Alugar (dar em aluguel)	Let
Aluguel (s.); alugar, arrendar (v.)	Rent (n.) (v.)
Aluguel com cláusula de aquisição	Hire purchase/installment purchase (USA)
Aluguel de títulos (Fin.)	Rental of securities (Fin.)
Alvará (Jur.)	Permit (Leg.)
Alvará judicial (Jur.)	Court order (Leg.)
Alvo	Target
Ambiente de controle	Control environment
Amenizar	Sweeten
Amigável	Amicable
Amortização	Amortization
Amortização acelerada	Accelerated amortization
Amortização de ações	Stock (USA)/share (UK) amortization

Amortizar	Amortize
Amostra	Sample
Amostragem	Sampling
Amostragem aleatória (Aud.)	Random sampling (Aud.)
Amostragem em auditoria (Aud.)	Audit sampling (Aud.)
Amostragem estatística	Statistical sampling
Amostragem estratificada	Stratified sampling
Amostragem múltipla (Aud.)	Multiple sampling (Aud.)
Amostragem não estatística	Non-statistical sampling
Amostragem por julgamento (Aud.)	Judgment sampling (Aud.)
Amostragem seqüencial	Sequential sampling
Amostragem sistemática	Systematic sampling
Amostra probabilística	Probability sample
Amostra representativa	Representative sample
Ampla gama de atividades	Wide-range activity
Ampliação de crédito (Fin.)	Credit extension (Fin.)
Amplitude	Scope
Analfabeto	Illiterate
Analisado por antigüidade	Vintaged
Analisar	Analyse
Análise	Analysis
Análise crítica de etapas	Critical Path Analysis
Análise de cargo	Job analysis
Análise de concorrência	Competitor analysis
Análise de correlação	Correlation analysis
Análise de custo-benefício	Cost-benefit analysis
Análise de desempenho	Performance analysis
Análise de entrada e saída	Input-output analysis
Análise de investimento	Investment analysis
Análise de mercado	Market analysis
Análise de projeto	Project analysis
Análise de regressão	Regression analysis
Análise de risco	Risk analysis
Análise de rotatividade	Turnover analysis
Análise de sensibilidade	Sensitivity analysis
Análise de sistemas	Systems analysis
Análise de tendências	Trend analysis
Análise de variações	Variance analysis
Análise em profundidade	Depth analysis
Análise estatística	Statistical analysis
Análise funcional	Functional analysis
Análise mercadológica (Fin.)	Market analysis services (Fin.)

Análise por meio de quocientes	Ratio analysis
Análise vertical	Vertical analysis
Analista	Analyst
Analista financeiro	Financial analyst
Anexo	Enclosure, exhibit, attachment
Animação (Publicidade)	Animation (Advertising)
Anistia (Jur.)	Amnesty (Leg.)
Ano-base (Jur.)	Tax base-year (Leg.)
Ano civil/calendário	Calendar year
Ano contábil/fiscal	Fiscal year
Ano em curso	Current year
Anotar	Jot down
Antecipação de Receita Orçamentária - ARO	Advance of approved budgeted funds
Antedatar	Antedate, predate
Antes dos impostos	Before taxes
Antigüidade (no emprego)	Seniority
Anualizado	Annualized
Anualmente	Yearly
Anuidade (apólice) com prêmio anual (Seg.)	Annual premium annuity (Ins.)
Anuidades (Seguros resgatáveis em vida) (Seg.)	Annuities (Ins.)
Anuidades variáveis (Seg.)	Variable annuities (Ins.)
Anulação	Voidance, annulment
Anular	Void, annul
Ao ano - a.a. (Fin.)	Per annum - p.a. (Fin.)
Ao mês - a.m. (Fin.)	Per month - p.m. (Fin.)
Ao/por dia (Fin.)	Per diem (Fin.)
À ordem	To order
A outra parte em uma transação	Counterparty, other party
Apagar dados (PED)	Delete (EDP)
Aparelhar	Furnish
Aparelho de comunicação	Walkie-talkie
Apartamento	Flat (UK); apartment (USA)
Apartar	Set aside
Apêndice	Appendix
Aperfeiçoamento de pessoal	Staff development
Aperfeiçoamento do produto	Product improvement
Apertado	Tight
Aperto/apuro	Squeeze
Aperto de crédito (Fin.)	Credit squeeze (Fin.)
Aplicação	Application
Apoio financeiro	Financial support
Apólice (Seg.)	Policy (Ins.)

Apólice aberta (Seg.)	Open policy (Ins.)
Apólice ajustável ou variável (Seg.)	Variable policy (Ins.)
Apólice "all risks" ou "todos os riscos" (Seg.)	All risks policy (Ins.)
Apólice anual (Seg.)	Annual policy (Ins.)
Apólice à ordem (Seg.)	Transferrable policy (Ins.)
Apólice a tempo (Seg.)	Term life insurance (Ins.)
Apólice "blanket" (Seg.)	Blanket insurance/policy (Ins.)
Apólice cobrindo locais não especificados (Seg.)	Blanket contract (Ins.)
Apólice coletiva (Seg.)	Collective policy (Ins.)
Apólice compreensiva (Seg.)	Comprehensive policy (Ins.)
Apólice de curto prazo (Seg.)	Short-term policy; short-tail policy (Ins.)
Apólice de prazo indefinido (Seg.)	Open-ended policy (Ins.)
Apólice de riscos múltiplos (Seg.)	Multiple risks policy (Ins.)
Apólice de seguro (Seg.)	Insurance policy (Ins.)
Apólice de seguro de vida (Seg.)	Life insurance policy (Ins.)
Apólice flutuante (Seg.)	Floater (policy or endorsement) (Ins.)
Apólice global (Seg.)	Blanket policy (Ins.)
Apólice individual (Seg.)	Individual insurance policy (Ins.)
Apólice padronizada (Seg.)	Standardized policy (Ins.)
Apólice plurianual (Seg.)	Multiannual policy (Ins.)
Apólices de anuidade com extensão de cobertura para vida e invalidez (Seg.)	Annuities with life contingencesor disability contracts (Ins.)
Apólice simples (Seg.)	Single policy (Ins.)
Aporte de recursos (de acionistas/bancos)	Financial resources provided by (stockholders/banks)
Aposentadoria	Retirement, pension, superannuation
Aposentadoria por doença ou acidente	Disability retirement
Aposentadoria por invalidez	Invalid pension
Aposentadoria por velhice	Old-age pension
Apreçamento pela taxa de retorno	Rate-of-return pricing
Aprendizagem, aprendizado	Apprenticeship
Aprendizagem programada	Programmed learning
Apresentação	Presentation
Apresentação e divulgação	Presentation and disclosure
Apresentação fidedigna/adequada	Fair/accurate presentation
Apresentam adequadamente em todos os aspectos relevantes (EUA) (Aud.)	Present fairly in all material respects (USA) (Aud.)
Apresentar fidedignamente/adequadamente	Fairly present; give a true and fair view (UK)
Apressar	Expedite
Aprimorar	Improve
Apropriação	Appropriation, allocation, apportionment

Apropriado	Suitable
Apropriação de custos	Allocation of costs
Apropriação de despesas	Expense allocation
Apropriação indébita	Misappropriation, larceny
Apropriar	Apportion
Aprovação	Approval
À prova de fogo	Fireproof
À prova de roubo	Theft-proof
Aproveitador	Profiteer
Aproveitável	Workable
Aproximação grosseira	Rough approximation
Aproximar	Approach
Aptidão	Eligibility, fitness
Aptidão pessoal	Personal ability
Apto	Capable, eligible
Aquisição	Acquisition
Aquisição de ações pelos administradores	Management buyout
Aquisição de ações pelos administradores, com financiamento	Leveraged management buyout
Aquisição de uma empresa por outra ou por um conglomerado	Takeover
Aquisição do controle de uma empresa	Buyout
Aquisição por compra	Purchase acquisition
Arbitramento (Jur.)	Arbitration (Leg.)
Arbitramento/arbitragem (Seg.)	Arbitrage (Ins.)
Arbitrariedade	Arbitrariness
Árbitro (Jur.)	Forum, referee (Leg.)
Árbitro, mediador (Jur.)	Arbitrator (Leg.)
Arcar com os custos	Defray
Arcar com prejuízos	Sustain losses
Área comercial	Trading area
Área com excedente de mão-de-obra	Labor-surplus area
Área de crescimento	Growth area
Área de financiamentos	Financing area
Área de Livre Comércio das Américas - ALCA	Americas' Free Trade Area - AFTA
Área de Livre Comércio de Macapá e Santana - ALCMS	Macapa and Santana Free Trade Zone
Área de produtos	Product area
Área de vendas	Sales area
Área Econômica Européia - AEE	European Economic Area - EEA
Área problemática	Problem area
Áreas de negócios	Business areas

A receber ou a pagar	Outstanding receivable or payable
Argumento de vendas	Selling point
Armadilha	Pitfall
Armador	Ship owner
Armazém	Warehouse, depot
Armazém alfandegado	Bonded warehouse
Armazenamento	Storage, warehousing
Armazenar	Stockpile
Arquivar	File
Arquivar um processo, indeferir (Jur.)	Dismiss a lawsuit or claim (Leg.)
Arquivo	File
Arquivo confidencial	Confidential file
Arquivo de programa (PED)	Library (EDP)
Arquivo em forma de texto (PED)	Spool file (EDP)
Arquivo em suspenso	Suspense file
Arquivo magnético (PED)	Computer file (EDP)
Arquivo-mestre	Master file
Arranha-céu	Skyscraper
Arrazoado (Jur.)	Statement of facts (Leg.)
Arredondar	Round off
Arrendador	Lessor
Arrendamento	Leasing
Arrendamento com alavancagem	Leveraged lease
Arrendamento de bens do imobilizado equivalente a uma compra financiada	Capital lease
Arrendamento do tipo de venda	Sales-type lease
Arrendamento mercantil	Commercial leasing
Arrendamento operacional	Operating lease
Arrendamento para financiamento (Fin.)	Financing lease (Fin.)
Arrendatário	Leaseholder
Arriscar	Risk
Arrolar	Enroll
Artesanato	Handicraft, hand made
Artesão	Artisan
Aspecto	Feature
Assalariado	Wage earner, employed for wages, staff
Assembléia de acionistas	Stockholders' (USA)/Shareholders' (UK) meeting
Assembléia Geral Extraordinária de Acionistas – AGE	Extraordinary Stockholders' (USA)/ Shareholders' (UK) General Meeting
Assembléia Geral Ordinária de Acionistas - AGO	Ordinary Stockholders' (USA)/ Shareholders' (UK) General Meeting

Asserção quanto à apresentação e divulgação (Aud.)	Presentation and disclosure assertion (Aud.)
Asserção quanto à avaliação (Aud.)	Valuation assertion (Aud.)
Asserção quanto a direitos e obrigações (Aud.)	Rights and obligations assertion (Aud.)
Asserção quanto à existência (Aud.)	Existence assertion (Aud.)
Asserção quanto à integridade (Aud.)	Completeness assertion (Aud.)
Asserção quanto à ocorrência (Aud.)	Occurrence assertion (Aud.)
Asserção quanto à quantificação (Aud.)	Measurement assertion (Aud.)
Asserções, afirmações (Aud.)	Assertions (Aud.)
Asserções nas demonstrações financeiras/ contábeis (Aud.)	Financial statements assertions (Aud.)
Assessor	Advisor/adviser (UK), consultant
Assessorar	Advise
Assessor financeiro	Financial advisor, consultant
Assessoria estratégica (Fin.)	Strategic advisory services (Fin.)
Assessoria jurídica/legal (Jur.)	Legal counsel (Leg.)
Assinalar	Earmark, indicate
Assinatura	Signature, subscription
Assinatura em branco	Blank signature
Assistência técnica	Technical assistance
Assistente	Assistant
Assistente de auditoria (Aud.)	Staff accountant; audit assistant (Aud.)
Associação	Association, membership
Associação Brasileira das Sociedades de Capital Aberto - ABRASCA	Brazilian Association of Listed Companies
Associação Brasileira de Normas Técnicas – ABNT	Brazilian Association of Technical Standards
Associação Brasileira dos Analistas do Mercado de Capitais - ABAMEC	Brazilian Association of Capital Market Analysts
Associação de classe	Trade association
Associação de Poupança e Empréstimo - APE	Savings and Loans Association
Associação Européia de Livre Comércio - AELC	European Free Trade Association - EFTA
Associação Interamericana de Contadores - AIC – ALADI	Interamerican Association of Accountants - IAA
Associação Latino-Americana de Integração	Latin American Association for Integration
Associação Latino-Americana de Livre Comércio – ALALC	Latin American Free Trade Association - LAFTA
Associação/ligação do auditor (com as demonstrações financeiras/contábeis da empresa, pelo trabalho feito) (Aud.)	Auditor's association (Aud.)

Associação Nacional das Instituições de Mercado Aberto - ANDIMA	National Association of Open Market Institutions
Associação Nacional de Bancos de Investimento e Distribuidoras - ANBID	National Association of Investment Bank and Securities Dealers
Associação Nacional de Exportadores de Cereais – ANEC	National Association of Cereal Exporters
Associação Nacional de Fabricantes de Veículos Automotores - ANFAVEA	National Association of Vehicle Manufacturers
Associação Nacional de Pesquisas Econômicas – ANPE	National Association of Economic Research
Assumir	Assume
Assumir o escritório	Take office
Assunção de dívidas (Fin.)	Assumption of debts (Fin.)
Assunção, suposição	Assumption
Assunto	Matter, subject
Atacadista, distribuidor	Jobber, wholesaler
Atacado	Wholesale
Atas	Minutes
Até agora	Date, to
Atendimento a clientes especiais (de um banco) (Fin.)	Private banking (Fin.)
Atento ao orçamento	Budget-minded
A termo (Fin.)	Forward (Fin.)
Atestado de antecedentes (Jur.)	Criminal record/clearance certificate (Leg.)
Atestar	Attest, vouch
Atinente	Relevant
Atividade (ramo de negócio)	Activity
Atividade auxiliar	Auxiliary activity
Atividade bancária	Banking, banking industry
Atividade cíclica	Cyclical activity
Atividade com investimento intensivo em imobilizado	Capital intensive activity
Atividade econômica	Business activity
Atividade sazonal	Seasonal activity
Atividades da operação	Business activities
Atividades de banco múltiplo (Fin.)	Multiple banking (Fin.)
Atividades de "floating" (Fin.)	Floating activities (Fin.)
Atividades de negociações e investimentos (Fin.)	Trading and investing activity (Fin.)
Atividades dos bancos de investimento (Fin.)	Investment banking (Fin.)
Atividades fora do país, principalmente em paraísos fiscais	Offshore

Ativo financeiro (fin.)	Financial asset (fin.)
Atividades relacionadas a financiamentos (Fin.)	Loan servicing activity (Fin.)
Ativo	Asset
Ativo a curtíssimo prazo	Liquid asset
Ativo a longo prazo	Long-term asset
Ativo cedido em garantia	Pledged asset
Ativo circulante	Short-term assets, current assets
Ativo circulante líquido	Net current assets
Ativo consumível	Wasting asset
Ativo contingente	Contingent asset
Ativo dado em garantia (Fin.)	Asset backing (Fin.)
Ativo de imposto diferido	Deferred tax asset
Ativo depreciável	Depreciable asset
Ativo de realização imediata	Quick asset
Ativo diferido	Deferred asset
Ativo disponível	Available asset
Ativo imobilizado	Property, plant and equipment; fixed assets
Ativo intangível	Intangible asset
Ativo líquido	Net assets
Ativo líquido básico	Underlying net assets
Ativo monetário	Monetary asset
Ativo não circulante	Non-current asset
Ativo nominal	Nominal asset
Ativo oculto	Hidden asset
Ativo permanente	Permanent assets
Ativos arrendados	Leased assets
Ativos com incidência de juros (Fin.)	Interest-bearing assets (Fin.)
Ativos de hipotecas executadas	Foreclosed assets
Ativos de reserva	Reserve assets
Ativos geradores de receita (Fin.)	Earning assets (Fin.)
Ativos não contabilizados	Unrecorded assets
Ativos principais	Major assets
Ativos produtivos	Productive assets
Ativos sem rendimento (Juros) (Fin.)	Non-performing assets (Fin.)
Ativos/passivos não monetários	Nonmonetary assets/liabilities
Ativo tangível	Tangible asset
Ato declaratório (normativo) (Jur.)	Declaratory act (normative) (Leg.)
Ato dos acionistas ou dos diretores eleitos	Corporate action
Ato fortuito	Act of God
Ato normativo (Jur.)	Regulatory act (Leg.)
Atos ilegais praticados por empresas (Jur.)	Illegal acts by companies (Leg.)

Atração comercial (para vendas)	Sales appeal
Atrasado (dívida não paga no vencimento)	Arrears (of a debt)
Atributos	Capabilities, characteristics, attributes
Atrito	Friction
Atual	Current
Atualização de sistemas	Systems updating
Atualização em tempo real (PED)	Real time update (EDP)
Atualizado	Up to date, current
Atuarial	Actuarial
Atuário	Actuary
Audiência (Jur.)	Hearing (Leg.)
Audiência de instrução (Jur.)	Discovery hearing (Leg.)
Auditar (Aud.)	Audit (Aud.)
Auditor (Aud.)	Auditor (Aud.)
Auditor contínuo/recorrente (Aud.)	Continuing auditor (Aud.)
Auditor externo (Aud.)	External auditor (Aud.)
Auditoria administrativa (Aud.)	Management audit (Aud.)
Auditoria anual (Aud.)	Annual audit (Aud.)
Auditoria de assuntos do meio ambiente (Aud.)	Environmental audit (Aud.)
Auditoria de contas (Aud.)	Audit of accounts (Aud.)
Auditoria de escopo limitado (Aud.)	Limited scope audit (Aud.)
Auditoria de final de ano (Aud.)	Year-end audit (Aud.)
Auditoria "de ínterim", intermediária (Aud.)	Interim audit (Aud.)
Auditoria de prevenção de poluição (Aud.)	Pollution prevention audit (Aud.)
Auditoria de sistema de computador (Aud.)	Computer system audit (Aud.)
Auditoria em conjunto (feita por mais de uma firma de auditoria, com um só parecer)	Joint audit
Auditoria externa (Aud.)	External audit (Aud.)
Auditoria independente (Aud.)	Independent auditing (Aud.); public accounting (USA)
Auditoria interna (Aud.)	Internal audit (Aud.)
Auditoria obrigatória (Aud.)	Statutory audit (Aud.)
Auditoria operacional (Aud.)	Operational audit (Aud.)
Auditoria periódica (Aud.)	Periodic audit (Aud.)
Auditoria preliminar (Aud.)	Preliminary audit (Aud.)
Auditoria recorrente (Aud.)	Recurring audit (Aud.)
Auditorias simultâneas (emissão de pareceres por mais de uma firma de auditoria) (Aud.)	Simultaneous audits (Aud.)
Auditor independente (Aud.)	Independent auditor/accountant (Aud.)
Auditor interno (Aud.)	Internal auditor (Aud.)
Auditor precedente/anterior (Aud.)	Predecessor auditor (Aud.)

Auditor principal (Aud.)	Principal auditor (Aud.)
Auditor principal (responsável pela auditoria da parte principal de um grupo de empresas) (Aud.)	Principal auditor (Aud.)
Auditor recém-contratado (Aud.)	Incoming auditor (Aud.)
Auferir	Earn
Aumentar	Increase
Aumentar de valor (nos livros)	Write up
Aumento	Increase
Aumento de capital	Capital increase
Aumento de preço	Price increase
Aumento de valor resultante de avaliação	Appraisal increment
Ausência devido a doença (empregado)	Sick leave
Austeridade monetária	Monetary stringency
Autarquia	Autarchy
Autenticado (cópia etc.)	Certified, notarized (copy etc.)
Autenticar	Authenticate, notarize
Autêntico (adj.)	Authentic, bona fide
Auto-avaliação	Self appraisal
Auto de infração (fiscal) (Jur.)	Tax assessment/notice (Leg.)
Auto-estrada	Freeway
Autofinanciamento	Self-financing
Automação	Automation
Automação de dados (PED)	Data Automation - DATAMATION (EDP)
Autônomo	Autonomous
Autônomo	Freelance worker
Autoridade fiscal federal (Jur.)	Governmental taxing authority (Leg.)
Autoridade para executar	Binding authority
Autoridades da imigração	Immigration authorities
Autoridades fiscais/tributárias (Jur.)	Tax authorities, fiscal authorities (Leg.)
Autoridades normativas (Jur.)	Regulatory authorities (Leg.)
Autorização	Authorization
Autos de processo (Jur.)	Case records (Leg.)
Auto-seguro	Self-insurance
Auto-suficiência	Self-sufficiency
Autuação (Jur.)	Additional tax assessment (Leg.)
Auxiliar	Ancillary
Auxiliar de escritório	Junior clerk
Auxílio-doença	Sickness benefit, disability compensation
Auxílio-funeral	Funeral grant
Auxílio-maternidade	Maternity assistance

Auxílio-natalidade	Birth grant
Aval (Jur.)	Guarantee, aval (Leg.)
Avaliação	Appraisal, evaluation, valuation
Avaliação de bens do imobilizado	Appraisal of fixed assets
Avaliação de cargo	Job evaluation
Avaliação de crédito	Credit rating
Avaliação de desempenho	Performance evaluation/appraisal
Avaliação de estoques	Inventory valuation
Avaliação de mercado	Market appraisal
Avaliação de risco	Risk assessment
Avaliação de transação de câmbio a termo, aplicando-se a taxa corrente pelo período restante (Fin.)	Buy-back valuation (Fin.)
Avaliação do projeto	Project assessment
Avaliação do trabalho de um especialista/perito (Aud.)	Assessing the work of an expert (Aud.)
Avaliador	Appraiser, valuer
Avaliar	Evaluate, appraise
Avaliar novamente	Reappraise
Avanço importante	Break-through
Avaria (Seg.)	Damage (Ins.)
Aventureiro	Adventurer
Averbar (Jur.)	Legalize, annotate, register (Leg.)
Avisar	Advise
Aviso	Notice, advice
Aviso de crédito	Credit advice
Aviso de entrega	Delivery notice
Aviso de remessa	Remittance advice
Aviso de sinistro (Seg.)	Notice of loss/claim (Ins.)
Aviso prévio	Prior notice
À vista	On demand, at sight

B

Bagagem	Luggage, baggage
Baixa	Write-off
Baixa prioridade (PED)	Background (EDP)
Baixar (portaria, regulamento) (Jur.)	Enact (an ordinance) (Leg.)
Baixar/dar baixa	Write off
Baixas para despesas, retiradas, vendas (de itens do imobilizado)	Retirement (disposal of property and equipment)
Baixo risco	Low-risk
Balança comercial	Trade balance
Balança comercial favorável	Favorable trade balance
Balancear	Offset; balance
Balancete	Trial balance
Balancete de verificação	Trial balance
Balancete final	Closing trial balance
Balanço de pagamentos	Balance of payments
Balanço intermediário	Interim balance sheet
Balanço patrimonial	Balance sheet
Balanço patrimonial preliminar	Preliminary balance sheet
Balcão	Counter
Balsa	Ferry
Bancarrota	Bankruptcy
Banco	Bank
Banco agente (Fin.)	Agent bank (Fin.)
Banco Central do Brasil - BACEN	Brazilian Central Bank
Banco Central Norte-Americano (EUA)	Federal Reserve Bank (USA)
Banco comercial	Commercial bank
Banco correspondente (Fin.)	Correspondent bank (Fin.)
Banco de atacado (Fin.)	Wholesale bank (Fin.)
Banco de compensação (Fin.)	Clearing bank (Fin.)
Banco de dados (PED)	Data bank (EDP)
Banco de Exportação e Importação dos Estados Unidos - EXIMBANK	Export and Import Bank of the United States - EXIMBANK
Banco de investimentos (Fin.)	Investment bank (Fin.)
Banco depositário (Fin.)	Depositary bank (Fin.)
Banco do Nordeste do Brasil - BNB	Bank of the Northeast of Brazil - BNB
Banco emissor	Bank of issue
Banco hipotecário	Mortgage bank
Banco Interamericano de Desenvolvimento - BID	Interamerican Development Bank - IDB
Banco Internacional de Reconstrução e Desenvolvimento - BIRD	International Bank for Reconstruction and Development - IBRD
Banco licenciado (Fin.)	Licensee bank (Fin.)

Banco múltiplo (Fin.)	Multiple bank (Fin.)
Banco Nacional de Desenvolvimento Econômico e Social - BNDES	National Bank for Economic and Social Development - BNDES
Banda/faixa cambial (Fin.)	Exchange band (Fin.)
Banqueiro	Banker
Barato	Cheap
Barcaça (chata)	Barge
Barganha	Bargain
Barreira alfandegária	Customs barrier
Barreiras comerciais	Trade barriers
Base	Basis; ground
Base contábil abrangente	Comprehensive basis of accounting
Base de custo	Cost basis
Base de dados	Data base
Base (de avaliação) de registro contábil	Carrying basis
Base eqüitativa/de valor justo	Basis of fair value
Base monetária	Monetary basis
Base recorrente (periódica)	Recurring basis
Bases técnicas (Seg.)	Technical bases (Ins.)
Bem-conceituado	Reputable
Bem-conhecido	Well known
Bem do imobilizado	Capital asset, fixed asset
Bem-estabelecido	Well established
Bem-estar social	Social welfare
Bem-feito	Well done
Bem fungível	Fungible asset
Bem inativo	Inactive/idle asset
Bem-informado	Well informed
Bem infungível	Non-fungible asset
Bem móvel	Chattel
Beneficiário (Seg.)	Beneficiary (Ins.)
Beneficiário do segurado (Seg.)	Beneficiary of the insured (Ins.)
Benefício (Seg.)	Benefit (Ins.)
Benefício marginal	Marginal benefit
Benefício adicional por morte (Seg.)	Additional death benefit (Ins.)
Benefício mínimo (Seg.)	Minimum benefit (Ins.)
Benefícios adicionais	Fringe benefits
Benefícios de aposentadoria	Retirement benefits
Benefícios e pagamentos diferidos (pensões) (Seg.)	Deferred benefits and payments (pension) (Ins.)
Benefícios pós-aposentadoria	Post-retirement benefits
Benfeitoria	Improvement

Benfeitoria em propriedade arrendada	Leasehold improvement
Bens	Effects, assets
Bens alodiais (Jur.)	Absolute title (Leg.)
Bens de capital	Capital goods
Bens de consumo	Consumer goods
Bens de consumo duráveis	Consumer durables
Bens duráveis	Durable goods
Bens em condomínio	Jointly-owned assets
Bens empenhados	Pledged assets
Bens imóveis	Property, real estate
Bens não-duráveis	Non-durable goods
Bens semoventes	Livestock
Biblioteca (PED)	Library (EDP)
Biblioteca de programas (PED)	Program library (EDP)
Bilhões	Billions
Bitributação (Jur.)	Double taxation (Leg.)
Bloco de anotações	Notepad
Boa-fé (Jur.)	Good faith (Leg.)
Boicote (s.); boicotar (v.)	Boycott (n.) (v.)
Boletim informativo	Newsletter
Boleto (Fin.)	Docket, dealer's note (Fin.)
Bolsa de empregos	Employment exchange
Bolsa de futuros (Fin.)	Futures exchange (Fin.)
Bolsa de mercadorias	Commodity exchange
Bolsa de Mercadorias e Futuros - BM&F	Futures and Commodities Exchange - BM&F
Bolsa de valores (Fin.)	Stock exchange (Fin.)
Bolsa de Valores de São Paulo - BOVESPA	São Paulo Stock Exchange - BOVESPA
Bolsa de Valores do Rio de Janeiro - BOVERJ	Rio de Janeiro Stock Exchange - BOVERJ
Bolsa educacional	Educational grant
Bolsas de seguros (Seg.)	Insurance exchange (Ins.)
Bonificação	Bonus, gratuity
Bonificação (advertising)	Agency volume bonus
Bonificação em ações	Stock dividend
Bônus (Seg.)	Bonus (Ins.)
Bônus de emissão	Stock warrant
Bônus de subscrição	Subscription bonus
Bônus do Banco Central - BBC	Central Bank Bonds
Bônus do Tesouro Nacional - BTN	Federal Treasury Bonds - BTN
Bônus do Tesouro Nacional Fiscal - BTNF	Daily Federal Treasury Bonds
"Box" de opções (Fin.)	Options box (Fin.)
Brochura	Brochure

Bruto (adj.)	Gross
Bureau de serviços (de computação) (PED)	Service bureau (EDP)
Burlar	Bypass
Burocracia	Bureaucracy
Busca (s.); buscar (v.)	Search (n.) (v.)
Buscar opiniões	Canvass, hear opinions

C

Cabeçalho	Letterhead
Cabo (dólar-cabo)	Cable
Cadastro	Reference file, register
Cadastro Geral de Contribuintes - CGC	General Taxpayers' Register - CGC
Cadeado	Padlock
Cadeia (PED)	Chain (EDP)
Cadeia de distribuição	Distribution chain
Cadeia de lojas/de restaurantes	Chain store/restaurant
Caderneta de depósito em poupança (Fin.)	Passbook (for savings account) (Fin.)
Caducado	Lapsed
Caducar (patente)	Forfeit, lapse
Caducidade (Seg.)	Lapse (Ins.)
Cais	Wharf
Caixa	Cash; cashier
Caixa automático em banco (Fin.)	Automatic Teller Machine - ATM (Fin.)
Caixa de banco	Bank teller
Caixa de correspondência computadorizada (PED)	Computer mailbox (EDP)
Caixa de sugestões	Suggestion box
Caixa "dois"	Black cash, unrecorded funds
Caixa e bancos	Cash and banks
Caixa Econômica Federal - CEF	Federal Savings and Loans Bank - CEF
Caixa em mãos	Cash in hand
Caixa-forte	Strong-room
Caixa-forte subterrânea	Vault
Caixa pequeno	Petty cash
Caixa postal	Post office box - P.O. Box
Calcular	Calculate; figure out
Calcular mal	Miscalculate
Calcular "por dentro" (somar de novo ao valor de um bem, um lucro ou uma receita o valor do imposto correspondente antes deduzido)	Gross up
Cálculo das probabilidades (Seg.)	Probability (Ins.)
Cálculo do preço dos riscos de seguros (Seg.)	Pricing of insurance risks (Ins.)
Câmara de comércio	Chamber of commerce, board of trade
Câmara de compensação (Fin.)	Clearing house (Fin.)
Câmbio	Exchange
Câmbio bloqueado	Blocked exchange
Câmbio contratado	Contracted exchange
Camelô	Street peddler
Caminho de acesso a dados (PED)	Path (EDP)

Campanha publicitária	Advertising drive
Campo (espaço) para melhoramento	Room for improvement
Canais de comunicação	Channels of communication
Canal de distribuição	Channel of distribution
Cancelamento	Cancellation
Cancelamento (Seg.)	Cancelling (Ins.)
Candidato	Applicant, candidate
Canhoto de cheques	Counterfoil
Canhoto de documentos	Stub
Canibalizar	Cannibalize
Capacidade	Competence
Capacidade (Seg.)	Capacity (Ins.)
Capacidade analítica e de julgamento (Aud.)	Analytical and judgmental abilities (Aud.)
Capacidade/competência	Capacity
Capacidade de endividamento	Borrowing capacity
Capacidade de gerar lucros	Earnings capacity
Capacidade de gerar receita	Earning power; profit capacity
Capacidade de julgamento	Judgment
Capacidade de ler e escrever	Literacy
Capacidade de pagamento dos clientes	Customer creditworthiness
Capacidade de pagar (Fin.)	Ability to pay (Fin.)
Capacidade exeqüível de tomar empréstimo (Fin.)	Available borrowing power (Fin.)
Capacidade financeira para obter crédito (Fin.)	Creditworthiness (Fin.)
Capacidade física operacional	Physical operating capacity
Capacidade ideal	Ideal capacity
Capacidade instalada	Installed capacity
Capacidade ociosa	Idle capacity
Capacidade operacional	Operating capacity
Capacidade produtiva	Productive capacity
Capacidades básicas de computador (PED)	Basic computing capabilities (EDP)
Capataz, chefe de turma	Foreman
Capital	Capital
Capital autorizado	Authorized capital
Capital com direito a voto/votante	Voting capital/stock
Capital contaminado (Jur.)	Tainted capital (Leg.)
Capital declarado	Declared capital
Capital de giro/circulante	Working capital
Capital de giro líquido	Net working capital
Capital de giro negativo	Negative working capital
Capital de risco	Venture capital, risk capital
Capital emitido	Issued capital

Capital estrangeiro	Foreign capital
Capital excedente	Capital in excess, share premium
Capital fixo	Fixed capital
Capital integralizado	Paid-in capital
Capital integralizado superior ao valor nominal	Additional paid-in capital, share premium
Capital mínimo (Seg.)	Minimum capital (Ins.)
Capital não integralizado	Unpaid capital
Capital nominal	Nominal capital
Capital segurado (Seg.)	Amount insured (Ins.)
Capital sem direito a voto	Non-voting capital
Capital social em ações	Capital stock (USA), share capital (UK)
Capital subscrito	Subscribed capital
Capital sujeito a risco	Risk-based capital
Capital totalmente integralizado	Fully-paid capital stock
Capitalista	Capitalist
Capitalização	Capitalization
Capitalização de empréstimos externos	Capitalization of foreign loans
Capitalização de juros	Interest capitalization
Capitalização de lucros e reservas	Capitalization of profits and reserves
Capitalizar	Capitalize
Captação de recursos financeiros	Financial funding
Característica	Feature
Carga	Cargo
Carga aérea	Air freight
Carga a granel	Bulk cargo
Carga de dados (PED)	Load (EDP)
Carga de trabalho	Working load
Carga tributária (Jur.)	Tax burden (Leg.)
Carimbo de borracha	Rubber stamp
Carnê-leão (Jur.)	Compulsory income tax on certain earnings - personal (Leg.)
Caro	Expensive
Carreto	Cartage
Carta branca	Carte blanche
Carta-circular	Circular letter
Carta complementar	Side letter
Carta de comprometimento de crédito (Fin.)	Standby letter of credit (Fin.)
Carta de confirmação de cumprimento de cláusulas contratuais (Fin.)	No default letter (Fin.)
Carta de "conforto" (Aud.)	Comfort letter (Aud.)

Carta de contratação (Aud.)	Engagement letter (Aud.)
Carta de crédito (Fin.)	Letter of credit, credit letter (Fin.)
Carta de crédito irrevogável (Fin.)	Irrevocable letter of credit (Fin.)
Carta de encaminhamento	Cover letter
Carta de intenção (Jur.)	Letter of intent (Leg.)
Carta de representação (Aud.)	Letter of representation (Aud.)
Carta de responsabilidade/ representação da administração (Aud.)	Management representation letter (Aud.)
Cartão de apontamento de horas de trabalho	Job card
Cartão de banco	Bank card
Cartão de crédito	Credit card
Cartão de débito (Fin.)	Debit card (Fin.)
Cartão de Identificação do Contribuinte - CIC	Individual Taxpayer Identity Card - CIC
Cartão de ponto	Clock card, time card
Cartão magnético (Fin.)	ATM cashcards (Fin.)
Carta patente	Charter, operating license
Carta precatória de citação e penhora (Jur.)	Precatory letter of summons and pledge (Leg.)
Cartas de concordância (para utilização de parecer em publicações) (Aud.)	Consent letters (Aud.)
Carteira de empréstimos (Fin.)	Loan portfolio (Fin.)
Carteira de investimentos	Investment portfolio
Carteira de negócios	Book of business
Carteira de pedidos	Backlog
Cartel	Cartel
Cartões de assinaturas	Signature plates
Cartórios públicos	Public records
Caso	Case
Caso fortuito (Seg.)	Act of God (Ins.)
Casualidade	Fortune
Catalisador	Catalyst
Catálogo	Catalogue
Catástrofes (Seg.)	Catastrophes (Ins.)
Caução (Fin.)	Escrow, collateral (Fin.)
Caucionário (Fin.)	Surety (Fin.)
Cautela	Caution
Cedente	Transferer, transferor; assignor
Ceder resseguro (Seg.)	Cede reinsurance (Ins.)
Cédula de análise	Analytic schedule
Cédula de registro de erro	Error log schedule
Célula (PED)	Cell (EDP)

Células de trabalho	Work cells
Cem por cento	Hundred per cent
Censo	Census
Centavos	Cents
Centenas	Hundreds
Centrais Elétricas Brasileiras S.A. - ELETROBRÁS	Brazilian Electricity Company - ELETROBRÁS
Central de Custódia e de Liquidação Financeira de Títulos - CETIP	Clearing House for the Custody and Financial Settlement of Securities
Central Geral dos Trabalhadores - CGT	Workers' Central Union
Central Única de Trabalhadores - CUT	Workers' Central Labor Union - CUT
Centro das Indústrias do Estado de São Paulo - CIESP	Industrial Association of the State of São Paulo
Centro de custo	Cost center
Centro de Estatística e Informações - CEI	Statistics and Information Center
Centro de Informações - CI (PED)	Information Center - IC (EDP)
Centro de lucros	Profit center
Centro de negócios	Trade center
Centro de Processamento de Dados - CPD (PED)	Data Processing Center - DATACENTER - (EDP)
Centro Integrado de Apoio à Criança - CIAC	Integrated Center for Child Support
Centro Técnico Aeroespacial - CTA	Aerospace Technical Center
Certidão de bem imóvel (Jur.)	Abstract of title (to property) (Leg.)
Certidão Negativa de Débito - CND	Social Securities Contributions Clearance
Certificado/cautela de ações	Stock certificate
Certificado de atuário (Seg.)	Actuary's certificate (Ins.)
Certificado de avaria (Seg.)	Damage certificate (Ins.)
Certificado de Depósito Interfinanceiro - CDI (Fin.)	Interbank Deposit Certificate (Fin.)
Certificado de Depósito Bancário - CDB (Fin.)	Bank Deposit Certificate (Fin.)
Certificado de origem	Certificate of origin
Certificado de Participação em Reflorestamento - CPR	Certificate of Participation in Reforestation
Certificado de Privatização - CP	Privatization Certificate - CP
Certificado de registro de capital (Jur.)	Capital registration certificate (Leg.)
Certificado de seguro (Seg.)	Insurance certificate (Ins.)
Certificado de transferência	Pass-through certificate
Certificado provisório	Interim certificate
Certificados de depósito a prazo (Fin.)	Time deposit certificates (Fin.)
Certificados de depósito com taxa fixa (Fin.)	Fixed rate deposit certificates (Fin.)
Certificados de depósito com taxa flutuante (Fin.)	Floating rate deposit certificates (Fin.)

Cessão	Assignment
Cessão de "export notes" (Fin.)	Assignment of export notes (Fin.)
Cessão de participação acionária	Transfer of ownership
Cessionário	Transferee, assignee
Cesta de índices	Basket of indices
Cesta de moedas	Basket of currencies
Chácara	Small farm
Chamada (para pagamento de ações ou fundos emprestados ou para entrega de garantia adicional) (Fin.)	Call (Fin.)
Chamada (que um programa faz a outro) (EDP)	Call (EDP)
Chata (barcaça)	Barge
Chave (PED)	Key (EDP)
Chave (para acesso ao sistema) (PED)	Serial port key (EDP)
Chaves de teste de telex	Telex test keys
Chefe	Boss
Cheque	Check (USA); cheque (UK)
Cheque administrativo	Banker's check
Cheque avulso	Counter check
Cheque cancelado	Cancelled check
Cheque cruzado	Crossed check
Cheque de viagem	Traveler's check
Cheque em branco	Blank check
Cheque não descontado	Unpresented check
Cheque pós-datado (com data futura)	Post-dated check
Cheque pré-datado (com data atual para desconto futuro)	Predated check
Cheque sem fundos	Bounced check
Cheque visado	Certified check, pre-cleared check
Chuva de granizo (Seguros)	Hail (Insurance)
Ciclo comercial	Trade cycle
Ciclo contábil	Accounting cycle
Ciclo de fluxo de caixa	Cash flow cycle
Ciclo de funcionamento em paralelo (PED)	Parallel running (EDP)
Ciclo de negócios	Business cycle
Ciclo de produção	Production cycle
Ciclo econômico	Economic cycle
Ciclo operacional	Operating cycle
Cidadão/cidadania	Citizen/citizenship
Cifração	Encryption

Cifras	Figures
Cifras arredondadas	Round figures
Cilada	Pitfall
"Cinta" transportadora	Conveyor belt
Circularização (Aud.)	Circularization (Aud.)
Cisão parcial	Split-off
Cisão total	Split-up
Citação (Jur.)	Subpoena (Leg.)
Citação judicial (Jur.)	Citation (Leg.)
Classificação	Classification, rating, ranking, grade
Classificação de pessoal	Personnel rating
Classificação de um banco no setor da atividade bancária ("ranking")	Bank rating
Classificação do desempenho	Performance rating
Classificação por méritos	Merit rating
Classificar	Graduate
Cláusula (Jur.)	Clause (Leg.)
Cláusula adicional (Seg.)	Supplementary contract (Ins.)
Cláusula de abandono (Seg.)	Abandonment clause (Ins.)
Cláusula de ajuste (Jur.)	Escalation clause (Leg.)
Cláusula de arbitramento (Seg.)	Arbitration clause (Ins.)
Cláusula de cobertura (Seg.)	Coverage clause (Ins.)
Cláusula de contrato (Jur.)	Provision (Leg.)
Cláusula de franquia (Seg.)	Deductible clause (Ins.)
Cláusula de guerra (Seg.)	War clause (Insurance)
Cláusula de invalidez (Seg.)	Disability clause (Ins.)
Cláusula de qualquer motorista (Seg.)	Any-driver clause (Ins.)
Cláusula de rateio (Seg.)	Coinsurance clause (Ins.)
Cláusula de reposição (Seg.)	Replacement clause (Ins.)
Cláusula de retenções e limites (Seg.)	Retention and limits clause (Ins.)
Cláusula de valor no mercado (Seg.)	Market value clause (Ins.)
Cláusula de vencimento antecipado	Acceleration clause (Fin.)
Cláusula hipotecária (Seg.)	Morgage clause (Ins.)
Cláusulas (Seg.)	Clauses (Ins.)
Cláusulas (de contrato)	Provisions (of a contract)
Cláusulas restritivas (Fin.) (Jur.)	Restrictive covenants (Fin.)(Leg.)
Cliente	Customer, client
Cliente com saldo credor	Customer in credit
Cliente do exterior	Overseas customer
Clientela	Clientele
Clientes principais	Major clients
Clique (s.), clicar (v.) (PED)	Click (n.) (v.) (EDP)

Coberta (situação em que os riscos de juros e mercado estão cobertos) (Fin.)	Covered (Fin.)
Cobertura	Coverage
Cobertura (Seg)	Insurance cover
Cobertura adicional contra perdas e danos (Seg.)	Additional cover against loss or damage (Ins.)
Cobertura básica (Seg.)	Basic coverage (Ins.)
Cobertura cambial	Foreign exchange cover
Cobertura de assistência médica (Seg.)	Medical care coverage (Ins.)
Cobertura de capital	Capital cover
Cobertura de diárias hospitalares (Seg.)	Hospital daily care expenses (Ins.)
Cobertura de mortalidade (Seg.)	Mortality coverage (Ins.)
Cobertura suplementar/acessória (Seg.)	Additional cover (Ins.)
Cobertura suplementar dos riscos de catástrofes (Seg.)	Supplementary catastrophe coverage (Ins.)
Cobertura total (Seg.)	Full coverage; total coverage (Ins.)
Cobrador	Collector
Cobrança	Collection
Cobrável	Collectible
Cobrir as despesas	Defray
Codificação	Coding, codification
Codificação (PED)	Encryption (EDP)
Código binário (PED)	Binary code (EDP)
Código Civil (Jur.)	Civil Code (Leg.)
Código Comercial (Jur.)	Commercial Code (Leg.)
Código de barra (PED)	Bar code (EDP)
Código de conduta	Code of conduct
Código de defesa do consumidor (Jur.)	Consumer defense code (Leg.)
Código de ética profissional	Code of professional ethics
Código Penal (Jur.)	Penal Code (Leg.)
Códigos de autenticação	Authentication codes
Códigos de autorização de acesso ao terminal (PED)	Log-in authorization codes (EDP)
Códigos de identificação	Identification Codes - ID
Código Tributário Nacional - CTN	National Tax Code - NTC
Coeficiente	Coefficient
Coeficientes-chave	Key ratios
Cofre particular em banco (Fin.)	Safe deposit box (Fin.)
Cofres, cofres especiais	Lockboxes
Coligada	Associated company
Colisão (Seg.)	Collision (Ins.)
Colocação de executivos	Outplacement

Colocação de resseguro (Seg.)	Placing of reinsurance (Ins.)
Colocação direta (Fin.)	Direct placement (Fin.)
Colocação privada (Fin.)	Private placing services (Fin.)
Colocação pública (Fin.)	Public placing services (Fin.)
Colocações de títulos privados	Private placements
Coluna	Column
Colusão	Collusion
Com a presente...	Herewith
Combinação	Combination
Combinação de atividades de "marketing"	Marketing mix
Combinação de empresas	Business combination
Com defeito	Out of order
Com direitos	Cum rights
Com dividendo (Fin.)	Cum dividend (Fin.)
Comerciante	Trader
Comércio	Trade, commerce
Comércio bilateral (entre dois países)	Bilateral trade
Comércio de produtos básicos/primários	Commodity trade
Comércio exterior	Foreign trade
Comércio interno	Domestic trade
Com falta de	Lacking
Com isenção de interesses (em transação)	Arm's length (transaction)
Comissão (em transações)	Commission
Comissão/comitê de auditoria	Audit committee
Comissão da "underwriter" de valores mobiliários (Fin.)	Spread (Fin.)
Comissão de Benefícios Fiscais e Programas Especiais de Exportação - BEFIEX	Committee for Fiscal Incentives and Special Export Programs - BEFIEX
Comissão de direção, comitê diretor (orientador)	Steering committee
Comissão de Incentivos à Exportação - CIEX	Export Incentives Commission
Comissão de resseguro (Seg.)	Reinsurance commission (Ins.)
Comissão de Valores Mobiliários - CVM	Securities Commission - CVM
Comissão Interna de Prevenção de Acidentes - CIPA	Internal Commission for Accident Prevention
Comissão retida em grandes negócios (Seg.)	Commissions retained on significant operations (Ins.)
Comissão sobre vendas	Sales commission
Comissões consultivas para resolver problemas com CNSP (Seg.)	Consulting committees for problem solution with CNSP (Ins.)
Comissões de trabalhadores	Workers' councils

Comissões sobre prêmios retrocedidos (Seg.)	Commissions on retroceded premiums (Ins.)
Comissões sobre prêmios emitidos (Seg.)	Commissions on premium issued (Ins.)
Comitê	Committee
Comitê da administração	Management committee
Comitê de Contabilidade Financeira e Gerencial (IFAC)	Financial and Management Accounting Committee - FMAC (IFAC)
Comitê de Divulgação do Mercado de Capitais - CODIMEC	Committee for Capital Market Dissemination
Comitê de Normas Contábeis Internacionais - IASC	International Accounting Standards Committee - IASC
Comitê do Setor Público do IFAC - CSP (Aud.)	Public Sector Committee - PSC (IFAC) (Aud.)
Comitê do Setor Público (IFAC)	Public Sector Committee - PSC (IFAC)
Comitê examinador de segurados (Seg.)	Policyowner examining committee (Ins.)
Comitê executivo	Executive committee
Comitê Internacional de Práticas de Auditoria (IFAC)	International Auditing Practices Committee - IAPC (IFAC)
Comitê para assunto específico	Ad-hoc committee
Companhia	Company
Companhia controladora "holding"	Holding company
Companhia de investimentos	Investment company
Companhia de seguros (Seg.)	Insurance company (Ins.)
Companhia de seguros mútuos (Seg.)	Mutual insurance company (Ins.)
Companhia Estadual de Tecnologia de Saneamento Básico e Defesa do Meio Ambiente - CETESB	São Paulo State Basic Sanitation, Technology and Environmental Protection Agency
Companhia hipotecária (Fin.)	Mortgage loan company (Fin.)
Companhia limitada - Cia.	Limited liability company
Companhia operante	Operating company
Companhias cedentes (Seg.)	Ceding companies (Ins.)
Companhias de seguros consorciadas (Seg.)	Insurance consortia (Ins.)
Comparabilidade (de informações financeiras)	Comparability
Comparecimento	Attendance
Compartilhamento de dados (PED)	Data sharing (EDP)
Compartilhamento de recursos (PED)	Sharing (EDP)
Compartilhamento de tempo	Time sharing
Compensação	Clearing, compensation
Compensação de cheques (Fin.)	Check clearing (Fin.)
Compensação de títulos (Fin.)	Paper clearing (Fin.)
Compensação por perdas e danos	Loss compensation

Compensar um cheque	Clear a check
Competência (incluindo qualificação) profissional	Professional competence
Competência no cargo	Job competence
Compilação	Compilation
Componente	Component
Comportamento/atitude profissional (Aud.)	Professional behavior (Aud.)
Comportamento de compradores	Buyers' behaviour
Comportamento do consumidor	Consumer behaviour
Composição com credores	Arrangement with creditors
Compra	Purchase
Compra de ações ordinárias	Acquisition of common stock
Compra de bens de forma global - "porteira fechada"	Lump-sum purchase
Comprador	Buyer, purchaser
Compra e venda de títulos no mesmo dia (Fin.)	Day trade (Fin.)
Comprar títulos/ações na expectativa de alta/baixa (Fin.)	To be long (Fin.)
Compras de material de consumo/de suprimentos	Purchases of consumption materials
Compreender	Understand; figure out
Compressão de dados (PED)	Data compression (EDP)
Compromisso	Commitment, agreement
Compromisso obrigatório	Binding commitment
Compromisso para aquisição de imobilizado	Capital commitment
Compromissos de recompra do mercado monetário (Fin.)	Money market repurchase commitments (Fin.)
Comprovação de perda ou prejuízo	Proof of loss
Comprovante	Supporting document, voucher
Comprovante de caixa	Cash voucher
Comprovante de depósito bancário	Bank deposit slip
Comprovante de lançamento	Journal voucher
Computador (PED)	Computer (EDP)
Computador autônomo (PED)	Stand-alone computer (EDP)
Computador central de rede (PED)	Network central computer (EDP)
Computador de aplicação geral (PED)	All-purpose computer (EDP)
Computador de grande porte (PED)	Mainframe (EDP)
Computadores autônomos (PED)	Stand-alone computers (EDP)
Computadorizado (PED)	Computerized (EDP)
Computador principal (PED)	Host computer (EDP)
Comunhão de bens	Common property
Comunicação	Communication

Comunicação do sinistro (Seg.)	Loss communication (Ins.)
Comunicado à imprensa	Press release
Comutação	Commutation
Concedente de crédito (Fin.)	Credit grantor (Fin.)
Conceito de correlação entre receitas e despesas	Matching concept
Conceito de relevância	Materiality concept
Conceituada reputação	Preeminent reputation
Concessão	Concession
Concessão de crédito (Fin.)	Extension of credit; underwriting (Fin.)
Concessionário	Dealership; concessionaire
Concessor de empréstimos	Lender
Concessor de licença	Licensor
Conclusão	Conclusion
Conclusão atingida/a que se chegou	Conclusion reached
Conclusivo	Conclusive
Concordar	Comply
Concordar/contribuir	Concur
Concordata (Jur.)	Receivership, arrangement with creditors (Leg.)
Concorrência	Competition
Concorrência desleal	Unfair competition
Concorrência pública	Public bid
Concorrente	Competitor
Concorrente desconhecido	Dark horse
Condições (cláusulas) de empréstimos/ financiamentos (Fin.)	Loan covenants (Fin.)
Condições de crédito (Fin.)	Credit terms (Fin.)
Condições de licitação	Bidding conditions
Condições de trabalho insatisfatórias	Poor working conditions
Condições de venda	Sale terms, terms of sale
Condições financeiras, estar em melhores	Be better off
Condução dos negócios	Conduct of affairs/of business
Conferência	Conference
Conferência (mais de duas pessoas na mesma ligação telefônica)	Conference call
Conferência das transações	Proof of transactions, checking of transactions
Conferir	Check
Confiabilidade	Reliability
Confiança	Confidence
Confiável	Reliable

Confiável/confiar	Dependable/depend, entrust
Confidencial	Confidential
Configuração (PED)	Setup (EDP)
Configuração (equipamentos interconectados e programados para serem um só sistema) (PED)	Configuration (EDP)
Confirmação (Aud.)	Confirmation (Aud.)
Confirmação bancária (Aud.)	Bank confirmation (Aud.)
Confirmação de recebimento	Acknowledgement of receipt
Confirmação negativa (Aud.)	Negative confirmation (Aud.)
Confirmação positiva (Aud.)	Positive confirmation (Aud.)
Confirmações recebidas (de circularização)	Incoming confirmation (Aud.)
Confiscar	Confiscate
Conflito de interesses	Conflict of interests
Congelar	Freeze
Conglomerado	Conglomerate, group
Congresso Nacional	National Congress
Conhecimento de embarque	Bill of lading
Conhecimento de embarque aéreo	Air waybill
Conhecimento do negócio	Knowledge of the business
Conhecimento especializado	Specialized knowledge, skills
Conhecimentos especializados/habilidades em setores de atividades	Industry skills
Conjunto de bens (de uma pessoa)	Estate
Conjunto de medidas que resultam em reestruturação organizacional	Quasi-reorganization
Consciência sobre custos	Cost awareness
Conselho Administrativo de Defesa Econômica - CADE	Administrative Council for Economic Defense
Conselho consultivo	Advisory council
Conselho de administração	Supervisory board
Conselho de administração de Fundações	Board of trustees
Conselho de contribuintes (Jur.)	Taxpayers' council (Leg.)
Conselho de Desenvolvimento Industrial - CDI	Industrial Development Council
Conselho de Política Aduaneira - CPA	Council of Customs Policy
Conselho Federal de Contabilidade - CFC	Federal Accounting Council - CFC
Conselho fiscal	Fiscal council, statutory audit committee
Conselho Interministerial de Preços - CIP	Interministerial Prices Board - CIP
Conselho Interministerial de Salários de Empresas Estatais - CISE	Interministerial Council for Public Employees' Salaries - CISE
Conselho Monetário Nacional - CMN	National Monetary Council - CMN

Conselho Nacional da Política Fazendária - CONFAZ	National Council of Fiscal Policy
Conselho Nacional das Zonas de Processamento de Exportação - CZPE	National Council of the Export Processing Zones
Conselho Nacional de Abastecimento (Anteriormente, CFP - Companhia de Financiamento da Produção) - CONAB	National Council of Supply (Formerly, Production Finance Company)
Conselho Nacional de Desenvolvimento Científico e Tecnológico - CNPq	National Council of Scientific and Technological Development
Conselho Nacional de Informática e Automação - CONIN	National Council of Informatics and Automation
Conselho Nacional de Política Salarial - CNPS	National Council of Wage Policy
Conselho Nacional de Seguros Privados - CNSP	National Council of Private Insurance
Conselho Nacional de Siderurgia - CONSIDER	National Steel Board
Conselho Nacional de Telecomunicações - CONTEL	National Council of Telecommunications
Conselho Nacional do Petróleo - CNP	National Petroleum Council
Conselho Regional de Contabilidade - CRC	Regional Accounting Council - CRC
Conselho Regional de Economia - CRE	Regional Economic Council - CRE
Conselho Regional de Técnicos em Administração - CRTA	Regional Council of Administration Technicians - CRTA
Consenso	Consensus
Consentimento	Assent
Conseqüência	Consequence; outcome
Conseqüências fiscais (Jur.)	Tax consequences (Leg.)
Conservadorismo	Conservatism
Consignação (em)	Consignment (on)
Consignador	Consignor
Consignatário	Consignee
Console (teclado e vídeo) (PED)	Console (EDP)
Consolidação	Consolidation
Consolidação das Leis do Trabalho - CLT	Consolidation of the Labor Laws - CLT
Consolidação linha a linha	Line-by-line consolidation
Consórcio	Consortium
Consórcio (Seg.)	Pool syndicate (Ins.)
Consórcio de bancos (Fin.)	Bank syndicate
Constituição de reservas técnicas (Seg.)	Computation of technical reserves (Ins.)
Constituir uma pessoa jurídica	Incorporate/set up/form a company
Construções em andamento	Construction in progress
Consubstanciar/comprovar	Substantiate, prove the existence of
Consulta	Consultation
Consultor de investimentos (Fin.)	Investment advisor/adviser (UK) (Fin.)

Consultoria de organização	Management consulting
Consumidor	Consumer
Consumidor final	Ultimate consumer
Consumidor interno	Domestic consumer
Consumo	Consumption
Consumo de material	Material usage
Conta	Account
Conta bancária	Bank account
Contabilidade	Accounting/accountancy
Contabilidade a valores atuais	Current value accounting
Contabilidade criativa	Creative accounting
Contabilidade de custos	Cost accounting
Contabilidade fiduciária	Fiduciary accounting
Contabilidade financeira	Financial accounting
Contabilidade gerencial	Management accounting
Contabilidade industrial	Industrial accounting
Contabilidade integrada	Integrated accounting
Contabilidade que leva em conta os efeitos da inflação	Inflation accounting
Contabilização baseada na competência (de exercícios)	Accrual basis of accounting
Contabilizar	Record, account for
Conta bloqueada (Fin.)	Blocked account (Fin.)
Conta cativa	Captive account
Conta congelada (Fin.)	Frozen account (Fin.)
Conta conjunta (Fin.)	Joint account (Fin.)
Conta corrente	Current account
Conta de adiantamento	Drawing account, advance account
Conta de capital	Capital account
Conta de cobrança duvidosa	Doubtful account
Conta de compensação	Memorandum account, contra-account
Conta de controle	Controlling account
Conta de correspondentes no país e no exterior (contas do banco com outros bancos) (Fin.)	Nostro account (Fin.)
Conta de depósito a prazo (Fin.)	Time deposit account (Fin.)
Conta de depósito à vista em banco (Fin.)	Demand deposit account (Fin.)
Conta de depósito para poupança (Fin.)	Savings deposit account (Fin.)
Conta de despesa	Expense account
Conta de lucros e perdas	Profit and loss account
Conta-depósito; conta bancária que, geralmente, rende juros (Fin.)	Deposit account (Fin.)

Conta de poupança (Fin.)	Savings account (Fin.)
Conta de retenção de correspondência (Fin.)	Hold-mail account (Fin.)
Conta do resultado	Income account
Contador	Accountant
Contador auxiliar	Junior accountant
Contador-geral	Chief accountant
Contador sênior	Senior accountant
Conta em aberto	Open account
Conta em forma de "T"	T-account
Conta em suspenso	Suspense account
Conta garantida	Secured account
Contagem cíclica/rotativa	Cycle count
Contagem de apólices (Seg.)	Policy count (Ins.)
Contagem de estoques	Stock taking (UK), inventory (USA)/stock (UK) count
Contagem de valores mobiliários	Securities' count
Contagens em sistema de rodízio	Rotation counts
Contagens por teste	Test counts
Conta inativa	Dormant account
Contaminar	Taint
Conta-movimento	Checking account, cash account, deposit account
Conta pessoal	Personal account
Conta pró-memória	Memorandum account
Contas a pagar	Accounts payable
Contas a pagar a fornecedores	Trade accounts payable
Contas a receber	Accounts receivable
Contas a receber com direito a reclamação/recurso	Receivables with recourse
Contas a receber de bancos	Due from banks
Contas a receber de clientes	Trade accounts receivable
Contas a receber descontadas	Discounted trade receivables
Contas a receber negociadas	Factored receivables
Contas canceladas (de clientes falecidos) (Fin.)	Deceased customers' accounts (Fin.)
Contas de comerciantes	Merchant accounts
Contas de diretores e funcionários e de empresas de um banco; contas internas	House accounts
Contas interbancárias (Fin.)	Interbank accounts (Fin.)
Conta subsidiária	Subsidiary account, subaccount
Contato	Contact
Conta transitória	Suspense account, clearing account

Conta vinculada	Blocked account
Contemplar/considerar	Contemplate
Conteúdo	Contents
Contingência	Contingency
Contingência de ganho	Gain contingency
Contingência fiscal (Jur.)	Tax contingency (Leg.)
Continuação	Continuation
Continuar	Keep up, carry on
Continuidade	Continuity
Continuidade operacional/normal dos negócios da empresa	Going-concern
Contornar	Bypass
Contrabando	Smuggling, contraband
Contração de crédito	Tightening of credit
Contra-entrega	On delivery
Contrapartida	Balancing item
Contrapartida de lançamento	Contra entry
Contratação	Engagement
Contratação (de profissional)	Engagement
Contratação de seguros (Seg.)	Contracting insurance coverage (Ins.)
Contratação de seguros no campo (Seg.)	Field underwriting (Ins.)
Contratação/trabalho de auditoria para fins especiais (Aud.)	Special purpose audit engagement (Aud.)
Contratadores de seguros (Seg.)	Underwriters (Ins.)
Contratar pessoal	Hire
Contrato a longo prazo	Long-dated/long-term contract
Contrato a termo (Fin.)	Forward contract (Fin.)
Contrato à vista (Fin.)	Spot contract (Fin.)
Contrato "chave em mãos"	Turn-key contract
Contrato coletivo de trabalho (Jur.)	Collective labor agreement (Leg.)
Contrato compulsório (Seg.)	Compulsory contract (Ins.)
Contrato de câmbio (Fin.)	Foreign exchange contract (Fin.)
Contrato de câmbio a termo (Fin.)	Forward exchange contract (Fin.)
Contrato de comodato (Jur.)	Free lease agreement (Leg.)
Contrato de compra	Purchase contract
Contrato de dívida (Fin.)	Debt agreement (Fin.)
Contrato de empréstimo/financiamento (Fin.)	Loan agreement (Fin.)
Contrato de futuros (Fin.)	Futures contract (Fin.)
Contrato de opção (Fin.)	Option contract (Fin.)
Contrato de paridade de indexadores (Fin.)	Index parity contract (Fin.)
Contrato de preço fixo	Fixed price contract
Contrato de seguro (Seg.)	Insurance contract (Ins.)

Contrato de seguro de anuidade (Seg.)	Annuity contract (Ins.)
Contrato de vendas	Sales contract
Contrato facultativo (Seg.)	Facultative contract (Ins.)
Contrato padrão	Standard contract
Contrato por administração	Cost-plus contract
Contrato social (Jur.)	Articles of association, company charter, partnership deed (Leg.)
Contrato (s); contratar (v.)	Contract (n.) (v.)
Contratos de derivativos (Fin.)	Derivatives contracts (Fin.)
Contratos de moedas no mercado futuro (Fin.)	Currency futures contracts (Fin.)
Contratos de seguros resgatáveis em vida (Seg.)	Annuity contracts (Ins.)
Contratos executáveis	Enforceable contracts
Contribuição de capital	Capital contribution
Contribuição para a Previdência Social	Social security contribution
Contribuição para o Financiamento da Seguridade Social (substituta do Finsocial) - COFINS	Tax for Social Security Financing (in substitution for Finsocial) or Social Contribution on Billings
Contribuição para o lucro	Profit contribution
Contribuição Provisória sobre Movimentação Financeira - CPMF	Provisional Contribution on Financial Activities - CPMF
Contribuição Social sobre o Lucro Líquido - CSLL	Social Contribution on Net Income
Contribuinte (pessoa física)	Individual taxpayer
Contribuinte (pessoa jurídica)	Corporate taxpayer
Controlada	Subsidiary, affiliate or affiliated company
Controlador (pessoa que exerce a função de controladoria)	Controller
Controladora	Controlling company
Controladoria	Controller's department, controllership
Controle	Control
Controle administrativo	Administrative control
Controle cambial	Exchange control
Controle compensatório (Aud.)	Compensating control (Aud.)
Controle contábil	Accounting control
Controle contábil interno	Internal accounting control
Controle de custos	Cost control
Controle de entrada/saída (hotéis)	Check in/out
Controle de estoques	Inventory control
Controle de fabricação	Manufacturing control
Controle de material	Material control
Controle de poluição	Pollution control

Controle de produção	Production control
Controle de qualidade	Quality control
Controle do razão	Ledger control
Controle gerencial	Managerial control
Controle interno	Internal control
Controle operacional	Operational control
Controle orçamentário	Budgetary control
Controles	Checks and balances
Controles administrativos/gerenciais	Management controls
Controles-chave	Key controls
Controles de aplicativos em sistemas de informação computadorizados	Application controls in computer information systems
Controles de aplicativos (PED)	Application controls (EDP)
Controles de detecção	Detective controls
Controles de preços	Price controls
Controles de processamento	Processing controls
Controles de processamento em lotes (PED)	Batch processing controls (EDP)
Controles de reinício e recuperação (PED)	Restart and recovery controls (EDP)
Controles de sessão (PED)	Session controls (EDP)
Controles diretos	Direct controls
Controles independentes e da administração	Management and independent controls
Controles para salvaguardar ativos	Controls to safeguard assets
Controles preventivos	Preventive controls
Controles programados de balanceamento (PED)	Programed balancing controls (EDP)
Controles programados de corte de documentação (PED)	Programed cut-off controls (EDP)
Controles sobre dados gerados por sistema (PED)	Controls over system-generated data (EDP)
Controles sobre transmissão de dados (PED)	Data transmission controls (EDP)
Convenção (de custo histórico, por exemplo)	Convention (historical cost convention, for example)
Convenção contábil	Accounting convention
Conversão	Conversion, translation
Conversão de dados (PED)	Data conversion (EDP)
Conversão de dívida	Debt conversion
Conversão de moeda estrangeira	Translation of foreign currency
Conversão para moeda estrangeira (de demonstrações financeiras)	Foreign currency translation (of financial statements)

Conversibilidade	Convertibility
Convicção	Confidence
Coobrigação (Jur.)	Coobligation (Leg.)
Cooperação internacional	International cooperation
Cooperativa	Cooperative
Coordenação de Informações Econômico-Fiscais - CIEF	Coordination of Fiscal and Economic Information
Coordenação do Sistema de Tributação - CST	Coordination of the Taxation System
Coordenador da Administração do Trabalho - CAT	Coordinator of the Labor Administration
Coordenador do Sistema de Arrecadação - CSA	Coordinator of the Tax Collection System
Cópia de segurança (PED)	Backup (EDP)
Cópia-mestra	Master copy
Cópia para arquivo	File copy
Cópia similar	Facsimile
Corporação Financeira Internacional - IFC	International Finance Corporation - IFC
Correção	Correction, amendment
Correção de um erro	Correction of an error
Correção monetária	Restatement, price-level restatement
Correio	Post Office - P.O.
Correio eletrônico (PED)	Electronic mail; E-mail (EDP)
Correio rápido	Courier
Correr riscos	Take risks
Correspondente, no país ou no exterior, de outros bancos (contas de outros bancos com o banco) - relações interbancárias ou interdepartamentais (Fin.)	Vostro account (Fin.)
Corretagem	Brokerage
Corretor	Broker
Corretoras de hipotecas	Mortgage banking companies
Corretor de investimentos	Investment broker
Corretor de seguros (Seg.)	Insurance broker (Ins.)
Corretor de valores	Stockbroker, share dealer
Corretores no exterior (Seg.)	Overseas brokers (Ins.)
Corte de custos	Cost cutting
Corte de documentação	Cut-off
Co-seguro (Seg.)	Coinsurance (Ins.)
Co-seguro cedido (Seg.)	Coinsurance ceded (Ins.)
Costume, hábito	Common practice

Cota	Quota
Cotação	Quotation
Cotação abaixo do valor justo	Underbid
Cotar acima do preço	Overrate
Cotista	Quotaholder
Creditar	Credit
Crédito	Credit
Crédito ampliado (Fin.)	Extended credit (Fin.)
Crédito ao consumidor (Fin.)	Consumer credit (Fin.)
Crédito comercial	Trade credit
Crédito de exportação	Export credit
Crédito de importação	Import credit
Crédito de liquidação duvidosa	Doubtful debt
Crédito diferido	Deferred credit
Crédito extraordinário	Extraordinary credit
Crédito fiscal (Jur.)	Tax credit (Leg.)
Crédito fiscal do exterior (Jur.)	Foreign tax credit (Leg.)
Crédito irrevogável (Fin.)	Irrevocable credit (Fin.)
Crédito rotativo (Fin.)	Revolving credit (Fin.)
Créditos documentários (Fin.)	Documentary credits (Fin.)
Créditos em liquidação	Delinquent accounts receivable
Créditos garantidos pelo governo	Government-guaranteed credits
Credor	Creditor
Credor hipotecário	Mortgagee
Credor preferencial	Preferred creditor
Credor quirografário	Ordinary creditor
Crescimento da empresa	Corporate growth
Crescimento da receita sustentado	Revenue enhancing
Crescimento econômico	Economic growth
Crime do colarinho branco (Fin.)	White collar crime (Fin.)
Criptografia (PED)	Cryptography (EDP)
Crise de liquidez	Liquidity squeeze
Critério	Criterion, criteria
Critério/base de seleção (Aud.)	Basis of selection (Aud.)
Cronograma	Time chart, schedule, timeline
Culpa	Fault
Cumprir	Fill
Cumprir (prazos)	Meet
Cupom	Coupon
Curador	Trustee
Curso intensivo	Crash course
Cursor (PED)	Cursor (EDP)

Curta duração (Seg.)	Short-tail (Ins.)
Curva de aprendizado/aprendizagem	Learning curve
Curva de freqüência	Frequency curve
Curva de incremento salarial	Salary progression curve
Curva de rendimento	Yield curve
Custear	Defray
Custeio	Costing
Custeio direto	Direct costing
Custeio por absorção	Absorption costing
Custeio por lotes	Batch costing
Custeio por ordem de produção	Job costing
Custo	Cost
Custo administrado	Managed cost
Custo amortizado	Amortized cost
Custo anormal	Abnormal cost
Custo baseado em processos (atividades)	Activity-based costing - ABC
Custo básico	Base/basic cost
Custo-benefício	Cost-benefit; value for money
Custo comparativo	Comparative cost
Custo corrente	Current cost
Custo das mercadorias vendidas	Cost of goods sold, cost of sales
Custo de aposentadoria e pensão	Pension cost
Custo de conversão	Conversion cost
Custo de distribuição	Distribution cost
Custo de fabricação	Manufacturing cost
Custo de inatividade de capital	Carrying cost of capital
Custo de manuseio	Handling charge
Custo de manutenção	Maintenance cost
Custo de mão-de-obra	Labor cost
Custo de oportunidade	Opportunity cost
Custo de paralisações	Cost of stoppages
Custo de pensão do período de emprego anterior à vigência do plano de aposentadoria e pensão (pensões)	Past service pension cost (pension)
Custo de pessoal	Personnel cost
Custo depreciado	Depreciated cost
Custo de produção	Production cost, output cost
Custo de reposição	Replacement cost
Custo de reposição, reconstrução e reparação (Seg.)	Replacement, reconstruction and reproduction cost (Ins.)
Custo de serviços (pensões)	Service cost (pension)
Custo de transporte	Transportation cost

Custo de vendas	Cost of sales
Custo de vida	Cost of living
Custódia	Custody, safekeeping
Custódia e liquidação (Fin.)	Custody and liquidation (Fin.)
Custódia fungível (Fin.)	Fungible custody (Fin.)
Custodiante	Custodian
Custo diferencial	Differential cost
Custo direto	Direct cost
Custo do dinheiro	Cost of money
Custo efetivo	Actual cost
Custo e frete - C&F	Cost and Freight - C&F
Custo específico	Specific cost
Custo fixo	Fixed cost
Custo histórico	Historical cost
Custo histórico ajustado ou atualizado	Adjusted historical cost
Custo imputado	Imputed cost
Custo incorrido	Incurred cost
Custo indireto	Indirect cost
Custo inicial	Start-up cost
Custo intangível	Intangible cost
Custo marginal	Marginal cost, incremental cost
Custo médio	Average cost
Custo não controlável	Uncontrollable cost
Custo não expirado	Unexpired cost
Custo não recuperado	Unrecovered cost
Custo operacional	Operating cost
Custo original	Original cost
Custo ou mercado	Cost or market
Custo ou mercado, o que for menor	Lower of cost or market
Custo padrão	Standard cost
Custo primário	Prime cost
Custo programado	Scheduled cost, programmed cost
Custo real	Actual cost, real cost
Custo residual	Residual cost
Custos adicionais	Incidental costs
Custos advocatícios	Legal expenses
Custos de ajustes de sinistros (Seg.)	Loss Adjustment Expenses - LAE (Ins.)
Custos de ajustes de sinistros não apropriados (Seg.)	Unallocated Loss Adjustment Expenses - ULAE (Ins.)
Custos de aquisição	Acquisition costs
Custos de aquisição diferidos (custos para conseguir novas contratações de seguros ou de renovações) (Seg.)	Deferred acquisition costs (Ins.)

Custos de execução de reparações	Costs of performing remediation/repairs
Custos de exploração	Exploration costs
Custos de fechamento de uma instalação de produção	Shut-down costs
Custos de propriedades desocupadas aguardando limpeza	Costs of idle site awaiting cleanup
Custos de rejeição	Rejection costs
Custos de reparação do meio ambiente	Environmental remediation costs
Custos, despesas ou prejuízos	Unwinding costs
Custos diferidos	Deferred costs
Custo, seguro e frete - CIF	Cost, Insurance and Freight - CIF
Custos eventuais	Contingent costs
Custos fixos que continuam a ser incorridos mesmo depois de cessar a produção	Shut-down costs
Custos gerais indiretos	Overhead costs
Custos incidentais	Incidental costs
Custos inferiores aos previstos	Cost underrun
Custos pagos antecipadamente	Prepaid costs
Custos semifixos	Semi-fixed costs
Custos semivariáveis	Semivariable costs
Custos superiores aos previstos	Cost overrun
Custo suplementar	Supplementary cost
Custo total	Full cost
Custo unitário	Unit cost
Custo variável	Variable cost

D

Dados-chave	Key data
Dados comparativos	Comparatives
Dados de entrada (PED)	Data input (EDP)
Dados de saída (PED)	Data output (EDP)
Dados, informações	Data
Dados permanentes	Standing data
Dados permanentes para processamento	Standing data for processing
Dano	Damage
Dano direto (Seg.)	Direct damage (Ins.)
Dano indireto (Seg.)	Indirect damage (Ins.)
Dano máximo provável (Seg.)	Maximum probable loss (Ins.)
Dano parcial (Seg.)	Partial loss (Ins.)
Danos apurados (Jur.)	Liquidated damages (Leg.)
Danos pessoais (Seg.)	Personal injury (Ins.)
Dar entrada	Enter
Dar fé (Jur.)	Bear witness (Leg.)
Dar poderes (procuração, por exemplo)	Empower
Data da emissão	Date of issue
Data da transação	Trade date
Data de efetivação da transação	Transaction date
Data de encerramento	Closing date
Data de entrega	Delivery date
Data de início da vigência da apólice (Seg.)	Beginning of the policy period (Ins.)
Data de liquidação	Settlement date
Data de registro	Record date, date of record
Data de repactuação (Fin.)	Repricing/reset date (Fin.)
Data de validade da transação	Value date
Data de vencimento	Due date, maturity date, expiration date
Data de vigência	Effective date
Data do relatório sobre demonstrações financeiras (Aud.)	Reporting date (Aud.)
Data fatal	Deadline
Data final	Deadline
Data-limite	Deadline
Datilografar	Type
Datilógrafo	Typist
De acordo com a lei (Jur.)	At law (Leg.)
De acordo com isto	Hereunder
Debênture (Fin.)	Debenture (Fin.)
Debêntures de fruição	Fruition debentures
Debitado a menos	Undercharged
Debitar	Debit

Debitar à conta de lucros e perdas	Expense; charge to profit and loss
Débito	Charge, debit
Débito direto em conta (automático) (Fin.)	Direct debit (Fin.)
Débitos de honorários	Fee charges
Débitos de juros e serviços (Fin.)	Interest and fee charges (Fin.)
Débitos de serviços	Fee charges, service charges
Débitos internos	House debits
Débitos não lançados	Unposted debits
Decadência (Seg.)	Lapse, expiration (Ins.)
Decepção	Disappointment
Décimos	Tenths
Décimo-terceiro (13º) salário	Thirteenth (13th) salary
Decisão de fazer ou comprar	Make-or-buy decision
Decisões sobre o enfoque (Aud.)	Approach decisions (Aud.)
Decisões sobre o escopo/alcance (Aud.)	Scope decisions (Aud.)
Declaração, antes da emissão do parecer, de que a auditoria não revelou, ou revelou, fatos capazes de afetar o parecer (Aud.)	Advance clearance (Aud.)
Declaração Anual do Movimento Econômico - DAME	Annual Declaration of Economic Movement
Declaração de ajuste anual - pessoa física	Annual income tax return-individuals
Declaração de Contribuições e Tributos Federais - DCTF	Declaration of Federal Contributions and Taxes
Declaração de falência (Jur.)	Adjudication of bankruptcy (Leg.)
Declaração de imposto (Jur.)	Tax return (Leg.)
Declaração de imposto de renda (Jur.)	Income tax return (Leg.)
Declaração de imposto de renda consolidado (Jur.)	Consolidated tax return (Leg.)
Declaração de Imposto de Renda na Fonte - DIRF	Declaration of Income Tax at Source
Declaração de Informações do Imposto sobre Produtos Industrializados - DIPI	Declaration of Information on Excise Tax
Declaração de Trânsito Aduaneiro - DTA	Customs Transit Declaration
Declaração do Movimento Econômico-Fiscal - DMEF	Annual Economic Return
Declaração do segurado (Seg.)	Insureds' declaration (Ins.)
Declaração exigida de pessoas físicas e jurídicas (por exemplo, de imposto de renda)	Return
Declaração falsa (Jur.)	Misrepresentation, falsified return (Leg.)
Declaração juramentada, depoimento (Jur.)	Affidavit (Leg.)
Declarações	Representations, returns, filings

Declarações fraudulentas (Seg.)	Fraudulent declarations (Ins.)
Declarar constituída a assembléia	Call to order
Declínio de vendas	Sales downturn
Decolar (empresa)	Take-off
Decreto (Jur.)	Decree (Leg.)
Decreto-Lei - DL (Jur.)	Decree-Law - DL (Leg.)
Decurso de prazo (Jur.)	Lapse of time (Leg.)
Decriptação (PED)	Decryption (EDP)
De direito	De jure
Dedução	Deduction
Dedução fiscal (Jur.)	Tax deduction (Leg.)
Dedução na fonte (Jur.)	Deduction at source (Leg.)
Deduções por encargos de família (para imposto de renda) (Jur.)	Family allowances (income tax) (Leg.)
Dedutível, dedutibilidade	Deductible, deductibility
Deduzir	Extract
Defasagem (Fin.)	Lag (Fin.)
Defasagem cambial	Understatement of the rate of exchange
De fato	De facto
"Default" (direcionamento automático programado) (PED)	Default (EDP)
Defeito	Fault
Deferimento (Jur.)	Granting (Leg.)
Deficiência	Deficiency, shortfall
Deficiências	Shortcomings
Déficit	Deficit
Déficit acumulado	Accumulated deficit
Déficit comercial	Trade deficit
Déficit e excedentes de caixa	Cash shortages and overages
Definição	Definition
Definitivo	Definite
Deflação	Deflation
Defraudação	Defraudation, fraud
Deixar cair	Drop
Del credere	Del credere
Delegação (Jur.)	Mandate (Leg.)
Delegação de autoridade	Delegation of authority
Delegação de poderes (Jur.)	Delegation of powers (Leg.)
Delegacia da Receita Federal - DRF	Federal Revenue Service - FRS
De luxo	De luxe
Demanda (Jur.)	Demand (Leg.)
Demanda crescente	Rising demand

Demanda de consumidores	Consumer demand
Demanda global	Overall demand
Demanda inelástica	Inelastic demand
Demissão	Dismissal
Demissão sem justa causa	Unfair dismissal
Demitir	Give notice, fire
Demitir-se	Resign
Demoção	Demotion
Demonstração das mutações no patrimônio líquido	Statement of changes in stockholders' (USA)/shareholders' (UK) equity
Demonstração de lucros	Statement of earnings
Demonstração de lucros acumulados	Statement of retained earnings
Demonstração de lucros e perdas	Income statement/profit and loss statement
Demonstração de origem e aplicação de recursos	Statement of changes in financial position/of condition
Demonstração de saldos por antigüidade	Aging/ageing list
Demonstração do resultado	Income statement
Demonstração dos fluxos de caixa	Statement of cash flows
Demonstração financeira de pessoa física	Personal financial statement
Demonstrações financeiras básicas	Basic financial statements
Demonstrações financeiras/contábeis	Financial statements
Demonstrações financeiras/contábeis combinadas	Combined financial statements
Demonstrações financeiras/contábeis comparadas	Comparative financial statements, group accounts
Demonstrações financeiras/contábeis condensadas	Condensed financial statements
Demonstrações financeiras/contábeis consolidadas	Consolidated financial statements, group accounts
Demonstrações financeiras/contábeis denominadas em moeda estrangeira	Financial statements denominated in foreign currency
Demonstrações financeiras/contábeis em moeda de poder aquisitivo constante	Financial statements in constant currency
Demonstrações financeiras/contábeis em moeda estrangeira	Foreign currency financial statements
Demonstrações financeiras/contábeis intermediárias/intercalares	Interim financial statements
Demonstrações financeiras/contábeis não auditadas	Unaudited financial statements
Demonstrações financeiras/contábeis para fins gerais	General purpose financial statements
Demonstrações financeiras/contábeis para uso geral	All purpose financial statements

Demonstrações financeiras/contábeis reformuladas/reapresentadas	Restated financial statements
Demonstrações financeiras/contábeis resumidas	Summarized financial statements
Demonstrações "pro forma"	Pro forma statements
Demonstrativo de Apuração do Lucro Imobiliário - PF - DALI	Schedule of Gain on Sale of Real Estate - Personal
Demonstrativo do Coeficiente de Redução do Imposto de Importação - DCR	Schedule of Coefficient for Reduction of Import Duty
Demora para carga ou descarga	Lay days, delay in loading/unloading
Denominação	Denomination
Denominação social	Company name
Densidade	Density
Dentro do valor de mercado (quando o preço de um papel financeiro está abaixo do valor de mercado) (Fin.)	In the money (Fin.)
Denúncia (Jur.)	Denouncement, accusation (Leg.)
Departamentalização	Departmentalization
Departamento de Comércio Exterior - DECEX	Foreign Trade Department
Departamento de compras	Purchase department
Departamento de conferências	Proof/checking department
Departamento de contabilidade	Accounting department
Departamento de pessoal	Personnel department
Departamento de produção (Seg.)	Production department (Ins.)
Departamento de Proteção e Defesa do Consumidor - DPDC	Consumers' Protection and Defense Department
Departamento de Registro e Fiscalização do Capital Estrangeiro - FIRCE	Department of Registration and Supervision of Foreign Capital
Departamento de sinistros (Seg.)	Claims department (Ins.)
Departamento de treinamento	Training department
Departamento de vendas	Sales department
Departamento do Tesouro Nacional - DTN	National Treasury Department
Departamento Nacional de Prospecção de Minerais - DNPM	National Department for Mineral Prospecting
Departamento Nacional de Telecomunicações - DENTEL	National Department of Telecommunications
Dependente	Dependent
Depositante (Jur.)	Depositor, bailor (Leg.)
Depositar	Deposit
Depositário (Jur.)	Depositary, bailee (Leg.)
Depositário (de ações) com poderes (procuração) para votar (Jur.)	Voting trust (Leg.)
Depósito	Deposit; depot

Depósito Aduaneiro de Distribuição - DAD	Bonded Distribution Warehouses
Depósito a prazo (Fin.)	Time deposit, notice account deposit (Fin.)
Depósito a vista (Fin.)	Demand deposit, sight deposit (Fin.)
Depósito bancário (Fin.)	Bank deposit (Fin.)
Depósito de margem (Fin.)	Margin deposit (Fin.)
Depósito de poupança (Fin.)	Savings deposit (Fin.)
Depósito reembolsável (Fin.)	Refundable deposit (Fin.)
Depósitos bancários vinculados a ações (Fin.)	Equity-linked bank deposits (Fin.)
Depósitos de prazo em aberto (Fin.)	Open time deposit account (Fin.)
Depósitos especiais (Fin.)	Special deposits (Fin.)
Depósitos especiais no IRB (Seg.)	Special IRB deposits (Ins.)
Depósitos feitos por corretoras (Fin.)	Brokered deposits (Fin.)
Depósitos interfinanceiros (Fin.)	Interfinancial deposits (Fin.)
Depósitos judiciais (Jur.)	Judicial deposits (Leg.)
Depósitos que rendem juros (Fin.)	Interest-bearing deposits (Fin.)
Depreciação	Depreciation
Depreciação acelerada	Accelerated depreciation
Depreciação acumulada	Accumulated depreciation
Depreciação linear	Straight-line depreciation
Depreciar	Depreciate
Depreciável	Depreciable
Depressão	Depression
Depressão econômica	Economic depression
Deputado	Deputy
Derivativos	Derivatives
Derramamento	Spillage
Desaceleração	Slow-down
Desacordo	Disagreement
Desacostumado	Unaccustomed
Desafio do cargo	Job challenge
Deságio	Discount, negative goodwill
Desaparecimento de carga (Seg.)	Simple disappearance (of cargo) (Ins.)
Desaprovar	Disapprove
Desastre (Seg.)	Disaster (Ins.)
Descapitalizado	Undercapitalized, decapitalized
Descarregar	Unload
Descarrilar	Derail
Descartar	Discard
Descentralização	Decentralization
Descentralizar	Decentralize
Descobertas	Findings

Descobertas factuais	Factual findings
Descobrir	Uncover
Descodificação (PED)	Decryption (EDP)
Descodificar/decodificar	Decode
Descompassos/desequilíbrios no tempo (entre ativos e passivos correlatos)	Time mismatches
Desconfiar	Mistrust
Descontado com direito a recurso	Discounted with recourse
Descontar	Discount
Descontar (cheque)	Cash in
Descontinuação	Discontinuation, shut down
Desconto	Discount, allowance
Desconto baseado em volume	Volume discount
Desconto, com	At a discount
Desconto comercial	Trade discount
Desconto de provisões para sinistros (Seg.)	Discounting of loss reserves (Ins.)
Desconto (deságio) de obrigação ou título de dívida	Bond discount
Desconto para pagamento à vista	Cash discount
Desconto perdido/não aproveitado	Lost discount
Desconto por impostos duplicados	Double taxation relief
Descontos agressivos/predatórios	Predatory discounts
Desconto sobre compras	Purchase discount
Desconto sobre vendas	Sales discount
Descrédito	Discredit
Descrever	Describe
Descrição de cargo	Job description
Descuido, desleixo (s.)/descuidar, desleixar (v.)	Neglect (n.) (v.)
Descumprimento	Non-compliance
Desdobramento	Deployment
Desdobramento de contas	Breakdown of accounts
Desembaraço alfandegário	Customs clearance
Desembarcar	Disembark
Desembolsar	Spend
Desembolso	Disbursement, outlay
Desembolso de caixa	Cash disbursement
Desembolsos de capital	Capital outlays
Desempenho	Performance
Desempenho de alto nível	High-level performance
Desempenho do cargo	Job performance
Desempenho financeiro	Financial performance

Desempenho global	Overall performance
Desempenho *versus* objetivos	Performance against objectives
Desempregado	Jobless, unemployed
Desemprego	Unemployment
Desenhar	Design
Desenho de produto	Product design
Desenho(s.); desenhar (v.)	Design (n.)(v.)
Desenvolvimento	Development
Desenvolvimento da organização	Organizational development
Desenvolvimento de novos produtos	New product development
Desenvolvimento de produtos	Product development
Desenvolvimento de sistemas	Systems development
Desenvolvimento econômico	Economic development
Desenvolvimento imobiliário	Real estate development
Desenvolvimento profissional	Professional development
Desenvolvimento Rodoviário S.A. - DERSA	Highway Development Company
Desequilíbrio econômico	Economic distress
Desequilíbrio financeiro eventual e vultoso (Fin.)	Unusually large imbalance (Fin.)
Desequilíbrio na balança comercial	Trade imbalance
Desestabilizar	Destabilize
Desfalque	Defalcation, embezzlement
Desfazer operações (PED)	Roll back (EDP)
Desguarnecer, desmontar	Dismantle
Designação	Assignment
Designar	Design
Designar novamente	Reappoint
Desigualdade	Inequality
Desinvestimento	Divestment
Desistir	Quit
Desligar e religar (PED)	Reboot (EDP)
Desmembramento	Dismemberment
Desmembramento de ações	Split, stock split
Desmonetização (Fin.)	Demonetization (Fin.)
Desmoronamento (Seg.)	Collapse (Ins.)
Desnacionalização	Denationalization
Desobediência	Disobedience
Desobrigar	Release
Desonesto	Dishonest
Despachante alfandegário	Customs broker
Despachar	Dispatch, expedite
Despacho	Dispatch

Desperdício	Waste
Desperdício normal	Normal spoilage
Despesa	Expense
Despesa de cobrança	Collection charge
Despesa de entrega	Delivery expense
Despesa de fabricação	Manufacturing expense
Despesa (benefício) de imposto de renda	Income tax expense (benefit)
Despesa de publicidade	Advertising expense
Despesa diferida	Deferred charge
Despesa financeira	Financial expense
Despesa indireta departamental	Departmental overhead
Despesa ou crédito de imposto diferido	Deferred tax expense or benefit
Despesas alocadas de regulação de sinistros (Seg.)	Allocated Loss Adjustment Expenses - ALAE (Ins.)
Despesas com assistência médica (Seg.)	Medical care expenses (Ins.)
Despesas com descarga	Landing charges
Despesas com desenvolvimento de novos produtos	Product development expenses
Despesas de administração	Administrative overhead
Despesas de ajustes de sinistros não apropriados (Seg.)	Unallocated Loss Adjustment Expenses - ULAE (Ins.)
Despesas de ajustes de sinistros (Seg.)	Loss Adjustment Expenses - LAE (Ins.)
Despesas de aquisição (Seg.)	Acquisition costs (Ins.)
Despesas de escritório	Office expenses
Despesas de organização	Organization expenses
Despesas de prêmios (Seg.)	Premium expenses (Ins.)
Despesas de representação/entretenimento	Entertainment expenses
Despesas desembolsadas	Out-of-pocket expenses
Despesas de venda e administrativas	Selling and administrative expenses
Despesas de viagem	Traveling expenses
Despesas diretas de fabricação	Direct manufacturing expenses
Despesas diversas	Sundry/miscellaneous expenses
Despesas do exercício (não integrantes dos custos de produção)	Period costs
Despesas gerais	General expenses
Despesas gerais de fábrica	Factory overheads
Despesas gerais indiretas	General indirect expenses, general overhead
Despesas gerais indiretas não absorvidas	Unabsorbed burden/overheads
Despesas indiretas	Indirect expenses; overheads
Despesas legais	Legal expenses

Despesas médico-hospitalares por acidentes (Seg.)	Medical and hospital accident expenses (Ins.)
Despesas não operacionais	Non-operating expenses
Despesas operacionais	Operating expenses
Despesas pagas antecipadamente	Prepaid expenses
Despesas pré-operacionais	Pre-operating expenses
Desprovido de	Lacking
Desregulamentação	Deregulation
Destacável	Detachable
Destaques	Redlining, highlight
Destaque(s.); destacar (v.)	Highlight (n.) (v.); detach (v.)
Destinação de lucros acumulados	Appropriated surplus
Destinação de recursos	Application of resources
Desvalorização	Devaluation
Desvalorização da moeda	Currency devaluation
Desvantagem	Disadvantage
Desvio	Switch
Desvio padrão	Standard deviation
Detalhe (s.); detalhar (v.)	Detail (n.) (v.); itemize (v.)
Detentor de apólice (Seg.)	Policyholder (Ins.)
Detentor dos direitos da apólice; segurado (Seg.)	Policyowner; policyholder (Ins.)
Detentor (que detém a posse do bem ou papel negociável)	Holder
Deterioração	Deterioration, impairment
Deterioração pelo uso	Wear and tear
Determinação de preços	Price determination
Deturpação	Misstatement
Deturpar	Garble
De última hora	Last-minute
Devedor	Debtor (n.); receivable (adj.)
Devedores que pagam com atraso	Slow payers
Devedor hipotecário	Mortgager
Dever (s.) (v.)	Duty (n.); owe (v.)
Devolução	Return
Devolução de mercadoria ao vendedor	Return to vendor
Devolução dos pagamentos de prêmio (Seg.)	Return premium payments (Ins.)
Dezenas	Tens
Diagrama	Diagram
Diálogo contínuo	Ongoing dialogue
Diária de incapacidade temporária por acidente (Seg.)	Workers compensation daily rate (Ins.)
Diário	Journal

Diário auxiliar	Subsidiary journal
Diário geral	General journal
Diário Oficial da União - DOU	Official Daily Government Newspaper - DOU
Dias de carência	Days of grace
Dias de vendas em aberto (a receber)	Days of sales outstanding
Dias de vendas em contas a receber	Number of days' sales in receivables
Dia útil, dia da semana	Working day, business day, weekday
Diferença cambial	Exchange difference
Diferença/distinção	Difference
Diferença no vencimento em tempo e montantes (entre ativos e passivos correlatos)	Maturity gap
Diferenças permanentes (entre o lucro contábil e o tributável)	Permanent differences
Diferenças temporárias/temporais (entre o lucro contábil e o tributável)	Temporary differences
Diferencial de preços	Price differential
Diferimento	Deferment, deferral
Diferimento contábil do imposto de renda	Interperiod tax allocation
Diferir	Defer
Diferir/divergir	Differ
Digitar (PED)	Enter (EDP)
Dígito binário (PED)	Binary digit (EDP)
Dígito de controle (PED)	Check digit (EDP)
Digno de confiança	Trustworthy
Diluição	Dilution
Diminuição da jornada, redução	Cutback (in working hours)
Diminuição de autoridade	Contraction of authority
Diminuir	Decrease
Dinâmica de grupo	Group dynamics
Dinâmica do mercado	Market dynamics
Dinheiro	Money
Dinheiro barato (Fin.)	Cheap money (Fin.)
Dinheiro em caixa	Cash on hand
Dinheiro ocioso	Idle money
Dinheiro para gastos pessoais	Pocket money
Dinheiro reembolsável mediante solicitação do credor (Fin.)	Call money (Fin.)
Dique/doca	Dock
Direito	Right
Direito a benefícios (Seg.)	Eligible for benefits (Ins.)

Direito adquirido (Jur.)	Acquired right/vested right (Leg.)
Direito autoral (Jur.)	Copyright (Leg.)
Direito a voto (Jur.)	Voting right (Leg.)
Direito comercial (Jur.)	Commercial law (Leg.)
Direito contratual (Jur.)	Contractual right (Leg.)
Direito de regresso (Jur.)	Rights of recourse; recourse (Leg.)
Direito de subscrição preferencial de acionistas	Preferential subscription right
Direito líquido e certo (Jur.)	Clear legal right (Leg.)
Direito mercantil (Jur.)	Mercantile law (Leg.)
Diretoria executiva	Top management
Direitos alfandegários/aduaneiros	Customs duties
Direitos de lavra	Mining rights
Direitos de subscrição	Subscription rights
Direitos especiais de saques - SDR (Fin.)	Special Drawing Rights - SDR (Fin.)
Direitos executáveis, direito de regresso (Jur.)	Enforceable claims (Leg.)
Direitos não reivindicados (Jur.)	Unasserted claim (Leg.)
Diretor	Director
Diretor administrativo	Administrative director
Diretor financeiro	Finance director
Diretoria	Board of directors
Diretoria de Arrecadação e Fiscalização - DAF	Administration of Tax Collection and Fiscalization
Diretriz contábil	Accounting policy
Diretrizes	Policies
Dirigentes sindicais	Union officers
Disco flexível (PED)	Floppy disk (EDP)
Disco magnético (PED)	Magnetic disk (EDP)
Disco ótico (PED)	Optical disk (EDP)
Discordância, dissidência	Dissent
Discordar	Disagree
Disco rígido (PED)	Hard disk (EDP)
Discrepância	Discrepancy
Discriminação de contas	Breakdown of accounts
Discriminar	Itemize, discriminate
Discurso	Speech
Discutir/debater	Discuss
"Disk drive"/acionador de disco (PED)	Disk drive (EDP)
Disparidade de salário	Wage differential
Dispêndio	Expenditure, spending
Dispêndio para aquisição de imobilizado	Capital expenditure

Dispendioso	Costly, expensive
Dispensa	Waiver
Dispensa de empregados	Layoff, redundancy
Dispensar de um pagamento	Discharge
Disponibilidade de moeda	Money supply
Disponível	Available funds, cash and banks
Dispor de recursos	Afford
Dispositivo de fita magnética (PED)	Tape device (EDP)
Dispositivo de fornecimento temporário de energia elétrica (PED)	No-break (EDP)
Dispositivos contratuais (Jur.)	Provisions (Leg.)
Dispositivos de interconexão de redes (PED)	Gateways (EDP)
Dispositivos de leis e regulamentos (Jur.)	Provisions of laws and regulations (Leg.)
Dispositivos (PED)	Devices (EDP)
Dispositivos estatutários	Statutory provisions
Dispositivo "swift" de ligação (PED)	Swift Interface Device - SID (EDP)
Disquetes/discos flexíveis (PED)	Diskettes (EDP)
Disseminar	Sow, disseminate, broadcast
Dissídio coletivo (Jur.)	Collective labor agreement (Leg.)
Dissolução	Dissolution
Distinção	Award
Distorcer	Distort
Distribuição	Distribution
Distribuição de custos	Cost allocation
Distribuição de imposto de renda entre períodos contábeis	Interperiod tax allocation
Distribuição de mão-de-obra (de folha de pagamento)	Payroll distribution
Distribuição de participações em lucros operacionais de retrocessões e consórcios (Seg.)	Distribution of participations in retrocession accounts and pooled business (Ins.)
Distribuição de responsabilidades	Allocation of responsibilities
Distribuição/destinação de recursos	Disposition/application of resources
Distribuição do imposto de renda (no regime de competência)	Allocation of income taxes
Distribuição/redistribuição de renda	Income distribution/redistribution
Distribuidor	Distributor
Distribuidores de títulos e valores mobiliários (Fin.)	Securities dealers (Fin.)
Distrito	District
Distúrbio, desordem violenta (Seg.)	Riot (Ins.)
Ditado (s.); ditar (v.)	Dictation (n.); dictate (v.)

Divergência	Discrepancy, divergence, disagreement
Diversificação	Diversification
Diversos	Sundry, other
Diversos níveis de revisão (Aud.)	Multiple levels of review (Aud.)
Dívida	Debt
Dívida a curto prazo	Short-term debt
Dívida a longo prazo	Long-term debt
Dívida a taxa flutuante	Floating-rate debt
Dívida externa	External debt, crossborder debt
Dívida fundada	Funded debt
Dívida incobrável	Bad debt
Dívida nacional	National debt
Dívida não corrente	Non-current debt
Dívida principal	Senior debt
Dívida pública	Public debt
Dívida revogável (Fin.)(Jur.)	Debt defeasance (Fin.)(Leg.)
Dívida secundária (hipoteca em segundo grau, por exemplo)	Junior debt
Dívida subordinada	Subordinated debt
Dividendo	Dividend
Dividendo cumulativo	Cumulative dividend
Dividendo declarado	Declared dividend
Dividendo do final de um exercício	Year-end dividend, final dividend
Dividendo em dinheiro	Cash dividend
Dividendo em espécie	Dividend in kind
Dividendo fixo	Fixed dividend
Dividendo intermediário/intercalar	Interim dividend
Dividendo não cumulativo	Non-cumulative dividend
Dividendo não reclamado	Unclaimed dividend
Dividendo obrigatório	Compulsory dividend
Dividendo preferencial	Preferred dividend
Dividendo proposto	Proposed dividend
Dividendos a pagar	Dividends payable
Dividendos atrasados	Dividends in arrears
Divisão de risco (Seg.)	Risk spread; pooling (Ins.)
Divisão operacional	Operating division
Divulgação adequada	Adequate disclosure
Divulgação completa/total	Full disclosure
Divulgação entre parênteses	Parenthetic disclosure
Divulgação (informações sobre as demonstrações financeiras geralmente em forma de notas explicativas)	Disclosure

Divulgação suplementar	Supplemental disclosure
Doação, donativo	Donation
Doador	Donor
Documentação	Documentation
Documentação de papéis de trabalho (Aud.)	Workpaper documentation (Aud.)
Documentação de planejamento (Aud.)	Planning documentation (Aud.)
Documentação de planejamento detalhado (Aud.)	Detailed planning documentation (Aud.)
Documentária	Documentary
Documento de Arrecadação de Receitas Federais - DARF	Document for/Receipt of Collection of Federal Income
Documento de embarque	Shipping document
Documento-fonte/de origem	Source document
Documento (prospecto) que apóia um lançamento de ações	Offering memorandum/circular/ prospectus
Doença profissional	Occupational disease
Dólar comercial	Commercial dollar (import/export)
Dólar paralelo	Parallel dollar (black market)
Dólar turismo	Tourism dollar
Domicílio (Jur.)	Domicile (Leg.)
Domicílio legal (Jur.)	Legal domicile (Leg.)
Domínio absoluto (Jur.)	Absolute title (Leg.)
Domínio público (Jur.)	Public domain (Leg.)
Dotação de pessoal	Staffing
Doutrina (Jur.)	Jurisprudence (Leg.)
Duodécimos do imposto de renda	Monthly tax installments
Dupla indenização (Seg.)	Double indemnity (Ins.)
Duplicata	Trade note
Duplicata a pagar	Trade note payable
Duplicata a receber	Trade note receivable
Duplicata descontada	Discounted trade receivable
Duração do seguro (Seg.)	Policy period (Ins.)

E

E comercial (&)	Ampersand (&)
Econometria	Econometrics
Economia aquecida	Buoyant economy
Economia/ciência da economia	Economics
Economia de mercado	Market economy
Economia de troca	Barter economy
Economia dirigida	Controlled economy
Economia em rápida expansão	Booming economy
Economia estática	Static economy
Economia estatizada	State-owned economy
Economia informal	Informal economy
Economia invisível/informal/paralela	Underground economy
Economia madura	Mature economy
Economia mista	Mixed capital
Economias de escala	Economies of scale
Edificações e benfeitorias	Buildings and improvements
Edifício de escritórios	Office building
Edifícios	Buildings
Edital de concorrência	Call for tender, call for bid
Editorial	Editorial (press)
Educação permanente, continuada	Continuing education
Efeito cumulativo de mudança em princípio contábil	Cumulative effect of a change in accounting principle
Efeito multiplicador	Multiplier effect
Efeito regressivo (Jur.)	Backwash effect (Leg.)
Efeitos compensatórios	Offsetting effects
Efeitos pessoais	Personal effects
Efeitos sonoros (Publicidade)	Sound effects (Advertising)
Eficácia/eficaz	Effectiveness/effective
Eficiência/eficiente	Efficiency/efficient
Elaboração de políticas ou diretrizes (empresa)	Policy making
Elasticidade	Elasticity
Elegibilidade/elegível	Eligibility/eligible
Elemento	Element
Elementos de custo	Cost elements
Elevador	Elevator
Eliminação de transações entre empresas do mesmo grupo	Elimination of intercompany transactions
Eliminar dados (PED)	Delete (EDP)
Eliminar por etapas	Phase out
Elisão fiscal (Jur.)	Tax evasion (Leg.)

Em atraso	In arrears
Embalagem	Packing
Embargo	Embargo
Embarque de produtos	Shipment of goods
Emborcar	Capsize
Embutido	Built-in
Em cascata	Cascading
Em consignação	On consignment
Emenda	Amendment, correction
Emenda (Jur.)	Amendment (Leg.)
Emergência	Emergency
Em falta no estoque	Out of stock
Emigração	Emigration
Emissão de ações	Stock issue
Emissão de apólices (Seg.)	Policy issuing (Ins.)
Emitente	Drawer
Emitir um cheque	Draw a check
Em linha direta (PED)	On-line (EDP)
Em mãos	On hand
Empacotar	Package
Empilhadeira	Forklift truck
Empório	Mart
Empreendedor	Entrepreneur
Empreendimento	Enterprise, venture, undertaking
Empreendimento comercial especulativo	Venture
Empregado de escritório	Clerical worker
Empregador	Employer
Empregados	Employees
Emprego bem-remunerado	Big-pay job, highly-paid job
Empreitada	Piecework
Empreiteiro	Contractor
Empresa	Enterprise, company, corporation
Empresa aberta/com ações cotadas/ transacionadas em bolsa de valores	Publicly-traded company, quoted company, listed company
Empresa antecessora	Predecessor company
Empresa Brasileira de Aeronáutica - EMBRAER	Brazilian Aeronautics Company - EMBRAER
Empresa brasileira de capital nacional	Brazilian national capital company
Empresa Brasileira de Radiodifusão - RADIOBRÁS	Brazilian Radio and Broadcasting Service - RADIOBRÁS
Empresa Brasileira de Telecomunicações S.A. - EMBRATEL	Brazilian Telecommunications Company - EMBRATEL

Empresa Brasileira de Turismo - EMBRATUR	Brazilian Tourism Company - EMBRATUR
Empresa cedente	Ceding/transferring/assigning company
Empresa coligada/associada	Associated company
Empresa comercial ou industrial	Business enterprise
Empresa controlada	Subsidiary, controlled company
Empresa controladora, matriz	Parent company, controlling company
Empresa de Correios e Telégrafos - ECT	Mail and Telegraph Company
Empresa deficitária/que faz prejuízos	Loss maker
Empresa de porte médio	Medium-sized company
Empresa de prestação de serviços	Service company
Empresa de Processamento de Dados da Previdência Social - DATAPREV	Social Security Data Processing Company – DATAPREV
Empresa diversificada	Diversified company
Empresa emergente	Emerging business
Empresa em funcionamento	Operating company
Empresa em marcha	Going concern
Empresa estatal	State-owned company
Empresa estrangeira	Foreign company
Empresa fechada	Closed company, closely-held company
Empresa filiada	Affiliated company
Empresa hipotecária (Fin.)	Mortgage loan company (Fin.)
Empresa inativa	Dormant company
Empresa incorporada	Merged company
Empresa incorporada ou incorporadora	Merging company
Empresa investida	Investee
Empresa ligada	Affiliated company, group company
Empresa nacional	Domestic company
Empresa pequena	Small business
Empresa que visa a lucros	Profit maker, profit-oriented entity
Empresa resultante de fusão	Combined corporation
Empresário	Entrepreneur, businessman
Empresas governamentais/estatais	Government business enterprises
Empresas líderes	Tier companies
Empresas maiores e melhores	Tier companies
Empresas mais importantes	Tier companies
Empresas participantes de fusão ou incorporação	Combining companies
Empresas que se aliam para determinado objetivo	Allied companies, corporate venture partners
Empresa sucessora	Successor company
Empresa voltada para o cliente	Customer driven company
Emprestar	Lend

Empréstimo a curto prazo (Fin.)	Short-term loan (Fin.)
Empréstimo a longo prazo (Fin.)	Long-term loan (Fin.)
Empréstimo a prazo (Fin.)	Term loan (Fin.)
Empréstimo a prestações (Fin.)	Installment loan (Fin.)
Empréstimo a vista (Fin.)	Demand loan (Fin.)
Empréstimo bancário (Fin.)	Bank loan (Fin.)
Empréstimo comercial (Fin.)	Commercial loan (Fin.)
Empréstimo com juros fixos (Fin.)	Fixed interest loan (Fin.)
Empréstimo compulsório	Compulsory loan
Empréstimo com taxa flutuante/juros variáveis (Fin.)	Floating interest loan (Fin.)
Empréstimo consolidado (Fin.)	Consolidated loan (Fin.)
Empréstimo efetuado por meio de consórcio de bancos (Fin.)	Syndicated loan (Fin.)
Empréstimo estrangeiro (Fin.)	Foreign loan (Fin.)
Empréstimo garantido por ativos (Fin.)	Asset-based lending; collateralized lending; guaranteed lending (Fin.)
Empréstimo-ponte (Fin.)	Bridging loan (Fin.)
Empréstimo por um dia (Fin.)	Day loan (Fin.)
Empréstimo resgatável quando solicitado (Fin.)	Call loan (Fin.)
Empréstimos (Fin.)	Loans; borrowings (Fin.)
Empréstimos a estudantes (Fin.)	Student loans (Fin.)
Empréstimos ao consumidor (Fin.)	Consumer loans (Fin.)
Empréstimos com parcelas em atraso (Fin.)	Delinquent loans (Fin.)
Empréstimos e compromissos de empréstimos (Fin.)	Loans and commitments (Fin.)
Empréstimos em aberto (Fin.)	Loans outstanding, outstanding loans (Leg.)
Empréstimos garantidos (Fin.)	Secured loans (Fin.)
Empréstimos garantidos por hipotecas de residências (Fin.)	Home equity loans, mortgage loans (Fin.)
Empréstimos hipotecários (Fin.)	Mortgage lending (Fin.)
Empréstimos imobiliários (Fin.)	Real estate loans (Fin.)
Empréstimos mantidos para revenda (Fin.)	Loans held for resale (Fin.)
Empréstimos mediante uso de cheques (Fin.)	Check credit loans; overdraft (Fin.)
Empréstimos para construção (Fin.)	Construction loans (Fin.)
Empréstimos para o setor de varejo (Fin.)	Retail credit loans (Fin.)
Empréstimos que não auferem juros (em vista da dificuldade de receber o principal) (Fin.)	Non-accrual loans (Fin.)
Empréstimos reestruturados (Fin.)	Restructured loans (Fin.)
Empréstimos sindicalizados (Fin.)	Syndicated loan services (Fin.)

Em processo (produtos)	In process (goods)
Em risco (Fin.)	At risk (Fin.)
Em tempo hábil	Timely basis
Em vigor	In effect
Encaixe	Fit
Encampação hostil	Hostile takeover
Encargo	Charge, burden
Encargos financeiros	Financial charges
Encargos indiretos	Indirect charges
Encargos indiretos absorvidos no custeio da produção	Absorbed burden, applied overhead
Encargos por pagamentos atrasados (mora) (Fin.)	Late payment charges (Fin.)
Encarregado da escrituração contábil	Bookkeeper
Encarregado de negócios	Commercial attaché
Encarregar-se	Take charge of
Encerrar atividades	Close down activities
Encerrar operações	Close down operations
Enchente (Seg.)	Flood (Ins.)
Encontro	Meeting
Encriptação (PED)	Encryption (EDP)
Endereçar por caminho alternativo (PED)	Reroute (EDP)
Endereço	Address
Endereço postal	Mailing address
Endividamento	Indebtedness
Endossado	Endorsee
Endossante	Endorser
Endossar	Endorse
Endossatário	Endorsee
Endosso	Endorsement
Endosso em branco	Blank endorsement
Endosso restritivo	Restrictive endorsement
Ênfase	Emphasis
Enfileirar	Line up (in a row); place in rows
Engano	Mistake
Engano (s.); enganar (v.)	Swindle (n.) (v.)
Enganoso/ilusório	Misleading
Engendrar, executar	Engineer; operate
Engenharia assistida por computador (PED)	Computer Aided Engineering - CAE (EDP)
Engenharia da informação (PED)	Information engineering (EDP)
Engenheiro	Engineer
Enriquecer	Enrich

Entender mal	Misunderstand
Entidade	Entity
Entidade de previdência privada sem fins lucrativos (pensões)	Non-profit private pension plan (pension)
Entidade governamental	Government agency
Entidade normativa	Regulatory agency
Entidade que apresenta o relatório	Reporting entity
Entidade sem fins lucrativos	Non-profit maker/entity
Entidades fechadas de previdência privada	Closed private pension entities
Entrada	Admission, admittance, inflow
Entrada (sinal)	Down payment
Entrada de caixa	Cash inflow
Entrada de capital	Capital inflow
Entrada de computador (PED)	Computer input (EDP)
Entre aspas (citação)	In quotes
Entrega	Delivery
Entrega a domicílio	Home delivery
Entrega de um bem usado (como parte do pagamento de uma nova aquisição)	Trade-in
Entreposto	Emporium, deposit
Entrevista coletiva à imprensa	News/press conference
Entrevista, encontro	Appointment, interview
Envelope	Envelope
Enviar, expedir	Send, forward
Envolvido	Implied
Envolvimento inicial (Aud.)	Up-front involvement (Aud.)
Época de mais trabalho	Busy season
Época oportuna	Timeliness
Equação	Equation
Equalização de princípios contábeis	Harmonization of accounting principles
Equilíbrio (processo para assegurar que as compras e vendas em cada moeda e que os depósitos/empréstimos feitos/recebidos estão equilibrados - "casados" - por montante e por vencimento) (Fin.)	Matching (Fin.)
Equipamento auxiliar (para emergências)	Standby equipment
Equipamento de memória auxiliar (PED)	Memory equipment (EDP)
Equipamento periférico (PED)	Peripheral equipment (EDP)
Equipamentos de transferência	On-line wire transfer
Equipamentos e instalações	Equipment and installations
Equipe de auditoria (Aud.)	Audit team (Aud.)
Equivalência patrimonial	Equity accounting

Equivalente	Equivalent
Equivalente à ação ordinária (EUA)	Common stock equivalent (USA)
Errático	Erratic
Erro	Misstatement, mistake, error
Erro compensatório	Compensating error
Erro de amostragem	Sampling error
Erro de apresentação	Misstatement
Erro de impressão	Misprint
Erro esperado (Aud.)	Expected error (Aud.)
Erro humano	Human error
Erro padrão	Standard error
Erro retificador	Offsetting error
Erro sistemático	Bias
Erro tolerável (amostragem) (Aud.)	Tolerable error (sampling) (Aud.)
Escada rolante	Escalator
Escala	Scale, range
Escala de atividades	Timetable
Escala decrescente	Degressive scale
Escapar	Evade
Escassez	Shortage
Escoamento	Outflow
Escopo do trabalho de auditoria (Aud.)	Scope of audit work (Aud.)
Escopo/extensão/alcance (Aud.)	Scope (Aud.)
Escrito à mão	Handwritten
Escritório	Office
Escritório central	Headquarters
Escritura (Jur.)	Indenture, tittle deed (Leg.)
Escrituração contábil	Bookkeeping
Escritura de fideicomisso (Jur.)	Deed of trust/trust deed (Leg.)
Escritura de venda (Jur.)	Deed of sale (Leg.)
Escrivaninha	Desk
Escrutínio	Ballot
Escrutinizar	Scrutinize
Esfera de controle	Span of control, sphere of influence
Esforço de vendas	Sales drive
Esforço para aumentar vendas	Sales expansion effort
Esforço publicitário	Advertising drive
Esforços não dirigidos	Undirected efforts
Esforços perdidos/em vão	Wasted efforts
Esgotado, vendido	Sold out
Espalhar boatos	Peddle
Especialista	Expert, specialist

Especialização	Expertize, skill
Espécie (em)	Kind (in)
Especificação de cargo	Job specification
Espécime/exemplar	Specimen
Especulação	Speculation
Especulador	Adventurer, speculator
Espionagem industrial	Industrial espionage
Espírito criativo	Creative thinking
Espírito empreendedor	Entrepreneurial spirit; enterpreneurship
Esquema de pagamentos	Payment schedule
Esquema(s.); esquematizar (v.)	Scheme; design (n.)(v.)
Essência	Extract
Essencial	Essential
Estabelecer	Establish; set forth
Estabelecimento de objetivos	Goal setting
Estabilização	Stabilization
Estação de trabalho (PED)	Workstation (EDP)
Estagflação	Stagflation
Estagnação	Stagnation
Estante	Shelf
Estatais, empresas do governo	Government-owned companies
Estatismo	Statism
Estatuto de uma empresa; contrato social (Jur.)	Statutes, by-laws, articles of association (Leg.)
Estatutos de empresas (Jur.)	Articles of incorporation (Leg.)
Estenografia	Shorthand, stenography
Estilo gerencial	Managerial style
Estimar	Estimate
Estimativa	Estimate
Estimativa a menor	Underestimate
Estimativa aproximada	Guess estimate
Estimativa contábil	Accounting estimate
Estimativa de custos	Cost estimate
Estimativa de indenizações para os eventos ocorridos (Seg.)	Indemnity estimates for events which have occurred (Ins.)
Estimativa de honorários	Fee quotation
Estoque de movimentação lenta	Slow-moving inventory
Estoque em consignação	Consignment inventory
Estoque final	Closing inventory
Estoque regulador	Buffer stock
Estoques	Inventories
Estoques, saldo final	Inventory ending balance

Estornar	Reverse
Estorno	Reversing entry, reversal
Estrangeiro	Foreigner, alien
Estratégia comercial	Business strategy
Estratégia de crescimento	Growth strategy
Estratégia de expansão	Expansion strategy
Estratégia de investimentos (Fin.)	Investment strategy (Fin.)
Estratégia de negociação	Negotiation strategy
Estratégia de sobrevivência	Survival strategy
Estratégia financeira (Fin.)	Financial strategy (Fin.)
Estratégia operacional	Operating strategy
Estrutura administrativa	Managerial structure
Estrutura da empresa	Corporate structure
Estrutura de capital	Capital structure
Estrutura de preço	Price structure
Estrutura do relatório financeiro identificada/definida/estabelecida	Identified financial reporting framework
Estrutura financeira	Financial structure (Fin.)
Estrutura normativa	Regulatory framework
Estrutura organizacional	Organizational structure
Estudo de caso	Case study
Estudo de viabilidade	Feasibility study
Estudos atuariais (Seg.)	Actuarial studies (Ins.)
Esvaziar/esvaziamento	Exhaust/exhaustion
Ética, ético	Ethics, ethical
Ética profissional	Professional ethics
Etiqueta	Label, tag
Eurodólares	Eurodollars
Euroobrigações	Eurobonds
Evasão de capital (EUA) (Fin.)	Capital flight (USA) (Fin.)
Evento posterior ao balanço patrimonial	Post balance sheet event
Evento subseqüente	Subsequent event
Evidência	Evidence
Evidência competente (Aud.)	Competent evidential matter (Aud.)
Evidência comprobatória/corroborativa (Aud.)	Corroborating evidence (Aud.)
Evidência de auditoria (Aud.)	Audit evidence (Aud.)
Evidência de natureza persuasiva (Aud.)	Persuasive evidence (Aud.)
Evitação	Avoidance
Evolução	Evolution
Exame de auditoria (Aud.)	Examination, audit (Aud.)
Exame de escopo limitado (Aud.)	Limited scope examination (Aud.)
Exame "in loco" (Aud.)	On-site examination (Aud.)

Exato	Exact
Exaurir	Exhaust
Exaustão	Depletion
Exatidão de somas e cálculos	Arithmetical accuracy
Exceção (Aud.)	Exception (Aud.)
Exceções irrelevantes (Aud.)	Minor exceptions (Aud.)
Excedente	Overage
Excedente de dano (Seg.)	Excess of loss reinsurance (Ins.)
Excedente único (Seg.)	Excess (Ins.)
Excedente Único de Riscos Extraordinários - EURE (Seg.)	Excess Fund for Risks Assumed by Federal Government - EURE (Ins.)
Exceder	Exceed
Excesso de atividade (para o qual o capital da empresa é insuficiente)	Overtrading
Excesso de estoque	Overstocking, inventory overage
Excesso de lucros	Excess profits
Excesso de pessoal	Overstaffing
Excluir	Discard
Exclusão (Seg.)	Exclusion (Ins.)
Exclusivo	Exclusive
Execução da estratégia	Strategy implementation
Execução de hipoteca (Jur.)	Foreclosure (Leg.)
Execução de negociações	Deal making
Executar	Execute
Executar hipoteca (Jur.)	Foreclose (Leg.)
Executável (força legal) (Jur.)	Enforceable (Leg.)
Executivo	Executive
Executivo-chefe da informática na empresa (PED)	Chief Information Officer - CIO (EDP)
Executivo de linha	Line executive
Executivos de alto nível	Senior executives
Exemplo	Example
Exercer	Exercise, execute
Exercício (de função), em	Acting
Exercício financeiro	Financial year, accounting period
Exercício fiscal	Fiscal year
Exigências ambientais	Environmental requirements
Exigências de reservas	Reserve requirements
Exigível a curto prazo (passivo circulante)	Current liability
Exigível a longo prazo	Long-term liability
Exorbitante	Exorbitant
Expansão	Expansion

Expansão econômica	Economic expansion
Expansão monetária	Monetary expansion
Expectativa	Expectation
Expectativa de vida (Seg.)	Life expectancy (Ins.)
Expectativas de vendas	Sales expectations/projections
Expedição	Shipment
Expediente comercial	Business hours
Experiência	Experience
Explicação	Explanation, definition
Exportação	Export
Exportador	Exporter
Exportar	Export
Exposição a risco (Fin.)	Exposure (Fin.)
Exposição a risco de perda (Seg.)	Exposure (Ins.)
Exposição atual (Fin.)	Current exposure (Fin.)
Exposição potencial (Fin.)	Potential exposure (Fin.)
Expropriação (Jur.)	Expropriation (Leg.)
Expropriação de ativos/bens	Expropriation of assets
Extensão	Scope
Extenso	Sweeping
Extinção de risco (Seg.)	Risk elimination (Ins.)
Extintores (Seg.)	Fire extinguisher (Ins.)
Extra-balanço patrimonial	Off-balance sheet
Extra-oficial	Off-the-record
Extrapolação	Extrapolation
Extrato	Extract
Extrato bancário	Bank statement
Extrato de conta	Account statement
Extrato, excerto	Excerpt
Extratos de depositantes	Depositor statements

F

Fábrica	Factory, plant
Fabricação	Manufacturing
Fabricação nacional/caseira	Homemade
Fábrica de latas	Cannery
Fabricante	Manufacturer
Facilitar	Facilitate
Fac-símile, cópia similar	Fax
Faixa	Range
Faixa/banda cambial	Exchange band
Faixa de preço	Price range
Falando sério	Business (to mean)
Falência	Bankruptcy, crash
Falência involuntária	Involuntary bankruptcy
Falha	Deficiency, fault
Falha, fraqueza	Default, failure, breakdown
Falha no cumprimento de cláusula contratual	Default
Falhas	Shortcomings
Falido	Bankrupt, broke
Falsidade ideológica (Jur.)	Misrepresentation (Leg.)
Falsificação (Jur.)	Forgery (Leg.)
Falsificado (Jur.)	Counterfeit (Leg.)
Falta de correlação/desequilíbrio - descompasso (entre ativos e passivos correlatos) - em montantes e prazos	Mismatch
Falta de espaço	Out-of-room, cramped
Falta de estoques (na contagem física)	Inventory shortage (in physical count)
Falta de estoques (perdas)	Inventory shrinkage
Falta de uniformidade	Inconsistency
Falta no estoque	Out of stock
Fantasia	Fancy, invented
Fardo	Bale
Fartura	Wealth
Fato gerador de imposto	Taxable event
Fator Acumulado de Juros - FAJ	Cumulative Index for Calculation of Interest
Fator de Atualização Patrimonial - FAP	Balance Sheet Restatement Factor
Fator de Atualização Salarial - FAS	Salary Adjustment Factor
Fator de produção	Factor of production
Fator de risco	Risk factor
Fatores Críticos do Sucesso - FCS	Critical Success Factors - CSF
Fator (matemática)	Factor
Fatual	Factual

Fatura aduaneira	Customs invoice
Fatura consular	Consular invoice
Fatura de vendas	Sales invoice
Faturamento	Invoicing, billing
Faturamento parcelado/parcial	Progress billing
Fatura/nota fiscal	Invoice
Faturas devidas	Due invoices/bills
Faturas enviadas	Outward bills
Faturas vencidas	Due bills/invoices
Faturista	Invoice clerk
Favor	Favor
Favorecido	Beneficiary
Fazenda	Farm, ranch
Fazer escala	Call at
Fazer greve	Go on strike, to strike
Fazer o mercado (negociar de maneira a criar mercado para determinado ativo) (Fin.)	Make a market (Fin.)
Fechamento	Closing
Fechamento de capital	Going private
Fechamento intermediário/intercalar	Interim closing
Fechar (operação)	Close down
Fechar uma posição (Fin.)	Close a position (Fin.)
Federação Brasileira das Associações de Bancos - FEBRABAN	Brazilian Federation of Bank Associations - FEBRABAN
Federação das Indústrias do Estado de São Paulo - FIESP	Federation of Industries of the State of São Paulo - FIESP
Federação das Indústrias do Estado do Rio de Janeiro - FIERJ	Federation of Industries of the State of Rio de Janeiro
Federação do Comércio do Estado de São Paulo - FCESP	Federation of Commerce of the State of São Paulo
Federação Internacional de Contadores - IFAC	International Federation of Accountants - IFAC
Federação Nacional das Empresas de Seguros Privados e Capitalização - FENASEG (Seg.)	National Federation of the Private Insurance and Capitalization Companies - FENASEG (Ins.)
Federação Nacional de Corretoras de Seguros - FENACOR (Seg.)	National Federation of the Insurance Brokers (Ins.)
Feira comercial/de negócios	Trade fair
Feriado	Bank holiday (UK)
Feriado nacional	National holiday
Feriado oficial	Public holiday
Férias	Vacation/holidays

Férias a pagar	Vacation accrual
Férias remuneradas	Holiday pay
Ferramenta	Tool
Ferrovia, por	By rail
Fertilizante	Fertilizer
Fiador (Fin.)	Guarantor, sponsor, surety (Fin.)
Fiança (Fin.)	Guarantee (Fin.)
Fibra ótica	Optical fiber
Ficar em contacto	Keep in touch
Ficha de prateleira, para estoque	Bin card
Ficha de razão	Ledger card
Fictício	Fictitious
Fidedignamente	Fairly
Fidedignidade	Fairness
Fidedigno	Fair
Fideicomissário	Trustee, fiduciary
Fideicomisso	Trust
Fidelidade de dados (PED)	Data integrity (EDP)
Fiduciário	Fiduciary
Figura armazenada em computador (PED)	Bitmap (EDP)
Fila/fileira	Row
Filial	Branch
Filme	Film
Finanças públicas	Public finances
Financiado	Debtor, borrower
Financiado por	Funded by
Financiamento (Fin.)	Borrowing, lending, financing (Fin.)
Financiamento a curto prazo (Fin.)	Short-term borrowing/loan/financing (Fin.)
Financiamento a longo prazo (Fin.)	Long-term financing (Fin.)
Financiamento de atividades do banco (Fin.)	Funding of bank's activities (Fin.)
Financiamento de déficit (Fin.)	Deficit financing (Fin.)
Financiamento de dívida (Fin.)	Debt financing (Fin.)
Financiamento de exportação	Export financing
Financiamento de "leasing"/arrendamento	Lease financing
Financiamento de operações comerciais	Trade finance
Financiamento de projetos (Fin.)	Projects financing services (Fin.)
Financiamento dos estoques	Inventory financing
Financiamento estruturado (Fin.)	Structured financing services (Fin.)
Financista	Financier
Firma	Firm
Firma de advogados	Law firms

Firma de auditoria (Aud.)	Audit firm (Aud.)
Firma de consultoria	Consulting firm
Firmar contrato de seguro (Seg.)	To establish an insurance contract (Ins.)
Firmas de renome/principais/maiores	Major firms
Flexível	Flexible
"Float" de depósito descontado ao valor presente (Fin.)	Deposit float (Fin.)
Florestamento	Afforestation
Flutuação	Fluctuation
Flutuação (Fin.)	Flotation (Fin.)
Fluxo de caixa	Cash flow
Fluxo de caixa adicional	Incremental cash flow
Fluxo de caixa futuro/descontado	Discounted cash flow
Fluxo de caixa negativo	Negative cash flow
Fluxo de capital	Flow of capital, capital flow
Fluxo de fundos	Flow of funds
Fluxo de lucros projetados	Earnings stream
Fluxo de trabalho	Work flow
Fluxograma	Flowchart
Focar	Fine-tune
Foco	Focus
Fogo posto (Seg.)	Arson (Ins.)
Folha de análise	Analytic schedule
Folha de custo de serviço	Job cost sheet
Folha de custos	Cost sheet
Folha de pagamento	Payroll
Folha de papel	Sheet
Folha de tempo (de trabalho)	Time sheet
Fonte autorizada/competente	Authoritative source
Fonte de fundos	Source of funds
Fontes de informação externas	External sources of information
Fora de impressão	Out of print
Fora de linha	Out of line
Fora de questão/de propósito	Out of the question
Fora de serviço	Off-duty
Fora do local de trabalho	Off-site
Fora do valor de mercado (quando o preço de um papel financeiro ultrapassa o valor de mercado) (Fin.)	Out of the money (Fin.)
Força de lei (Jur.)	Act of law (Leg.)
Força de trabalho	Labor force, work force
Força maior (Seg.)	Act of God (Ins.)

Força Sindical - FS	Trade Union Council
Força-tarefa	Task force
Forjado (Jur.)	Counterfeit (Leg.)
Formação	Background
Formal	Formal
Formar	Form
Formato	Format
Formulação de estratégia	Strategy formulation
Formulação de política	Policy formulation
Formulário	Form
Formulário de solicitação (por exemplo, de emprego)	Application form
Fornecedor	Supplier, vendor
Fornecedor de mantimentos	Caterer
Fornecer	Supply; cater
Fornecimento de energia	Energy supply
Fotocópia	Photocopy
Fracasso empresarial	Business failure
Fracionamento do prêmio (Seg.)	Premium paid in installments (Ins.); financing of premium (Ins.)
Franquia (Seg.)	Deductible (Ins.)
Franquia básica ou absoluta (Seg.)	Absolute deductible amount (Ins.)
Franquia de seguro obrigatória (Seg.)	Compulsory self-insurance (Ins.)
Franquia/"franchise"	Franchise
Franquia obrigatória (Seg.)	Compulsory deductible (Ins.)
Fraqueza	Weakness
Fraqueza em controles internos	Weakness in internal controls
Fraude	Fraud, embezzlement
Freqüente	Frequent
Fresco	Fresh
Fretamento	Chartering
Frete	Freight
Frete aéreo	Air freight
Frete pago antecipadamente	Advance freight
Frota	Fleet
Fuga de capital (EUA) (Fin.)	Capital flight (USA) (Fin.)
Função administrativa	Managerial/administrative function
Função de linha	Line function
Funcionário burocrático (de escritório, de loja)	Clerk
Funcionário graduado	Officer
Funcionário qualificado/responsável	Qualified/responsible official
Funcionários do setor de sinistros (Seg.)	Claims personnel (Ins.)

Funções de apoio	Back office
Funções de apontamento (de mão-de-obra)	Timekeeping functions
Funções de operação	Front office
Fundação de Previdência dos Servidores do Instituto de Resseguros do Brasil - PREVIRB (Seg.)	Employees' Retirement Fund - PREVIRB (Ins.)
Fundação dos Economiários Federais - FUNCEF	Federal Savings and Loans Bank Employees' Foundation
Fundação Escola Nacional de Seguros - FUNENSEG (Seg.)	National School of Insurance Foundation - FUNENSEG (Ins.)
Fundação Getúlio Vargas - FGV	Getulio Vargas Foundation - FGV
Fundação Instituto de Pesquisas Econômicas - FIPE	Institute of Economic Research Foundation
Fundação Previdenciária (Pensão)	Retirement Benefits Foundation (Pension)
Fundamento	Fundament, element; ground, basis
Fundo	Fund
Fundo de amortização	Sinking fund
Fundo de Aplicação Financeira - FAF (Fin.)	Financial Application Fund - FAF (Fin.)
Fundo de Aposentadoria Programada Individual" - FAPI	Individually Programed Reterement Fund- FAPI
Fundo de Assistência ao Trabalhador - FAT	Fund for Workers' Assistance
Fundo de Assistência e Previdência ao Trabalhador Rural - FUNRURAL	Rural Workers' Assistance Fund
Fundo de Assistência Técnica, Educacional e Social - FATES	Fund for Technical Assistance, Educational and Social Aid
Fundo de comércio	Goodwill
Fundo de comércio negativo	Negative goodwill
Fundo de Compensação de Variações Salariais - FCVS	Salary Variations Compensation Fund
Fundo de Desenvolvimento Social - FDS	Social Development Fund
Fundo de Equalização de Sinistralidade da Apólice de Seguros do Sistema Financeiro da Habitação - FESA (Seg.)	Insurance Claim Equalization Fund - National Housing Program (SFH) Policy - FESA (Ins.)
Fundo de Estabilidade do Seguro Rural - FESR (Seg.)	Insurance Fund for Agricultural Loans - FESR (Ins.)
Fundo de Estabilização Fiscal - FEF	Fund for Fiscal Stabilization
Fundo de fideicomisso	Trust fund
Fundo de Financiamento à Exportação - FINEX	Fund for Financing Exports
Fundo de Financiamento para Aquisição de Máquinas e Equipamentos Industriais - FINAME	Government Agency for Machinery and Equipment Financing - FINAME
Fundo de Garantia de Retrocessões (Seg.)	Retrocessions Guarantee Fund (Ins.)
Fundo de Garantia do Tempo de Serviço - FGTS	Government Severance Indemnity Fund for Employees - FGTS

Fundo de Garantia para Sinistros (Seg.)	Claims Guarantee Fund (Ins.)
Fundo de Investimentos da Amazônia - FINAM	Amazon Investment Fund
Fundo de Investimentos de Trabalhadores - FIT	Workers' Investments Fund
Fundo de Investimentos do Nordeste - FINOR	Northeast Investment Fund
Fundo de Investimento Setorial - FISET	Sectorial Investment Fund
Fundo de pensão e aposentadoria	Pension fund
Fundo de Renda Fixa - pessoa física (Fin.)	Fixed Income Fund Individuals (Fin.)
Fundo de Renda Fixa - pessoa jurídica (Fin.)	Fixed Income Fund - Corporations (Fin.)
Fundo de renovação (ou reposição)	Renewal (or replacement) fund
Fundo em condomínio	Mutual fund
Fundo fiscal	Fiscal fund
Fundo fixo ou rotativo de caixa	Imprest cash fund
Fundo Geral de Garantia	General Reserve Fund - FGGO (Ins.)
Operacional - FGGO (Seg.)	
Fundo Monetário Internacional - FMI	International Monetary Fund - IMF
Fundo mútuo	Mutual fund
Fundo Nacional de Cultura - FNC	National Cultural Fund
Fundo Nacional de Desenvolvimento - FND	National Development Fund
Fundo Nacional de Desenvolvimento da	National Fund for the Development
Educação - FNDE	of Education
Fundo para empréstimos	Loan fund
Fundos	Funds, resources
Fundos Acima de 90 Dias (Fin.)	Funds Over 90 Days (Fin.)
Fundos de ações (Fin.)	Equity funds (Fin.)
Fundos de Carteira Livre -	Free Portfolio Funds - Fixed
Renda Fixa (Fin.)	Income (Fin.)
Fundos de Carteira Livre - Renda	Free Portfolio Funds - Variable
Variável (Fin.)	Income (Fin.)
Fundos de Investimento -	Investment Funds - Foreign
Capital Estrangeiro (Fin.)	Capital (Fin.)
Fundos de Investimento Financeiro -	Financial Investments Funds -
FIF - Curto Prazo (Fin.)	Short-Term (Fin.)
Fundos de Investimento Financeiro -	Financial Investment Funds -
Renda Fixa - FIF - RF (Fin.)	Fixed Income (Fin.)
Fundos de Investimento Financeiro -	Financial Investment Funds -
Renda Variável - FIF - RV (Fin.)	Variable Income (Fin.)
Fundos de Investimento Financeiro -	Financial Investment Funds -
60 Dias - FIF RF 60 Dias (Fin.)	60 Days (Fin.)
Fundos de Investimento no Exterior (Fin.)	Funds for Investing Abroad (Fin.)
Fundos de Investimentos Culturais	Cultural and Artistic Investment
e Artísticos - FICART	Funds
Fundos de investimentos imobiliários (Fin.)	Real estate investment funds (Fin.)

Fundos de Participação dos Estados - FPE	States Participation Funds
Fundos de Participação dos Municípios - FPM	Municipalities Participation Funds
Fundos de Renda Fixa - Capital Estrangeiro (Fin.)	Fixed Income Funds - Foreign Capital (Fin.)
Fundos disponíveis	Available funds
Fundos disponíveis mediante solicitação (Fin.)	Money at call (Fin.)
Fundos e compensação de cheques (Fin.)	Cash and clearings (Fin.)
Fundos em "Commodities" (Fin.)	Commodities Funds (Fin.)
Fundos em Cotas de FAF (Fin.)	Funds in FAF quotas (Fin.)
Fundos escassos (Fin.)	Scarce funds (Fin.)
Fundos fechados (Fin.)	Closed-end funds (Fin.)
Fundos federais	Federal funds
Fundos fora dos livros	Slush funds
Fundos insuficientes	Insufficient funds
Fundos não registrados	Unrecorded funds
Fundo Social de Emergência - FSE	Emergency Social Fund
Funil	Bottleneck
Fura-greve	Scab
Furto (Seg.)	Pilferage, theft (Ins.)
Fusão de empresas	Merger, amalgamation
Fusão de interesses/de participação	Pooling of interests
Fuso horário	Time zone
Fusões e incorporações e outras formas de combinações de empresas	Business combination
Futuros transacionados em bolsa (Fin.)	Exchange traded forwards (Fin.)

G

Gado	Livestock
Galera	Galley
Ganhar	Earn
Ganho	Gain, profit
Ganho de câmbio (transação)	Exchange gain
Ganho de capital	Capital gain
Ganho ou perda	Gain or loss
Ganho ou perda atuarial	Actuarial gain or loss
Ganho ou perda em transações	Transaction gain or loss
Garagem	Garage
Garantia	Guarantee
Garantia conjunta e solidária	Joint and several guarantee
Garantia (contrato)	Secure (contract)
Garantia provisória (Seg.)	Temporary coverage (Ins.)
Garantias dos produtos	Product warranties
Garantir a dívida do financiado (Fin.)	Secure the borrower's indebtedness, collateralize (Fin.)
Gargalo	Bottleneck
Gasolina	Gas/gasoline
Gastar	Spend
Gasto	Spending
Genuíno	Genuine
Gerador de programas (PED)	Program generator (EDP)
Gerência de linha	Line management
Gerência de nível médio	Middle management
Gerência de produtos	Product management
Gerência de segundo escalão	Middle management
Gerente, administrador	Manager
Gerente administrativo	Administrative manager
Gerente de auditoria (Aud.)	Audit manager (Aud.)
Gerente de compras	Purchasing manager
Gerente de primeira linha	First-line manager
Gerente de vendas	Sales manager
Gerente financeiro	Finance manager
Gerente-geral	General manager
Glosa	Disallowance
Glosar	Disallow
Gorjeta	Gratuity
Grade administrativa	Managerial grid
Grade gerencial	Managerial grid
Gráfico	Graph
Gráfico de barras	Bar chart

Gráfico de execução	Progress chart
Gráfico de Gantt (gráfico que mostra a discrepância entre o desempenho orçado e o real)	Gantt chart
Gráfico do ponto de equilíbrio	Break-even chart
Granel (a)	Bulk (in)
Gratificação	Bonus, gratuity
Gratificação a empregados	Employees' bonus
Gratificação de incentivo	Incentive bonus
Gratuito (EUA)	Complimentary (USA)
Grau	Degree, grade
Grêmio	Guild, association
Greve	Strike, work stoppage
Greve branca	Sit-down strike
Greve do empregador	Lockout
Greve ilegal	Illegal strike
Grupo consolidado	Consolidated group
Grupo de Apoio à Normalização Ambiental - GANA	Environmental Normalization Support Group
Grupo de coordenação	Coordinating group
Grupo de empresas	Group of companies
Grupo de trabalho	Task-force, work group
Grupo segurador (Seg.)	Insurance group (Ins.)
Guerra de preços	Price war
Guia de exportação	Export license
Guia de importação	Import license
Guia (relatório) de recebimento	Receiving report
Guia de recolhimento (Jur.)	Tax payment form (Leg.)
Guia de remessa	Remittance slip
Guindaste	Crane
Guindaste para grandes pesos	Derrick

H

Habilidade	Skill, expertise
Habilidades	Skills
Habilitado	Qualified, capable, eligible
Habilitar corretores de seguros (Seg.)	Qualify insurance brokers (Ins.)
Habitual	Frequent
Haveres	Fortune
"Hedge" cruzado (Fin.)	Cross-hedge (Fin.)
"Hedge" dinâmico (Fin.)	Dynamic hedging (Fin.)
Herança (Jur.)	Inheritance, legacy (Leg.)
Hidroelétrica	Hydroelectric
Hierarquia	Hierarchy
Hiperinflação	Hyperinflation
Hipermercado	Hypermaket
Hipoteca	Mortgage
Hipotecar	Mortgage
Hipoteca secundária/em segundo grau	Second/junior mortgage
Hipotecas residenciais (Fin.)	Residential mortgages (Fin.)
Histórico de pagamentos	History of payments, payment record
"Holding", companhia controladora	Holding company
Homem de negócios	Businessman, entrepreneur
Homologar (Jur.)	Homologate, confirm (Leg.)
Honestidade de atos	Fair play
Honorário	Fee
Honorário de consórcio de bancos (Fin.)	Syndication fee (Fin.)
Honorário inicial (Fin.)	Front-end fee (Fin.)
Honorários cotados	Fee quotation
Honorários da administração	Management fees
Honorários legais (advogados)	Legal fees
Honorários por compromisso de empréstimos (Fin.)	Commitment fees (Fin.)
Honrar	Honor
Hora de máquina	Machine-hour
Hora-homem	Man-hour
Horário nobre (Publicidade)	Prime time (Advertising)
Horas de trabalho/expediente	Working hours
Horas extras	Overtime
Horista	Hourly-paid worker

I

Ícone (PED)	Icon (EDP)
Identidade	Identity
Identificação de objetivos	Goal seeking
Idoneidade	Eligibility; good standing
Igual (adj.), igualar/equiparar (v.)	Equal (adj.) (v.)
Igualar/igualdade	Equate
Ilegítimo (Jur.)	Unlawful (Leg.)
Iliquidez	Illiquidity
Ilíquido	Illiquid
Ilusório/enganoso	Misleading
Imagem da empresa	Corporate image
Imagem de marca	Brand image
Imagem do produto	Product image
Imaginação	Imagination, fancy
Imigração	Immigration
Imissão de posse (imóveis) (Jur.)	Writ of entry (properties) (Leg.)
Imissão de posse (móveis) (Jur.)	Writ of delivery (movable assets) (Leg.)
Imobilizado	Fixed assets
Imóvel	Real estate
Impacto	Striking, impact
Ímpar	Unique, odd (number)
Imparcial	Impartial
Impedimento (Jur.)	Impediment (Leg.)
Impenhorabilidade (Jur.)	Restraint of mortgage (Leg.)
Imperfeição	Flaw
Imperfeito	Imperfect
Imperícia	Malpractice
Implementação	Implementation
Impopular	Unpopular
Impor	Impose, dictate
Importação	Import
Importância principal (Seg.)	Principal sum (Ins.)
Importância segurada (Seg.)	Sum insured (Ins.)
Importante	Relevant
Importar	Import
Imposto	Tax
Imposto de Exportação - IE	Export Tax
Imposto de Importação - II	Import Duty
Imposto de Renda - IR	Income Tax
Imposto de Renda de Pessoa Jurídica - IRPJ	Corporate Income Tax
Imposto de Renda na Fonte sobre Lucro Líquido - ILL	Tax at Source on Net Income

Imposto de Renda Retido na Fonte - IRRF	Income Tax Withheld at Source
Imposto diferido	Deferred tax
Imposto/direito de exportação	Export duty
Imposto direto	Direct tax
Imposto indireto	Indirect tax
Imposto Predial e Territorial Urbano - IPTU	Municipal Real Estate Tax - IPTU
Imposto Provisório sobre a Movimentação ou a Transmissão de Valores e de Créditos e Direitos de Natureza Financeira (conhecido como "Imposto Provisório sobre Movimentação Financeira") - IPMF	Provisional Tax on the Movement or Transmittal of Values and Credits and of Rights of a Financial Nature (known as Temporary Tax on Financial Activities) - IPMF
Imposto retido na fonte	Withholding tax
Imposto sobre a propriedade	Property tax
Imposto sobre a Propriedade de Veículos Automotores - IPVA	Vehicle Tax
Imposto sobre a Renda - IR	Income Tax - IR
Imposto sobre Circulação de Mercadorias e Serviços - ICMS	Value-Added Tax on Sales and Services - ICMS
Imposto sobre empresas	Corporate tax
Imposto sobre folha de pagamento	Payroll tax
Imposto sobre ganhos de capital	Capital gains tax
Imposto sobre lucro imprevisto	Windfall profit tax
Imposto sobre Operações Financeiras - IOF	Tax on Financial Operations - IOF
Imposto sobre Produtos Industrializados - IPI	Excise Tax - IPI
Imposto Sobre Serviços de Qualquer Natureza - ISS	Services tax - ISS
Imposto sobre transferência/transmissão - SISA	Transfer tax - SISA
Imposto sobre Transmissão de Bens Inter-Vivos (o termo usado, na prática, é SISA) - ITBI	Property Transfer Tax
Imposto sobre vendas	Sales Tax
Imposto sobre Vendas a Varejo de Combustíveis Líquidos para Veículos, exceto Óleo Diesel - IVV	Fuel Tax
Imposto Territorial Rural - ITR	Rural Land Tax
Imposto Único sobre Minerais - IUM	Tax on Minerals
Impreciso	Inaccurate
Impressora (PED)	Printer (EDP)
Impressora laser (PED)	Laser printer (EDP)
Imprevisto	Unforeseen
Improvável	Unlikely, remote
Impugnação (Jur.)	Refutation (Leg.)

Impulso	Impulse
Inadimplemento contratual (Jur.)	Contractual default; breach of contract (Leg.)
Inadimplente	Delinquent
Inadmissível	Unallowable
Inalienabilidade (Jur.)	Restraint on alienation (Leg.)
Inalienável	Inalienable
Inamistoso	Unfriendly
Incapacidade	Inability
Incapacidade (Seg.)	Disability (Ins.)
Incapacidade permanente total por doença (Seg.)	Total permanent health disability (Ins.)
Incêndio (Seg.)	Fire (Ins.)
Incêndio intencional/culposo (Seg.)	Arson (Ins.)
Incentivo	Incentive, stimulus
Incentivo à exportação	Export incentive
Incentivo fiscal	Tax/fiscal incentive
Incentivos às empresas	Industry incentives
Incidência (Jur.)	Incidence (Leg.)
Incidência de imposto	Levy
Inciso	Subparagraph
Inclinar	Lean
Inclusivo	Inclusive
Incobrável	Uncollectible
Incompatível	Unsuitable
Incompetência/inaptidão	Incompetence
Inconstitucional	Unconstitutional
Incorporação da controladora pela subsidiária; incorporação inversa	Downstream merger
Incorporação de subsidiária pela controladora	Upstream merger
Incorporada	Merged company
Incorporadora	Merging company
Incorrer prejuízos	Sustain losses
Incorreto	Inaccurate
Incorrido	Incurred
Incorrido (sinistro) mas não avisado (Seg.)	Incurred But Not Reported - IBNR (Ins.)
Incumbência	Task, engagement
Indagação/inquirição/interrogatório (Jur.)	Inquiry (Leg.)
Indeferir (Jur.)	Refuse, reject, dismiss (Leg.)
Indenização	Indemnity
Indenização (Seg.)	Indemnity (Ins.)
Indenização ajustada (Seg.)	Claim adjusted (Ins.)
Indenização em dobro (Seg.)	Double indemnity (Ins.)

Indenização líquida (Seg.)	Net indemnity (Ins.)
Indenização máxima (Seg.)	Maximum possible loss (Ins.)
Indenização por acidente (Seg.)	Accident indemnity (Ins.)
Indenização por acidentes de trabalho	Workmen's compensation
Indenizações por sinistros (Seg.)	Claims indemnities (Ins.)
Independência	Independence
Indesejável	Undesirable
Indevido	Undue
Indexação	Indexation
Indicador	Indicator
Indicadores econômicos	Economic indicators
Indicar	Indicate
Índice	Index, ratio
Índice BOVESPA Futuro (Fin.)	BOVESPA Futures Index (Fin.)
Índice da dívida a longo prazo sobre o patrimônio (Fin.)	Ratio of long-term debt to equity (Fin.)
Índice da provisão para perdas com empréstimos sobre empréstimos no fim do período (Fin.)	Ratio of loan loss reserve over period end loans (Fin.)
Índice de ações	Share index
Índice de crescimento	Growth index
Índice de despesas administrativas sobre receita líquida de juros (Fin.)	Ratio of administrative expenses over net interest income (Fin.)
Índice de dívida/patrimônio	Debt-equity ratio
Índice de empréstimos não pagos sobre a carteira de empréstimos (Fin.)	Ratio of non-performing assets to loans (Fin.)
Índice de empréstimos sobre depósitos (à vista, de poupança e a prazo) (Fin.)	Ratio of loans over deposits (demand, savings and time deposits) (Fin.)
Índice de empréstimos sobre total do ativo (Fin.)	Ratio of loans over total assets (Fin.)
Índice de endividamento	Debt to asset ratio
Índice de honorários de serviços sobre receita líquida de juros (Fin.)	Ratio of fees from services over net interest income (Fin.)
Índice de liquidez	Liquidity ratio
Índice de liquidez imediata	Acid test ratio
Índice de lucro bruto	Gross profit ratio
Índice de lucro sobre vendas	Return on sales
Índice de lucros sobre o capital total empregado	Rate of earnings on total capital employed, return on capital
Índice de mercado (Fin.)	Market index (Fin.)
Índice de obrigações vencidas sobre empréstimos no fim do período (Fin.)	Ratio of past due obligations over period end loans (Fin.)
Índice (taxa) de operação	Operating ratio

Índice de patrimônio líquido sobre ativos (Fin.)	Ratio of stockholders' equity over assets (Fin.)
Índice de patrimônio líquido sobre empréstimos (Fin.)	Ratio of stockholders' equity over loans (Fin.)
Índice de preço/lucro - P/L	Price/earnings ratio (P/E), multiple of earnings
Índice de preços	Price index
Índice de Preços ao Consumidor - IPC	Consumer price index - IPC
Índice de provisão para perdas sobre empréstimos vencidos (Fin.)	Ratio of loan loss reserve over past due loans (Fin.)
Índice de receita líquida de intermediações sobre total do ativo (Fin.)	Ratio of net intermediation income over total assets (Fin.)
Índice de recursos interbancários investidos mais títulos e valores mobiliários sobre total do ativo (Fin.)	Ratio of interbank funds applied plus securities over total assets (Fin.)
Índice de recursos interbancários investidos sobre total do ativo (Fin.)	Ratio of interbank funds applied over total assets (Fin.)
Índice de sinistralidade (Seg.)	Loss ratio (Ins.)
Índice do custo de vida	Cost of living index
Índice do permanente sobre patrimônio líquido (Fin.)	Ratio of permanent assets over stockholders' equity (Fin.)
Índice Geral de Preços - Disponibilidade Interna - IGP-DI	General Price Index - Internal Availability
Índice (Nacional) de Preços ao Consumidor - I(N)PC	(National) Consumer Price Index - I(N)PC
Índice Nacional do Custo de Construção - INCC	National Index of the Construction Cost
Índice de Preços ao Consumidor Ampliado - IPCA	Amplified Consumer Price Index
Índice de Preços ao Consumidor - Real - IPC-r	Consumer price index - Brazilian Real
Índice de preços de atacado	Wholesale price index
Índice de preços de varejo	Retail price index
Índice de Reajuste do Salário Mínimo - IRSM	Minimum Salary Readjustment Index
Índice de retorno sobre vendas líquidas	Ratio of net income to net sales
Índice de Salários Nominais - ISN	Nominal Salaries Index
Índice Geral de Preços - IGP	General Price Index - IGP
Índices de capital ideais (tidos como referência)	Stated capital ratios
Índices de retornos sobre o ativo médio (antes e depois da tributação) (Fin.)	Ratios of returns on average assets (pretax and after tax) (Fin.)
Índices de retornos sobre o capital médio - (antes e depois da tributação) (Fin.)	Ratios of returns on average equity (pretax and after tax) (Fin.)
Índices financeiros (Fin.)	Financial ratios (Fin.)

Índices patrimoniais ideais (tidos como referência)	Stated equity ratios
Indisputável	Indisputable
Indivisibilidade do prêmio (Seg.)	Indivisibility of premium (Ins.)
Indução	Induction
Indústria de mão-de-obra intensiva	Labor intensive industry
Indústria em crescimento	Growth industry
Indústrias de alta tecnologia	High-tech industries
Ineficaz	Ineffective
Ineficiente	Inefficient
Inesperado	Unforeseen
Inexeqüível	Unfeasible
Inexperiente	Unskilled
Inflação	Inflation
Inflação desenfreada	Runaway inflation
Influência	Influence
Influenciar	Bias
Influxo	Inflow
Informação contábil	Accounting information
Informação privilegiada	Privileged information
Informações	Information
Informações comparáveis	Comparable information
Informações confidenciais obtidas de pessoal interno da empresa	Insider information
Informações conflitantes	Conflicting information
Informações dirigidas	Targeted information
Informações financeiras prospectivas	Prospective financial information
Informações financeiras suplementares	Supplemental financial information
Informações Trimestrais - ITRs	Quarterly information
Informe de Rendimentos e Retenção na Fonte - IRRF	Income and Tax Withholdings Return
Infração	Infringement, malfeasance
Infra-estrutura	Infrastructure
Infringir	Infringe
Início	Inception, beginning
Início das atividades	Start up
Inidôneo/incapaz	Incapable
Inigualado	Unequaled
Inigualável	Unique
Ininterrupto	Non-stop
Injunção (usufruto) (Jur.)	Usufruct (Leg.)
Injustificado	Unwarranted

Injusto	Undue, unfair
Inoportuno	Ill-timed
Inovação	Innovation
Insalubre	Unhealthy
Insatisfatório	Unsatisfactory
Inseguro	Unsafe
Inserir	Insert
Inserir dados (computação) (PED)	Input, data input (EDP)
Insolvência	Insolvency
Insolvente	Insolvent
Inspecionar	Inspect
Inspetor de banco	Bank examiner
Inspetor de riscos (Seg.)	Risk inspector (Ins.)
Inspetor de seguros da SUSEP (Seg.)	SUSEP insurance inspector (Ins.)
Inspetores de órgãos de supervisão governamental	Supervisory agency examiners
Inspetores de órgãos normativos (Jur.)	Regulatory examiners (Leg.)
Instalações	Facilities
Instalações conjuntas	Joint facilities
Instalações de produção	Production facilities
Instalações e equipamentos	Fixtures and equipment
Instalações industriais	Industrial facilities
Instalações ociosas	Idle facilities
Instauração de processo (Jur.)	Initiation of legal action (Leg.)
Instável/inconstante	Unstable
Instituição financeira	Financial institution
Instituto Brasileiro de Contadores - IBRACON	Brazilian Institute of Accountants - IBRACON
Instituto Brasileiro de Desenvolvimento Florestal - IBDF	Brazilian Institute of Forestry Development
Instituto Brasileiro de Geografia e Estatística - IBGE	Brazilian Institute of Geography and Statistics - IBGE
Instituto Brasileiro de Opinião Pública e Estatística - IBOPE	Brazilian Institute of Public Opinion and Statistics - IBOPE
Instituto Brasileiro do Café - IBC	Brazilian Coffee Institute
Instituto Brasileiro do Meio Ambiente - IBAMA	Brazilian Institute of the Environment - IBAMA
Instituto Brasileiro do Mercado de Capitais - IBMEC	Brazilian Institute of Capital Markets - IBMEC
Instituto de Administração Financeira da Previdência e Assistência Social - IAPAS	Institute of Financial Administration of Social Security
Instituto de Auditores Internos	Institute of Internal Auditors

Instituto de Organização Racional do Trabalho - IDORT	Institute of Work Organization
Instituto de Pesquisas Tecnológicas - IPT	Institute for Technological Research
Instituto de Resseguros do Brasil - IRB	Brazilian Reinsurance Institute
Instituto Nacional da Propriedade Industrial - INPI	National Institute of Industrial Property - INPI
Instituto Nacional de Assistência Médica da Previdência Social - INAMPS	National Institute of Social Medical Assistance
Instituto Nacional de Colonização e Reforma Agrária - INCRA	National Institute of Colonization and Agrarian Reform
Instituto Nacional de Pesos e Medidas - INPM	National Institute of Weights and Measures
Instituto Nacional de Propriedade Industrial - INPI	National Institute of Industrial Property - INPI
Instituto Nacional do Seguro Social - INSS	National Institute of Social Security - INSS
Instrução de processo (Jur.)	Filing of supporting documents (Leg.)
Instrução e relatório (Aud.)	Instruction and reporting (Aud.)
Instrução Normativa (Fiscal) - IN (Jur.)	Regulatory Instruction (Tax) (Leg.)
Instruções	Instructions
Instruções iniciais (Aud.)	Front-end instructions (Aud.)
Instruir alguém para uma tarefa	Brief
Instruir/informar resumidamente	Briefing
Instrumental	Instrumental
Instrumento de dissolução de uma empresa (Jur.)	Articles of dissolution (Leg.)
Instrumento financeiro combinado/composto (Fin.)	Compound financial instrument (Fin.)
Instrumentos financeiros (Fin.)	Financial instruments (Fin.)
Instrumento patrimonial em ações do capital (Fin.)	Equity instrument (Fin.)
Insuficiência	Deficiency, shortage
Insuficiência de liquidez	Liquidity shortage
Insuficiência de pessoal	Understaffed
Insuficiência de prêmios (Seg.)	Premiums deficiency (Ins.)
Insuficiência de reservas (Seg.)	Insufficient reserves (Ins.)
Insumo	Input
Intangível	Intangible
Integração horizontal	Horizontal integration
Integração vertical	Vertical integration
Integralização de capital	Payment of capital
Integridade da administração	Integrity of management
Integridade de dados (PED)	Data integrity (EDP)
Inteiramente/integralmente	Entirely
Inteiramente novo	Brand-new

Inteireza/integridade (de transação) (Aud.)	Completeness (of a transaction) (Aud.)
Inteiro/íntegro	Entire
Intempestivo	Ill-timed
Interação	Interaction
Interagir	Interact
Intercâmbio	Interchange
Intercâmbio Eletrônico de Dados - EDI (PED)	Electronic Data Interchange - EDI (EDP)
Interdependência	Interdependence
Interescritórios	Interoffice
Interesses (direito de propriedade) sobre as ações	Equity interest
Interestadual	Interstate
Interface gráfica do usuário (Ex. Windows) (PED)	Graphical user interface (EDP)
Intermediação (Fin.)	Intermediation (Fin.)
Intermediário	Middleman/intermediary (Fin.); intermediate
Intermediários (Seg.)	Intermediates (Ins.)
Interpelação (Jur.)	Judicial notification (Leg.)
Interpolação	Interpolation
Interpretar	Interpret
Interpretar mal	Misinterpret
Interromper	Adjourn
Interrupção de processamento (PED)	Abend, abort (EDP)
Interrupções anormais	Abnormal stoppages, terminations
Intervalo vazio (PED)	Gap (EDP)
Intimação (Jur.)	Subpoena (Leg.)
Intrínseco	Built-in
Introdução	Introduction
Intruso	Outsider
Inundação (Seg.)	Flood (Ins.)
Invalidez (Seg.)	Disability (Ins.)
Invalidez parcial por acidente (Seg.)	Partial accident disability (Ins.)
Invalidez permanente total por acidente (Seg.)	Total permanent accident disability (Ins.)
Inválido (s.); invalidar (v.)	Void (n.) (v.)
Inventário	Inventory
Inventário físico	Physical inventory-taking
Investida	Investee
Investidor	Investor
Investidor institucional	Institutional investor
Investigação de assuntos do meio ambiente (Aud.)	Environmental investigation (Aud.)
Investigação e resolução de problemas	Trouble shooting

Investimento de renda fixa (Fin.)	Fixed-income investment (Fin.)
Investimento estrangeiro	Foreign investment
Investimentos	Investments, holdings
Investimentos altamente líquidos	Cash equivalents
Involução	Involution
Irregular	Irregular
Irrelevante	Immaterial
Irrevogável	Irrevocable
Irrigação	Irrigation
Isenção de imposto (Jur.)	Tax exemption (Leg.)
Isentar	Exempt
Isentar de responsabilidade	Hold harmless
Isento	Exempt
Isento de débitos	Free of charge
Isento de encargos	Free of charge
Isento de tarifas	Duty-free
Isolar	Insulate
Item compensatório	Balancing item
Item de cobrança	Collection item
Item em processo de cobrança	Item in the course of collection
Item extraordinário	Extraordinary item
Item não usual	Unusual item
Itens de caixa	Cash items
Itens diversos	Miscellaneous items
Itens em suspenso	Suspense items
Itinerário	Itinerary

J

Jarda	Yard
Jazida mineral	Mining deposit
Jogo limpo	Fair play
Jóia (para admissão em clube etc.)	Entrance fee
Jornal	Daily newspaper
Julgamento (Jur.)	Ruling (Leg.)
Junta comercial	Board of trade (USA), commercial registry (UK)
Junta de Conciliação e Julgamento - JCJ	Conciliation and Judgment Council (for individual labor agreements)
Juntar	Bring together
Juramento	Oath
Júri, jurados (Jur.)	Jury (Leg.)
Júri principal (Jur.)	Grand Jury (Leg.)
Jurisdição	Jurisdiction (Leg.); district
Jurisdição fiscal (Jur.)	Tax jurisdiction (Leg.)
Jurisprudência (Jur.)	Precedent (Leg.)
Juro líquido	Net interest
Juro negativo	Negative interest
Juro provisionado	Accrued interest
Juros	Interest
Juros (com)	Interest-bearing
Juros (sem)	Interest-free
Juros compostos	Compound interest
Juros de mora	Arrears interest; interest on arrears
Juros embutidos/implícitos	Implicit interest
Juros imputados	Imputed interest
Juros máximos (em contratos de opção), limite superior (Fin.)	Cap (Fin.)
Juros mínimos (em contrato de opção) (Fin.)	Floor (Fin.)
Juros simples	Simple interest
Juros sobre empréstimos cuja possibilidade de cobrança é precária (Fin.)	Interest on non-accrual loans (Fin.)
Justiça	Justice
Justo	Fair
Justo valor de mercado	Fair market value
Julgamento fundamentado	Informed judgement

L

Laboratório	Laboratory
Lacrado (Jur.)	Sealed (Leg.)
Lacuna	Vacancy
Lançador de uma opção (Fin.)	Writer (Fin.)
Lançamento contábil	Accounting entry
Lançamento de abertura	Opening entry
Lançamento de correção	Correcting entry
Lançamento de diário	Journal entry
Lançamento de retificação	Adjusting entry
Lançamento de produto	Product launch
Lançamento fiscal (Jur.)	Tax assessment (Leg.)
Lançamento nos livros	Posting
Lançamento nos livros contábeis	Book entry
Lançamento ou emissão de títulos no mercado (Fin.)	Flotation, offering (Fin.)
Lançamentos compensatórios	Compensating entries
Lançar	Enter/post (in books, etc.)
Lançar no diário	Journalize
Lata	Can
Latifundiário	Owner of a large estate
Latifúndio	Large estate
Laudo de avaliação	Appraisal report
Lavoura	Farming
Legado (Jur.)	Bequest/legacy (Leg.)
Legalizar (Jur.)	Validate (Leg.)
Legião Brasileira de Assistência - LBA	Brazilian Legion of Assistance
Legislação (Jur.)	Legislation (Leg.)
Legislação societária (Jur.)	Corporate legislation (Leg.)
Legislação tributária (Jur.)	Tax legislation (Leg.)
Legítimo	Legitimate
Lei (Jur.)	Law (Leg.)
Lei adjetiva (Jur.)	Procedural law (Leg.)
Lei Antitruste (Jur.)	Antitrust Act (Leg.)
Lei comercial	Business law
Lei das Sociedades por Ações (Jur.)	Corporation Law (Leg.)
Lei de Falências (Jur.)	Bankruptcy Act (Leg.)
Lei do menor esforço	Least effort principle
Lei fiscal (Jur.)	Tax law (Leg.)
Leigo	Layman
Leilão	Auction
Leilão de "swaps" (Fin.)	Swap auctions (Fin.)
Lei ordinária (Jur.)	Ordinary law (Leg.)

Lei substantiva (Jur.)	Substantive law (Leg.)
Leitora de documentos (PED)	Document reader (EDP)
Leitora ótica, "scanner" (PED)	Scanner (EDP)
Leitura rápida	Scroll
Lembrete/lembrança	Reminder
Letra (título) ao portador (Fin.)	Bearer bill (Fin.)
Letra de câmbio (Fin.)	Bill of exchange (Fin.)
Letra de câmbio a prazo (Fin.)	Time draft (Fin.)
Letra de câmbio comercial (Fin.)	Trade bill of exchange (Fin.)
Letra de câmbio com vencimento superior a três meses a partir da data de emissão (Fin.)	Long bill (Fin.)
Letra de câmbio de comércio exterior acompanhada dos documentos que deram origem ao saque (Fin.)	Documentary bill of exchange (Fin.)
Letra do Tesouro Nacional - LTN	National Treasury Bill
Letra do Tesouro não reajustável (Fin.)	Non-indexed treasury bill (Fin.)
Letra Financeira do Tesouro - LFT	Financial Treasury Bill
Letra maiúscula	Capital letter
Letra reajustável do Tesouro (Fin.)	Index/readjustable treasury bill (Fin.)
Letras mantidas para cobrança (Fin.)	Bills held for collection (Fin.)
Levantamento	Survey
Levantamento de dados	Fact-finding
Levar adiante	Carry out
Levar um projeto até o final	Following through
Liberar	Release
Licença	Leave; license; franchise
Licença com autorização	Leave of absence, furlough
Licença, em	On leave
Licença-maternidade	Maternity leave
Licença-paternidade	Paternity leave
Licitação	Invitation to bid, bidding, tender
Licitação pública	Public tender
Líder	Leader
Liderança	Leadership
Líder do mercado	Market leader
Líder/encarregado da equipe (Aud.)	Team leader (Aud.)
Ligação	Association
Liga metálica	Alloy
Limbo	Limbo
Liminar (Jur.)	Preliminary injunction (Leg.)
Limitação orçamentária	Budget constraint
Limitações ao escopo do exame (Aud.)	Scope limitations (Aud.)

Limitações estatutárias (Jur.)	Statutory limitations (Leg.)
Limite de catástrofe (Seg.)	Catastrophe coverage limits (Ins.)
Limite de crédito	Credit limit
Limite de endividamento (Fin.)	Borrowing limit (Fin.)
Limite de operações (Seg.)	Operational limits (by line of insurance) (Ins.)
Limite de responsabilidade (Seg.)	Liability coverage limits (per CNSP) (Ins.)
Limite de retenção (Seg.)	Limit of retention (Ins.)
Limites para relevância/materialidade (Aud.)	Materiality thresholds (Aud.)
Limite técnico (Seg.)	Technical limit (Ins.)
Linear	Linear, straight-line
Linguagem de computador (PED)	Computer language (EDP)
Linguagem de máquina (PED)	Machine language (EDP)
Linguagem de quarta geração (PED)	Fourth Generation Language - 4GL (EDP)
Linha de comando	Line/chain of command
Linha de crédito (Fin.)	Credit line, line of credit (Fin.)
Linha de espera	Waiting line, queue
Linha de lucro (prejuízo) final de um período na demonstração do resultado (a última linha)	Bottom line
Linha de montagem	Assembly line
Linha de produção	Production line
Linha de produtos	Product line
Linha de responsabilidade principal	Primary reporting responsibility
Linha divisória	Borderline
Linhas de crédito rotativo (Fin.)	Revolving lines of credit (Fin.)
Linhas de orientação	Guidelines
Linhas de orientação operacional	Operational guidelines
Linhas de orientação sobre segurança	Safety guidelines
Linho	Flax, linen
Liquidação	Settlement; extinguishment; liquidation
Liquidação de dívida (Fin.)	Debt clean-up (Fin.)
Liquidação de sinistros (Seg.)	Loss settlements; claims settlements (Ins.)
Liquidação direta	Direct settlement
Liquidador (Seg.)	Adjuster (Ins.)
Liquidante (Fin.)	Liquidator (Fin.)
Liquidez	Marketability
Liquidez do mercado (Fin.)	Market liquidity (Fin.)
Líquido de imposto	Net of tax
Lista de embarque	Packing list, manifest

Lista de espera	Waiting list
Lista de pendências	To do list
Lista de saldos segundo os vencimentos	Aging/ageing list
Lista de verificação	Checklist
Listagem de cheques sustados	Stop-check list
Lista negra	Black list
Litígio (Jur.)	Litigation (Leg.)
Litígio trabalhista (Jur.)	Labor litigation dispute (Leg.)
Livre a bordo - FOB	Free On Board - FOB
Livre ao lado do navio - FAS	Free Alongside Ship - FAS
Livre empresa	Free company
Livre iniciativa	Free enterprise
Livrete	Booklet
Livro-caixa	Cash-book
Livro de Apuração do Lucro Real - LALUR	Taxable Income Control Register - LALUR
Livro de atas	Minute book
Livro esgotado no mercado	Out-of-print
Livros contábeis	Accounting books
Lobista (executor do "lobby")	Lobbyist
Localização	Location
Local, no	In loco
Locatário	Tenant
Logística	Logistics
Logo que possível	As soon as possible - asap
Logo que puder	Earliest convenience, at your
Logotipo	Logotype
Loja de departamentos	Department store
Longa duração (Seg.)	Long-tail (Ins.)
Lote	Batch; lot; plot of land
Lote econômico	Economic lot size
Ltda. - Limitada	Limited Liability Partnership - Ltda.
Lucrativo	Profitable
Lucro	Earnings, gain, profit, income
Lucro antes do imposto de renda	Pretax income, income before income tax
Lucro bruto	Gross profit
Lucro da exploração (Jur.)	Exploitation profit (Leg.)
Lucro departamental	Departmental profit
Lucro em atividades secundárias	Downstream profit
Lucro em transações entre departamentos da mesma empresa	Interdepartmental profit
Lucro entre empresas do mesmo grupo	Intercompany profit

Lucro escritural	Paper profit
Lucro estimado/previsto	Anticipated profit
Lucro futuro, descontado ao valor presente	Discounted future earnings
Lucro imprevisto	Windfall profit
Lucro inflacionário	Inflation gain
Lucro líquido	Net profit/income
Lucro líquido por ação	Net income per share
Lucro marginal	Marginal income
Lucro, mediante um	At a profit
Lucro monetário	Monetary gain
Lucro na conversão	Translation gain
Lucro não operacional	Non-operating income
Lucro não realizado	Unearned income/unrealized profit
Lucro no papel	Paper profit
Lucro operacional/das operações	Operating profit, income from operations
Lucro ou prejuízo não reconhecido (não contabilizado)	Unrecognized gain or loss
Lucro por ação	Earnings Per Share - EPS
Lucro/prejuízo operacional	Operating profit/loss
Lucro/prejuízo realizado	Realized gain/loss
Lucro projetado	Projected profit
Lucro real	Taxable income
Lucros acumulados	Retained earnings, earned surplus
Lucros acumulados de entidade adquirida	Acquired surplus
Lucros acumulados disponíveis	Available surplus
Lucros acumulados não distribuídos	Unappropriated retained earnings
Lucros atribuídos (Seg.)	Assigned income (Ins.)
Lucros cessantes (Seg.)	Loss of profit; loss of use/income (Ins.)
Lucros decrescentes	Declining profits
Lucros excedentes	Excess profits
Lucros não distribuídos	Undistributed profits
Lucros retidos (acumulados) restritos	Restricted retained earnings
Lucro tributável	Taxable income
Lucro vegetativo	Holding gain
"Luvas"	Key money
Luz verde	Green light

M

Macroeconomia	Macroeconomics
Má-fé (Jur.)	Mala fide; bad faith (Leg.)
Maioria absoluta (Jur.)	Majority (Leg.)
Maior Valor de Referência - MVR	Highest Reference Value
Mais além	Further
Mais-valia	Appreciation
Mala direta	Direct mail
Malogro	Flop
Malsucedido	Unsuccessful
Malversação	Misappropriation
Mandado (Jur.)	Writ, mandate (Leg.)
Mandado de segurança (Jur.)	Injunction (Leg.)
Mandatório	Mandatory
Manejável	Manageable
Manifesto	Manifest
Manipulação	Manipulation
Manipulação de contas de empresa para melhorá-las; camuflagem	Window-dressing
Manipulação de informações	Information handling
Manter as margens (de rentabilidade)	Hold margins
Manter (registros etc.)	Keep (books, etc.)
Manual de contabilidade	Accounting manual
Manual de Normas e Instruções (Instituições Financeiras) - MNI	Manual of Rules and Instructions for Financial Institutions
Manual de Orientação de Pessoa Jurídica (IR) - MAJUR	Instruction Manual for Corporate Income Tax - MAJUR
Manual de políticas	Policy manual
Manual de procedimentos	Procedures manual
Manuseio de materiais	Materials handling
Manutenção	Maintenance, upkeep
Manutenção de um preço fixo no mercado (Fin.)	Pegging (Fin.)
Manutenção preventiva	Preventive maintenance
Mão-de-obra	Labor, manpower, labor force
Mão-de-obra direta	Direct labor
Mão-de-obra indireta	Indirect labor
Mão-de-obra qualificada	Skilled manpower
Máquina de escrever	Typewriter
Máquina de somar	Adding machine
Máquina, motor	Engine
Máquina picotadeira	Shredder
Maquinário/maquinaria	Machinery

Máquinas e equipamentos	Machinery and equipment
Marca	Make, brand
Marca comercial	Brand
Marca registrada	Trademark
Marcas e patentes	Trademarks and patents
Margem bruta	Gross margin
Margem de contribuição	Margin of contribution
Margem de lucro	Profit margin; spread
Margem de lucro bruto	Gross profit margin
Margem de segurança	Margin of safety, safety margin
Margem líquida	Net margin
Margem operacional	Operating margin
Massa crítica	Critical mass
Matemática	Mathematics
Materiais consumíveis	Consumable stores
Materiais para manutenção	Maintenance materials
Material	Material
Material de consumo	Consumption materials
Material de embalagem	Packing material
Material de escritório	Office supplies
Material direto	Direct material
Material indireto	Indirect material
Matéria-prima	Raw material
Matriz	Head/home/main office; headquarters; matrix
Maturidade	Expiration date, maturity date
Mau funcionamento	Malfunction
Mau pagador	Delinquent
Maximização	Maximization
Maximização de rentabilidade/lucratividade	Profit maximization
Máximo	Maximum
Máximo (Seg.)	Maximum (Ins.)
Mecânica	Mechanics
Mecanismo	Mechanism
Média aritmética	Arithmetic mean
Mediação	Mediation
Média geométrica	Geometric mean
Média/médio	Average/mean
Média móvel	Moving average
Média, na	On an average
Média ponderada	Weighted average
Média proporcional	Proportional mean

Média simples	Simple average
Mediato (s.); mediar (v.)	Mediate (n.) (v.)
Medição do trabalho	Ergonometrics
Medição, mensuração	Measurement
Medida	Measure, degree
Medida corretiva	Corrective action
Medida de uma jarda	Yardstick
Medida de referência	Yardstick
Medida Provisória - MP (Jur.)	Provisional Measure - MP (Leg.)
Médio prazo	Medium term
Meio circulante (Fin.)	Money supply/circulating medium (Fin.)
Meio de pagamento (Fin.)	Medium of exchange (Fin.)
Meio empresarial	Business community
Meio expediente	Half-time; part-time
Meios	Ways and means
Meios de armazenamento não removíveis (PED)	Non-removable storage media (EDP)
Meios de armazenamento removíveis (PED)	Removable storage media (EDP)
Meios de informação	Mass media
Meios de pagamento	Means of payment
Melhora do lucro	Profit improvement
Melhoramento	Improvement, betterment
Melhoramentos em terrenos	Land improvement
Melhor compra	Best buy
Melhor do conhecimento e crença	Best of knowledge and belief
Membro	Member
Membro da equipe (Aud.)	Team member (Aud.)
Membro de uma organização	Fellow member
Memorando de controle interno (Aud.)	Internal control memorandum (Aud.)
Memorando, memorandos	Memorandum, memoranda
Memória de acesso aleatório - RAM (PED)	Random Access Memory - RAM (EDP)
Memória de computador (PED)	Computer storage/memory (EDP)
Memória intermediária (PED)	Buffer (EDP)
Memória intermediária de digitação (PED)	Key stroke buffers (EDP)
Memória virtual (PED)	Virtual memory (EDP)
Menor rigor na concessão de crédito (Fin.)	Loosening of credit (Fin.)
Menos	Minus
Mensagem, missão	Errand, mission
Mensagem publicitária	Advertising message
Mensalão	Optional monthly income tax - individuals
Mensalidade, prestação mensal	Monthly installment
Mensalista	Salary earner

Mentor	Mastermind
Menu, cardápio (PED)	Menu (EDP)
Menu de opções	Cafeteria menu
Mercado	Market, mart
Mercado aberto (Fin.)	Open market (Fin.)
Mercado acionário/de ações	Stock market
Mercado de balcão (Fin.)	Over-the-counter market (Fin.)
Mercado de câmbio	Exchange market
Mercado de capitais (Fin.)	Capital market (Fin.)
Mercado de dinheiro (Fin.)	Money market (Fin.)
Mercado de eurodólares (Fin.)	Eurodollar market (Fin.)
Mercado de nível médio	Middle market
Mercado de opções (Fin.)	Options market (Fin.)
Mercado de operações de "hedge" (Fin.)	Hedge operations market (Fin.)
Mercado de trabalho	Labor market
Mercado do Cone Sul - MERCOSUL	South Cone Market
Mercado dominado por vendedores (Fin.)	Sellers' market (Fin.)
Mercado externo	Foreign market
Mercado extra-oficial	Non-official market
Mercado financeiro (Fin.)	Money/financial market (Fin.)
Mercado financeiro de futuros (Fin.)	Financial futures (Fin.)
Mercado fracionário (Fin.)	Odd lot market (Fin.)
Mercado futuro de dólar (Fin.)	Dollar future market (Fin.)
Mercado futuro de juros (Fin.)	Interest future market (Fin.)
Mercado interbancário de colocações (Fin.)	Interbank placement market (Fin.)
Mercado internacional de resseguros (Seg.)	International reinsurance market (Ins.)
Mercado interno local	Home/domestic market
Mercado livre (Fin.)	Free market (Fin.)
Mercado livre e aberto	Free and open market
Mercado negro	Black market
Mercado paralelo	Parallel market
Mercado primário (Fin.)	Primary market (Fin.)
Mercadoria depositada em armazéns alfandegados	Bonded goods
Mercadorias	Goods, merchandise, commodities
Mercadorias e moedas disponíveis para entrega imediata	Spot
Mercadorias em trânsito	Goods in transit
Mercado secundário (Fin.)	Secondary market (Fin.)
Mesa de operações (negociações) (Fin.)	Dealing room, trading desk (Fin.)
Mesa-redonda	Round table

Meta	Goal, target, aim
Meta de lucro	Profit target
Metais preciosos (Fin.)	Bullion (Fin.)
Método composto	Compounding method
Método da soma dos dígitos (depreciação)	Sum-of-the-digits method (depreciation)
Método de avaliação de benefícios projetados (pensões) (Seg.)	Projected benefit valuation method (pension) (Ins.)
Método de avaliação de benefícios provisionados (pensões) (Seg.)	Accrued benefit valuation method (pension) (Ins.)
Método de calcular taxas (de moedas) cruzadas (Fin.)	Chain rate calculation method (Fin.)
Método de compra	Purchase method
Método de contabilidade	Accounting method
Método de contabilização de contratos concluídos	Completed contract method of accounting
Método de contrato concluído	Completed contract method
Método de custeio por absorção total	Full absorption cost method
Método de custo	Cost method
Método de custo atuarial	Actuarial cost method
Método de custo do benefício provisionado (pensões) (Seg.)	Accrued benefit cost method (pension) (Ins.)
Método de custo padrão	Standard cost method
Método de depreciação linear	Straight-line method of depreciation
Método de eliminação e/ou tratamento de lixo	Waste management
Método de equivalência patrimonial	Equity method (of accounting)
Método de estoque básico	Base-stock method
Método de fusão de interesses	Pooling of interests method
Método de liquidação (da empresa)	Shut-down basis
Método de obtenção de recursos financeiros	Financial funding method
Método de percentagem completada	Percentage-of-completion method
Método de recuperação de custo	Cost recovery method
Método de rentabilidade	Earnings method
Método de retenção de recursos financeiros para saldar obrigações futuras	Funding method
Método de saldos decrescentes (depreciação)	Declining/diminishing balance method (depreciation)
Método do caminho crítico - CPM	Critical Path Method - CPM
Metodologia	Methodology
Metodologias de provisionamento de sinistros (Seg.)	Loss reserving methodologies (Ins.)
Métodos de contagem e médias (Seg.)	Counts and averages methods (Ins.)
Métodos de desenvolvimento de sinistros (Seg.)	Loss development methods (Ins.)

Microcomputador (PED)	Microcomputer (EDP)
Micro de bolso (PED)	Palmtop (EDP)
Micro de mesa (PED)	Desktop (EDP)
Microeconomia	Microeconomics
Microfilme (s.); microfilmar (v.)	Microfilm (n.) (v.)
Micro portátil (PED)	Laptop (EDP)
Mídia	Media
Migração de sistemas (PED)	Migration (EDP)
Migrar (PED)	Migrate (EDP)
Milhagem ("Mileagem")	Mileage
Milhares	Thousands
Milhões	Millions
Minério	Ore (iron etc.)
Minicomputador (PED)	Minicomputer (EDP)
Mínimo (Seg.)	Minimum (Ins.)
Ministério da Agricultura	Ministry of Agriculture
Ministério da Cultura	Ministry of Culture
Ministério da Defesa	Ministry of Defense
Ministério da Fazenda	Ministry of Finance
Ministério da Previdência Social	Ministry of Social Security
Ministério das Relações Exteriores	Ministry of Foreign Affairs
Ministério do Meio Ambiente	Ministry of the Environment
Ministério do Planejamento	Ministry of Planning
Ministério dos Negócios Interiores (Reino Unido)	Home Office (UK)
Ministério do Trabalho	Ministry of Labor
Minuta ("boneco")	Mock-up; draft
Missão comercial	Trade mission
Missão econômica	Economic mission
Mistura/mescla	Blend
Moção	Motion
Moda, modelo	Fashion, model
Modalidade de apólice (Seg.)	Type of policy (Ins.)
Modalidade de produção (PED)	Production mode (EDP)
Modalidade de resseguro (Seg.)	Type of reinsurance (Ins.)
Modalidade de seguro (Seg.)	Form or type of insurance (Ins.)
Modalidades de seguros operadas (Seg.)	Types of insurance offered (Ins.)
Modelado em relevo	Embossed
Modelagem	Modeling
Modelo	Model, pattern
Modelo de dados (PED)	Data model (EDP)
Moderado	Moderate

Moderador	Moderator
Moderno	Modern
Modificação	Alteration
Modificar	Modify (to)
Modo de entrada em lote (PED)	Batch entry mode (EDP)
Modo de entrada em lote (posterior) (PED)	Delayed batch entry mode (EDP)
Modulador (PED)	Modem (EDP)
Moeda-base	Base currency
Moeda bloqueada	Blocked currency
Moeda circulante (Fin.)	Circulating medium/money supply (Fin.)
Moeda conversível	Free currency
Moeda conversível (Fin.)	Convertible currency (Fin.)
Moeda corrente	Legal tender
Moeda de um país estrangeiro, moeda estrangeira	Foreign currency
Moeda de valor constante	Constant currency
Moeda do relatório da empresa	Reporting currency
Moeda forte	Hard currency
Moeda "funcional"	Functional currency
Moeda local	Local currency
Moeda nacional	Local currency
Moeda não conversível (Fin.)	Non-convertible currency (Fin.)
Molde	Pattern
Monetário	Monetary
Monetarista	Monetarist
Monitor (PED)	Monitor, display (EDP)
Monitorar	Monitor
Monopólio	Monopoly
Montante	Amount
Montante líquido nos livros contábeis	Net carrying amount
Montante recuperável	Recoverable amount
Montante segurado/ressegurado (Seg.)	Amount insured/reinsured (Ins.)
Moratória (Jur.)	Moratorium (Leg.)
Morbidez (Seg.)	Morbidity (Ins.)
Morte acidental (Seg.)	Accidental death (Ins.)
Morte por qualquer causa (Seg.)	Death by any cause (Ins.)
Mostruário	Showcase
Motivo	Ground, reason
"Mouse"; rato (PED)	Mouse (EDP)
Móveis e utensílios	Furniture and fixtures
Mudança	Change
Mudança de posição	Turnaround

Mudança de princípio contábil	Accounting change
Mudar	Change
Multa (s.); multar (v.)	Fine (n.) (v.)
Multimídia (PED)	Multimedia (EDP)
Multinacional	Multinational (company)
Multiplicar	Multiply
Multiprocessamento (PED)	Multi-task (EDP)
Multiusuário (PED)	Multi-user (EDP)
Município	County
Mutuante	Lender
Mutuário	Borrower
Mútuo de ouro (Fin.)	Gold loan contracts (Fin.)

N

Nacionalismo	Nationalism
Nacionalização	Nationalization
Não adequado	Unfit
Não ambíguo	Unambiguous
Não amortizado	Unamortized
Não aplicável	Not applicable
Não apropriado	Unappropriated
Não assinado	Unsigned
Não atendido	Unattended
Não auditado	Unaudited
Não autorizado	Unauthorized
Não cobrado	Uncollected
Não comprovado	Unwarranted
Não confirmado	Unconfirmed
Não despendido	Unexpended
Não distribuído	Unallocated, unappropriated, undistributed
Não dividido	Undivided
Não divulgado	Undisclosed
Não econômico	Uneconomic
Não emitido	Unissued
Não escrito	Unwritten
Não especificado	Unspecified
Não extinto	Unextinguished
Não financiado	Unfunded
Não garantido	Unsecured
Não identificável	Unidentifiable
Não incluído no balanço patrimonial	Off balance sheet
Não incorporado	Unincorporated
Não linear	Nonlinear
Não liquidado	Unsettled
Não lucrativo	Unprofitable
Não melhorado	Unimproved
Não monetário	Non-monetary
Não mudado	Unchanged
Não ocupado	Unoccupied
Não oficial	Unofficial
Não onerado	Unencumbered
Não operacional	Non-operative
Não pagamento de imposto mediante expedientes legais (Jur.)	Tax avoidance (Leg.)
Não pago	Unpaid

119

Não pertinente	Not applicable
Não programado	Unscheduled
Não provisionado	Unprovided
Não realizado	Unearned, unrealized
Não reclamado	Unclaimed
Não recorrente	Non-recurring
Não regulamentado	Unregulated
Não rentável	Unprofitable
Não resgatável (Fin.)	Non-redeemable (Fin.)
Não respondido	Unanswered
Não segurado	Uninsured
Não sindicalizado	Non-unionized
Não solicitado	Unsolicited
Não terminado	Unfinished
Não usado	Unused
Não vencido	Unmatured, not yet due
Não vendido	Unsold
Navio	Ship
Necessidades de pessoal/mão-de-obra	Manpower requirements
Negativa de parecer/opinião (Aud.)	Disclaimer of opinion (Aud.)
Negligência	Negligence
Negligência (s.); negligenciar (v.)	Neglect (n.) (v.)
Negociação	Negotiation
Negociação coletiva	Collective bargaining
Negociação com data diferente da data-padrão	Odd date trade
Negociação conjunta	Joint negotiation
Negociação (de mercadorias, de papéis financeiros) (Fin.)	Trading (Fin.)
Negociação de patentes	Patent trading
Negociador	Negotiator
Negociante	Businessman
Negociar	Negotiate
Negócio	Business
Negócio arriscado	Risky business
Negócio cativo	Captive business
Negócio principal da empresa	Core business
Negócios (fazer)	Business (to do)
Negócio sólido	Consistent business, sound business
Negrito	Bold-face type
Nicho (de mercado etc.)	Niche
Níquel	Nickel
Níveis mais baixos	Down the line, lowest level

Nivelar	Even, level, smooth
Nível de preços	Price level
Nível de qualidade aceitável	Acceptable quality level
Nível de risco	Level of risk
No local de trabalho	On-site
Nomeação	Appointment, nomination
Nomear	Nominate
Nomenclatura Brasileira de Mercadorias - NBM	Brazilian Products Nomenclature
Norma	Norm
Norma contábil	Accounting standard
Norma de auditoria (Aud.)	Auditing standard (Aud.)
Norma Internacional de Auditoria do IFAC - NIA (Aud.)	International Standard on Auditing - ISA (IFAC) (Aud.)
Normas Brasileiras de Contabilidade - NBC	Brazilian Accounting Standards - NBC
Normas Contábeis Internacionais - IAS	International Accounting Standards - IAS
Normas de relatório (Aud.)	Reporting standards (Aud.)
Normas de trabalho no campo (Aud.)	Field work standards (Aud.)
Normas profissionais (Aud.)	Professional standards (Aud.)
Nota de crédito	Credit note
Nota de débito	Debit note
Nota de devolução de material	Material return note
Nota de embarque	Shipping order
Nota de entrada, nota recebida	Incoming note
Nota de entrega	Delivery note
Nota de honorários	Fee note
Nota de recebimento	Receiving note
Nota de transferência de material	Material transfer note
Nota explicativa (às demonstrações financeiras)	Explanatory note (to financial statements)
Nota fiscal/fatura	Invoice
Nota promissória (Fin.)	Promissory note (Fin.)
Notas de curva de rendimento (Fin.)	Yield curve notes (Fin.)
Notas de rodapé (nas demonstrações financeiras)	Footnotes
Notas do Banco Central - NBC	Central Bank Notes
Notas do Tesouro Nacional - NTN	National Treasury Notes
Notícias	News
Notificação de impostos ou outros tributos (Leg.)	Assessment notice (Leg.)
Notificação judicial (Leg.)	Judicial notice (Leg.)
No total	In the aggregate
Novação (Fin.)	Novation (Fin.)
Novo	New, fresh
Nulo e sem efeito	Null and void

Numeração das apólices (Seg.)	Policy numbering; policy count (Ins.)
Número de conta	Account number
Número de funcionários	Head count
Número de sinistros (Seg.)	Claim counts (Ins.)
Número inteiro	Integer
Números aleatórios	Random numbers

O

Objetivo (s.); objetivar (v.)	Aim (n.) (v.)
Objetos de uso pessoal	Personal effects
Objetos de valor	Valuables
Obras públicas	Public works
Obrigação	Obligation, liability
Obrigação acessória (Fin.)	Accessory obligation (Fin.)
Obrigação com cupom pleno (Fin.)	Full coupon bond (Fin.)
Obrigação com cupom zero	Zero coupon bond
Obrigação com impostos	Tax liability
Obrigação com juros (Fin.)	Interest-bearing bond (Fin.)
Obrigação com preço abaixo do par (Fin.)	Discount bond (Fin.)
Obrigação conversível (Fin.)	Convertible bond (Fin.)
Obrigação endossada (Fin.)	Endorsed bond (Fin.)
Obrigação garantida	Secured liability, guaranteed bonds
Obrigação inicial	Primary liability
Obrigação legal (Jur.)	Legal liability (Leg.)
Obrigação para benefícios sem direito adquirido (não expirados) (pensões) (Seg.)	Non-vested benefit obligation (pension) (Ins.)
Obrigação primária	Primary liability
Obrigação (título) reajustável (Fin.)	Indexed bond (Fin.)
Obrigação Reajustável do Tesouro Nacional - ORTN	Readjustable Federal Treasury Bond
Obrigação resgatável apenas no vencimento (Fin.)	Non-callable bond (Fin.)
Obrigações com taxa fixa (Fin.)	Fixed rate notes (Fin.)
Obrigações com taxa flutuante (Fin.)	Floating Rate Notes - FRN (Fin.)
Obrigações do Fundo Nacional de Desenvolvimento - OFND	National Development Fund Obligations
Obrigações do Tesouro (letras etc.)	Treasury bonds/bills
Obrigações em moedas duplas (Fin.)	Dual currency bonds (Fin.)
Obrigações governamentais (Fin.)	Government obligations/bonds (Fin.)
Obrigações não conversíveis em ações (Fin.)	Non-convertible bonds (Fin.)
Obrigações resgatáveis (Fin.)	Callable bonds (Fin.)
Obrigações sobre "swaps" (Fin.)	Swaptions (Fin.)
Obrigações vinculadas a "commodities" (Fin.)	Commodity-linked bonds (Fin.)
Obrigatório	Mandatory
Observar	Observe
Obsolescência de estoque	Inventory obsolescence
Obsolescência tecnológica	Technological obsolescence
Obsoleto	Obsolete
Obstáculo	Fence, barrier, impediment

Obter vantagem	Take advantage
Ocasião oportuna (Aud.)	Timing (Aud.)
Ocorrência (Seg.)	Occurence; event (Ins.)
Ocorrência de inadimplência contratual (Fin.)	Event of default (Fin.)
Ocultação (Seg.)	Voluntary omission (Ins.)
Ocultar (fraude)	Conceal
Ocupação	Occupancy, occupation
Oferta	Supply; bid; offer
Oferta abaixo do valor justo	Underbid, low ball
Oferta de ações ao público	Public offer, offering, launching
Oferta de compra e de venda (Fin.)	Bid and asked (Fin.)
Oferta em excesso	Oversupply
Oferta e procura	Demand and supply
Oferta privada (Fin.) (EUA)	Private offering (Fin.) (USA)
Oferta pública para aquisição do controle de uma empresa	Takeover bid
Oficina	Workshop
Oficioso	Off-the-record
Oligopólio	Oligopoly
Omissão	Omission
Onerar	Encumber
Ônus	Encumbrance
Ônus da prova (Jur.)	Burden of proof (Leg.)
Opção a descoberto (Fin.)	Naked/uncovered option (Fin.)
Opção comprada (de títulos) (Fin.)	Purchased option (Fin.)
Opção de compra de ações (EUA)	Stock option (USA)
Opção de compra de títulos (Fin.)	Call option (Fin.)
Opção de venda (de papéis financeiros) (Fin.)	Put option (Fin.)
Opção lançada (Fin.)	Written option (Fin.)
Opção negociada (em bolsa) (Fin.)	Traded option (Fin.)
Opção sobre futuros (Fin.)	Futures option (Fin.)
Opções de ações (Fin.)	Equity options (Fin.)
Opções de "commodities" (Fin.)	Commodity options (Fin.)
Opções de compra (Fin.)	Buy options (Fin.)
Opções de moedas (Fin.)	Currency options (Fin.)
Opções de obrigações (Fin.)	Bond options (Fin.)
Opções de "swaps" (Fin.)	Swap options (Fin.)
Opções em acordos de taxas a termo (Fin.)	FRA options (Fin.)
Opções negociadas particularmente (Fin.)	Privately-negotiated options (Fin.)
Opções transacionadas em bolsa (Fin.)	Exchange traded options (Fin.)
Operação	Operation
Operação abandonada	Discontinued operation

Operação a termo (Fin.)	Forward transaction (Fin.)
Operação casada (Fin.)	Matched book agreement; Back-to-back (Fin.)
Operação com lucro	In the black, profitable operation
Operação com prejuízo	In the red, unprofitable operation
Operação de financiamento de vendas ("vendor") (Fin.)	Sales financing operation (vendor) (Fin.)
Operação descontinuada	Discontinued operation
Operação em andamento	Ongoing operation
Operação em declínio	Declining operation
Operação em expansão	Expanding operation
Operação "tartaruga"	Labor slowdown; go slow
Operacional	Operating
Operações de/com seguros (Seg.)	Insurance operations (Ins.)
Operações de companhias de seguros (Seg.)	Operations of insurance companies (Ins.)
Operações de co-seguros (Seg.)	Coinsurance operations (Ins.)
Operações de previdência privada (pensões) (Seg.)	Private pension operations (pension) (Ins.)
Operações de resseguros (Seg.)	Reinsurance operations (Ins.)
Operações em trânsito	Transit operations
Operações reunidas, combinadas	Combined operations
Operador	Operator
Operador de máquina	Machine operator
Operadores de ligação de mensagem (PED)	Message switch operators (EDP)
Oportunidade de negócios	Business opportunity
Oportunidades de carreira	Career opportunities
Orçamento	Budget
Orçamento central	Master budget
Orçamento de capital	Capital budget
Orçamento de despesas	Expense budget
Orçamento de honorários	Fee estimate
Orçamento de horas	Time budget
Orçamento de investimentos	Investment budget
Orçamento de vendas	Sales budget
Orçamento equilibrado	Balanced budget
Orçamento flexível	Flexible budget
Orçamento funcional	Performance budget
Orçamento operacional	Operating budget
Orçamento ultrapassado (de gastos, de tempo etc.)	Overrun
Orçamento variável	Variable budget
Orçar a produção	Output budgeting

Ordem	Order
Ordem de pagamento	Payment order
Ordem de produção	Job order
Ordem de serviço	Service order
Ordem dos Advogados do Brasil - OAB	Brazilian Bar Association - OAB
Ordem permanente	Standing order
Ordenado	Pay, salary
Ordenado de horistas	Wages
Ordenador (PED)	Sorter (EDP)
Ordens de saque negociáveis (Fin.)	Negotiable Orders of Withdrawal - NOW (Fin.)
Ordinária ao Portador (Ação) - OP	Common Bearer Stock (USA)/Share (UK)
Organização	Organization
Organização das Nações Unidas - ONU	United Nations Organization - UNO
Organização dos Países Exportadores de Petróleo - OPEP	Organization of Petroleum Exporting Countries - OPEC
Organização e Métodos - O&M	Organization and Methods - O&M
Organização Não Governamental - ONG	Non-Governmental Organization
Organização prestadora de serviços	Service organization
Organização sem fins lucrativos	Non-profit organization
Organograma	Organization chart
Órgão governamental regulamentador do comércio	Board of trade
Órgãos públicos	Public agencies
Orientação	Guideline, guidance, advice
Orientação profissional	Vocational guidance
Origem e aplicação de recursos	Changes in financial position/source and application of funds
Ortodoxo	Orthodox
Ostracismo	Ostracism; limbo
Ouro em barras	Bar gold
Outorgado (Jur.)	Grantee (Leg.)
Outorgante (Jur.)	Grantor (Leg.)
Outras receitas	Other income
Outros títulos quase governamentais	Other quasi-governmental securities
Otimização do lucro	Profit optimization
Outro auditor (terceiro) (Aud.)	Other auditor (Aud.)
"Overgold" (Fin.)	Overgold (Fin.)

P

Pacote	Package
Pacote de medidas financeiras (Fin.)	Financial package (Fin.)
Pacote negociado	Package deal
Pacto	Pact
Padrão	Standard, pattern
Padrão de cifração de dados (PED)	Data Encryption Standard - DES (EDP)
Padrão de vida	Standard of living
Padrão ouro (Fin.)	Gold standard (Fin.)
Padronização	Standardization
Pagador	Payer
Pagador com atraso	Slow payer
Pagador no vencimento	Prompt payer
Pagamento	Payment
Pagamento adiantado	Advance payment
Pagamento antecipado	Prepayment, payment in advance
Pagamento atrasado	Late payment
Pagamento contra entrega	Cash On Delivery - COD
Pagamento das indenizações (Seg.)	Payment of indemnities (Ins.)
Pagamento de benefício (Seg.)	Benefit payment (Ins.)
Pagamento de benefício em vida (Seg.)	Annuity benefit payment (Ins.)
Pagamento de benefícios de seguros de anuidades (Seg.)	Annuity benefit payments (Ins.)
Pagamento de desligamento de funcionário	Severance pay
Pagamento de férias	Vacation pay (USA); holiday pay (UK)
Pagamento em dinheiro	For cash
Pagamento em espécie	Payment in kind
Pagamento inicial/sinal/entrada	Down payment
Pagamento parcelado/parcial	Progress payment
Pagamento por conta	Payment on account
Pagar	Pay out
Pagar à medida que recebe	Pay as you earn
Pagar (uma dívida) até o vencimento	Honor
Pagar na medida do uso	Pay as you go
Pagar por hora	Pay by the hour
Pago	Paid, paid-in
Pago a menos	Underpaid
Painel	Panel
Painel de comando	Switchboard
Painel de controle	Control panel
País desenvolvido	Developed country
País em desenvolvimento	Developing country

País industrializado	Industrialized country
País menos desenvolvido	Less developed country
País subdesenvolvido	Underdeveloped country
Palavra secreta (PED)	Password (EDP)
Palestra	Address, speech
Panelista (apresentador)	Panellist
Papéis de trabalho (Aud.)	Working papers (Aud.)
Papéis (valores/títulos)/financeiros (Fin.)	Financial instruments (Fin.)
Papéis financeiros de curto prazo de liquidez imediata (Fin.)	Cash market (Fin.)
Papel (função)	Role
Papelaria	Stationery
Papel comercial (Fin.)	Commercial paper (Fin.)
Papel de curto prazo (Fin.)	Short bill (Fin.)
Papel-moeda	Paper money; greenback (USA)
Papel (financeiro) negociável (Fin.)	Negotiable instrument (Fin.)
Par (número)	Even
Paraestatal	Quasi-public organization
Parágrafo	Paragraph
Parágrafo de ênfase (Aud.)	Emphasis of matter paragraph (Aud.)
Parágrafo do escopo (no parecer de auditoria) (Aud.)	Scope paragraph (Aud.)
Paraíso fiscal (Jur.)	Tax shelter, tax haven (Leg.)
Paralisação	Stoppage
Parâmetros	Parameters
Par, valor par	Par, par value
Parcela	Parcel, installment, quota
Parcela de contribuição dos acionistas em excesso ao valor nominal das ações	Capital surplus
Parcimônia	Thrift
Parecer (Aud.)	Opinion (Aud.)
Parecer adverso (Aud.)	Adverse opinion (Aud.)
Parecer com abstenção de opinião/ negativa de parecer (Aud.)	Disclaimer of opinion (Aud.)
Parecer com ressalva (Aud.)	Qualified opinion (Aud.)
Parecer do auditor independente (Aud.)	Opinion of independent accountant; auditor's opinion (Aud.)
Parecer Normativo (Fiscal) - PN (Jur.)	Regulatory Opinion (Tax) (Leg.)
Parecer parcial, isto é, que não cobre as demonstrações no seu conjunto	Piecemeal opinion (Aud.)
Parecer sem ressalvas, "limpo" (Aud.)	Clean opinion, unqualified opinion (Aud.)

Parecer técnico que engloba vários assuntos (Aud.)	Omnibus opinion (Aud.)
Parêntese	Parenthesis (USA)/bracket (UK)
Paridade	Parity
Parte da auditoria executada por outros auditores independentes (Aud.)	Part of audit performed by other independent auditors (Aud.)
Parte interessada	Affected party, party
Parte que negocia com a entidade (a outra parte em uma transação)	Other party
Partes beneficiárias (de fundadores)	Founder shares
Partes não relacionadas	Unrelated parties
Partes relacionadas	Related parties
Participação do proprietário	Ownership interest
Participação dos trabalhadores	Workers' participation
Participação em ações ordinárias	Common stock interest
Participação em controlada	Investment in subsidiary company
Participação em salvados e ressarcimentos (Seg.)	Participation in salvage and recovery (Ins.)
Participação em sociedade	Interest in a company/corporation
Participação majoritária	Controlling interest, majority interest
Participação minoritária	Minority interest
Participação no mercado	Market share
Participação nos lucros	Profit sharing; profit participation (Ins.)
Participações em lucros operacionais de retrocessões e consórcios (Seg.)	Profit participation in retrocession accounts and pooled business (Ins.)
Participante (pensões)	Person who acquires a plan (pension)
Partida	Departure
Partida dobrada	Double entry
Partida simples	Single entry
Passível de prestar contas	Accountable
Passivo	Liability
Passivo a longo prazo	Long-term liability
Passivo circulante	Current liability
Passivo contingente	Contingent liability
Passivo de imposto diferido	Deferred tax liability
Passivo diferido	Deferred liability
Passivo financeiro (Fin.)	Financial liability (Fin.)
Passivo fiscal	Tax liability
Passivo monetário	Monetary liability
Passivo não circulante	Non-current liability
Passivo não garantido/a descoberto	Unsecured liability
Passivo oculto	Hidden liability

Passivo para limpeza de lixo, detritos etc.	Liability for cleanup of waste
Passivo provisionado	Accrued liability
Passivos com incidência de juros (Fin.)	Interest-bearing liabilities (Fin.)
Passivos não contabilizados/não registrados	Unrecorded liabilities
Pasta (para portar papéis etc.)	Brief case
Pasta de planejamento (Aud.)	Planning file (Aud.)
Pasta permanente (Aud.)	Permanent file (Aud.)
Patente	Patent
Patrão	Boss
Patrimônio líquido	Net equity; owners' equity; stockholders' (USA)/shareholders' (UK) equity; net worth
Patrimônio líquido dos quotistas/cotistas	Quotaholders' equity
Patrocinador	Sponsor
Pausa	Standstill
Peças	Parts
Peças de reposição	Spare parts
Pecúlio (pensões)	Annuity (pension)
Pedágio	Toll
Pedido	Order
Pedido de compra	Purchase order
Pedido de indenização (Jur.)	Claim (Leg.)
Pedidos acumulados não atendidos	Backlog of unfilled orders
Pedidos em carteira	Backlog
Pedidos sob medida (produção)	Customized orders
Pedir demissão	Give notice
Pegar	Take up
Pegar ou largar	Take it or leave it
Pela lei (Jur.)	At law (Leg.)
Pelo valor de mercado (Fin.)	At the money, at market value (Fin.)
Pelo valor nominal	At par
Pendências	Holdovers
Penetração no mercado	Market penetration
Penhora de bens em garantia	Collateral pledge
Penhor (s.); penhorar (v.) (Jur.)	Lien, pledge, pawn (n.); pledge, pawn, execute (v.) (Leg.)
Pensão vitalícia (pensões) (Seg.)	Life annuity (pension) (Ins.)
Pequeno investidor	Small investor
Per capita	Per capita
Percentagem	Percentage
Percentual de participação	Ownership percentage; percentage holding
Perda de câmbio	Exchange loss

Perda de capital	Capital loss
Perda máxima possível (Seg.)	Maximum possible loss (Ins.)
Perda máxima provável (Seg.)	Maximum probable loss (Ins.)
Perda na transação de conversão de moeda	Exchange loss
Perdão de dívida	Waiver of debt, forgiveness of debt
Perdão por descumprimento de cláusula de contrato de empréstimo	Default waiver on loan agreement
Perda/prejuízo extraordinário	Extraordinary loss
Perdas e danos (Seg.)	Loss and damage (Ins.)
Perdas substanciais	Heavy losses
Perda total (Seg.)	Total loss (Ins.)
Perder um prazo fatal	Miss a deadline
Perecível	Perishable
Perfeito	Perfect, flawless
Perfil alto	High profile
Perfil baixo	Low profile
Perfil da empresa	Company profile
Perfil do consumidor	Customer profile
Perícia	Expertise
Permissão de importação	Importation permit
Período	Period
Período-base	Base period (company tax year)
Período contábil	Accounting/fiscal period
Período de carência	Grace period
Período de execução	Time frame
Período de expansão	Expansion period
Período de garantia	Warranty period
Período de mais movimento, período de pico	Peak period
Período de prescrição (Jur.)	Prescription period, statute of limitations (Leg.)
Período de retorno de um investimento	Pay-back period
Período de risco não decorrido/ não expirado (Seg.)	Unexpired risk period (Ins.)
Período de transição	Transitional period
Período intermediário/intercalar	Interim period
Período orçamentário	Budget period
Perito	Expert
Permissão de importação	Importation permit
Permutar	Commute
Perspectiva do lucro	Profit outlook
Perspectiva, panorama	Outlook
Perspectivas de crescimento	Growth prospects

Perspectivas do mercado	Market prospects
Pertencente ao governo	State-owned
Pertinente	Relevant
Pesado	Heavy
Peso bruto	Gross weight
Peso líquido	Net weight
Pesquisa (PED)	Query (EDP)
Pesquisa básica	Basic research
Pesquisa de consumidores	Consumer research
Pesquisa de mercado	Market research/survey
Pesquisa de motivação	Motivational research
Pesquisa e desenvolvimento	Research and development
Pesquisa operacional	Operations research
Pessoa (física ou jurídica) autorizada a fazer transferência de ações	Transfer agent
Pessoa jurídica	Legal entity
Pessoal-chave	Key personnel
Pessoal (funcionários)	Staff, personnel
Pessoal novato em treinamento/aprendizagem	Trainees
Pessoal profissional	Professional staff
Pessoal que processa reclamações (Seg.)	Claims personnel (Ins.)
Pessoa nomeada para determinada função	Nominee
Petição	Petition
Petróleo Brasileiro S.A. - PETROBRÁS	Brazilian Petroleum Company - PETROBRÁS
Pirâmide de pessoal	Pyramid (staff)
Pirâmide financeira (Fin.)	Financial pyramid (Fin.)
Pirataria de "software" (PED)	Software piracy (EDP)
Pista de auditoria (Aud.)	Audit trail (Aud.)
Planejamento a longo prazo	Long-range planning
Planejamento da auditoria (Aud.)	Audit planning (Aud.)
Planejamento de carreira	Career planning
Planejamento de espólio (Jur.)	Estate planning (Leg.)
Planejamento de lucratividade, rentabilidade	Profit planning
Planejamento departamental	Departmental planning
Planejamento de produção	Production planning
Planejamento empresarial	Business planning
Planejamento estratégico	Strategic planning
Planejamento e supervisão (Aud.)	Planning and supervision (Aud.)
Planejamento financeiro	Financial planning
Planejamento orçamentário	Budget planning
Planejamento tributário	Tax planning

Planejar	Plan
Planilha eletrônica (PED)	Electronic spreadsheet (EDP)
Plano	Plan, scheme
Plano (objeto etc.)	Flat
Plano Contábil das Instituições do Sistema Financeiro Nacional - COSIF	Accounting Chart for Institutions of the National Financial System
Plano de ação	Action plan
Plano de aposentadoria do pessoal (pensões) (Seg.)	Staff retirement plan (pension) (Ins.)
Plano de aposentadoria e pensão (pensões) (Seg.)	Pension and retirement plan (pension) (Ins.)
Plano de aposentadoria e pensão cujas contribuições são divididas entre empregador e empregado (pensões) (Seg.)	Contributory pension plan (pension) (Ins.)
Plano de aposentadoria privada (pensões)	Private pension plan (pension)
Plano de benefícios (Seg.)	Benefit plan (Ins.)
Plano de benefícios a empregados (pensões) (Seg.)	Employee benefits plan (pension) (Ins.)
Pano de benefícios de aposentadoria (pensões) (Seg.)	Retirement benefits plan (pension) (Ins.)
Plano de benefícios de pensão definidos (pensões) (Seg.)	Defined benefit pension plan (pension) (Ins.)
Plano de bonificação/gratificação	Bonus plan
Plano de contas	Chart of accounts
Plano de contingência (PED)	Disaster plan (EDP)
Plano de Equivalência Salarial - PES	Salary Equalization Plan
Plano de financiamento	Financial plan
Plano de Melhoria de Proventos e Pensões - PMPP	Salaries and Pensions Improvement Plan
Plano de participação nos lucros	Profit-sharing plan
Plano de participação nos lucros diferida	Deferred profit-sharing plan
Plano de pensão sem contribuição do empregado, mas apenas do empregador (pensões) (Seg.)	Non-contributory pension plan (pension) (Ins.)
Plano de remuneração diferida	Deferred compensation plan
Plano de seguro de saúde (Seg.)	Health insurance plan (Ins.)
Plano de sucessão dos administradores	Management succession
Plano de suplementação de aposentadoria (pensões)	Supplementary retirement income plan (pension)
Plano de trabalho	Working plan
Plano diretor	Master plan
Plano econômico	Economic plan
Plano-piloto	Pilot plan
Planos técnicos detalhados	Detailed engineering

Plena capacidade	At full capacity
Plotador gráfico, "plotter" (PED)	Plotter (EDP)
Poder de compra, aquisitivo	Purchasing power
Poder executivo	Executive (power, branch)
Poder judiciário	Judiciary (power, branch)
Poder legislativo	Legislative (power, branch)
Política contábil	Accounting policy
Política de contração	Contractionary policy
Política de dividendos	Dividend policy
Política de estabilização de preços	Price-stabilization policy
Política de investimento	Investment policy
Política de preços	Pricing policy
Política de restrição de crédito	Tight credit policy
Política de seguros privados (Seg.)	Private insurance policy (Ins.)
Política de vendas	Sales policy
Política financeira	Financial policy
Política fiscal	Fiscal policy
Política monetária	Monetary policy
Ponte rolante	Bridge crane
Ponto básico	Basis point
Ponto de equilíbrio	Break-even point
Ponto de nivelamento	Equalization point
Ponto de pedido	Point of order
Ponto de referência	Yardstick
Ponto de renovação de pedido	Reorder point
Ponto de retorno	Turning point
Ponto de venda	Outlet, point of sale
Ponto final	Full stop
Pontos de controle	Checkpoints
Pontos de destaque na auditoria (Aud.)	Audit highlights (Aud.)
Pool (Seg.)	Pool or syndicate (Ins.)
População (estatística)	Population (statistics)
Por conta de	On behalf of
Por conta própria	For own account
Pôr em execução	Enforce
Por meio deste	Hereby
Porta a porta	Door to door
Portabilidade (capacidade de mover "software" de um sistema operativo para outro) (PED)	Portability (EDP)
Portador	Bearer
Portador da apólice (Seg.)	Policyholder; policyowner (Ins.)
Porta-voz	Spokesman

Porteiro	Janitor
Posição	Position, rank, status, standing
Posição a descoberto (Fin.)	Short position (Fin.)
Posição "casada" (Fin.)	Square (flat) position (Fin.)
Posição-chave	Key position
Posição comprada (Fin.)	Long position (Fin.)
Posição de liquidez do banco	Bank liquidity position
Posição descoberta (Fin.)	Naked position (Fin.)
Posição em aberto (Fin.)	Open position (Fin.)
Posição em moedas, não casada/ não equilibrada (Fin.)	Unmatched position in currencies (Fin.)
Posição fechada (mercado financeiro) (Fin.)	Closed position (financial market) (Fin.)
Posição financeira	Financial position
Posições durante a noite (Fin.)	Overnight positions (Fin.)
Posse	Ownership, possession
Posses	Holdings
Possibilidades	Ways and means
Possíveis procedimentos de auditoria (Aud.)	Possible audit procedures (Aud.)
Posto na fábrica	Ex-factory
Posto nas docas	Ex-dock
Posto no armazém	Ex-warehouse
Potencial	Potential
Potencial de desenvolvimento	Development potential
Potencial de mercado	Market potential
Poupança (Fin.)	Savings (Fin.)
Prateleira	Shelf
Prática aceita	Accepted practice
Prática comercial	Business practice
Prática contábil	Accounting practice
Praticar	Exercise
Práticas protecionistas	Protective practices
Práticas restritivas	Restrictive practices
Prática usual	Common practice
Prazo de arrendamento	Lease term
Prazo de carência (Seg.)	Qualifying period for benefits (Ins.)
Prazo de duração	Duration
Prazo de graça (Seg.)	Grace period (Ins.)
Prazo de prescrição (Jur.)	Statute of limitations (Leg.)
Prazo de tolerância (Seg.)	Tolerance period (Ins.)
Prazo do seguro pago ou aumentado (Seg.)	Paid-up or extended term (Ins.)
Prazo fixo	Fixed term
Prazo médio	Average term

Pré-aquisição	Preacquisition
Preciso	Definite
Preço	Price
Preço administrado	Administered price
Preço ao consumidor	Consumer's price
Preço, a um determinado	At a given price
Preço atual	Current price
Preço à vista	Cash price
Preço-base	Basis price
Preço básico	Basic price
Preço chamariz	Charm price, attractive pricing
Preço competitivo	Competitive price
Preço de compra	Purchase price
Preço de compra e de venda (Fin.) (EUA)	Bid and ask price (Fin.) (USA)
Preço de cotação (Fin.)	Bid price (Fin.)
Preço de custo	Cost price
Preço de exercício de opção (Fin.)	Strike price (Fin.)
Preço de fechamento	Closing price
Preço de fornecimento	Supply price
Preço de lista	List price
Preço de mercado	Market price
Preço de oferta (Fin.)	Offer price (Fin.)
Preço de realização (de exercício) de opção (Fin.)	Exercise price (Fin.)
Preço de resgate	Redemption price
Preço de sustentação	Price support
Preço de transferência	Transfer price
Preço de venda	Sale price, selling price
Preço de venda (Fin.)	Asking price (Fin.)
Preço em rápida elevação	Escalating price
Preço futuro	Future price
Preço justo	Fair price
Preço-limite	Price limit
Preço líquido	Net price
Preço máximo, preço-teto	Ceiling price, price ceiling
Preço médio de mercado (Fin.)	Mid-market price (Fin.)
Preço médio unitário	Average unit price
Preço na entrega (preço incluindo transporte, seguro, frete etc.)	Delivered price
Preço (taxa) padrão	Standard price (rate)
Preço pretendido	Target price
Preços congelados	Frozen prices

Preços crescentes	Rising prices
Preços de mercado (Fin.)	Call prices, market prices (Fin.)
Pré-datar	Predate, backdate
Predição	Prediction
Predileção	Favor
Preencher	Fulfill, fill in, fill out
Preferencial ao Portador (Ação) - PP	Preferred Bearer Stock (USA)/Share (UK)
Preferencial Nominativa (Ação) - PN	Nominative Preferred Stock (USA)/Share (UK)
Preferência na liquidação	Preference on liquidation
Preferência na subscrição de ações	Stock (USA)/share (UK) subscription rights
Pregão da bolsa de valores	Floor of stock exchange
Prejuízo entre empresas do mesmo grupo	Intercompany loss
Prejuízo fiscal	Tax loss
Prejuízo fiscal a compensar	Tax loss carryforward
Prejuízo inflacionário	Inflation loss
Prejuízo líquido	Net loss
Prejuízo monetário	Monetary loss
Prejuízo na conversão	Translation loss
Prejuízo não segurado (Seg.)	Uninsured loss (Ins.)
Prejuízo operacional	Operating loss
Prejuízo operacional líquido	Net operating loss
Prejuízo/perda	Loss
Prejuízos diretos (Seg.)	Direct losses (Ins.)
Prejuízo segurado (Seg.)	Insured loss (Ins.)
Prejuízos ou créditos fiscais utilizados para compensar lucros de exercícios passados	Tax loss carryback
Prejuízos indiretos (Seg.)	Indirect losses (Ins.)
Prejuízo vegetativo	Holding loss
Prêmio	Premium
Prêmio de resgate (Fin.)	Call premium (Fin.)
Prêmio de resseguro não ganho/não auferido (Seg.)	Unearned reinsurance premium (Ins.)
Prêmio de seguro (Seg.)	Insurance premium (Ins.)
Prêmio em prestações (Seg.)	Premium paid in installments (Ins.)
Prêmio estatístico (Seg.)	Statistical premium (Ins.)
Prêmio ganho/auferido (Seg.)	Earned premium (Ins.)
Prêmio líquido (Seg.)	Net premium (Ins.)
Prêmio médio por unidade (Seg.)	Average premium per unit (Ins.)
Prêmio mínimo (Seg.)	Minimum premium (Ins.)
Prêmio mútuo (Seg.)	Mutual premium (Ins.)
Prêmio nivelado (Seg.)	Level premium (Ins.)
Prêmio per capita (Seg.)	Per capita premium variation (Ins.)

Prêmios brutos emitidos (Seg.)	Gross premiums issued/written (Ins.)
Prêmios cancelados (Seg.)	Premiums cancelled (Ins.)
Prêmios cedidos (Seg.)	Premiums ceded (Ins.)
Prêmios de co-seguros cedidos (Seg.)	Coinsurance premiums ceded (Ins.)
Prêmios de resseguros cedidos (Seg.)	Reinsurance premiums ceded (Ins.)
Prêmios emitidos (Seg.)	Premiums issued (Ins.)
Prêmios emitidos a receber (Seg.)	Issued/written premiums receivable (Ins.)
Prêmios ganhos/auferidos (Seg.)	Earned premiums (Ins.)
Prêmios líquidos auferidos (Seg.)	Net earned premiums (Ins.)
Prêmios não auferidos/não ganhos (Seg.)	Unearned premiums (Ins.)
Prêmios não pagos (Seg.)	Unpaid premiums (Ins.)
Prêmios recebidos (Seg.)	Premiums received (Ins.)
Prêmios restituídos (Seg.)	Reimbursed premiums (Ins.)
Prêmios retidos (Seg.)	Retained premiums (Ins.)
Prêmios retidos pelos resseguradores no exterior (Seg.)	Premiums retained by overseas reinsurers (Ins.)
Prêmios retrocedidos (Seg.)	Premiums retroceded (Ins.)
Prêmios subscritos (Seg.)	Written premiums (Ins.)
Prêmios vencidos (Seg.)	Overdue premiums (Ins.)
Prêmio único (Seg.)	Single premium (Ins.)
Premissa	Assumption
Prescrição (Seg.)	Prescription/time barring (Ins.)
Prescrito	Lapsed
Presidenta	Chairwoman
Presidente	Chairperson
Presidente (de conselho, de assembléia, de comissão)	Chairman
Presidente (em empresa)	President, Chief Executive Officer - CEO
Presidente em exercício	Serving chairman
Pressa	Rush
Prestação	Installment
Prestar (serviços etc.)	Render (service etc.)
Prestar contas	Account for
Prestígio	Prestige, influence
Presumir	Assume
Prevalecente	Prevailing
Previdência privada aberta (pensões)	Opened private pension (pension)
Previdência privada fechada (pensões)	Closed private pension (pension)
Previdência social	Social security
Previsão	Forecast
Previsão de caixa	Cash forecast
Previsão de mão-de-obra	Manpower forecasting
Previsão de vendas	Sales forecast
Previsão orçamentária	Budget forecasting

Primeira classe, primeiríssima qualidade	First class
Primeira hipoteca	First mortgage
Primeiro a Entrar, Primeiro a Sair - PEPS	First In, First Out - FIFO
Primeiros socorros	First aid
Principais indicadores	Leading indicators
Principais ramos de seguros (Seg.)	Major lines of insurance (Ins.)
Principal (de uma dívida)	Principal
Princípio da anualidade	Annuity principle
Princípio da igualdade (Jur.)	Principle of equality (Leg.)
Princípio de contabilidade, contábil	Accounting principle
Prioridade máxima	Top priority
Privatizar	Privatize
Privilégio	Privilege
Problemas de natureza tributária (Jur.)	Tax deficiencies (Leg.)
Procedimento de auditoria (Aud.)	Auditing procedure (Aud.)
Procedimento legal (Jur.)	Legal procedure (Leg.)
Procedimentos acordados	Agreed-upon procedures
Procedimentos analíticos (Aud.)	Analytical procedures (Aud.)
Procedimentos de acompanhamento completo de um processo ou transação (Aud.)	Walk-through procedures (Aud.)
Procedimentos de comprovação (Aud.)	Substantive procedures (Aud.)
Procedimentos de consulta (Aud.)	Enquiry procedures (Aud.)
Procedimentos de controle (Aud.)	Control procedures (Aud.)
Procedimentos de diagnóstico (Aud.)	Diagnostic procedures (Aud.)
Procedimentos pré-acordados (Aud.)	Agreed-upon procedures (Aud.)
Processador de texto (PED)	Wordprocessor (EDP)
Processamento automático de dados (PED)	Automatic Data Processing - ADP (EDP)
Processamento de Dados Centralizado (PED)	Centralized Data Processing - CDP (EDP)
Processamento de documentos (PED)	Document processing (EDP)
Processamento distribuído (PED)	Distributed processing (EDP)
Processamento Eletrônico de Dados - PED	Electronic Data Processing - EDP
Processamento em lotes (PED)	Batch processing (EDP)
Processamento em tempo real/"on-line" (PED)	On-line/real-time processing (EDP)
Processamento por descarga/recarga/ "on-line" (PED)	On-line/downloading/uploading processing (EDP)
Processamento por lotes/"on-line" (PED)	On-line/batch processing (EDP)
Processar em computador (PED)	Computerize (EDP)
Processo (Jur.)	Suit, prosecution (Leg.)
Processo de decisões	Decision process
Processo de fixação de tarifa (empresas de serviços públicos)	Rate-making process
Processo de leilão (Jur.)	Auction process (Leg.)
Processo de planejamento (Aud.)	Planning process (Aud.)

Processo falimentar (Jur.)	Bankruptcy proceedings (Leg.)
Processo judicial (Jur.)	Law suit, legal action (Leg.)
Processo para comparação de indicadores de desempenho	Benchmarking
Procrastinar	Procrastinate
Procura	Search
Procuração (Jur.)	Power of attorney, proxy (Leg.)
Procura crescente	Rising demand
Procurador	Solicitor
Procurador constituído (Jur.)	Attorney in fact (Leg.)
Produção	Production; output
Produção antieconômica	Uneconomic production
Produção em cadeia	Flow production
Produção em linha	Line production
Produção em massa	Mass production
Produção inicial não sujeita a faturamento	Non-billable start-up production
Produção intensiva	Intensive production
Produção-piloto	Pilot production
Produtividade do capital	Capital efficiency
Produto	Product; proceeds
Produto básico/primário	Commodity
Produto de uma atividade	Deliverable
Produto de um processo	Throughput
Produto final	End product
Produto Interno Bruto - PIB	Gross Domestic Product - GDP
Produto líquido apurado em transação	Net proceeds
Produto líquido de uma transação de venda	Net proceeds
Produto Nacional Bruto - PNB	Gross National Product - GNP
Produto primário	Primary product
Produtos acabados	Finished goods/product
Produto secundário	By-product
Produto semi-acabado	Semi-finished product
Produtos em processo	Goods/work in process
Produtos em trânsito	Goods in transit
Produzir	Produce
Proficiência	Proficiency
Profissão liberal	Profession
Profissional liberal	Professional
Profissional que busca executivos para seus clientes	Head hunter
"Pro forma"	Pro forma
Profundidade	Depth
Programa	Program; schedule
Programação	Programing

Programação de computador (PED)	Computer programming (EDP)
Programa de Alimentação do Trabalhador - PAT	Workers' Meal Program
Programa de Assistência ao Trabalhador Rural - PRORURAL	Rural Workers' Assistance Program
Programa de auditoria (Aud.)	Audit program (Aud.)
Programa de Estímulo à Reestruturação e ao Fortalecimento do Sistema Financeiro Nacional - PROER (Fin.)	Program for the Strengthening of the National Financial System - PROER (Fin.)
Programa de execução	Operating program
Programa de Financiamento às Exportações - PROEX	Program for Export Financing
Programa de Financiamento e Participação de Insumos Básicos - FIBASE	Program for Financing and Participation of Basic Consumption Materials
Programa de Fomento à Competitividade	Industrial Competitivity Program Industrial - PFCI
Programa de Formação do Patrimônio do Servidor Público - PASEP	Public Service Employee Savings Program
Programa de Garantia de Atividade Agropecuária - PROAGRO	Farming and Cattle-raising Guarantee Program
Programa de Integração Nacional - PIN	National Integration Program
Programa de Integração Social - PIS	Employees' Profit Participation Program - PIS
Programa de manutenção	Maintenance program
Programa de produção	Production schedule
Programa de Redistribuição de Terra e de Estímulo à Agroindústria do Norte e Nordeste - PROTERRA	Land Redistribution Program
Programador	Programer
Programa Nacional de Apoio à Cultura (Lei Rouanet) - PRONAC	National Program for Cultural Support (Rouanet Law)
Programa Nacional de Desestatização - PND	National Privatization Program
Programa Nacional do Álcool - PROÁLCOOL	National Alcohol Program
Programar	Program; schedule
Projeção	Projection
Projeto assistido por computador (PED)	Computer Aided Design - CAD (EDP)
Projeto de lei (Jur.)	Draft law (Leg.)
Projeto de múltiplas finalidades	Multipurpose project
Projeto-piloto	Pilot project
Projeto (s.); projetar (v.)	Project; design (n.) (v.)
Pró-labore	Latin word used for compensation for services rendered, but normally applied to management fees
Promoção de pessoal	Promotion
Promoção de vendas	Sales promotion

Pronta-entrega	Prompt delivery
Prontamente disponível	Readily available
Pronunciamento	Pronouncement
Pronunciamentos contábeis	Accounting pronouncements
Pronunciamentos técnicos	Technical pronouncements
Propaganda institucional	Institutional advertising
Propina	Kickback, tip, gratuity
Proponente	Applicant
Proponente (Seg.)	Applicant (Ins.)
Proporcionalidade (Seg.)	Proportional reinsurance (Ins.)
Proposta	Proposal; tender; quote
Proposta (Seg.)	Application (Ins.)
Proposta de inscrição (pensões)	Application for the plan (pension)
Proposta de seguro (Seg.)	Application for insurance (Ins.)
Propriedade	Property
Propriedade arrendada	Leasehold property
Propriedade conjunta	Joint ownership
Propriedade dos dados (PED)	Data ownership (EDP)
Proprietário	Owner, proprietary
Proprietário locador	Owner lessor; landlord
Proprietário nominal	Nominal owner
"Pro rata"	Pro rata
Prós e contras	Pros and cons
Prospecto (emissão de ações)	Prospectus (stock issue)
Prosperar	Prosper
Prosperidade	Wealth
Próspero	Well-to-do
Proteção ao Consumidor - PROCON	Consumer Protection Agency - PROCON
Protesto (s.); protestar (v.)	Protest (n.) (v.)
Protetor da tela (PED)	Screen saver (EDP)
Protocolo	Enrollment
Protótipo	Prototype
Provar	Prove
Provisão	Provision; accrual
Provisão caso a caso (Seg.)	Case basis provision/reserve (Ins.)
Provisão de oscilação de riscos (pensões)	Provision/reserve for risk oscillation (pension)
Provisão de prêmios não ganhos/não auferidos (Seg.)	Provision for unearned premiums (Ins.)
Provisão de riscos decorridos (Seg.)	Provision/reserve for expired risks (Ins.)
Provisão matemática (Seg.)	Mathematical provision/reserve (Ins.)
Provisão para créditos de	Allowance for possible loan losses

liquidação duvidosa
Provisão para depreciação — Depreciation provision/reserve
Provisão para descontos — Provision for discounts
Provisão para devedores — Allowance for doubtful accounts
duvidosos/contas de realização duvidosa
Provisão para devedores incobráveis — Bad debt provision
Provisão para férias — Accrued vacation pay
Provisão para imposto de renda — Income tax provision, provision for income tax

Provisão para investigação sobre necessidade — Accrual for remedial investigation and
de reparação e estudos de viabilidade — feasibility studies
Provisão para passivos do meio ambiente — Environmental liability accrual
Provisão para perda — Provision for loss; loss accrual
Provisão para prejuízos — Allowance for loan losses
com créditos/empréstimos
Provisão para restauração futura de — Accrual for future site restoration
propriedades em uso
Provisão para riscos não expirados (Seg.) — Provision/reserve for unexpired risks (Ins.)
Provisão para sinistros (Seg.) — Claims provision/reserve, loss reserve (Ins.)

Provisão para sinistros a liquidar (Seg.) — Provision/reserve for unsettled claims (Ins.)

Provisão para sinistros a liquidar — Provision/reserve for claims incurred but
ocorridos e não avisados (Seg.) — not reported (Ins.)
Provisionado — Accrued, provided
Provisionar — Accrue, provide
Provisões de sinistros a liquidar (Seg.) — Claims provisions/reserves (Ins.)
Provisões em vigor e de benefícios (Seg.) — In-force and benefit provisions/reserves (Ins.)

Provisões para benefícios (Seg.) — Benefit provisions/reserves (Ins.)
Provisões para indenizações (Seg.) — Loss provisions/reserves (Ins.)
Provisões para sinistros e perdas (Seg.) — Claims and loss provisions/reserves (Ins.)
Provisões técnicas (Seg.) — Technical provisions/reserves (Ins.)
Próximo — Next
Prudência — Caution, prudence
Psicologia industrial — Industrial psychology
Publicidade — Publicity
Publicidade subliminar — Subliminal advertising
Público — Public
Pulverização do risco (Seg.) — Risk spread; pooling (Ins.)

Q

Quadro	Table, exhibit
Quadro de avisos	Newsboard, notice board, bulletin board
Quadro de membros	Membership
Quadro de pessoal	Personnel
Qualidade	Quality
Qualidade e oportunidade de evidência de auditoria (Aud.)	Quality and timeliness of audit evidence (Aud.)
Qualificação	Qualification
Qualificado	Eligible, qualified
Quantificação	Measurement
Quantia	Amount
Quantidade	Quantity
Quantidade econômica de pedido	Economic order quantity
Quantidade padrão de lote	Standard-run quantity
Quantificação	Quantification
Quarteirização	Outsourcing delegation
Quebra	Breakage, shortage
Quebra (empresa)	Crash
Quebra de contrato	Breach of contract
Queda geral de preços	Slump
Questionário	Questionnaire
Questionário de controle interno (Aud.)	Internal control questionnaire (Aud.)
Quinzenalmente	Twice a month
Quociente	Ratio
Quociente de liquidez	Current ratio
Quociente de liquidez imediata	Quick ratio
Quociente de liquidez seca	Acid test ratio
Quociente patrimonial (do proprietário)	Equity (proprietary) ratio
Quota de amortização	Amortization installment
Quota de depreciação	Depreciation installment
Quota de exaustão	Depletion installment
Quota de importação	Import quota
Quota de vendas	Sales quota
Quotista	Quotaholder

R

Racionalização	Rationalization
Raio X	X-Ray
Ramo (Seg.)	Line (Ins.)
Ramos de negócios (Seg.)	Line of business (Ins.)
Ramos de seguro (Seg.)	Insurance lines (Ins.)
Ramos de seguros pessoais (Seg.)	Personal lines (Ins.)
Ramos elementares (Seg.)	Property/casualty (Ins.)
Rascunhar	Jot down; draft
Raso	Flat
Rastrear (Aud.)	Trace, track, monitor (Aud.)
Rasura	Erasure
Ratear	Apportion, prorate
Rateio	Apportionment
Rato; "mouse" (PED)	Mouse (EDP)
Razão	Ledger
Razão de custos	Cost ledger
Razão geral	General ledger
Razão social	Company name, corporate name
Razão subsidiário/auxiliar	Auxiliary/subsidiary ledger
Reabrir (registros contábeis)	Reopen (accounting books)
Reajuste	Readjustment
Real	Factual
Realçar	Point out, highlight
Realce	Relief
Realce (s.); realçar (v.)	Highlight (n.) (v.)
Realização	Realization
Realização a menor	Underrealization
Realocar	Reallocate
Reapresentação	Re-presentation
Reassegurar	Reassure
Reassumir	Resume (payments etc.)
Reavaliar	Revalue
Reaver	Recover
Rebaixa	Buy-down
Rebocador	Towboat, towtruck
Rebocar	Tow
Recalcular, recomputar	Recompute
Recebedor da transferência	Transferee
Recebimento	Receipt
Recebimentos atrasados	Delayed collections
Receita	Revenue/income
Receita auferida	Earned income

Receita bruta	Gross revenue/income
Receita de investimentos	Investment income
Receita de juros e serviços (Fin.)	Interest and fee income (Fin.)
Receita de serviços	Service fee income
Receita/despesa sem incidência de juros (Fin.)	Non-interest income/expense (Fin.)
Receita de vendas	Sales revenue
Receita financeira	Financial revenue/income
Receita não auferida	Unearned income
Receita operacional	Operating revenue/income
Receita realizada	Income received/realized
Receita total	Comprehensive income
Receitas líquidas	Net earnings
Recém-criado/chegado/saído	Fresh, new
Recenseamento	Census
Recessão	Recession
Recibo	Receipt
Recibo de depósito (bancário)	Deposit slip (bank)
Recibo de Prestador de Serviços - Autônomo - RPSA	Autonomous Person's Receipt for Services Rendered
Recibos de depósitos de "commodities" (Fin.)	Warrants (Fin.)
Reciclagem	Booster training
Reciprocidade	Reciprocity
Reclamação (de direitos) (Jur.)	Claim (Leg.)
Reclamação de seguros (Seg.)	Insurance claim (Ins.)
Reclamação litigiosa (Jur.)	Litigation claim (Leg.)
Reclamações de benefícios (Seg.)	Benefit claims (Ins.)
Reclamações/reivindicações legais (Jur.)	Legal claims (Leg.)
Reclamar	Reclaim
Reclassificação	Reclassification
Recolocação de pessoal dispensado	Re-employment
Recomendação	Advice
Recomendar	Recommend
Recompensa	Award
Recomprar	Buy back
Reconciliação bancária	Bank reconciliation
Recondicionar	Recondition
Reconhecer a dívida	Acknowledgment of debt
Reconhecimento (reconhecido)	Recognition (recognized)
Reconhecimento contábil da receita	Revenue recognition
Reconhecimento contábil imediato	Immediate accounting recognition
Recontagem	Recount
Recortes de jornais	Clipping; press clippings

Recrutamento de executivo	Executive search
Recrutar	Recruit
Recuperação de comissões (Seg.)	Commission recovery (Ins.)
Recuperação de custos	Cost recovery
Recuperação de dívida	Debt recovery
Recuperação de indenizações de sinistros por retrocessão (Seg.)	Recovery of claims from retroceded premiums (Ins.)
Recuperação de informações (PED)	Information retrieval/recovery/ retrieve (EDP)
Recuperação econômica	Economic recovery
Recuperação financeira	Financial recovery
Recuperação potencial de custos do meio ambiente	Potential recovery of environmental costs
Recuperações de sinistros (Seg.)	Recovery of claims (Ins.)
Recuperações por salvados e ressarcimentos (Seg.)	Recoveries from retrocession claims and salvage (Ins.)
Recuperar	Recover
Recurso (Jur.)	Recourse; appeal (Leg.)
Recursos	Resources/funds
Recursos computacionais (PED)	Computer resources (EDP)
Recursos de clientes	Clients' funds
Recursos disponíveis	Available funds
Recursos econômicos	Economic resources
Recursos energéticos	Energy resources
Recursos excedentes	Excess funds
Recursos externos	Foreign resources
Recursos Humanos - RH	Human resources
Recursos interbancários investidos (Fin.)	Interbank funds applied (Fin.)
Recursos minerais	Mineral resources
Recusar um risco (Seg.)	Refuse a risk (Ins.)
Rede de área estendida (PED)	Wide Area Network - WAN (EDP)
Rede de área local (PED)	Local Area Network - LAN (EDP)
Rede de computadores (PED)	Computer network (EDP)
Rede de comunicação	Communications network
Rede de distribuição	Distribution network
Rede de empresas (bancos, hotéis etc.)	Network
Rede de informações	Information network
Rede Ferroviária Federal S.A. - RFFSA	Federal Railway Company
Rede Nacional de Automação Fazendária - RENAF	National Network of the Finance Automation
Redesconto	Rediscount
Redirecionar (PED)	Reroute (EDP)

Redistribuir	Redistribute
Redução	Decrease, reduction
Redução de capital	Capital reduction
Redução de custos	Cost saving, cost reduction, cost cutting
Redução de imposto	Tax abatement
Redução deliberada de preços	Undercut, price reduction
Redução de pessoal	Staff reduction
Redução de tamanho	Downsizing
Redução de valor (nos livros)	Write down
Redundância	Redundancy
Reduzir progressivamente até terminar/fechar	Phase out
Reembolsar	Repay
Reembolso	Reimbursement, refund
Reembolso de imposto (Jur.)	Tax refund/rebate (Leg.)
Reemitir	Reissue
Reengenharia	Reengineering
Reengenharia de processos	Reengineering
Reescalonamento da dívida (Fin.)	Debt rescheduling (Fin.)
Reestruturação acionária (Fin.)	Shareholding restructuring services (Fin.)
Reestruturação de dívida problemática (Fin.)	Troubled debt restructuring (Fin.)
Reestruturação societária (Fin.)	Corporate restructuring services (Fin.)
Refazer o trabalho	Rework
Referência cruzada (Aud.)	Cross reference (Aud.)
Referências do emprego anterior	Former employment references
Referências pessoais	Personal references
Refinanciamento	Refinancing
Reflexos na contabilidade (registro e divulgação) de assuntos do meio ambiente	Environmental accounting
Reflorestamento	Reforestation
Reforçar	Reinforce
Reformulação de demonstrações financeiras	Restatement of financial statements
Refúgio/abrigo/paraíso fiscal (Jur.)	Tax haven, tax shelter (Leg.)
Refugo	Spoilage, waste, scrap, junk, spoilage
Regime de caixa	Cash basis
Regime de competência	Accrual basis (of accounting)
Regime financeiro de capitalização (pensões)	Reserve for future obligations (pension)
Registrador de tempo (de trabalho)	Time recorder
Registrar contabilmente	Account for
Registrar-se	Enroll
Registro	Record, enrollment
Registro civil de pessoas jurídicas (Jur.)	Registry of legal entities (Leg.)
Registro (console) das operações (PED)	Operations (console) log (EDP)

Registro de ações	Stock (USA)/share (UK) register
Registro de cabeçalho (PED)	Header record (EDP)
Registro de caixa	Cash register
Registro de corretores de seguros (Seg.)	Registration of insurance brokers (Ins.)
Registro de estoques	Stock record (UK)
Registro de Exportação - RE	Export Registration
Registro de faturas	Invoice register
Registro de imóveis	Real estate registry
Registro de tempo de máquina	Machine time record
Registro de títulos e documentos	Registry of deeds and documents
Registro de trabalho efetuado (Aud.)	Record of work done (Aud.)
Registro de vendas	Sales journal
Registro geral de apólices (Seg.)	General policies register (Ins.)
Registro (s.) (PED); registrar (v.)	Log (n.) (EDP); record (v.)
Registros auxiliares à contabilidade	Subsidiary/detailed records
Registros e documentos contábeis	Accounting records
Registros históricos de testes (PED)	Test history records (EDP)
Registros informais/paralelos	Out-of-book records
Registros permanentes	Permanent records
Registros permanentes de estoques	Perpetual inventory records
Regra	Rule, norm
Reguladores externos (Seg.)	Outside adjusters (Ins.)
Regulamentação	Regulation
Regulamentação sobre capital realizado	Regulation of capital capacity
Regulamento do ICMS - RICMS	ICMS Rules
Regulamentos fiscais (Jur.)	Tax regulations (Leg.)
Reinstalar	Reinstate
Reintegrar	Reinstate
Reintegrar na posse	Repossess
Reinvestimento de lucros e reservas	Reinvestment of profits and reserves
Relação Anual de Informações e Salários (Empregados) - RAIS	Annual Listing of Information and Salaries (Employees)
Relação custo-volume-lucro	Cost-volume-profit relationship
Relação de capital-trabalho	Capital-labor ratio
Relação de compras	Shopping list
Relação de custo-benefício	Cost-benefit ratio
Relação de preço-desempenho	Price-performance ratio
Relações comerciais	Business relations
Relações externas	External relations
Relações humanas	Human relations
Relações industriais	Industrial relations
Relações interpessoais	Interpersonal relationships

Relações públicas	Public relations
Relações trabalhistas	Labor relations
Relatar	Describe
Relatório	Report
Relatório anual	Annual report
Relatório da diretoria	Directors' report
Relatório das operações	Operating statement
Relatório de auditores (Aud.)	Auditors' report (Aud.)
Relatório de auditor independente (Aud.)	Report of independent accountant; auditor's report (Aud.)
Relatório de caixa	Cash statement
Relatório de compilação	Compilation report
Relatório de crédito	Credit report
Relatório de desempenho ambiental	Environmental performance report
Relatório de exceções/erros	Exception report
Relatório de operações da administração	Management operations report
Relatório em forma curta (Aud.)	Short-form report (Aud.)
Relatório em forma longa (Aud.)	Long-form report (Aud.)
Relatório financeiro	Financial report
Relatório intercalar	Interim report
Relatórios financeiros/contábeis	Financial reporting
Relatórios gerenciais	Management reports
Relatórios para fins especiais (Aud.)	Special purpose reports (Aud.)
Relatório sucinto de estimativas de resultados	Flash report
Relevância, relevante	Materiality, material
Remanejamento	Relocation
Remarcação para mais	Mark up
Remarcação para menos	Mark down
Remensuração	Remeasurement
Remessa	Remittance
Remessa de lucros	Profit remittance
Remessa futura	Future remittance
Remoção de transação (PED)	Backout of transaction (EDP)
Remoto	Remote
Remover	Remove
Remuneração	Remuneration
Remuneração a empregados	Compensation to employees
Remuneração do executivo	Executive compensation
Remuneração por assistência técnica	Technical assistance fees
Remuneração por serviços prestados	Compensation for services rendered
Renda	Income

Renda ajustável (Seg.)	Adjustable income (Ins.)
Renda bruta	Gross income
Renda disponível	Disposable income
Renda líquida	Net income
Renda nacional	National income
Renda (pensões)	Monthly payments to the plan (pension)
Renda per capita	Income per head
Renda pessoal	Personal income
Renda proveniente de investimentos (Fin.)	Investment income (Fin.)
Rendas a apropriar (em bancos)	Unearned discount (in banks)
Renda tributável	Taxable income
Renda variável (Fin.)	Variable income (Fin.)
Render	Yield
Render juros (Fin.)	Bear interest (Fin.)
Rendimento	Yield, throughput
Rendimento líquido	Net yield
Rendimentos e desembolsos	Income and spendings
Renegociação	Renegotiation
Renomado	Well known
Renovação	Renewal
Renovação (Seg.)	Renewal (Ins.)
Rentabilidade	Profitability
Rentabilidade sobre o patrimônio	Return on equity
Renumeração	Renumbering, renumeration
Renunciar	Resign
Reorganização	Reorganization
Reorganização empresarial	Corporate reorganization
Repactuação (Fin.)	Repricing (Fin.)
Reparação ou reposição (Seg.)	Repair or replacement (Ins.)
Reparos e manutenção	Repairs and maintenance
Repasse de empréstimo (Fin.)	Onlending (Fin.)
Repatriamento de capital	Capital repatriation
Réplica (Jur.)	Reply (Leg.)
Repor	Replace
Reposição	Replacement
Represália	Retaliation
Representação dos trabalhadores	Workers' representation
Representações	Representations
Representante	Representative
Representante sindical	Shop steward
Reprogramar	Reschedule
Requerente (Jur.)	Claimant (Leg.)

Requerido (Jur.)	Defendant (Leg.)
Requerimento	Petition, requirement
Requisição	Requisition
Requisição de compra	Purchase requisition
Requisição de material	Material requisition
Rescisão	Rescission
Rescisão (Seg.)	Rescission (Ins.)
Rescisão de contrato	Rescission/annulment of contract
Rescindir	Rescind
Reserva	Reserve
Reserva de capital	Capital reserve
Reserva de incentivo fiscal	Fiscal incentive reserve
Reserva de lucros a realizar	Realizable profits reserve
Reserva de reavaliação	Revaluation reserve
Reserva de seguros vencidos (Seg.)	Reserve for expired insurance (Ins.)
Reserva de sinistros a liquidar (Seg.)	Reserve for unsettled claims (Ins.)
Reserva de sinistros avisados a liquidar (Seg.)	Reserve for unsettled claims (Ins.)
Reserva ecológica	Ecological reserve
Reserva estatutária	Reserve required by the company's statutes
Reserva geral	General reserve
Reserva legal	Statutory reserve
Reserva livre	Free reserve
Reserva matemática (Seg.)	Mathematical reserve (Ins.)
Reserva matemática de benefícios concedidos (pensões) (Seg.)	Reserve for the payment of coverages (pension) (Ins.)
Reserva matemática global (Seg.)	Global mathematical reserve (Ins.)
Reserva matemática individual (Seg.)	Individual mathematical reserve (Ins.)
Reserva oculta	Hidden reserve
Reserva para aposentadoria e pensão	Pension reserve
Reserva para contingências	Contingency reserve
Reserva para equalização	Equalization reserve
Reserva para manutenção	Maintenance reserve
Reserva para obsolescência	Obsolescence reserve
Reserva para prêmios não ganhos/ não auferidos (Seg.)	Unearned premiums reserve (Ins.)
Reservar	Set aside
Reservas bancárias (Fin.)	Banking reserves (Fin.)
Reservas de lucros	Revenue reserves
Reservas de ouro	Gold reserves
Reservas de riscos não expirados (Seg.)	Reserve for unexpired risks (Ins.)
Reservas florestais	Timber tracts

Reservas técnicas (Seg.)	Technical reserves (Ins.)
Reservas técnicas - variações (Seg.)	Net adjustments in technical reserves (Ins.)
Resgatável	Redeemable
Resgate	Redemption
Resgate de ações	Stock (USA)/share (UK) redemption
Resgate de partes beneficiárias	Founders' share redemption
Resgate (Seg.)	Redemption (Ins.)
Respeitável	Reputable
Responsabilidade	Responsibility
Responsabilidade civil facultativa (Seg.)	Optional third party liability (Ins.)
Responsabilidade civil (Jur.) (Seg.)	Comprehensive general liability (Leg.) (Ins.)
Responsabilidade conjunta	Joint responsibility
Responsabilidade contratual	Contractual liability
Responsabilidade direta (Jur.) (Seg.)	Direct liability (Leg.) (Ins.)
Responsabilidade funcional	Functional responsibility
Responsabilidade ilimitada, irrestrita (Jur.)	Unlimited liability (Leg.)
Responsabilidade indireta (Jur.) (Seg.)	Indirect liability (Leg.) (Ins.)
Responsabilidade limitada (Jur.)	Limited liability (Leg.)
Responsabilidade máxima (Jur.) (Seg.)	Maximum liability (Leg.) (Ins.)
Responsabilidade por prestar contas	Accountability
Responsabilidade pública (Seg.)	Public liability (Ins.)
Resposta retardada	Lag response
Respostas evasivas	Evasive responses
Ressalva/exceção (Aud.)	Qualification, exception (Aud.)
Ressalva, fazer (Aud.)	Take exception (Aud.)
Ressarcimento (Seg.)	Loss reimbursement (Ins.)
Ressarcimento de prejuízos ou danos	Loss compensation
Ressegurado (Seg.)	Reinsured (Ins.)
Ressegurador (Seg.)	Reinsurer (Ins.)
Ressegurar (Seg.)	Reinsure (Ins.)
Resseguro (Seg.)	Reinsurance (Ins.)
Resseguro aceito (Seg.)	Reinsurance accepted (Ins.)
Resseguro automático (Seg.)	Automatic reinsurance (Ins.)
Resseguro cedido (Seg.)	Reinsurance assigned/ceded (Ins.)
Resseguro colocado (Seg.)	Reinsurance placed (Ins.)
Resseguro de cota (Seg.)	Quota reinsurance (Ins.)
Resseguro de excedente de responsabilidade (Seg.)	Excess of loss reinsurance (Ins.)
Resseguro de excesso de danos (Seg.)	Surplus reinsurance (Ins.)
Resseguro de excesso de danos ou catástrofes (Seg.)	Surplus or catastrophe reinsurance (Ins.)

Resseguro do excedente da responsabilidade civil (Seg.)	Reinsurance of excess liability (Ins.)
Resseguro não proporcional (Seg.)	Nonproportional reinsurance (Ins.)
Resseguro obrigatório (Seg.)	Compulsory (by law) reinsurance (Ins.)
Resseguro proporcional (Seg.)	Proportional reinsurance (Ins.)
Restauração de arquivo danificado (PED)	Restore (EDP)
Restituição de prêmio (Seg.)	Premium reimbursement (Ins.)
Restrição de dividendos	Dividend restriction
Restrições a importações	Import restrictions
Restrições comerciais	Trade restrictions
Resultado	Income; result; outcome
Resultado de exercícios futuros	Deferred income
Resultado líquido	Net income
Resultado operacional	Operating income
Resumo	Résumé, sumary
Retaliação	Retaliation
Retenção	Retention
Retenção (Seg.)	Retention (Ins.)
Retenção de comissões sobre prêmios de seguros vultosos (Seg.)	Commissions retained on significant operations (Ins.)
Retenção de prêmios e provisões técnicas (Seg.)	Retention of premiums and technical reserves (Ins.)
Retenção de risco (Seg.)	Risk retention (Ins.)
Retenções para riscos (Seg.)	Retentions for risk (Ins.)
Retenções por perdas futuras (Seg.)	Retentions against possible losses (Ins.)
Retificar	Rectify
Retirada	Withdrawal, drawing
Retirada do/renúncia ao trabalho (Aud.)	Withdrawal from the engagement (Aud.)
Retiradas em dinheiro ou mercadoria	Drawings
Retiradas pessoais	Personal drawings
Retomar	Resume (payments etc.)
Retorno	Return
Retorno baixo	Low return
Retorno/economia resultante de investimento	Pay back
Retorno esperado	Expected return
Retorno sem risco	Risk-free return
Retorno sobre ativos do plano (pensões) (Seg.)	Return on plan assets (pension) (Ins.)
Retorno sobre o investimento	Return On Investment - ROI
Retrabalho ao final (Aud.)	Back-end rework (Aud.)
Retrocedente (Seg.)	Retrocedent (Ins.)
Retrocessão (Seg.)	Retrocession (Ins.)

Retrocessionário (Seg.)	Retrocessionnaire (Ins.)
Réu	Defendant
Reunião	Meeting
Revelações	Findings
Revenda	Resale
Revendedor	Dealership
Revender	Resell
Revisão	Review
Revisão analítica (Aud.)	Analytical review (Aud.)
Revisão de controle de qualidade (Aud.)	Quality control review (Aud.)
Revisão de crédito (Fin.)	Credit review (Fin.)
Revisão final do trabalho (Aud.)	Back-end review (Aud.)
Revisão inicial (Aud.)	Front-end review (Aud.)
Revisão limitada (Aud.)	Limited review (Aud.)
Revisão pela administração	Management review
Revisão por entrevista (Aud.)	Review by interview (Aud.)
Revisão sumária (Aud.)	Desk review (Aud.)
Revisão trimestral (Aud.)	Quarterly review (Aud.)
Revogação de beneficiário (Seg.)	Removal of beneficiary (Ins.)
Revogação(s.); revogar (v.)	Repeal (n.) (v.)
Revogar (Jur.)	Revoke (Leg.)
Revogável	Revocable
Risco	Risk
Risco (Seg.)	Risk (Ins.)
Risco administrativo	Management risk
Risco admissível (Aud.)	Allowable risk (Aud.)
Risco cambial (Fin.)	Exchange risk (Fin.)
Risco catastrófico (Seg.)	Catastrophic risk (Ins.)
Risco coberto por seguro (Seg.)	Insured risk (Ins.)
Risco comercial (Seg.)	Commercial risk (Ins.)
Risco de aceitação incorreta (Aud.)	Risk of incorrect acceptance (Aud.)
Risco de amostragem (Aud.)	Sampling risk (Aud.)
Risco de aplicativo (PED)	Application risk (EDP)
Risco de auditoria (Aud.)	Audit risk (Aud.)
Risco de base ou de correlação (Fin.)	Basis or correlation risk (Fin.)
Risco de benfeitorias (Seg.)	Improvements coverage (Ins.)
Risco de controle (Aud.)	Control risk (Aud.)
Risco de convexidade (ou gama) (Fin.)	Convexity (or gamma) risk (Fin.)
Risco de crédito (Fin.)	Credit risk (Fin.)
Risco de decadência (ou teta) (Fin.)	Time decay (or theta) risk (Fin.)
Risco de detecção (Aud.)	Detection risk (Aud.)
Risco de garantia	Collateral risk

Risco de investimento e de provimento de recursos (Fin.)	Investing and funding risk (Fin.)
Risco de liquidação (Fin.)	Settlement risk (Fin.)
Risco de mensuração de crédito (Fin.)	Credit measurement risk (Fin.)
Risco de mercado (Fin.)	Market risk (Fin.)
Risco de preço absoluto ou de taxa (ou delta) (Fin.)	Absolute price or rate (or delta) risk (Fin.)
Risco de rejeição incorreta (Aud.)	Risk of incorrect rejection (Aud.)
Risco de soberania	Sovereign risk
Risco de subavaliação da confiança (Aud.)	Risk of under reliance (Aud.)
Risco de superavaliação da confiança (Aud.)	Risk of over reliance (Aud.)
Risco de taxa de desconto (ou ro) (Fin.)	Discount rate (or rho) risk (Fin.)
Risco de vendaval (Seg.)	Windstorm hazard (Ins.)
Risco de volatilidade (ou vega) (Fin.)	Volatility (or vega) risk (Fin.)
Risco direto (Seg.)	Direct risk (Ins.)
Risco, em	At risk
Risco expirado (Seg.)	Expired risk (Ins.)
Risco fora do padrão (Seg.)	Substandard risk (Ins.)
Risco impossível (Seg.)	Impossible risk (Ins.)
Risco indireto (Seg.)	Indirect risk (Ins.)
Risco legal (Fin.)	Legal risk (Fin.)
Risco limitado	Limited risk
Risco não coberto por seguro (Seg.)	Uninsured risk (Ins.)
Risco operacional (Fin.)	Operational risk (Fin.)
Risco profissional (Aud.)	Professional exposure risk (Aud.)
Risco profissional (Seg.)	Professional risk (Ins.)
Riscos contratados (Seg.)	Risks underwritten (Ins.)
Riscos decorridos (Seg.)	Incurred risks (Ins.)
Riscos de petróleo (Seg.)	Oil risks (Ins.)
Riscos de viagens (Seg.)	Travel insurance risks (Ins.)
Riscos diversos (Seg.)	Sundry risks (Ins.)
Riscos inerentes (Aud.)	Inherent risks (Aud.)
Riscos internacionais (Fin.)	Cross-border risks (Fin.)
Riscos não decorridos (Seg.)	Unincurred risks (Ins.)
Riscos não expirados (Seg.)	Unexpired risks (Ins.)
Riscos nucleares (Seg.)	Nuclear risks (Ins.)
Riscos relacionados com controles (Aud.)	Control risks (Aud.)
Robótica	Robotics
Rodízio	Rotation
Rodovia, por	By truck
Rolagem (dívida) (Fin.)	Roll-over (Fin.)
Romaneio de embarque	Dispatch note; manifest

Rotação de ênfase	Rotation of emphasis
Rotatividade de estoques	Inventory turnover
Rotatividade de mão-de-obra	Labor turnover
Rotatividade do estoque de matérias-primas	Turnover of raw material inventory
Rotatividade do estoque de produtos acabados	Turnover of finished goods inventory
Rotatividade do estoque de produtos em processo	Turnover of work-in-process inventory
Rótulo	Label
Roubo (Seg.)	Robbery, theft (Ins.)
Rubrica (s.); rubricar (v.)	Initial (n.) (v.)
Ruína	Wreck

S

Sacado	Drawee
Sacador	Drawer
Saída	Outflow, exit, way out
Saída de caixa	Cash outflow; disbursement; outgoing
Saída de capital	Capital outflow
Sala da diretoria	Board room
Sala de expedição	Mailing room
Sala de exposição	Showroom
Salário	Salary, wage
Salário de benefício	Benefit wage
Salário de contribuição	Salary base
Salário-família	Family allowance
Salário líquido do empregado	Take home pay
Salário mínimo	Minimum salary
Salário nominal	Nominal wage
Salário-tarefa	Piece rate
Saldado	Paid-in
Saldo	Balance
Saldo a pagar	Unpaid balance
Saldo bancário	Bank balance
Saldo credor	Credit balance
Saldo de abertura	Opening balance
Saldo de caixa	Cash balance
Saldo de conta	Account balance
Saldo devedor	Debit balance
Saldo em conta corrente	Balance on current account
Saldo final	Closing balance
Saldo inicial	Opening balance
Saldo médio	Average balance
Saldo não pago	Unpaid balance
Saldo negativo	Negative balance
Saldos compensatórios	Contra balances
Saldos credores de clientes	Customers' credit balances
Saldos não reclamados	Unclaimed balances
Saldo vinculado	Restricted balance; compensating balance
Salientar	Point out
Salvados (de incêndio, de naufrágio)	Salvage
Salvados (Seg.)	Salvage (Ins.)
Salvados e ressarcimentos (Seg.)	Salvage and recovery (Ins.)
Salvaguarda	Safeguard
Sanção	Sanction
Saque	Draft

Saque a descoberto (Fin.)	Overdraft (Fin.)
Saque a vista (Fin.)	Demand draft; sight draft (Fin.)
Saque de exportação (Fin.)	Export draft (Fin.)
Saque parcelado (Fin.)	Draw down (Fin.)
Satisfação (Aud.)	Satisfaction (Aud.)
Satisfação global de auditoria (Aud.)	Aggregate audit satisfaction (Aud.)
Satisfação no trabalho	Job satisfaction
Saturação do mercado	Market saturation
Saúde	Health
Saúde ocupacional	Occupational health
Seção/secional	Section/sectional
Secretaria da Administração Federal - SAF	Federal Administration Secretariat
Secretaria da Ciência e Tecnologia - SCT	Science and Technology Secretariat
Secretaria da Cultura da Presidência da República - SEC	Presidents' Cultural Secretariat
Secretaria de Comércio Exterior - SCE	Foreign Trade Secretariat
Secretaria do Desempenho Regional - SDR	Regional Development Secretariat
Secretaria do Direito Econômico – SDE	Economic Law Departament
Secretaria do Planejamento - SEPLAN	Planning Secretariat
Secretária eletrônica	Voicemail, answering machine
Secretaria Especial de Controle das Estatais - SEST	Special Secretariat for Control of State-Owned Companies
Secretaria Especial do Meio Ambiente - SEMA	Special Environment Secretariat
Secretaria Nacional da Economia - SNE	National Economy Secretariat
Secretaria Nacional de Defesa Econômica - SNDE	National Economic Defense Department
Secretário da Fazenda Nacional - SFN	National Finance Secretary
Securitização (Fin.)	Securitization (Fin.)
Securitização de recebíveis (Fin.)	Securitized receivables (Fin.)
Sede (de empresa)	Head/home office, headquarters
Segmentação de mercado	Market segmentation
Segmento da indústria, do setor de atividades	Industry segment
Segmento do negócio	Business segment
Segregação de funções	Segregation of duties
Segregação parcial de sociedade	Spin-off
Seguindo a curva de rendimento	Riding the yield curve
Seguinte	Following
Seguir o curso de uma transação (Aud.)	Trace (Aud.)
Segunda mão	Secondhand
Segundos seguros (Seg.)	Second insurance (same as first but different insurer) (Ins.)
Segurado (Seg.)	Insured (Ins.)

Segurador(a) (Seg.)	Insurer; holder (Ins.)
Seguradora (Seg.)	Insurance company (Ins.)
Seguradora cativa (Seg.)	Captive insurance company (Ins.)
Seguradora líder (Seg.)	Lead insurer (Ins.)
Segurados (Seg.)	Policyholders; policyowners (Ins.)
Segurança (Aud.)	Assurance (Aud.)
Segurança de programas e dados (PED)	Program and data security (EDP)
Segurança negativa (Aud.)	Negative assurance (Aud.)
Segurança razoável (Aud.)	Reasonable assurance (Aud.)
Segurar (Seg.)	Underwrite (Ins.)
Seguro (Seg.)	Insurance (Ins.)
Seguro a prazo curto (Seg.)	Short-term insurance (Ins.)
Seguro a termo fixo (Seg.)	Fixed-term insurance (Ins.)
Seguro ajustável (Seg.)	Adjustable insurance (Ins.)
Seguro coletivo (Seg.)	Collective coverage (Ins.)
Seguro coletivo de acidentes pessoais (Seg.)	Collective personal accident insurance (Ins.)
Seguro com pagamentos mensais do prêmio (Seg.)	Insurance with monthly premium payments (Ins.)
Seguro com participação nos lucros (Seg.)	Participating insurance (Ins.)
Seguro compreensivo patrimonial (Seg.)	Comprehensive property insurance (Ins.)
Seguro comum (Seg.)	Ordinary insurance (Ins.)
Seguro contra acidentes (bens - desabamento, incêndio etc.) (Seg.)	Hazard insurance (Ins.)
Seguro contra acidentes (Seg.)	Casualty insurance, accident insurance (Ins.)
Seguro contra acidentes pessoais (Seg.)	Personal accident insurance (Ins.)
Seguro contra alagamento (Seg.)	Flooding insurance (Ins.)
Seguro contra danos de "sprinklers" (Seg.)	Sprinkler damage insurance (Ins.)
Seguro contra incêndio (Seg.)	Fire insurance (Ins.)
Seguro contra roubo (Seg.)	Burglary insurance (Ins.)
Seguro/contrato de vida a termo (por período específico) (Seg.)	Term-life insurance/contract (Ins.)
Seguro da privação do uso e gozo (Seg.)	Use & occupancy insurance (Ins.)
Seguro de acidentes do trabalho (Seg.)	Workers' compensation insurance (Ins.)
Seguro de anuidade (Seg.)	Annuity insurance (Ins.)
Seguro de automóveis (Seg.)	Automobile/vehicle insurance (Ins.)
Seguro de benfeitorias (Seg.)	Improvements coverage (Ins.)
Seguro de carga (Seg.)	Cargo insurance (Ins.)
Seguro de cascos (Seg.)	Hull insurance (Ins.)
Seguro de colisão (Seg.)	Collision insurance (Ins.)
Seguro de crédito à exportação (Seg.)	Export credit insurance (Ins.)

Seguro de crédito hipotecário (Seg.)	Mortgage insurance (Ins.)
Seguro de crédito imobiliário (Seg.)	Realty credit insurance (Ins.)
Seguro de danos (Seg.)	Property damage insurance (Ins.)
Seguro de danos pessoais (Seg.)	Personal injury insurance (Ins.)
Seguro de desmoronamento (Seg.)	Collapse coverage (Ins.)
Seguro de despesas médicas (Seg.)	Medical expenses insurance (Ins.)
Seguro de embarcações (Seg.)	Hull insurance (Ins.)
Seguro de Estado (Seg.)	State insurance (Ins.)
Seguro de fidelidade (Seg.)	Fidelity insurance (Ins.)
Seguro de furto (Seg.)	Theft insurance (Ins.)
Seguro de incapacidade (Seg.)	Disability insurance (Ins.)
Seguro de indenização a trabalhador (Seg.)	Workers' compensation insurance (Ins.)
Seguro de indenização profissional (Seg.)	Professional indemnity insurance (Ins.)
Seguro de internação hospitalar (Seg.)	Hospital insurance (Ins.)
Seguro de invalidez (Seg.)	Disability insurance (Ins.)
Seguro de lucros cessantes (Seg.)	Loss of income/use insurance (Ins.)
Seguro de lucros cessantes e de despesas gerais (Seg.)	Loss of income/use insurance (Ins.)
Seguro de multirrisco (Seg.)	Multiperils insurance (Ins.)
Seguro de navegação fluvial (Seg.)	Inland marine insurance (Ins.)
Seguro de paralisação dos negócios (Seg.)	Business interruption insurance (Ins.)
Seguro de perigo específico (Seg.)	Specified peril insurance (Ins.)
Seguro de pessoas (Seg.)	Personal lines of business (Ins.)
Seguro de renda (Seg.)	Income insurance (Ins.)
Seguro de responsabilidade civil (Seg.)	Comprehensive general liability insurance; civil liability insurance (Ins.)
Seguro de responsabilidade empresarial (Seg.)	Business liability insurance (Ins.)
Seguro de responsabilidade pessoal (Seg.)	Personal liability insurance (Ins.)
Seguro de responsabilidade por erros ou omissões (Seg.)	Errors and omissions liability insurance (Ins.)
Seguro de responsabilidade profissional (Seg.)	Professional liability insurance (Ins.)
Seguro de risco finito (Seg.)	Finite risk insurance (Ins.)
Seguro de riscos em locais múltiplos (Seg.)	Multiple location insurance (Ins.)
Seguro de roubo (Seg.)	Theft insurance (Ins.)
Seguro de saúde (Seg.)	Health insurance (Ins.)
Seguro de transporte de carga aérea (Seg.)	Air cargo insurance (Ins.)
Seguro de transporte fluvial (Seg.)	Inland marine insurance (Ins.)
Seguro de vida (Seg.)	Life insurance (Ins.)
Seguro de vida com rendimentos periódicos (Seg.)	Life annuity (Ins.)
Seguro de vida comum (Seg.)	Ordinary life insurance (Ins.)

Seguro de vida de terceiros (Seg.)	Third party life insurance (Ins.)
Seguro de vida e de saúde (Seg.)	Life and health insurance (Ins.)
Seguro de vida em grupo (Seg.)	Group life insurance (Ins.)
Seguro de vida individual (Seg.)	Individual life insurance (Ins.)
Seguro de vida inteira (Seg.)	Whole life insurance (Ins.)
Seguro de vida misto (Seg.)	Mixed life insurance (Ins.)
Seguro de vida simples (Seg.)	Straight life contract (Ins.)
Seguro de vida universal (Seg.)	Universal life insurance (Ins.)
Seguro do caminhoneiro (Seg.)	Trucker's insurance (Ins.)
Seguro em grupo (Seg.)	Group insurance (Ins.)
Seguro empresarial (Seg.)	Business insurance (Ins.)
Seguro familiar (Seg.)	Family insurance (Ins.)
Seguro-fidelidade (Seg.)	Fidelity insurance (Ins.)
Seguro geral (Seg.)	General insurance (Ins.)
Seguro global (Seg.)	Blanket insurance (Ins.)
Seguro habitacional (Seg.)	Home owner insurance (Ins.)
Seguro-inundação (Seg.)	Flood insurance (Ins.)
Seguro-lojista (Seg.)	Retail insurance (Ins.)
Seguro marítimo (Seg.)	Marine insurance (Ins.)
Seguro-maternidade (Seg.)	Maternity insurance (Ins.)
Seguro pago ou com o prazo aumentado (Seg.)	Paid-up or extended term insurance (Ins.)
Seguro plurianual (Seg.)	Multiannual policy (Ins)
Seguro residencial (Seg.)	Home owner insurance (Ins.)
Seguro rural (Seg.)	Rural insurance (Ins.)
Seguros de incapacidade (cobre o montante não coberto pelo seguro de acidentes do trabalho) (Seg.)	Workers' compensation (Ins.)
Seguros de ramos elementares e de responsabilidade civil (Seg.)	Property and liability insurance (Ins.)
Seguros dotais (Seg.)	Endowments insurance (Ins.)
Seguro social (Seg.)	Social insurance (Ins.)
Seguro total (Seg.)	Comprehensive insurance (Ins.)
Seguro varejo (Seg.)	Retail insurance (Ins.)
Seleção	Selection
Semanalmente	Weekly
Sem cupom	Ex-coupon
Sem direitos	Ex-rights
Sem dividendo (Fin.)	Ex-dividend (Fin.)
Semear	Sow
Semestral	Semiannual, twice yearly
Semestre	Half year
Semi-anual	Semiannual, twice yearly

Semimensal	Semimonthly, twice a month
Semiprocessado	Semiprocessed
Sem juros (Fin.)	Interest free (Fin.)
Sem licença	Unlicensed
Semoventes	Livestock
Sem valor	Worthless
Senado	Senate
Senha (PED)	Password (EDP)
Sênior de auditoria (Aud.)	Audit senior (Aud.)
Separar	Separate; set aside
Serviço ao cliente	Customer service
Serviço de compilação (Aud.)	Compilation engagement (Aud.)
Serviço de dívida (Fin.)	Debt service (Fin.)
Serviço de Proteção ao Crédito - SPC	Credit Protection Service - SPC
Serviço Federal de Processamento de Dados - SERPRO	Federal Data Processing Service
Serviço Nacional de Aprendizagem Comercial - SENAC	National Service for Commercial Training
Serviço Nacional de Aprendizagem Industrial - SENAI	National Service for Industrial Training
Serviço Nacional de Aprendizagem Rural - SENAR	National Service for Rural Training
Serviços correlatos (Aud.)	Related services (Aud.)
Serviços de administração e guarda de patrimônios e outros (serviços em confiança) (Fin.)	Fiduciary services (Fin.)
Serviços de assessoramento	Advisory services
Serviços de consultoria empresarial	Corporate advisory services
Serviços de crédito (Fin.)	Credit facilities (Fin.)
Serviços de custódia	Custodial services
Serviços de relevo em cartões (em cartões de crédito, por exemplo)	Card-embossing services
Serviços logísticos	Extension services
Serviço Social da Indústria - SESI	Social Service for Industry
Serviço Social do Comércio - SESC	Social Service for Trade
Serviços outros que não de auditoria	Non-audit services
Serviços pós-vendas	After sales services
Serviços prestados	Services rendered
Serviços públicos	Public utilities
Servidor (PED)	Server (EDP)
Sessões para instruções (Aud.)	Briefing sessions (Aud.)
Setor (atividade) de seguros (Seg.)	Insurance industry (Ins.)

Setores de atividades regidas por normas governamentais (reguladas/regulamentadas)	Regulated industries
Setor privado	Private sector
Setor público	Public sector
Sigilo profissional	Professional secrecy
Significante	Significant
Significar	Mean
Silvicultura	Forestry
Símbolo	Symbol
Simplificação do trabalho	Work simplification
Simulação	Simulation
Simulador	Simulator
Simular	Simulate
Sinal (entrada) referente ao prêmio (Seg.)	Deposit premium (Ins.)
Sinal negativo	Minus sign, negative indication
Sinal/pagamento inicial/entrada	Down payment
Sindicato	Union
Sindicato de classe operária	Trade union
Sindicato de trabalhadores	Labor union
Sindicato patronal/de empregadores	Trade association
Sinergia	Synergy
Singular	Unique
Sinistro (Seg.)	Claim, casualty, loss, damage (Ins.)
Sinistro ocorrido mas não avisado (Seg.)	Incurred But Not Reported - IBNR (Ins.)
Sinistro regulado (Seg.)	Claim adjusted (Ins.)
Sinistros a liquidar (Seg.)	Unsettled loss claims (Ins.)
Sinistros encerrados (Seg.)	Closed claims (Ins.)
Sinistros incorridos (Seg.)	Claims/losses incurred (Ins.)
Sinistros indenizados (Seg.)	Claims settled (Ins.)
Sinistros ocorridos (Seg.)	Losses occurred (Ins.)
Sinistros ocorridos e não avisados (Seg.)	Claims incurred but not reported (Ins.)
Sintática (PED)	Syntax (EDP)
Sintonia	Dial
Sistema contábil	Accounting system
Sistema de administração de riscos	Risk management system
Sistema de armazenagem por objeto (PED)	Object storage system (EDP)
Sistema de controle de informação do usuário (PED)	Customer Information Control System - CICS (EDP)
Sistema de controle interno	Internal control system
Sistema de custo integrado	Integrated cost system
Sistema de custo marginal	Marginal costing system
Sistema de custos	Cost system

Sistema de elaboração de orçamentos de base-zero	Zero-basis budgeting
Sistema de fundo fixo de caixa	Imprest system
Sistema de Informações Computadorizado - SIC (PED)	Computerized Information System - CIS (EDP)
Sistema de Informações do Banco Central do Brasil - SISBACEN	Brazilian Central Bank Information System
Sistema de informações gerenciais/da administração	Management information system
Sistema de remuneração/compensação	Reward system
Sistema Especial de Liquidação e Custódia - SELIC	Special system for settlement and custody
Sistema Financeiro da Habitação - SFH	National Housing System - SFH
Sistema gerencial do meio ambiente	Environmental management system
Sistema Integrado de Comércio Exterior - SISCOMEX	Integrated Foreign Trade System
Sistema integrado de gestão	Integrated management system
Sistema Integrado de Pagamento de Impostos e Contribuições das Microempresas e das Empresas de Pequeno Porte - SIMPLES	Unified System for the Payment of Taxes and Contributions by Small Businesses - SIMPLES
Sistema métrico	Metric system
Sistema Nacional de Defesa do Consumidor - SNDC	National System for Consumer Defense
Sistema Nacional de Previdência Social - SNPS	National Social Security System
Sistema Operacional de Disco - DOS (PED)	Disk Operating System - DOS (EDP)
Sistemas baseados em terminais de vídeo (PED)	Screen-based systems (EDP)
Sistemas de base de dados (PED)	Database systems (EDP)
Sistemas de liquidação (Fin.)	Settlement services (Fin.)
Sistemas de reserva de numerário	Cash reserve systems
Sistemas de retrocessões (Seg.)	Systems of retrocession (Ins.)
Sistemas especializados de inteligência (PED)	Expert systems (EDP)
Situação	Situation
Situação de trabalho	Work/job/project status
Situação de vencidos (a receber)	Past-due status
Situação financeira	Financial condition
Sobras	Scrap, garbage
Sobrecapitalizado	Overcapitalized
Sobrecarga	Overload
Sobrecarregado de trabalho	Overworked
Sobreestimar	Overrate
Sobrepreço (EUA) (Fin.)	Overpricing (USA) (Fin.)
Sobre-seguro (Seg.)	Overinsurance (Ins.)

Sobretaxa	Surtax
Sociedade	Corporation, enterprise
Sociedade (de pessoas)	Partnership
Sociedade afluente	Affluent society
Sociedade Anônima - S.A.	Limited liability corporation
Sociedade beneficente, caridade	Charity
Sociedade comercial	Commercial partnership
Sociedade de crédito imobiliário	Savings and Loan Association (USA); building society (UK)
Sociedade de participação	Holding company, investment company
Sociedade de profissionais	Professional partnership
Sociedade de responsabilidade limitada	Limited liability company; limited partnership
Sociedade em comandita	Partnership in which the managing partners have unlimited liability and the others have liability limited to subscribed capital
Sociedade em conta de participação	Partnership in which some partners are passive
Sociedade por ações	Corporation, joint-stock company
Sociedades de capitalização	Capitalization companies
Sociedades mútuas (Seg.)	Mutual insurance companies (Ins.)
Sócio	Partner
Sócio oculto	Hidden partner
Sócio ostensivo	Ostensible partner
Sócio principal	Senior partner
Sócio responsável por auditoria (Aud.)	Audit partner (Aud.)
"Software" de segurança (PED)	Security software (EDP)
"Software" de utilização simples (PED)	User-friendly software (EDP)
Solicitação de empréstimo (Fin.)	Loan application (Fin.)
Solicitação de patente	Patent application
Solicitar pagamento	Claim payment
Sólido	Solid, sound
Solvência	Solvency
Soma (s.) (colunas ou cifras); somar (colunas ou cifras) (v.)	Foot, add, cast (n.) (v.)
Sonegação de imposto (Jur.)	Tax evasion (Leg.)
Sorte	Hazard, luck
Subarrendamento (s.); subarrendar (v.)	Sublease (n.) (v.)
Subavaliar	Undervalue, understate
Subcontratar	Subcontract
Subdesenvolvimento	Underdevelopment
Subempreiteiro	Subcontractor

Subentendido	Implied
Subestimar	Underestimate
Subfaturar	Underinvoice
Subida (s.); subir (v.)	Rise (n.) (v.)
Sublinhar	Underline
Sublocar	Sublet
Subordinado	Ancillary
Suborno (s); subornar (v.)	Bribe (n.) (v.)
Subparágrafo	Subparagraph
Subpreço (Fin.) (EUA)	Underpricing (Fin.) (USA)
Sub-rogação (Jur.) (Seg.)	Subrogation (Leg.) (Ins.)
Subscrever ações	Take up equities
Subscrição (de ações)	Subscription
Subscritor de títulos mobiliários	Underwriter
Subsidiária	Subsidiary
Subsidiária em que há participação majoritária	Majority-owned subsidiary
Subsidiária integral	Wholly-owned subsidiary
Subsidiária não consolidada	Unconsolidated subsidiary
Subsidiária não integral	Partly owned subsidiary
Subsidiárias incluídas na consolidação/ consolidadas	Consolidated subsidiaries
Subsídio, subvenção	Subsidy, grant
Substância / essência	Substance
Substância química	Chemical substance
Substancial	Substantial
Substituição para melhor	Upgrade
Substituição para pior	Downgrade
Substituir	Substitute, supersede, replace
Substituto do titular	Deputy
Subtrair	Subtract
Subvenção de capital	Capital subsidy
Subvenção de custeio	Cost subsidy
Subvenção de investimento	Investment subsidy
Sucata (s.); sucatear (v.)	Scrap (n.) (v.)
Sucesso imprevisto	Fortune, uncertain, unpredictable
Sucursal	Branch
Sujeito a resgate (papel/instrumento financeiro) (Fin.)	Callable (Fin.)
Sumário	Summary, résumé
Superavaliar	Overvalue
Superávit	Superavit
Superávit contribuído por acionistas	Paid-in surplus
Superávit de um fundo	Fund surplus

Superávit disponível para distribuição	Unrestricted surplus
Superávit não distribuído (acumulado)	Surplus
Supercomputador (PED)	Supercomputer (EDP)
Superestimar	Overestimate
Superintendência da Zona Franca de Manaus - SUFRAMA	Superintendency of the Free Zone of Manaus - SUFRAMA
Superintendência de Seguros Privados - SUSEP	Superintendency of Private Insurances - SUSEP
Superintendência do Desenvolvimento da Amazônia - SUDAM	Superintendency for the Development of the Amazon - SUDAM
Superintendência do Desenvolvimento da Pesca - SUDEPE	Superintendency for the Development of Fishing - SUDEPE
Superintendência do Desenvolvimento do Centro-Oeste - SUDECO	Superintendency for the Development of the Central - West - SUDECO
Superintendência do Desenvolvimento do Nordeste - SUDENE	Superintendency for the Development of the Northeast - SUDENE
Superintendência Nacional da Marinha Mercante - SUNAMAM	National Superintendency of the Mercantile Marine - SUNAMAM
Superintendência Nacional de Abastecimento e Preços - SUNAB	National Superintendency of Supply and Prices - SUNAB
Superior Tribunal de Justiça - STJ (Jur.)	High Court of Justice (Leg.)
Supervisar, supervisionar	Oversee, supervise
Suplente	Alternate
Supremo Tribunal Federal - STF (Jur.)	Supreme Court (Leg.)
Suprimentos	Supplies, consumable materials
Suprir	Furnish
Suspender	Adjourn; call off
Suspensão de contrato (Jur.)	Termination/suspension of contract (Leg.)
"Stop-loss" (Seg.)	Stop-loss reinsurance (Ins.)
"Swap" a termo (Fin.)	Forward swap (Fin.)
"Swap" básico (Fin.)	Basis swap (Fin.)
"Swap" de câmbio (Fin.)	Foreign exchange swap (Fin.)
"Swap" de moeda (Fin.)	Currency swap (Fin.)
"Swap" de taxa básica (Fin.)	Basis rate swap (Fin.)
"Swap" de taxa de juros (Fin.)	Interest rate swap (Fin.)
"Swaps" de ações (Fin.)	Equity swaps (Fin.)
"Swaps" de "commodities" (Fin.)	Commodity swaps (Fin.)
"Swaps" de dívida por ações (Fin.)	Debt/equity swap (Fin.)
"Swaps" equilibrados ("casados") (Fin.)	Matched swaps (Fin.)
"Swaps" resgatáveis (Fin.)	Callable swaps (Fin.)

T

Tabela	Scale, table
Tabela Aduaneira do Brasil - TAB	Brazilian's Customs Table
Tabela a valor presente; "tablita" (Fin.)	Present value table (Fin.)
Tabela de Incidência do IPI - TIPI	Table of Excise Tax Incidence
Tabela/mapa de amortização	Amortization schedule
Tabelas de consulta (PED)	Look-up tables (EDP)
Tabelião	Notary public
Tabulação	Tabulation
Talão de cheques	Check book, counterfoil
Talento	Talent
Tamanho	Size
Tamanho adequado de uma atividade para obtenção do melhor desempenho possível	Rightsizing
Tamanho considerável	Sizable
Tamanho da amostra	Sample size
Tamanho da apólice (Seg.)	Policy size (Ins.)
Taquigrafia	Shorthand, stenography
Tara	Tare
Tarefa	Task
Tarefa que demanda muito tempo	Time-consuming
Tarefas de pouca importância	Low-value tasks
Tarifa	Duty, tariff
Tarifa (Seg.)	Tariff (Ins.)
Tarifa de importação	Import tariff
Tarifa Externa Comum - TEC	Common External Tariff
Tarifa preferencial	Preferential duty
Tarifas caducadas (Seg.)	Lapsed rates (Ins.)
Tarifas de prêmios de seguros (Seg.)	Insurance premium tariff (Ins.)
Taxa	Rate
Taxa à vista (Fin.)	Spot rate (Fin.)
Taxa básica (Seg.)	Basic rate (Ins.)
Taxa Básica do Banco Central - TBC (Fin.)	Central Bank Basic Interest Rate - TBC (Fin.)
Taxa Básica Financeira - TBF (Fin.)	Basic Financial Rate - TBF (Fin.)
Taxação (Jur.)	Assessment, levy (Leg.)
Taxa de admissão	Admission fee
Taxa de câmbio (Fin.)	Exchange rate, rate of exchange (Fin.)
Taxa de câmbio a termo (Fin.)	Forward rate of exchange (Fin.)
Taxa de câmbio atual (Fin.)	Current exchange rate (Fin.)
Taxa de câmbio flutuante (Fin.)	Floating rate of exchange (Fin.)
Taxa de câmbio histórica	Historical exchange rate
Taxa de câmbio preferencial (Fin.)	Preferential rate of exchange (Fin.)

Taxa de conversão	Conversion rate
Taxa de crescimento	Growth rate, rate of growth
Taxa de crescimento anual	Annual growth rate
Taxa de crescimento econômico	Economic growth rate
Taxa de depreciação	Depreciation rate
Taxa de desconto (Fin.)	Discount rate (Fin.)
Taxa de despesas indiretas	Overhead rate
Taxa de fechamento (câmbio)	Closing rate
Taxa de imposto de renda incidente sobre as empresas	Corporate tax rate
Taxa de inflação	Inflation rate, rate of inflation
Taxa de inscrição	Admission/registration/enrollment fee
Taxa de juros (Fin.)	Interest rate, rate of interest (Fin.)
Taxa de Juros a Longo Prazo - TJLP (Fin.)	Long-Term Interest Rate - TJLP (Fin.)
Taxa (de juros) de mercado (Fin.)	Market rate (interest) (Fin.)
Taxa de juros efetiva (Fin.)	Effective rate of interest (Fin.)
Taxa de juros fixada (Fin.)	Stated interest rate (Fin.)
Taxa de juros imputada/embutida (Fin.)	Imputed interest rate (Fin.)
Taxa de matrícula	Entrance fee
Taxa de mercado em vigor (Fin.)	Prevailing market rate (Fin.)
Taxa de mortalidade (Seg.)	Mortality rate (Ins.)
Taxa de remuneração da poupança	Savings remuneration rate
Taxa de rendimento	Yield
Taxa de retorno	Rate of return
Taxa de retorno adequada	Fair rate of return
Taxa de retorno contábil	Accounting rate of return
Taxa de retorno efetiva (Fin.)	Effective rate of return (Fin.)
Taxa de rotatividade	Turnover rate
Taxa em vigor/efetiva	Effective/ruling rate
Taxa fixa (Fin.) (Seg.)	Flat fee (Fin.); fixed rate (Ins.)
Taxa horária	Hourly rate
Taxa Interbancária de Londres - LIBOR (Reino Unido) (Fin.)	London Interbank Offered Rate - LIBOR (UK) (Fin.)
Taxa média	Middle rate
Taxa média composta	Composite average rate
Taxa média de "swap" (Fin.)	Swap average rate (Fin.)
Taxa mínima (Seg.)	Minimum rate (Ins.)
Taxa múltipla (Seg.)	Multiple rate (Ins.)
Taxa oficial de câmbio	Official exchange rate
Taxa padrão	Standard rate
Taxa Referencial Diária - TRD	Daily Referential Rate - TRD
Taxa Referencial - TR	Referential Rate - TR

Taxa sem risco (Fin.)	Risk-free rate (Fin.)
Taxa suplementar (Seg.)	Supplementary rate (Ins.)
Taxa uniforme	Flat rate
Taxas cruzadas (Fin.)	Cross rates (Fin.)
Taxas plenas (Fin.)	Full rates (Fin.)
Tecido	Fabric
Teclado (PED)	Keyboard (EDP)
Teclado alfanumérico (PED)	Alphanumeric keyboard (EDP)
Técnica	Technique
Técnicas de auditoria (Aud.)	Audit techniques (Aud.)
Técnicas de auditoria aplicadas com o auxílio do computador (PED) (Aud.)	Computer-Assisted Techniques - CAT (EDP) (Aud.)
Técnicas de redução de custo	Cost-saving techniques
Tecnocracia	Technocracy
Tecnologia	Technology
Tecnologia comprada/adquirida	Purchased technology
Tecnologia de Informática - TI (PED)	Information Technology - IT (EDP)
Tecnologia de ponta	Leading edge technology
Tecnologia do produto	Product technology
Tela (PED)	Screen (EDP)
Tela principal (PED)	Main screen (EDP)
Telecomunicações	Telecommunications
Telecomunicações Brasileiras S.A. - TELEBRÁS	Brazilian Telecommunications Company - TELEBRÁS
Telefonista	Operator
Telex enviados	Outgoing telex
Telex recebidos	Incoming telex
Tempo de acesso (PED)	Access time (EDP)
Tempo de preparo	Set-up time
Tempo hábil	Timely basis
Tempo (horas) debitável (em trabalho profissional)	Chargeable time
Tempo de espera	Lead time
Tempo de máquina	Machine time
Tempo de serviço	Length of service
Tempo integral	Full time
Tempo ocioso	Idle time; down time
Tempo padrão	Standard time
Tempo padrão (de preparo de máquina)	Standard preparation hours
Tempo parcial	Part time
Tendência	Bias
Tendência inflacionária	Inflationary trend

Tendências do mercado	Market forces
Tentativa	Tentative; attempt
Teor	Wording
Terceirização	Outsourcing
Terceiro (pessoa ou empresa)	Third party
Terceiro responsável (Seg.)	Liable third party (Ins.)
Ter êxito	Take off, be successful
Terminais (PED)	Displays (EDP)
Terminal central (PED)	Central terminal (EDP)
Terminal de vídeo (PED)	Video display unit (EDP)
Terminal ocioso (PED)	Idle terminal (EDP)
Terminar	Finish, adjourn
Termo de responsabilidade (Jur.)	Liability commitment, undertaking (Leg.)
Termos (mercado futuro) negociados particularmente (Fin.)	Privately-negotiated forwards (Fin.)
Ter notícias de	Hear from
Ter recursos	Afford
Terremoto (Seg.)	Earthquake (Ins.)
Terrenos	Land
Tesouraria	Treasury department
Tesoureiro	Treasurer
"Testa de ferro"	Man of straw/dummy
Testamenteiro (Jur.)	Executor (Leg.)
Testamento (Jur.)	Will (Leg.)
Teste de aptidão	Aptitude test
Teste de auditoria (Aud.)	Audit test (Aud.)
Teste de comprovação/ comprobatório/substantivo (Aud.)	Substantive test (Aud.)
Teste de cumprimento/aderência/ observância (Aud.)	Compliance test (Aud.)
Teste de custo ou mercado (Aud.)	Cost or market test (Aud.)
Teste de dupla finalidade (Aud.)	Dual-purpose test (Aud.)
Teste de edição (PED)	Edit test (EDP)
Teste de mercado	Market test
Teste de rotina (Aud.)	Routine test (Aud.)
Teste em bloco (Aud.)	Block test (Aud.)
Testemunha (Jur.)	Witness (Leg.)
Teste por critério pessoal (Aud.)	Judgemental test (Aud.)
Texto	Text
Texto de exposição provisório	Exposure draft
Textura	Fabric
Timbre	Letterhead

Tino empresarial	Business judgment
Tipo	Type
Título (Fin.)	Heading, title; note, security (Fin.)
Título a curto prazo (Fin.)	Short-term security (Fin.)
Título a médio prazo (Fin.)	Medium-dated security (Fin.)
Título ao portador (Fin.)	Bearer security (Fin.)
Título (nota promissória) assinado (Fin.)	Signed note (Fin.)
Título cotado em bolsa (Fin.)	Listed security, quoted security (Fin.)
Título de conta	Account title, account heading, caption
Título de grande segurança (Reino Unido) (Fin.)	Gilt-edged security (UK) (Fin.)
Título de renda fixa (Fin.)	Fixed-income security (Fin.)
Título governamental (Fin.)	Government security (Fin.)
Título mobiliário (Fin.)	Security (Fin.)
Título mobiliário garantido por hipoteca (Fin.)	Mortgage bond (Fin.)
Título municipal (de dívida) (Fin.)	Municipal bond (Fin.)
Título não cotado em bolsa (Fin.)	Unlisted security (Fin.)
Título não pago	Dishonored bill
Título negociável (Fin.)	Negotiable instrument (Fin.)
Título representativo de dívida (Fin.)	Debt security (Fin.)
Títulos com características de opções (Fin.)	Securities with options characteristics (Fin.)
Títulos conversíveis (Fin.)	Convertible securities (Fin.)
Títulos da Dívida Agrária - TDA	Agricultural Debt Securities
Títulos de derivativos (Fin.)	Derivative securities (Fin.)
Títulos de Desenvolvimento Econômico - TDE	Economic Development Notes
Títulos de dívida pública (Fin.)	Public debt securities (Fin.)
Títulos de investimentos (Fin.)	Investment securities (Fin.)
Títulos e depósitos estruturados (Fin.)	Structured securities and deposits (Fin.)
Título sem cotação no mercado (Fin.)	Non-marketable security (Fin.)
Títulos ex-rendimentos (Fin.)	Stripped securities (Fin.)
Títulos governamentais (Fin.)	Government securities (Fin.)
Títulos quase-governamentais	Quasi-governmental securities
Todos os riscos (Seg.)	All risks insurance (Ins.)
Tomada de decisão	Decision-making
Tomador de empréstimo (Fin.)	Borrower (Fin.)
Tomar emprestado (Fin.)	Borrow (Fin.)
Tomar providências	Take steps
Tonelada	Ton
Tonelagem	Tonnage
Total de prêmios da carteira (Seg.)	Total portfolio premium (Ins.)
Total transportado	Brought forward
Trabalhar com ferramenta	Tool

Trabalho de campo (Aud.)	Field work (Aud.)
Trabalho em equipe	Team work
Trabalho em horas de folga	Spare time work
Trabalho escravo/servil	Slave work
Trabalho inicial, primeiro trabalho (Aud.)	Initial engagement (Aud.)
"Trackball" (PED)	Trackball (EDP)
Tradutor juramentado	Official translator
Tráfego de ida e volta	Shuttle
Trajetória	Flight, path
Tramitação (Jur.)	Proceduring (Leg.)
Trâmites (Jur.)	Procedural steps (Leg.)
Transação	Transaction
Transação com assessoria	Assisted transaction
Transação em bloco (Reino Unido) (Fin.)	Block trade (UK) (Fin.)
Transação entre companhias (de um mesmo grupo)	Intercompany transaction
Transações a termo (Fin.)	Forward transactions (Fin.)
Transações a vista	Spot transactions
Transações com moeda estrangeira	Foreign currency transactions
Transações de arbitragem (Fin.)	Arbitrage transactions (Fin.)
Transações dentro da mesma empresa	Intracompany transactions
Transações entre partes relacionadas	Related party transactions
Transações internacionais de crédito documentário (Fin.)	International documentary credit transactions (Fin.)
Transações no mercado de futuros (Fin.)	Futures transactions (Fin.)
Transcrever	Transcribe
Transferência	Transfer, pass-through
Transferência de dados de computador grande para pequeno (PED)	Download (EDP)
Transferência de dados de computador pequeno para grande (PED)	Upload (EDP)
Transferência de fundos	Money transfer
Transferência de risco (Seg.)	Risk transfer (Ins.)
Transferência de título de propriedade (Jur.)	Passage of title (Leg.)
Transferência eletrônica	Wire transfer
Transgressão	Trespass
Transmissão do seguro (Seg.)	Transfer of insurance (Ins.)
Transnacional	Transnational
Transparência de informações (administração, demonstrações financeiras etc.)	Transparency of information (administration, financial statements, etc.)
Transpirar (informação)	Leak

Transportado pelo ar	Airborne, air freighted
Transportador	Carrier
Transportar de volta	Carry back
Transporte (de soma)	Carry forward
Transporte aéreo	Air cargo
Transporte de soma para linha inferior, na mesma página	Carry down
Transporte rodoviário (Seg.)	Inland transit (Ins.)
Transtorno	Trouble
Tratado	Treaty
Tratados de investimentos bilaterais	Bilateral investment treaties
Treinamento	Training
Treinamento e competência do auditor independente (Aud.)	Training and proficiency of the independent auditor (Aud.)
Treinamento em grupo	Group training
Treinamento no trabalho/no campo (Aud.)	On-the-job training (Aud.)
Tribunal (Jur.)	Court of Appeals (Leg.)
Tribunal de Alçada - TA (Jur.)	Auxiliary Court of Appeals (Leg.)
Tribunal de Contas da União - TCU (Jur.)	Federal Audit Court - TCU (Leg.)
Tribunal de Contas do Estado (Jur.)	State Audit Court (Leg.)
Tribunal de Contas do Município (Jur.)	Municipal Audit Court (Leg.)
Tribunal de Justiça - TJ (Jur.)	Supreme Court of the State - TJ (Leg.)
Tribunal do Trabalho (Jur.)	Labor Court of Appeals (Leg.)
Tribunal Federal de Recursos (Jur.)	Regional Federal Court of Appeals (Leg.)
Tribunal Regional do Trabalho - TRT (Jur.)	Regional Labor Court (for collective labor agreements) - TRT (Leg.)
Tribunal Superior do Trabalho - TST (Jur.)	Superior Labor Court - TST (Leg.)
Tributação (Jur.)	Assessment; taxation (Leg.)
Tributação progressiva (Jur.)	Progressive taxation (Leg.)
Tributável (Jur.)	Taxable (Leg.)
Tributo (Jur.)	Tax (Leg.)
Trilhões	Trillions
Tripulação	Crew
Trocar	Exchange
Truncar	Truncate
Tumultos públicos (Seg.)	Public riots (Ins.)
Turno	Shift
Turno da noite	Night shift

U

Última instância (Jur.)	Court of last resort (Leg.)
Última linha	Bottom line
Último a Entrar, Primeiro a Sair - UEPS	Last In, First Out - LIFO
Último dia de negociação (Fin.)	Last trading day (Fin.)
Unânime	Unanimous
União Européia - UE	European Union - EU
Único	Exclusive
Unidade Central de Processamento - CPU (PED)	Central Processing Unit - CPU (EDP)
Unidade de amostragem	Unit of sampling
Unidade de Incentivos Fiscais - UIF	Fiscal Incentives Unit
Unidade de mensuração	Unit of measure
Unidade de Referência Rural e Agroindustrial - UREF	Rural and Agribusiness Referential Unit
Unidade econômica	Concern/economic unit
Unidade Fiscal de Referência - UFIR	Fiscal Reference Unit - UFIR
Unidade Fiscal do Município - UFM	Municipal Fiscal Unit
Unidade monetária	Currency/monetary unit
Unidade Monetária Contábil - UMC	Accounting Monetary Unit - UMC
Unidade monetária européia	European Currency Unit - ECU
Unidade operacional da empresa	Business operating unit
Unidade Padrão de Capital - UPC	Standard Capital Unit - UPC
Unidade Real de Valor - URV	Unit of Real Value - URV
Unidade responsável pela prestação de contas	Accountable unit
Uniforme	Consistent/uniform
Uniformidade	Consistency/uniformity
Unilateral	Unilateral
Universidade	University
Universo	Universe
Uso do trabalho de outro auditor (Aud.)	Using the work of another auditor (Aud.)
Usos e costumes (Jur.)	Custom and usage (Leg.)
Usuário	User
Usuário final (PED)	End-user (EDP)
Usucapião (Jur.)	Usucapio; ownership claimed after a period of squatting (Leg.)
Usufruto (Jur.)	Usufruct (Leg.)
Usura (Jur.)	Usury (Leg.)
Usurário	Usurer
Utensílios	Fixtures
Utilitário de arquivo de dados (PED)	Data File Utility - DFU (EDP)
Utilitários	Utilities
Utilização de trabalho de especialista (Aud.)	Using the work of a specialist (Aud.)

V

Vacância	Vacancy
Vácuo	Vacuum
Vagão de carga	Wagon load
Vago	Vacant
Vale	I Owe You - IOU
Validação	Validation
Validade	Validity
Valioso	Valuable
Valise	Valise
Valor	Value, worth
Valor absoluto	Absolute value
Valor acima do nominal, do par	Above par
Valor adicionado/agregado	Added value
Valor agregado	Added value
Valor atualizado	Updated value
Valor Básico de Custeio - VBC	Basic Costing Value
Valor bruto contábil	Gross book value
Valor contábil/pelos livros contábeis	Carrying value/amount
Valor de avaliação	Appraisal value, appraised value
Valor declarado	Stated value
Valor declarado (Seg.)	Declared (coverage) value (Ins.)
Valor de cotação	Quoted value
Valor de liquidação forçada	Break-up value
Valor de mercado	Market value
Valor de realização	Realization value
Valor de reposição	Replacement value
Valor de resgate	Surrender value; redemption value (Ins.)
Valor de resgate em dinheiro	Cash value
Valor de sucata	Salvage, scrap value
Valor do investimento	Investment value
Valor do principal "conceitual"	Notional principal
Valores mobiliários em carteira	Portfolio securities
Valores mobiliários em custódia (Fin.)	Securities in custody (Fin.)
Valores mobiliários não conversíveis (Fin.)	Non-convertible securities (Fin.)
Valores mobiliários negociáveis (Fin.)	Negotiable securities (Fin.)
Valor histórico pelos livros	Historical carrying value
Valor intrínseco	Intrinsic value
Valorização	Appreciation
Valorização contábil	Accounting valuation
Valorização de estoques	Inventory valuation
Valorização de mercado (Fin.)	Market valuation (Fin.)

Valor justo	Fair value
Valor líquido de realização	Net realizable value
Valor líquido pelos livros	Net book value
Valor médio de sinistro (Seg.)	Average claim size (Ins.)
Valor mobiliário	Security
Valor nominal	Face value/amount, nominal value
Valor par	Par value
Valor patrimonial da ação	Book value per share
Valor pecuniário	Cash value
Valor presente/atual	Present Value - PV
Valor presente atuarial	Actuarial present value
Valor presente líquido	Net Present Value - NPV
Valor realizável	Realizable value
Valor residual	Residual value
Valor residual não garantido	Unguaranteed residual value
Valor segurado (Seg.)	Amount insured (Ins.)
Valor segurável (Seg.)	Insurable value; amount (Ins.)
Valor tangível	Tangible value
Valor temporário	Time value
Vandalismo (Seg.)	Vandalism (Ins.)
Vantagem competitiva	Competitive advantage
Vara civil/cível (Jur.)	Civil court (Leg.)
Varejistas	Retailers
Varejo	Retail
Variação	Variance/variation
Variação cambial	Exchange variance
Variação de preço	Price variance
Variação de volume	Volume variance
Variação em relação ao uso	Usage variance
Variação monetária	Monetary variation
Variação na provisão de prêmios não auferidos/não ganhos (Seg.)	Variation in the provision for unearned premiums (Ins.)
Variação na provisão de riscos decorridos/expirados (Seg.)	Variation in the provision for expired risks (Ins.)
Variação nas provisões técnicas (Seg.)	Variation in technical provisions (Ins.)
Variação orçamentária	Budget variance
Variação sazonal	Seasonal variance
Variações do nível de preços	Price-level changes
Variável	Variable
Variedade	Variety
Vasto	Sweeping
Vazamento (de informação)	Leak

Vazio	Empty
Veículo	Vehicle
Veículos de propaganda	Advertising media
Vencido	Due, overdue
Vencido (com prazo esgotado)	Past due
Vencimento	Maturity
Vencimento a curto prazo	Current maturity
Vencível	Falling due
Venda	Sale
Venda a descoberto (Fin.)	Selling short (Fin.)
Venda agressiva	Hard selling
Venda a prazo	Credit sale
Venda a prestação	Installment sale
Venda a varejo	Retail sale
Venda a vista	Cash sale
Venda bruta	Gross sale
Venda com prejuízo	Sell at a loss
Venda de ativos (Fin.)	Sale of assets (Fin.)
Venda de ativos não utilizados no negócio principal da empresa	Asset stripping
Venda de bem e arrendamento do mesmo bem, pelo vendedor, com opção de recompra	Sale and lease-back (with repurchase option)
Venda forçada	Forced sale
Venda líquida	Net sale
Venda para entrega imediata	Spot sale
Venda para entrega no pagamento final	Lay away sale
Vendas cíclicas	Cyclical sales
Vendas com direito de devolução ilimitado	Guaranteed sales
Vendas de contratos/acordos de manutenção	Maintenance agreement sales
Vendas para entrega futura	Sales for future delivery
Vendável	Salable/saleable
Vendedor	Salesman, seller
Vendedor ambulante	Street vendor
Vendido, esgotado	Sold out
Veracidade	Validity
Verba	Grant/allocated amount
Verbal	Verbal
Verba orçamentária	Budget appropriation
Verdadeiro	True
Verificação	Verification
Verificação cruzada (Aud.)	Cross check (Aud.)
Verificação genérica (Aud.)	Overall check (Aud.)

Verificação seqüencial (Aud.)	Sequence check (Aud.)
Verificar (Aud.)	Ticking (Aud.)
Vestuário	Apparel
Veto	Veto
Via	Via
Via aérea, por	By plane, by air
Viabilidade	Feasibility
Viabilidade econômica	Economic feasibility
Via expressa	Express mail
Via férrea, por	By rail
Viagem	Voyage, trip
Viagem de ida	Outbound
Viagem de ida e volta	Round trip
Viagem de volta	Inbound
Via marítima, por	By sea
Via rodoviária, por	By truck
Vice-presidente	Vice-president, deputy chairman
Vice-presidente do Conselho	Deputy chairman
Vida depreciável (de um ativo)	Depreciable life (of an asset)
Vida econômica	Economic life
Vida econômica estimada	Estimated economic life
Vida escolar	School life
Vida inteira (Seg.)	Whole life (Ins.)
Vida residual estimada	Estimated residual life
Vida útil (de um ativo)	Useful life (of an asset)
Videoconferência	Video conference
Vigorar	Take effect
Vinculação, ligação	Relationship, relation
Vinhetas (Publicidade)	Vignettes (Adversiting)
Violação	Violation
Violar	Infringe
Vírus (PED)	Virus (EDP)
Visibilidade	Visibility
Visita de ínterim (Aud.)	Interim visit (Aud.)
Visita final (Aud.)	Year-end visit, final visit (Aud.)
Visitar	Call on
Visto (em passaporte)	Visa
Visualizar	Visualize
Vital	Vital
Vocação (profissão)	Vocation
Vôo	Flight
Voto	Ballot

Z

Zelo	Zeal
Zelo profissional (Aud.)	Due professional care (Aud.)
Zona franca	Free-trade zone
Zona Franca de Manaus - ZFM	Manaus Free-Trade Zone
Zonas de livre comércio	Free-trade zones
Zonas de Processamento de Exportação - ZPE	Export Processing Zones

English - Portuguese
Inglês - Português

A

Abandonment	Abandono, baixa (de bens), descontinuação
Abandonment clause (Ins.)	Cláusula de abandono (Seg.)
Abatement	Abatimento, redução
Abend (EDP)	Interrupção de processamento (PED)
Ability to pay (Fin.)	Capacidade de pagar (Fin.)
Abnormal cost	Custo anormal, imprevisto
Abnormal spoilage	Desperdício anormal
Abnormal stoppages	Interrupções anormais
Abnormal terminations	Interrupções anormais
Abort (EDP)	Interrupção de processamento (PED)
Above par	Valor acima do nominal, do par
Above the line	Acima (antes) da linha (do lucro líquido)
Abrogate (Leg.)	Ab-rogar (Jur.)
Absenteeism	Absentismo/absenteísmo
Absolute deductible amount (Ins.)	Franquia básica ou absoluta (Seg.)
Absolute majority (Leg.)	Maioria absoluta (Jur.)
Absolute price or rate (or delta) risk (Fin.)	Risco de preço absoluto ou de taxa (ou delta) (Fin.)
Absolute title (Leg.)	Domínio absoluto, sem gravames ou ônus; bens alodiais (Jur.)
Absorb	Absorver
Absorbed burden	Encargos indiretos absorvidos no custeio da produção
Absorption costing	Custeio por absorção
Abstract of title (to property) (Leg.)	Certidão de bem imóvel (Jur.)
Abuse of authority	Abuso de autoridade
Accelerated amortization	Amortização acelerada
Accelerated depreciation	Depreciação acelerada
Acceleration clause (Fin.)	Cláusula de vencimento antecipado (Fin.)
Acceptable accounting principle	Princípio contábil aceitável
Acceptable quality level	Nível de qualidade aceitável
Acceptance	Aceite de título comercial
Acceptance (Ins.)	Aceitação (Seg.)
Acceptance and retention of clients (Aud.)	Aceitação e retenção de clientes (Aud.)
Accept a risk (Ins.)	Aceitar um risco (Seg.)
Accepted practice	Prática aceita, consagrada pelo uso
Access (n.) (v.) (EDP)	Acesso (s.); acessar (v.) (PED)
Accessory obligation (Fin.)	Obrigação acessória (Fin.)
Access time (EDP)	Tempo de acesso (PED)
Accident (Ins.)	Acidente; sinistro (Seg.)
Accidental death (Ins.)	Morte acidental (Seg.)

Accidental death insurance (Ins.)	Seguro de morte acidental (Seg.)
Accident and health insurance (Ins.)	Seguro de saúde e de acidentes (Seg.)
Accident indemnity (Ins.)	Indenização por acidente (Seg.)
Accident insurance (Ins.)	Seguro de acidentes (Seg.)
Accommodated (Leg.)	Abonado (Jur.)
Accommodation address (Correspondence address)	Endereço exclusivamente para correspondência (geralmente nos endereços de advogados etc.)
Accommodation maker/party (Leg.)	Abonador (Jur.)
Account	Conta
Accountability	Responsabilidade de prestar contas de função ou cargo exercido
Accountable	Passível de prestação de contas, responsável
Accountable unit	Unidade responsável pela prestação de contas
Accountancy	Contabilidade, ciência contábil
Accountant	Contador
Accountant's opinion (Aud.)	Parecer de auditor independente (Aud.)
Accountants professional liability insurance (Ins.)	Seguro de responsabilidade profissional de contadores (Seg.)
Accountant's report (USA) (Aud.)	Relatório de auditor independente (EUA) (Aud.)
Account balance	Saldo de conta
Accounted for	Contabilizado
Account for	Registrar contabilmente; prestar contas
Account heading	Título de conta, rubrica contábil
Accounting (n.) (adj.)	Disciplina relacionada com contabilidade e sistemas de informação (s.); contábil (adj.)
Accounting books	Livros contábeis
Accounting change	Mudança contábil (em princípio contábil)
Accounting control	Controle contábil
Accounting convention	Convenção contábil
Accounting cycle	Ciclo contábil
Accounting department, accounts department (UK)	Departamento de contabilidade
Accounting entry	Lançamento contábil
Accounting estimate	Estimativa contábil
Accounting framework	Esquema contábil
Accounting information	Informação contábil
Accounting manual	Manual de contabilidade

Accounting method	Método de contabilidade
Accounting period	Período contábil, exercício financeiro
Accounting policy	Diretriz contábil, política contábil
Accounting practice	Prática contábil
Accounting principle	Princípio contábil, princípio de contabilidade
Accounting Principles Board - APB (USA)	Junta de Princípios Contábeis (EUA)
Accounting pronouncement	Pronunciamento contábil
Accounting rate of return	Taxa de retorno contábil
Accounting records	Registros e documentos contábeis
Accounting Research Bulletin - ARB (USA)	Boletim de Pesquisa Contábil (EUA)
Accounting standards	Normas contábeis (no Brasil, Normas Brasileiras de Contabilidade - NBC)
Accounting Standards Board - ASB (UK)	Junta de Normas Contábeis (Reino Unido)
Accounting system	Sistema contábil
Accounting valuation	Valorização contábil
Account number	Número da conta
Accounts payable	Contas a pagar
Accounts receivable	Contas a receber
Account statement	Extrato de conta
Accrual	Provisão contábil
Accrual basis (of accounting)	Regime de competência
Accrual for future site restoration	Provisão para restauração futura de propriedades em uso
Accrual for remedial investigation and feasibility studies	Provisão para investigação sobre necessidade de reparações e estudos de viabilidade
Accrue	Provisionar, contabilizar segundo o regime de competência
Accrued	Provisionado
Accrued benefit cost method (pension) (Ins.)	Método de custo do benefício provisionado (pensões) (Seg.)
Accrued benefit valuation method (pension) (Ins.)	Método de avaliação de benefícios acumulados provisionados (pensões) (Seg.)
Accrued interest	Juro provisionado
Accrued liability	Passivo provisionado, obrigação provisionada
Accrued vacation pay	Provisão para férias
Accumulated deficit	Déficit acumulado
Accumulated depreciation	Depreciação acumulada
Accurate presentation	Apresentação fidedigna, adequada

Acid test ratio	Quociente de liquidez imediata
Acknowledgment of debt	Reconhecimento da dívida
Acknowledgment of receipt	Confirmação/aviso de recebimento
Acquired right (Leg.)	Direito adquirido (Jur.)
Acquired surplus	Lucros acumulados de entidade adquirida
Acquisition	Aquisição, compra (inclusive de empresa)
Acquisition cost (Ins.)	Custo de aquisição (Seg.)
Acquisition costs	Custos de aquisição, custos com renovações ou novos contratos de seguros
Acquisition of common stock for assets or debt	Compra de ações ordinárias com ativos ou títulos de dívidas
Act (Leg.)	Lei (Jur.)
Acting	Em exercício (de função)
Action plan	Plano de ação
Activity	Atividade, ramo de negócio
Activity-based costing - ABC	Custo baseado em processos (atividades)
Activity Based Management - ABM	Administração baseada em atividades
Act of God	Ato fortuito, imprevisível; ato de Deus; força maior
Act of law (Leg.)	Força de lei (Jur.)
Actual cost	Custo real, custo efetivo
Actuarial	Atuarial
Actuarial adjustment (pension) (Ins.)	Ajuste atuarial (pensões) (Seg.)
Actuarial cost methods (pension) (Ins.)	Métodos de custo atuariais (pensões) (Seg.)
Actuarial gain or loss	Ganho ou perda atuarial
Actuarial present value	Valor presente atuarial
Actuarial studies (Ins.)	Estudos atuariais (Seg.)
Actuary (Ins.)	Atuário (Seg.)
Actuary's certificate (Ins.)	Certificado do atuário (Seg.)
Added value	Valor adicionado/agregado
Addendum, addenda	Adendo, aditivo
Adding machine	Máquina de somar
Addition	Adição, soma, acréscimo
Additional cover (Ins.)	Cobertura suplementar/acessória (Seg.)
Additional cover against loss or damage (Ins.)	Cobertura adicional contra perdas e danos (Seg.)
Additional mark-up	Acréscimo à margem de lucro
Additional paid-in capital	Capital integralizado que excede o valor nominal
Address	Palestra; endereço
Adequate disclosure	Divulgação adequada

Ad hoc committee	Comitê para assunto específico
Adjourn	Suspender
Adjudication of bankruptcy (Leg.)	Declaração de falência (Jur.)
Adjustable income (Ins.)	Renda ajustável (Seg.)
Adjustable life insurance (Ins.)	Seguro de vida ajustável (Seg.)
Adjustable premium (Ins.)	Prêmio ajustável (Seg.)
Adjusted historical cost	Custo histórico ajustado ou atualizado
Adjusters (Ins.)	Reguladores; liquidadores; ajustadores (Seg.)
Adjusting entry	Lançamento de retificação, de correção
Adjustment	Ajuste, retificação, correção
Administered price	Preço administrado, controlado
Administration	Administração
Administrative control	Controle administrativo
Administrative expense	Despesa administrativa
Administrative function	Função administrativa
Administrative overheads	Despesas de administração
Administrator	Administrador
Admission fee	Taxa de admissão, de inscrição
Admittance, admission	Admissão, aceitação, entrada
Adopt	Adotar, aceitar
Adulteration (Leg.)	Adulteração (Jur.)
Ad valorem (customs) duty	Direito (aduaneiro) "ad valorem"
Advance (n.) (v.)	Adiantamento (s.); adiantar (v.)
Advance account	Conta de adiantamento
Advance freight	Frete pago antecipadamente
Advance from customers	Adiantamento de fregueses, de clientes
Advance payment	Pagamento adiantado
Advance to employees	Adiantamento a empregados
Advance to suppliers	Adiantamento a fornecedores
Adventurer	Especulador, aventureiro
Adversely affect	Afetar desfavoravelmente/adversamente
Adverse opinion (Aud.)	Parecer adverso (Aud.)
Advertisement - Ad	Aviso
Advertising campaign (Advertising)	Campanha publicitária (Publicidade)
Advertising drive (Advertising)	Campanha publicitária (Publicidade)
Advertising expense	Despesa de publicidade e propaganda
Advertising media (Advertising)	Veículos de propaganda, mídia (Publicidade)
Advertising message (Advertising)	Mensagem publicitária (Publicidade)
Advice (UK)	Recomendação, orientação, conselho
Advise (n.) (v.) (USA)	Recomendação, conselho (s.); assessorar, avisar (v.) (EUA)

Advisor/adviser (UK)	Assessor, consultor
Advisory council	Conselho consultivo
Advisory services	Serviços de assessoramento
Affect	Afetar
Affect the ability to repay a loan (Fin.)	Afetar a capacidade de pagar um empréstimo (Fin.)
Affidavit (Leg.)	Garantia; declaração juramentada (Jur.)
Affiliated company	Empresa filiada, coligada, controlada
Affirmative action program (USA)	Programa de ação antidiscriminatória (EUA)
Affluent society	Sociedade afluente
Afford	Dispor de/ter recursos
Afforestation	Florestamento
After-sales services	Serviços pós-vendas
Ageing/aging list	Demonstração de saldos por antiguidade/ lista de saldos segundo os vencimentos
Age limits (Ins.)	Limites de idade (Seg.)
Agency	Agência, repartição, órgão
Agency (Ins.)	Agente representante (Seg.)
Agenda	Pauta
Agent	Agente, representante
Agent bank	Banco agente
Aggregate (n.) (v.)	Conjunto (s.); somar, juntar (v.)
Aggregate audit satisfaction (Aud.)	Satisfação global em auditoria (Aud.)
Aggregate demand	Demanda global
Agreed-upon procedures (Aud.)	Procedimentos pré-acordados (Aud.)
Agreement	Acordo, contrato, convênio, consentimento, compromisso
Agribusiness	Agroindústria, agroempresa
AICPA Accounting Standards Division Statements of Position - SOPS (USA)	Exposições de Posição da Divisão de Normas Contábeis do AICPA (EUA)
Aim (n.) (v.)	Objetivo, meta (s.); objetivar, visar (v.)
Airborne	Transportado pelo ar
Air cargo	Transporte aéreo
Air cargo insurance (Ins.)	Seguro de transporte de carga aérea (Seg.)
Aircraft	Aeronave
Air freight	Frete aéreo
Air waybill	Conhecimento de embarque aéreo
Algorithm	Algoritmo
Alien	Estrangeiro
All-hands meeting (Fin.) (USA)	Reunião geral da equipe (Fin.) (EUA)
Allied companies	Empresas que se aliam para determinado

	objetivo
Allocate	Distribuir, apropriar, repartir, designar
Allocated amount	Verba
Allocated Loss Adjustment Expenses - ALAE (Ins.)	Despesas alocadas de regulação de sinistros (Seg.)
Allocation of costs	Apropriação de custos
Allocation of income taxes	Distribuição, atribuição ou diferimento do imposto de renda (no regime de competência)
Allocation of responsibilities	Distribuição de responsabilidades
All-or-none (Fin.) (USA)	Tudo ou nada (Fin.) (EUA)
Allowable risk (Aud.)	Risco admissível (Aud.)
Allowance	Desconto, abatimento, provisão
Allowance for loan losses	Provisão para prejuízos com créditos ou empréstimos
Allowance for possible loan losses	Provisão para créditos de liquidação duvidosa
Alloy (n.) (v.)	Liga metálica (s.); adulterar (v.)
All-purpose computer (EDP)	Computador de aplicação geral (PED)
All-purpose financial statements	Demonstrações financeiras para uso geral
All risks insurance (Ins.)	Todos os riscos (Seg.)
Alphanumeric keyboard (EDP)	Teclado alfanumérico (PED)
Alpha testing	Primeiro teste de um sistema, projeto etc.
Alteration	Alteração, modificação
Alternate	Suplente
Amalgamation	Fusão de empresas
Amendment	Correção, emenda, retificação
Amendment (Leg.)	Emenda (Jur.)
American Depositary Receipts - ADRs (Fin.)	Recibos de Depósitos Americanos - ADRs (Fin.)
American Depositary Shares - ADS (Fin.)	Ações de Depósitos Americanos - ADS (Fin.)
American Exchange - AMEX (Fin.)	Bolsa de Valores Americana (Fin.)
American Institute of Certified Public Accountants - AICPA	Instituto Americano de Contadores Públicos Certificados
Amicable	Amigável, conveniente, oportuno
Amicable settlement	Acordo amigável
Amnesty (Leg.)	Anistia (Jur.)
Amortization	Amortização
Amortization installment	Quota de amortização
Amortization schedule	Tabela, mapa de amortização
Amortize	Amortizar

Amortized cost	Custo amortizado
Amortizing swap	"Swap" de amortização
Amount	Montante, importância, quantidade, quantia
Amount insured (Ins.)	Valor segurado (Seg.)
Amount insured/reinsured (Ins.)	Montante segurado/ressegurado (Seg.)
Amounts accruing to the benefit of the policyholder (Ins.)	Montantes acumulados em benefício do segurado (Seguro de vida com títulos de capitalização) (Seg.)
Ampersand (&)	E comercial
Analysis	Análise
Analyst	Analista
Analytical and judgmental abilities (Aud.)	Capacidade analítica e de julgamento (Aud.)
Analytical procedures (Aud.)	Procedimentos analíticos (Aud.)
Analytical review (Aud.)	Revisão analítica (Aud.)
Analytic schedule	Cédula/folha de análise
Analyze	Analisar
Ancillary	Subordinado, auxiliar
Animal life insurance (Ins.)	Seguro de vida de animais (Seg.)
Animation (Advertising)	Animação (Publicidade)
Annual audit (Aud.)	Auditoria, exame anual das contas (Aud.)
Annual general meeting (of shareholders)	Assembléia geral anual (de acionistas)
Annual growth rate	Taxa de crescimento anual
Annual income tax return - individuals	Declaração de ajuste anual - pessoa física
Annualized	Anualizado
Annual policy (Ins.)	Apólice anual (Seg.)
Annual premium annuity (Ins.)	Anuidade (apólice) com prêmio anual (Seg.)
Annual report	Relatório anual (da administração de uma empresa)
Annuitant (Ins.)	Beneficiário de renda em vida (Seg.)
Annuities (Ins.)	Anuidades (Seguros resgatáveis em vida) (Seg.)
Annuities with life contingencies or disability contracts (Ins.)	Apólices de anuidade com extensão de cobertura para vida e invalidez (Seg.)
Annuity (pension) (Ins.)	Anuidade (Seguro que paga renda em vida) (Seg.); pecúlio (pensões)
Annuity benefit payment (Ins.)	Pagamento de benefícios de seguros de anuidades (Seg.)
Annuity contracts (Ins.)	Contrato de seguro de anuidade (Seg.)
Annuity insurance (Ins.)	Seguro de anuidade (Seg.)
Annuity principle	Princípio da anualidade

Annullment of contract	Anulação/rescisão de contrato
Antedate	Antedatar
Anticipated profit	Lucro estimado/previsto
Antitrust Act (Leg.)	Lei antitruste (Jur.)
Any driver clause (Ins.)	Cláusula de qualquer motorista (Seg.)
Any one accident (Ins.)	Qualquer acidente considerado individual (Seg.)
Apparel	Vestuário
Appeal (Leg.)	Agravo, apelação (Jur.)
Appendix	Apêndice
Applicant	Candidato
Applicant (Ins.)	Proponente (Seg.)
Application	Aplicação
Application controls (EDP)	Controles de aplicativos (PED)
Application controls in computer information system (EDP)	Controles de aplicativos em sistemas de informação computadorizados (PED)
Application for insurance (Ins.)	Proposta de seguro (Seg.)
Application form	Formulário de solicitação (por exemplo, de emprego)
Application risk (EDP)	Risco de aplicativo (PED)
Applied overhead	Despesas gerais indiretas absorvidas no custeio da produção
Applied research	Pesquisa aplicada
Appointment	Entrevista, encontro, compromisso; designação, nomeação
Apportion	Ratear, distribuir, dividir, apropriar
Apportionment	Rateio, distribuição, divisão, apropriação
Appraisal (of fixed assets)	Avaliação (dos bens do imobilizado)
Appraisal increment	Aumento de valor, resultante de avaliação
Appraisal report	Laudo de avaliação
Appraisal value	Valor de avaliação
Appraiser	Avaliador
Appreciation	Mais-valia, valorização
Apprenticeship	Aprendizagem, aprendizado
Approach	Aproximar, abordar
Approach decisions (Aud.)	Decisões sobre o enfoque (Aud.)
Appropriated surplus	Destinação de lucros acumulados
Appropriation	Apropriação, rateio, destinação
Approval	Aprovação
Aptitude test	Teste de aptidão
Arbitrage transactions (Fin.)	Transações de arbitragem (Fin.)
Arbitrariness	Arbitrariedade

Arbitration (Leg.)	Arbitramento, mediação (Jur.)
Arbitration clause (Ins.)	Cláusula de arbitramento (Seg.)
Arbitrator (Leg.)	Árbitro, mediador (Jur.)
Arithmetical accuracy	Exatidão de somas e cálculos
Arithmetical average	Média aritmética
Arithmetic mean	Média aritmética
Arm's-length (transaction)	Com isenção de interesses, como se fosse entre partes não-relacionadas (transação)
Arrangement with creditors	Composição com credores, concordata
Arrears (of a debt)	Atrasado, dívida não paga no vencimento
Arrears interest	Juros de mora
Arson (Ins.)	Incêndio intencional/culposo; fogo posto (Seg.)
Articles of association (Leg.)	Estatuto de uma empresa; instrumento de formação; contrato social (Jur.)
Articles of dissolution (Leg.)	Instrumento de dissolução de uma empresa (Jur.)
Articles of incorporation (Leg.)	Estatutos de empresas (Jur.)
Artisan	Artesão
Asking price (Fin.)	Preço de venda (Fin.)
Assembly line	Linha de montagem
Assent	Consentimento
Assertions (Aud.)	Afirmações, asserções (Aud.)
Assessing the work of an expert (Aud.)	Avaliação do trabalho de um especialista, perito (Aud.)
Assessment (Leg.)	Tributação, avaliação, taxação (Jur.)
Assessment notice (Leg.)	Notificação de impostos ou outros tributos (Jur.)
Asset backing (Fin.)	Ativo dado em garantia (Fin.)
Asset-based lending (Fin.)	Empréstimos garantidos por ativos (Fin.)
Assets	Ativo, bens, haveres
Asset stripping	Venda de ativos não utilizados no negócio principal da empresa
Assigned income (Ins.)	Lucros atribuídos (Seg.)
Assignee	Cessionário
Assigning company	Empresa cedente
Assignment (Leg.)	1. Designação, incumbência; 2. cessão transferência de direito ou propriedade (Jur.)
Assignment agreement	Acordo de cessão
Assignment of Export Notes (Fin.)	Cessão de "Export Notes" (Fin.)

Assignor	Cedente
Assistant	Assistente
Assisted transaction	Transação com assessoria
Associated company	Empresa coligada/associada
Association	Associação, ligação
Assume	Assumir, supor, presumir
Assumption	Assunção, suposição, premissa
Assumption of debts (Fin.)	Assunção de dívidas (Fin.)
Assurance (Aud.)	Segurança, garantia (Aud.)
At a discount	Com desconto
At a given price	A um determinado preço
At a profit	Mediante um lucro, com lucro
At full capacity	A plena capacidade
At law (Leg.)	Pela lei, de acordo com a lei (Jur.)
ATM cashcards (Fin.)	Cartão magnético para caixa automático (Fin.)
At par	Pelo valor nominal
At risk (Fin.)	Em risco, a descoberto (Fin.)
At sight	À vista
Attachment	Anexo; gravame
Attendance	Comparecimento
Attendance (Aud.)	Acompanhamento (Aud.)
Attest	Atestar, certificar, validar
Attestation services (Aud.)	Serviços de certificação/atestação (Aud.)
At the money (Fin.)	Pelo valor de mercado - quando o preço contratado de um papel financeiro é igual ao preço de mercado (em contratos de opção, quando o preço, na ocasião de exercer a opção, é idêntico ao de mercado do papel em questão) (ver "in the money" e "out of the money") (Fin.)
Attorney	Advogado, jurisconsultor
Attorney in fact	Advogado constituído
Attractive pricing	Preço chamariz
Attributes	Atributos
Auction	Leilão
Auction process (Leg.)	Processo de leilão (Jur.)
Audit (n.) (v.) (Aud.)	Auditoria, exame de contas (s.); examinar, auditar (v.) (Aud.)
Audit assistant (Aud.)	Assistente de auditoria (Aud.)
Audit committee	Comitê de auditoria

195

Audit evidence (Aud.)	Evidência de auditoria (Aud.)
Audit firm (Aud.)	Firma de auditoria (Aud.)
Audit highlights (Aud.)	Pontos de destaque na auditoria (Aud.)
Auditing (Aud.)	Relativo à auditoria (Aud.)
Auditing sampling (Aud.)	Amostragem em auditoria (Aud.)
Auditing standards (Aud.)	Normas de auditoria (Aud.)
Audit manager (Aud.)	Gerente de auditoria (Aud.)
Audit opinion (Aud.)	Parecer de auditoria (Aud.)
Auditor (Aud.)	Auditor (Aud.)
Auditor's association (Aud.)	Associação/ligação do auditor (com as demonstrações financeiras/contábeis da empresa, pelo trabalho feito) (Aud.
Auditors' opinion (Aud.)	Parecer de auditores (Aud.)
Auditors' report (Aud.)	Relatório de auditores (Aud.)
Audit partner (Aud.)	Sócio responsável por auditoria (Aud.)
Audit planning (Aud.)	Planejamento da auditoria (Aud.)
Audit procedure (Aud.)	Procedimento de auditoria (Aud.)
Audit program (Aud.)	Programa de auditoria (Aud.)
Audit report (Aud.)	Relatório de auditoria (Aud.)
Audit risk (Aud.)	Risco de auditoria (Aud.)
Audit sampling (Aud.)	Amostragem de auditoria (Aud.)
Audit senior (Aud.)	Sênior de auditoria (Aud.)
Audit team (Aud.)	Equipe de auditoria (Aud.)
Audit techniques (Aud.)	Técnicas de auditoria (Aud.)
Audit test (Aud.)	Teste de auditoria (Aud.)
Audit trail (Aud.)	Pista de auditoria (Aud.)
Autarchy	Autarquia
Authentic	Autêntico
Authenticate	Autenticar
Authentication codes	Códigos de autenticação
Authoritative source	Fonte autorizada, competente
Authorization	Autorização
Authorized capital	Capital autorizado
Authorized institution	Instituição autorizada
Automatic Data Processing - ADP (EDP)	Processamento automático de dados (PED)
Automatic premium loan (USA) (Ins.)	Empréstimo automático sobre o prêmio (Seg.)
Automatic reinsurance (Ins.)	Resseguro automático (Seg.)
Automatic Teller Machine - ATM (Fin.)	Caixa automático em banco (Fin.)
Automation	Automação
Automobile insurance (Ins.)	Seguro de automóveis (Seg.)

Autonomous	Autônomo
Auxiliary activity	Atividade secundária
Auxiliary Court of Appeals (Leg.)	Tribunal de Alçada - TA (Jur.)
Available	Disponível, caixa e bancos
Available asset	Ativo disponível
Available borrowing power (Fin.)	Capacidade exeqüível de tomar empréstimos (Fin.)
Available funds	Fundos/recursos disponíveis
Available surplus	Lucros acumulados disponíveis
Aval (Leg.)	Aval (Jur.)
Average (n.) (adj.) (v.)	Média (s.); médio (adj.); calcular a média (v.)
Average balance	Saldo médio
Average claim size (Ins.)	Valor médio de sinistro (Seg.)
Average cost	Custo médio
Average premium per unit (Ins.)	Prêmio médio por unidade (Seg.)
Average term	Prazo médio
Average unit price	Preço médio unitário
Avoirdupois	Peso "avoirdupois"
Award	Distinção, recompensa

B

Backdating	Pré-datar
Back-end review (Aud.)	Revisão final do trabalho (Aud.)
Back-end rework (Aud.)	Retrabalho ao final (Aud.)
Background	Baixa prioridade (PED), formação, cenário, experiência
Backlog	Pedidos em carteira, documentos não processados
Backlog of unfilled orders	Pedidos acumulados, pedidos não atendidos
Back office	Funções de apoio
Backout of transaction (EDP)	Remoção de transação (PED)
Back-to-back (Fin.)	Operação casada/"back-to-back" (Fin.)
Backup (EDP)	Cópia de segurança, cópia de recuperação (PED)
Backwash effect (Leg.)	Efeito regressivo (Jur.)
Bad debt	Dívida incobrável
Bad debt provision	Provisão para devedores incobráveis
Bad debt recovery	Recuperação de dívidas antes consideradas incobráveis
Bad faith (Leg.)	Má-fé (Jur.)
Baggage insurance (Ins.)	Seguro de bagagem (Seg.)
Bailee	Depositário
Bailor	Depositante
Bailout (Fin.) (USA)	Saída (Fin.) (EUA)
Bakeoff (Fin.) (USA)	"Seleção" (Fin.) (EUA)
Balance	Saldo
Balanced budget	Orçamento equilibrado
Balance of payments	Balanço de pagamentos
Balance of trade	Balança comercial
Balance on current account	Saldo em conta corrente
Balance sheet	Balanço patrimonial
Balancing	"Balancear"; fazer com que duas demonstrações de cifras relacionadas concordem
Balancing item	Contrapartida, item compensatório
Bale	Fardo
Ballot	Voto, escrutínio
Bank	Banco
Bank acceptance	Aceite bancário
Bank account	Conta bancária
Bank balance	Saldo bancário
Bank card	Cartão de banco

Bank charter	Carta patente
Bank confirmation	Confirmação bancária
Bank Deposit Certificate	Certificado de Depósito Bancário - CDB
Bank deposit slip	Comprovante de depósito bancário
Banker	Banqueiro
Bankers' Automated Clearing System - BACS (Fin.)	Sistema Automático de Compensação de Bancos (Fin.)
Banker's check	Cheque administrativo
Banker's draft (Fin.)	Documento emitido por um banco, pagável contra apresentação; saque (Fin.)
Bank examiner	Inspetor de banco
Bank for International Settlements - BIS (Fin.)	Banco para Compensações Internacionais - BIS (Fin.)
Bank holiday (UK)	Feriado bancário (Reino Unido)
Banking	Atividade bancária
Banking reserves (Fin.)	Reservas bancárias (Fin.)
Bank liquidity position	Posição de liquidez do banco
Bank loan	Empréstimo bancário
Bank of issue	Banco emissor
Bank rating	Classificação do banco no contexto do setor da atividade ("ranking")
Bank reconciliation	Reconciliação bancária
Bankrupt	Falido
Bankruptcy	Bancarrota, insolvência, falência
Bankruptcy Act (Leg.)	Lei de falências (Jur.)
Bankruptcy proceedings (Leg.)	Processo falimentar (Jur.)
Bank statement	Extrato bancário
Bank syndicate (Fin.)	Consórcio de bancos (Fin.)
Bank teller	Caixa de banco
Bar chart	Gráfico de barras
Bar code (EDP)	Código de barra (PED)
Bargain	Barganha
Barge	Chatas, barcaças
Bar gold	Ouro em barra
Barrel	Barril (42 galões)
Barter economy	Economia de troca
Base/basic cost	Custo básico
Base currency	Moeda-base, aquela em que são expressos os resultados operacionais
Base period	Período-base
Base premium (Ins.)	Prêmio base (Seg.)

Base price	Preço básico
Base stock method	Método de estoque básico
Basic computing capabilities (EDP)	Capacidades básicas de computação (PED)
Basic financial statements	Demonstrações financeiras básicas
Basic Input/Output Systems - BIOS (EDP)	Sistema de entrada/saída básico (PED)
Basic limits of liability (Ins.)	Limites básicos de responsabilidade (Seg.)
Basic lines of insurance (Ins.)	Ramos elementares de seguros (Seg.)
Basic research	Pesquisa básica
Basis	Base, fundamento
Basis of selection (Aud.)	Critério/base de seleção (Aud.)
Basis or correlation risk (Fin.)	Risco de base ou de correlação (Fin.)
Basis point (Fin.)	Ponto básico (medida de taxas de juros) (Fin.)
Basis rate swap (Fin.)	"Swap" de taxa básica (Fin.)
Basis swap (Fin.)	"Swap" básico (Fin.)
Basket of currencies/of indices	Cesta de moedas/de índices
Batch	Lote
Batch costing	Custeio por lotes
Batch entry mode (EDP)	Modo de entrada em lote (PED)
Batch header (EDP)	Registro de cabeçalho (PED)
Batch processing (EDP)	Processamento em lotes (PED)
Batch processing controls (EDP)	Controles de processamento em lote (PED)
Bearer	Portador
Bearer bill (Fin.)	Letra (título) ao portador (Fin.)
Bearer bond (Fin.)	Obrigação ao portador (Fin.)
Bearer Common Stock (USA)/Share (UK)	Ordinária ao Portador - OP (Ação)
Bearer Preferred Stock (USA)/Share (UK)	Preferencial ao Portador - PP (Ação)
Bearer security (Fin.)	Valor mobiliário/título ao portador (Fin.)
Bearer share	Ação ao portador
Bear interest (Fin.)	Render juros (Fin.)
Bear witness (Leg.)	Dar fé (Jur.)
Be better off	Estar em melhores condições financeiras
Before taxes	Antes de impostos
Beginning of the policy period (Ins.)	Data de início da vigência da apólice (Seg.)
Behalf of, on	Por conta de
Be long (Fin.)	Comprar títulos/ações na expectativa de alta/baixa (Fin.)
Below par	Abaixo do valor nominal
Below the line	Abaixo da linha (do lucro operacional)

Benchmarking	Processo para comparação de indicadores de desempenho
Benchmarks	Melhor indicador de desempenho, quantidade ou qualidade
Beneficial interest	Prerrogativas decorrentes da posse de um bem, usufruídas por pessoa que não é sua proprietária legal
Beneficiary	Beneficiário, favorecido
Beneficiary clause (Ins.)	Cláusula de beneficiário (Seg.)
Beneficiary of the insured (Ins.)	Beneficiário do segurado (Seg.)
Benefit (n.) (v.)	Benefício (s.); beneficiar (v.)
Benefit claims (Ins.)	Sinistros de benefícios (Seg.)
Benefit payment (Ins.)	Pagamento de benefício (Seg.)
Benefit reserves (Ins.)	Provisões para benefícios (Seg.)
Benefits (pension and retirement)	Benefícios (pensão e aposentadoria)
Benefit security (Ins.)	Benefício de seguridade (Seg.)
Benefits' plan (Ins.)	Plano de benefícios (Seg.)
Benefit wage	Salário de benefício
Bequest (Leg.)	Legado, herança (Jur.)
Best buy	Melhor compra
Best-efforts offering (Fin.) (USA)	Venda sem garantia de subscrição (Fin.) (EUA)
Best of knowledge and belief	Melhor do conhecimento e crença
Betterment	Melhoramento, benfeitoria
Bias (n.) (v.)	Tendência (s.); influenciar (v.)
Bid (n.) (v.)	Oferta, lance (s.); fazer proposta, cotar (v.)
Bid and asked (Fin.)	Oferta de compra e de venda (Fin.)
Bid and ask price (Fin.) (USA)	Preço de compra e de venda (Fin.) (EUA)
Bid price (Fin.)	Preço de cotação (Fin.)
Bidding	Licitação
Bidding conditions	Condições de licitação
Big-pay job	Emprego bem-remunerado
Bilateral investment treaties	Tratados de investimentos bilaterais
Bilateral trade	Comércio bilateral (entre dois países)
Bill (n.) (v.)	Fatura, nota, conta, título bancário (s.); faturar (v.)
Billing	Faturamento
Billions	Bilhões
Bill of exchange (Fin.)	Letra de câmbio (Fin.)
Bill of lading	Conhecimento de embarque
Bills discounted (Fin.)	Letras descontadas (Fin.)

Bills held for collection (Fin.)	Letras mantidas para cobrança (Fin.)
Binary code (EDP)	Código binário (PED)
Binary digit (EDP)	Dígito binário (PED)
Bin card	Ficha de prateleira para estoque
Binder (Ins.)	Contrato de seguro temporário, até emissão da apólice (Seg.)
Binding authority	Autoridade para executar
Binding commitment	Compromisso obrigatório
Birth grant	Auxílio-natalidade
Bitmap (EDP)	Figura armazenada em computador (PED)
Black cash	"Caixa dois"
Black list	Lista negra
Black market	Mercado negro, paralelo
Blank check	Cheque em branco
Blank check shares (Fin.) (USA)	Ações - cheque em branco (Fin.) (EUA)
Blank endorsement	Endosso em branco
Blanket insurance (Ins.)	Seguro global (Seg.)
Blank signature	Assinatura em branco
Blend	Mistura, mescla
Blocked account	Conta bloqueada, vinculada
Blocked currency (Fin.)	Moeda bloqueada (Fin.)
Blocked exchange	Câmbio bloqueado
Block test (Aud.)	Teste em bloco (Aud.)
Block trade (UK) (Fin.)	Transação em bloco (Reino Unido) (Fin.)
Blue chip	Ação de primeira linha (do capital de empresa)
Blue sky (Fin.) (USA)	"Céu azul" (Fin.) (EUA)
Board	Junta
Board of directors	Diretoria
Board of trade	Órgão governamental regulamentador do comércio
Board of trustees	Conselho de administração de fundações
Board room	Sala da diretoria
Bold-face type	Negrito
Bona fide	Autêntico, genuíno
Bond	Obrigação, título de dívida
Bond discount	Desconto (deságio) de obrigação ou título de dívida
Bonded goods	Mercadoria guardada em armazéns alfandegados
Bonded warehouse	Armazém alfandegado
Bond options (Fin.)	Opções de obrigações (Fin.)

Bond premium	Ágio sobre obrigação ou título de dívida
Bonds and equities	Obrigações e ações
Bonus	Gratificação, prêmio, bonificação
Bonus (Ins.)	Bônus (Seg.)
Bonus plan	Plano de bonificação/gratificação
Book	Livro, registro
Book adjustments	Ajustes nos registros contábeis
Book entry	Lançamento nos livros contábeis
Book entry share	Ação escritural
Bookkeeper	Encarregado da escrituração contábil
Bookkeeping	Escrituração contábil
Booklet	Livrete
Book of business (Ins.)	Carteira de negócios (Seg.)
Book value	Valor contábil, valor nos livros
Book value per share	Valor patrimonial da ação
Boom	Alta de preços rápida, prosperidade
Booming economy	Economia em rápida expansão
Boost	Elevar significativamente (explosão), por exemplo: vendas
Booster training	Reciclagem
Borderline	Linha divisória
Borrow (Fin.)	Tomar emprestado (Fin.)
Borrower (Fin.)	Tomador de empréstimos, financiado, mutuário (Fin.)
Borrowing capacity	Capacidade de endividamento
Borrowing limit (Fin.)	Limite de endividamento (Fin.)
Borrowing power (Fin.)	Capacidade de uma empresa de tomar empréstimos (Fin.)
Borrowings (Fin.)	Empréstimos/financiamentos (Fin.)
Boss	Chefe, patrão
Bottleneck	Estrangulamento, funil, gargalo
Bottom line	Linha de lucro (prejuízo) final de um período na demonstração do resultado; a última linha
Bounced check	Cheque sem fundos
Boycott (n.) (v.)	Boicote (s.); boicotar (v.)
Bracket	Parêntese
Brainstorming	Reflexão em grupo: técnica para encorajar a capacidade de inovação de um grupo
Branch	Filial, agência, sucursal
Brand	Marca
Brand image	Imagem de marca

Brand-new	Inteiramente novo
Brazilian Depositary Receipts BDRs (Fin.)	Recibos de Depósitos Brasileiros - BDRs (Fin.)
Breach of contract	Quebra de contrato; inadimplemento contratual
Breakage	Quebra
Breakdown	Falha
Breakdown of accounts	Desdobramento, discriminação de contas
Break-even chart	Gráfico de ponto de equilíbrio
Break-even point	Ponto de equilíbrio
Break-through	Avanço importante
Break-up value	Valor de liquidação forçada
Bribe (n.) (v.)	Suborno (s.); subornar (v.)
Bridge crane	Ponte rolante
Bridgeware (EDP)	Suporte-ponte entre tecnologias diferentes (PED)
Bridging loan (Fin.)	Empréstimo-ponte (Fin.)
Brief	Instruir alguém para uma tarefa
Briefcase	Pasta (para portar papéis etc.)
Briefing	Informar/instruir resumidamente
Briefing sessions (Aud.)	Sessões para instruções (Aud.)
Bring-down letter (Fin.) (USA)	Carta de "conforto" final (Fin.) (EUA)
Bring together	Reunir, juntar
Brochure	Brochura
Broker	Corretor
Brokerage	Corretagem
Brokerage commission/fee (Ins.)	Comissão de corretagem (Seg.)
Brokered deposits (Fin.)	Depósitos efetuados por corretoras (Fin.)
Brought forward	Total transportado
Budget	Orçamento
Budget appropriation	Verba orçamentária
Budgetary control	Controle orçamentário
Budget constraint	Limitação orçamentária
Budget forecasting	Previsão orçamentária
Budget-minded	Atento ao orçamento
Budget period	Período orçamentário
Budget planning	Planejamento orçamentário
Budget variance	Variação orçamentária
Buffer (EDP)	Memória intermediária (PED)
Buffer stock	Estoque regulador
Bug (EDP)	Falha, defeito, erro (PED)
Buildings	Edifícios, prédios

Buildings and improvements	Edificações e benfeitorias
Building society (UK) (Fin.)	Sociedade de crédito imobiliário (Reino Unido) (Fin.)
Built-in	Embutido, intrínseco
Bulk	Granel
Bulk cargo	Carga a granel
Bull (Fin.)	Especulador que espera alta no mercado (Fin.)
Bull and bear markets (Fin.)	Mercados compradores (alta) e vendedores (baixa) (Fin.)
Bullion	Metais preciosos (ouro e prata, principalmente, mas pode abranger platina etc.)
Buoyant economy	Economia aquecida
Burden	Encargo indireto
Burden of proof (Leg.)	Ônus da prova (Jur.)
Bureaucracy	Burocracia
Burglary insurance (Ins.)	Seguro contra roubo (Seg.)
Bushel	Medida para cereais (35,238 litros - EUA; 36,367 litros - Reino Unido)
Business	Negócio, empreendimento, comércio, empresa
Business (to do)	Negócios (fazer)
Business (to mean)	Falando sério
Business activities	Atividades da operação, do negócio, da empresa
Business activity	Atividade econômica
Business approach (Aud.)	Abordagem empresarial (Aud.)
Business areas	Áreas de negócios, áreas da empresa
Business combination	Fusões e incorporações e outras formas de combinações de empresas
Business community	Meio empresarial
Business cycle	Ciclo de negócios
Business day	Dia útil
Business enterprise	Empresa comercial ou industrial, de fins lucrativos
Business failure	Fracasso empresarial
Business game	Jogo empresarial, simulação de funcionamento
Business hours	Expediente comercial
Business insurance (Ins.)	Seguro empresarial (Seg.)

Business interruption insurance (Ins.)

Seguro de paralisação dos negócios; seguro de lucros cessantes e de despesas gerais (Seg.)

Business judgment

Tino empresarial

Business law (Leg.)

Lei comercial (Jur.)

Business liability insurance (Ins.)

Seguro de responsabilidade empresari. (Seg.)

Businessman

Homem de negócios, empresário

Business operating unit

Unidade operacional/da empresa

Business opportunity

Oportunidade de negócios

Business planning

Planejamento empresarial

Business practice

Prática comercial

Business relations

Relações comerciais

Business segment

Segmento de negócio

Business strategy

Estratégia comercial

Buy back

Recomprar

Buy-back valuation (Fin.)

Avaliação de transação de câmbio a term< aplicando-se a taxa corrente pel período restante (Fin.)

Buy-down

Rebaixa

Buyer

Comprador

Buyers' behaviour

Comportamento de compradores

Buy options (Fin.)

Opções de compra (Fin.)

Buy-out

Aquisição do controle de uma empresa

By-laws

Estatuto de uma empresa, contrato socia

Bypass

Burlar, contornar

By plane, by air

Por via aérea

By-product

Produto secundário, subproduto, produt derivado

By rail

Por ferrovia

By sea

Por via marítima

Bytes (EDP)

Bytes (PED)

By truck

Por rodovia

Cable (Fin.)	Cabo, dólar-cabo (Fin.)
Cafeteria menu	Menu de opções
Calculate	Calcular
Calendar year	Ano civil, ano-calendário
Call (EDP)	Chamada (que um programa faz a outro) (PED)
Call (Fin.)	Chamada (para pagamento de ações ou fundos emprestados ou para entrega de garantia adicional) (Fin.)
Callable (Fin.)	Sujeito a resgate (Fin.)
Callable bonds (Fin.)	Obrigações resgatáveis (Fin.)
Callable swaps (Fin.)	"Swaps" resgatáveis (Fin.)
Call at	Fazer escala
Call for bid	Edital de concorrência
Call for tender	Edital de concorrência
Call loan (Fin.)	Empréstimo resgatável quando solicitado (Fin.)
Call money (Fin.)	Dinheiro reembolsável mediante solicitação do credor (Fin.)
Call off	Suspender
Call on	Visitar
Call option (Fin.)	Opção de compra de ações ou títulos (Fin.)
Call premium (Fin.)	Prêmio de resgate (Fin.)
Call prices (Fin.)	Preços de mercado (Fin.)
Call to order	Declarar aberta a sessão
Can, cannery	Lata, fábrica
Canadian Institute of Chartered Accountants - CICA	Instituto Canadense de Contadores
Canape swaps (Fin.)	"Swaps" canape (Fin.)
Cancel	Cancelar, anular
Cancellation	Cancelamento, anulação
Cancelled checks	Cheques cancelados
Cannibalize	Canibalizar
Canvass	Buscar/solicitar opiniões
Cap (Fin.)	Juros máximos (em contratos de opção), limite superior (Fin.)
Capabilities	Atributos
Capacity	Competência, capacidade
Capacity (Ins.)	Capacidade (Seg.)
Capital	Capital
Capital account	Conta de capital
Capital asset	Bem do imobilizado

Capital budget	Orçamento de capital
Capital commitment	Compromisso para aquisição do imobilizado
Capital contribution	Contribuição de capital
Capital cover	Cobertura de capital
Capital efficiency	Produtividade do capital
Capital expenditure	Dispêndio para aquisição de imobilizado
Capital flight (USA) (Fin.)	Fuga/evasão de capital (EUA) (Fin.)
Capital flow	Fluxo de capital
Capital gain	Ganho de capital
Capital gains tax	Imposto sobre ganhos de capital
Capital goods	Bens de capital
Capital increase	Aumento de capital
Capital in excess	Capital excedente (reserva de capital)
Capital inflow	Entrada de capital
Capital intensive activity	Atividade com investimento intensivo em ativo permanente
Capitalist	Capitalista
Capitalization	Capitalização
Capitalization companies	Sociedades de capitalização
Capitalization of foreign loans	Capitalização de empréstimos externos
Capitalization of interest	Capitalização de juros
Capitalization of profits and reserves	Capitalização de lucros e reservas
Capitalize	Lançar no ativo imobilizado, capitalizar
Capital-labor ratio	Relação capital-trabalho
Capital lease	Arrendamento de bens do imobilizado, equivalente a uma compra financiada
Capital letter	Letra maiúscula
Capital levy	Imposto sobre o capital/patrimônio
Capital loss	Perda de capital
Capital market	Mercado de capitais
Capital outflow	Saída de capital
Capital outlays	Investimento em imobilizado, desembolsos de capital
Capital reduction	Redução de capital
Capital registration certificate (Leg.)	Certificado de registro de capital (Jur.)
Capital repatriation	Repatriamento de capital
Capital reserve	Reserva de capital
Capital stock	Ações representativas do capital
Capital structure	Estrutura de capital
Capital subscribed	Capital subscrito

Capital subsidy	Subvenção de capital
Capital surplus	Parcela de contribuição dos acionistas que excede o valor nominal de ações ou quotas (reserva de capital)
Captive insurance company (Ins.)	Seguradora cativa (Seg.)
Capsize	Emborcar
Caption	Título de conta, rubrica contábil
Captive business/account	Negócio cativo, conta cativa
Card-embossing services	Serviços de relevo em cartões (em cartões de crédito, por exemplo)
Career opportunities	Oportunidades de carreira
Career planning	Planejamento de carreira
Cargo	Carga
Cargo insurance (Ins.)	Seguro de carga (Seg.)
Carrier	Transportador
Carry-back (n.) (v.)	Parcela de prejuízos passíveis de compensação com lucros de exercícios anteriores (s.); transportar de volta (v.)
Carry down	Transporte de soma para linha inferior, na mesma página
Carry forward (n.) (v.)	Parcela de prejuízos passíveis de compensação com lucros de exercícios futuros (s.); transportar uma cifra de uma página para outra (v.)
Carryforward documentation (Aud.)	Documentação mantida para uso futuro (Aud.)
Carrying amount	Valor contábil (valor pelos livros contábeis)
Carrying cost of capital	Custo de inatividade do capital
Carry on	Continuar
Carry out	Levar adiante
Cartage	Carreto
Carte blanche	Carta branca
Cartel	Cartel
Cascading	Em cascata
Case	Caso
Case records (Leg.)	Autos do processo (Jur.)
Case study	Estudo de caso
Cash (n.) (v.)	Caixa, dinheiro (em espécie), disponibilidade, numerário, moeda corrente, ativo disponível (s.); descontar (cheque) (v.)

Cash account	Conta-movimento
Cash and banks	Caixa e bancos
Cash and clearings (Fin.)	Fundos e compensação de cheques (Fin.)
Cash balance	Saldo de caixa
Cash basis of accounting	Regime de caixa para contabilização
Cash book	Livro-caixa
Cash cow	Unidade que gera caixa continuamente
Cash disbursement	Desembolso de caixa
Cash discount	Desconto para pagamento à vista
Cash dividend	Dividendo em dinheiro
Cash equivalents	Investimentos altamente líquidos, prontamente conversíveis em numerário
Cash flow	Fluxo de caixa
Cash flow cycle	Ciclo de fluxo de caixa
Cash forecast	Previsão de caixa
Cashier	Caixa, a pessoa encarregada de fazer e receber pagamentos
Cashier's check	Cheque de gerência
Cash in	Descontar (cheque)
Cash inflow	Entrada de caixa
Cash in hand	Caixa em mãos
Cash items	Itens de caixa
Cash management	Administração de caixa
Cash market (Fin.)	Papéis financeiros de curto prazo de imediata liquidez (Fin.)
Cash On Delivery - COD	Pagamento contra entrega
Cash on hand	Dinheiro em caixa, numerário disponível
Cash outflow	Saída de caixa
Cash price	Preço à vista
Cash register	Registro de caixa
Cash reserve systems (Fin.)	Sistemas de reserva de numerário (Fin.)
Cash sale	Venda à vista
Cash shortages and overages	Déficit e excedentes de caixa
Cash statement	Relatório de caixa, de disponibilidades
Cash value	Valor em dinheiro, valor pecuniário
Cash voucher	Comprovante de caixa
Cast	Somar
Casting vote	Voto desempatador
Casualty	Sinistro, acidente, baixa
Casualty (Ins.)	Sinistro (Seg.)
Casualty insurance (Ins.)	Seguro contra acidentes (Seg.)

Catalogue	Catálogo
Catalyst	Catalisador
Catastrophes (Ins.)	Catástrofes (Seg.)
Catastrophic risk (Ins.)	Risco catastrófico (Seg.)
Cater	Fornecer
Caterer	Fornecedor de mantimentos
Cattle	Gado
Caution	Cautela, prudência
Caveat	Advertência
Cede reinsurance (Ins.)	Ceder resseguro (Seg.)
Ceding company	Empresa cedente
Ceding company (Ins.)	Companhia cedente (Seg.)
Ceiling price	Preço máximo, preço-teto
Cell (EDP)	Célula (PED)
Census	Censo, recenseamento
Central computer (EDP)	Computador central (PED)
Centralized data processing (EDP)	Processamento de dados centralizado (PED)
Centrally-controlled CIS environment (EDP)	Ambiente de SIC com controle central (PED)
Central Processing Unit - CPU (EDP)	Unidade Central de Processamento - CPU (PED)
Central Standard Time - CST (USA)	Hora-padrão do Centro (EUA)
Central terminal (EDP)	Terminal central (PED)
Cents	Centavos
Certificate	Certificado, atestado, parecer, laudo
Certificate in Management Accounting - CMA	Diplomação em contabilidade gerencial
Certificate of Deposit - CD	Certificado de depósito
Certificate of origin	Certificado de origem
Certified (copy etc.)	Autenticado (cópia etc.)
Certified check	Cheque visado
Certified Public Accountant - CPA (USA)	Contador público certificado, auditor independente (EUA)
Chain (Fin.) (EDP)	Método de calcular taxas (de moedas) cruzadas (Fin.); cadeia (PED)
Chain of command	Linha de comando
Chain rate calculation method (Fin.)	Método de calcular taxas (de moedas) cruzadas (Fin.)
Chain store	Cadeia de lojas
Chain store/restaurant	Cadeia de lojas/restaurantes
Chairman	Presidente (de conselho, de assembléia, de comissão)
Chairperson	Presidente

Chairwoman	Presidenta
Chamber of commerce	Câmara de comércio
Change (n.) (v.)	Mudança, troca, variação, alteração (s.); mudar, variar, trocar (v.)
Changes in financial position	Origem e aplicação de recursos (alterações na posição financeira)
Channel of distribution	Canal de distribuição
Channels of communication	Canais/meios de comunicação
Channels of distribution	Canais de distribuição
Charge (n.) (v.)	Encargo, débito (s.); debitar, taxar (por serviços prestados) (v.)
Charge off	Baixar, dar baixa, eliminar do ativo
Chargeable time	Tempo (hora) debitável (em trabalho profissional)
Chargecard loans (Fin.)	Empréstimos por débitos em cartão de crédito (Fin.)
Charity	Sociedade beneficente; caridade
Charm price	Preço chamariz
Charter	Instrumento de formação de uma empresa; carta patente; contrato de afretamento
Chartered Accountant - CA (UK)	Contador diplomado (Reino Unido)
Chartered Institute of Management Accountants - CIMA (UK)	Instituto de Contadores Gerenciais (Reino Unido)
Chartered Institute of Public Finance and Accounting - CIPFA (UK)	Instituto de Finanças e Contabilidade Públicas (Reino Unido)
Chartering	Fretamento (náutico)
Chart of accounts	Plano de contas
Chattel	Bem móvel
Cheap	Barato
Cheap money (Fin.)	Dinheiro barato (Fin.)
Cheap stock (Fin.) (USA)	Ações baratas (Fin.) (EUA)
Check (USA) (n.) (v.); cheque (UK) (n.)	Cheque; verificação, conferência (s.); verificar, conferir (v.)
Check account (USA)	Conta-movimento
Checkbook	Talão de cheques
Check clearing (Fin.)	Compensação de cheques (Fin.)
Check credit loans/overdraft (Fin.)	Empréstimos mediante uso de cheques (Fin.)
Check digit (EDP)	Dígito de controle (PED)
Checking account	Conta-movimento, conta bancária
Checking department	Departamento de conferências
Checking of transactions	Conferência das transações

Check in/out	Controle de entrada/saída (hotéis)
Checklist	Lista de verificação
Check points	Pontos de controle
Checks and balances	Controles
Chemical substance	Substância química
Chemist (UK)	Químico (Reino Unido)
Chief accountant	Contador-geral
Chief Accounting Officer - CAO	Responsável contábil (setor)
Chief Executive Officer - CEO	Presidente
Chief Financial Officer - CFO	Responsável financeiro (setor)
Chief Informatics Officer - CIO (EDP)	Executivo-chefe da informática na empresa (PED)
Chief Operating Officer - COO	Responsável pela operação (setor)
Chilled beef, meat	Carne congelada
Chip (EDP)	"Chip", pastilha (PED)
Circularization (Aud.)	Circularização (Aud.)
Circularization letters (Aud.)	Cartas de circularização (Aud.)
Circularize (Aud.)	Circularizar, confirmar dados por correspondência (Aud.)
Circular letter	Carta-circular
Circulating medium	Meio/moeda circulante
Citation (Leg.)	Citação judicial (Jur.)
Citizen, citizenship	Cidadão, cidadania
Civil action (Leg.)	Ação civil (Jur.)
Civil Code (Leg.)	Código Civil (Jur.)
Civil court (Leg.)	Vara civil ou cível (Jur.)
Civil liability insurance (Ins.)	Seguro de responsabilidade civil (Seg.)
Claim (n.) (v.) (Leg.)	Reclamação (seguro, frete), pedido de indenização, alegação; concessão para exploração (de minério) (s.); reclamar direitos, solicitar pagamento (v.) (Jur.)
Claim adjusted (Ins.)	Sinistro regulado (Seg.)
Claim adjuster (Ins.)	Ajustador de indenizações (Seg.)
Claimant (Leg.)	Requerente (Jur.)
Claim counts (Ins.)	Número de sinistros (Seg.)
Claim dismissed (Leg.)	Ação julgada improcedente (Jur.)
Claim indemnities (Ins.)	Indenizações por sinistros (Seg.)
Claim request (Ins.)	Pedido de indenização (Seg.)
Claim reserve (Ins.)	Provisão para sinistros a liquidar (Seg.)
Claims and loss reserves (Ins.)	Provisões para sinistros e perdas a liquidar (Seg.)
Claims incurred (Ins.)	Sinistros ocorridos (Seg.)

Claims incurred but not reported (Ins.)	Sinistros ocorridos mas não avisados (Seg.)
Claims personnel (Ins.)	Funcionários do setor de sinistros (Seg.)
Claims settled (Ins.)	Sinistros indenizados (Seg.)
Class action (Leg.)	Ação coletiva (Jur.)
Classification	Classificação
Clause (Leg.) (Ins.)	Cláusula (Jur.) (Seg.)
Clean opinion (Aud.)	Parecer "limpo", sem ressalvas (Aud.)
Clean surplus	Conceito de não afetar os lucros acumulados com ajustes de períodos anteriores
Clear a check	Compensar um cheque
Clearance (Aud.)	Declaração, antes da emissão do parecer, de que a auditoria não revelou, ou revelou, fatos capazes de afetar o parecer (Aud.)
Clear-cut solutions	Soluções únicas
Clearing	Compensação, esclarecimento, liquidação
Clearing account	Conta transitória até a compensação
Clearing bank (Fin.)	Banco de compensação (Fin.)
Clearing house (Fin.)	Câmara de compensação (Fin.)
Clearing House Automated Payments System - CHAPS (UK) (Fin.)	Sistema automático de pagamentos da Câmara de Compensação (Reino Unido) (Fin.)
Clearing House Interbank Payments System - CHIPS (Fin.)	Sistema interbancário de pagamentos da Câmara de Compensação (Fin.)
Clear legal right (Leg.)	Direito líquido e certo (Jur.)
Clear title (Leg.)	Domínio absoluto (Jur.)
Clerical accuracy checks	Verificação de precisão nos procedimentos de escrituração
Clerical worker	Empregado de escritório, por exemplo
Clerk	Funcionário burocrático, de escritório, de loja
Click (n.) (v.) (EDP)	Clique (s.); clicar (v.) (PED)
Clientele	Clientela
Client funds	Recursos de cliente
Client service opportunities (Aud.)	Oportunidades para prestação de serviços a clientes (Aud.)
Clipping	Recortes de jornais
Clock card	Cartão de ponto
Close a position (Fin.)	Fechar uma posição (Fin.)
Closed claims (Ins.)	Sinistros encerrados (Seg.)
Closed corporation	Empresa fechada

Closed-end funds (Fin.)	Fundos fechados (Fin.)
Close down activities	Encerrar atividades, fechar
Close down operations	Encerrar operações, fechar
Closed position (financial market) (Fin.)	Posição fechada (mercado financeiro) (Fin.)
Closed private pension entities	Entidades fechadas de previdência privada
Closing	Fechamento
Closing (Fin.) (USA)	Encerramento (Fin.) (EUA)
Closing agreement	Acordo final
Closing balance	Saldo final
Closing date	Data de encerramento
Closing inventory	Estoque final
Closing price	Preço de fechamento
Closing rate (exchange)	Taxa de fechamento (câmbio)
Closing trial balance	Balancete final
Cluster (EDP)	Agrupamento de computadores (PED)
Coach	Treinar
Coach - economy class	Passageiro em classe econômica (trem)
Coal	Carvão
Coating	Pintura para revestir
Code of conduct	Código de conduta
Code of professional ethics	Código de ética profissional
Coding, codification	Codificação
Coefficient	Coeficiente
Coil	Bobina
Coin	Moeda (termo usado para distinguir metais preciosos e papel-moeda)
Coinsurance (Ins.)	Co-seguro (Seg.)
Coinsurance ceded (Ins.)	Co-seguro cedido (Seg.)
Coinsurance clause (Ins.)	Cláusula de rateio (de co-seguro) (Seg.)
Coinsurance operations (Ins.)	Operações de co-seguros (Seg.)
Coinsurance premiums ceded (Ins.)	Prêmios de co-seguros cedidos (Seg.)
Collapse coverage (Ins.)	Seguro de desmoronamento (Seg.)
Collar (Fin.)	Compra de "cap" (juros máximos) e venda de "floor" (juros mínimos), simultânea ou quase simultânea (Fin.)
Collateral	Caução, penhor, valor imobiliário posto à disposição do credor como garantia paralela de pagamento de dívida
Collateral pledge	Penhora de bens em garantia
Collateral risk	Risco de garantia
Collect	Cobrar, receber

Collectible	Cobrável
Collection charges	Despesas de cobrança
Collection item	Item de cobrança
Collective accident (Ins.)	Acidente coletivo (Seg.)
Collective bargaining	Negociação coletiva entre patrões e empregados
Collective coverage (Ins.)	Seguro coletivo (Seg.)
Collective labor agreement (Leg.)	Dissídio coletivo, contrato coletivo de trabalho (Jur.)
Collective personal accident insurance (Ins.)	Seguro coletivo de acidentes pessoais (Seg.)
Collective policy (Ins.)	Apólice coletiva (Seg.)
Collector	Cobrador
Collision (Ins.)	Colisão (Seg.)
Collision insurance (Ins.)	Seguro de colisão (Seg.)
Collusion	Colusão, conluio
Column	Coluna
Combination	Combinação, fusão (entre empresas)
Combined corporation	Empresa resultante da fusão
Combined financial statements	Demonstrações financeiras combinadas
Combined operation	Operações reunidas/combinadas
Combined ratio	Índice combinado
Combining companies	Empresas participantes de fusão ou incorporação
Comfort letter (Aud.)	Carta emitida por auditor para fins específicos, afirmando que não tem, ou que tem, conhecimento de fatos negativos a respeito do negócio objeto da própria carta; carta de "conforto" (Aud.)
Comfort letter (Fin.) (USA)	Carta de "conforto" para os agentes colocadores (Fin.) (EUA)
Comment letter (Fin.) (USA)	Carta de comentários (Fin.) (EUA)
Commerce	Comércio
Commercial attaché	Encarregado de negócios/adido comercial
Commercial bank	Banco comercial
Commercial clerk (Ins.)	Agente inspetor (Seg.)
Commercial Code (Leg.)	Código Comercial (Jur.)
Commercial contact (Ins.)	Agente extraordinário (Seg.)
Commercial dollar (import/export)	Dólar comercial
Commercial law (Leg.)	Direito comercial (Jur.)
Commercial leasing	Arrendamento mercantil
Commercial loan (Fin.)	Empréstimo comercial (Fin.)

English	Portuguese
Commercial paper (Fin.)	Papel comercial (Fin.)
Commercial partnership	Sociedade comercial
Commission	Comissão (em transações)
Commission on premiums issued (Ins.)	Comissões sobre prêmios emitidos (Seg.)
Commission recovery (Ins.)	Recuperação de comissões (Seg.)
Commissions on retroceded premiums (Ins.)	Comissões sobre prêmios retrocedidos (Seg.)
Commissions retained on significant operations (Ins.)	Comissão retida em grandes negócios (Seg.)
Commitment	Compromisso, obrigação contratual
Commitment fees (Fin.)	Honorários pelo compromisso de fazer empréstimo (Fin.)
Commitments to lend (Fin.)	Compromissos de fazer empréstimos (Fin.)
Committee	Comissão, comitê (Fin.)
Commodities funds (Fin.)	Fundo em commodities (Fin.)
Commodity	Mercadoria; qualquer bem consumível; produtos agrícolas passíveis de classificação segundo padrões internacionais, por exemplo: trigo, algodão, açúcar, café; produto básico/primário
Commodity exchange	Bolsa de mercadorias
Commodity-linked bonds (Fin.)	Obrigações vinculadas a commodities (Fin.)
Commodity options (Fin.)	Opções de commodities (Fin.)
Commodity swaps (Fin.)	"Swaps" de commodities (Fin.)
Commodity trade	Comércio de produtos básicos/primários
Common costs	Custos comuns, custos que alcançam duas ou mais unidades em projeto imobiliário
Common practice	Prática usual, hábito, costume
Common property	Comunhão de bens
Common stock	Ações ordinárias
Common stock equivalent (USA)	Equivalente à ação ordinária; título que, pelas circunstâncias em que foi emitido, é considerado equivalente à ação ordinária, para efeito do cálculo do lucro por ação (EUA)
Common stock interest	Participação em ações ordinárias
Commonwealth	Comunidade, grupo de nações ligadas por interesses comuns
Communication	Comunicação

217

Communications network	Rede de comunicação
Commutation	Comutação
Company	Companhia, empresa, sociedade
Company charter (Leg.)	Contrato social (Jur.)
Company name	Denominação/razão social
Company profile	Perfil da empresa
Company tax year	Período-base para fins fiscais
Comparability	Comparabilidade (de informações financeiras)
Comparable information	Informações comparáveis
Comparative cost	Custo comparativo
Comparative financial statements	Demonstrações financeiras comparadas
Comparatives	Dados comparativos
Compensating balance	Saldo mínimo ou de compensação (reciprocidade), compensatório
Compensating control (Aud.)	Controle compensatório (Aud.)
Compensating entries	Lançamentos compensatórios
Compensating error	Erro compensatório
Compensation	Compensação; pagamento, remuneração por serviços prestados, retribuição; ressarcimento de prejuízos ou danos
Compensation to employees	Remuneração a empregados
Competence	Capacidade
Competent evidential matter (Aud.)	Evidência hábil ou competente (Aud.)
Competition	Concorrência
Competitive advantage	Vantagem competitiva
Competitive bidding	Licitação pública
Competitive edge	Vantagem sobre a concorrência
Competitive price	Preço competitivo
Competitor	Concorrente
Competitor analysis	Análise da concorrência
Compilation	Compilação
Compilation report	Relatório de compilação
Compilation engagement (Aud.)	Serviço de compilação (Aud.)
Completed contract method	Método de contrato concluído
Completed contract method of accounting	Método de contabilização de contratos concluídos
Completeness (of a transaction) (Aud.)	Inteireza, integridade (de transação) (Aud.)
Completeness assertion (Aud.)	Asserção quanto à integridade/inteireza/completação (Aud.)

Compliance audit/review work (Aud.)	Auditoria/revisão/trabalho de cumprimento (Aud.)
Compliance tests (Aud.)	Testes de cumprimento (das normas internas da empresa), de aderência, de observância (Aud.)
Complimentary	Gratuito (EUA)
Comply	Concordar
Component	Componente
Composite average rate	Taxa média composta
Compound financial instrument (Fin.)	Instrumento financeiro combinado / composto (Fin.)
Compounding method	Método composto
Compound interest	Juros compostos
Comprehensive	Abrangente
Comprehensive basis of accounting	Base contábil abrangente
Comprehensive general liability (Leg.) (Ins.)	Responsabilidade civil (Jur.) (Seg.)
Comprehensive income	Receita total
Comprehensive income statement	Demonstração de resultado com inclusão de todos os acréscimos e decréscimos patrimoniais, menos os relativos a novo aporte ou redução de capital
Comprehensive insurance (Ins.)	Seguro total (Seg.)
Comprehensive policy (Ins.)	Apólice compreensiva (Seg.)
Comprehensive property insurance (Ins.)	Seguro compreensivo patrimonial (Seg.)
Compromise	Acordo mútuo
Comptroller of the currency (USA)	Controlador da moeda (EUA)
Compulsory deductible (Ins.)	Franquia obrigatória (Seg.)
Compulsory deductible amount (Ins.)	Franquia obrigatória (Seg.)
Compulsory dividend	Dividendo obrigatório
Compulsory loan	Empréstimo compulsório
Compulsory self-insurance (Ins.)	Franquia de seguro obrigatória (Seg.)
Computer (EDP)	Computador (PED)
Computer-Aided Design - CAD (EDP)	Projeto assistido por computador - CAD (PED)
Computer-Aided Engineering - CAE (EDP)	Engenharia assistida por computador (PED)
Computer-Aided Manufacturing - CAM (EDP)	Manufatura assistida por computador (PED)
Computer-Assisted Techniques - CAT (EDP) (Aud.)	Técnicas de auditoria aplicadas com o auxílio do computador (PED) (Aud.)
Computer file (EDP)	Arquivo magnético (PED)
Computer input (EDP)	Entrada de computador (PED)

Computerize, computerization (EDP)	Processar em computador, computadorização (PED)
Computerized Information System - CIS (EDP)	Sistema de Informações Computadorizado - SIC (PED)
Computer language (EDP)	Linguagem de computador (PED)
Computer mailbox (EDP)	Caixa de correspondência computadorizada (PED)
Computer memory (EDP)	Memória de computador (Seg.)
Computer network (EDP)	Rede de computadores (PED)
Computer programming (EDP)	Programação de computador (PED)
Computer recorded securities	Créditos escriturais
Computer resources (EDP)	Recursos computacionais (PED)
Computer storage (EDP)	Memória/armazenador de computador (PED)
Computer system audit (Aud.)	Auditoria de sistema de computador (Aud.)
Computer technology (EDP)	Tecnologia de informática (PED)
Conceal	Ocultar
Concerned party	Parte interessada
Concern unit	Unidade econômica
Concession	Concessão
Conclusion	Conclusão
Conclusion reached	Conclusão atingida/a que se chegou
Concessionaire	Concessionário
Conclusive	Conclusivo
Concur	Contribuir, concordar
Condensed financial statements	Demonstrações financeiras condensadas, resumidas
Conditions of sale	Condições de venda
Conducting of affairs	Condução dos negócios
Conducting of business	Condução dos negócios
Conference	Conferência
Conference call	Conferência (mais de duas pessoas na mesma ligação telefônica)
Confidence	Confiança, convicção
Confidential	Confidencial
Confidential file	Arquivo confidencial
Configuration (EDP)	Configuração (equipamentos interconectados e programados para serem um único sistema) (PED)
Confirmation (Aud.)	Confirmação (Aud.)
Confiscate	Confiscar
Conflicting information	Informações conflitantes

Conflict of interest	Conflito de interesses
Conglomerate	Conglomerado
Connected party	Parte relacionada
Consensus	Consenso
Consent letters (Aud.)	Cartas de concordância (para utilização de parecer em publicações) (Aud.)
Conservatism	Conservadorismo (prudência contábil)
Consideration	Considerações de aspectos, cogitação; forma de compensação em espécie
Consignee	Consignatário
Consignment	Consignação
Consignment inventory	Estoque em consignação
Consignor	Consignador
Consistency	Uniformidade
Consistent	Uniforme
Consistent business	Negócios sólidos
Console (EDP)	Console (teclado + vídeo) (PED)
Consolidated financial statements	Demonstrações financeiras consolidadas
Consolidated group	Grupo consolidado
Consolidated loan (Fin.)	Empréstimo consolidado (Fin.)
Consolidated subsidiaries	Subsidiárias que fazem parte da consolidação
Consolidated tax return (Leg.)	Declaração de imposto de renda consolidado (Jur.)
Consolidation	Consolidação
Consortium	Consórcio
Constant currency	Moeda de valor constante
Constant dollar basis	Base de dólar constante, conceito que usa o valor do dólar dos Estados Unidos (expurgado dos efeitos da inflação)
Construction in progress	Construções em andamento
Construction loans (Fin.)	Empréstimos para construção (Fin.)
Consular invoice	Fatura consular
Consultant in insurance (Ins.)	Consultor em seguros (Seg.)
Consultation	Consulta
Consulting firm	Firma de consultoria
Consumer	Consumidor
Consumer behaviour	Comportamento do consumidor
Consumer credit (Fin.)	Crédito ao consumidor (Fin.)
Consumer demand	Demanda de consumidores
Consumer goods	Bens de consumo

Consumer loans (Fin.)	Empréstimos (financiamentos) ao consumidor (Fin.)
Consumer price index	Índice de Preços ao Consumidor - IPC
Consumer research	Pesquisa de consumidores
Consumer satisfaction	Satisfação do consumidor
Consumer's price	Preço ao consumidor
Consumption	Consumo
Consumption stores/materials	Materiais consumíveis/de consumo
Contact	Contato
Container	Contêiner, contentor
Contemplate	Contemplar, considerar
Content	Conteúdo
Contingency	Contingência
Contingency reserve	Reserva para contingências
Contingent	Contingente
Contingent asset	Ativo contingente
Contingent costs	Custos eventuais
Contingent liability	Passivo contingente
Continuation	Continuação
Continuing auditor (Aud.)	Auditor contínuo/recorrente (Aud.)
Continuing education	Educação permanente, continuada
Continuing operations	Operações normais
Continuity	Continuidade
Contra account	Conta compensatória, de retificação
Contra balances	Saldos compensatórios
Contraband	Contrabando
Contract (n.) (v.)	Contrato, escritura (s.); contratar (v.)
Contracted exchange	Câmbio contratado
Contracting insurance coverage (Ins.)	Contratação de seguros (Seg.)
Contractionary policy	Política de contração
Contraction of authority	Diminuição de autoridade
Contractor	Empreiteiro
Contractual default (Leg.)	Inadimplemento contratual (Jur.)
Contractual liability (Leg.)	Responsabilidade contratual (Jur.)
Contractual right (Leg.)	Direito contratual (Jur.)
Contra entry	Contrapartida de lançamento
Contributed capital	Capital contribuído
Contribution margin	Margem de contribuição
Contributory pension plan(pension) (Ins.)	Plano de aposentadoria e pensão cujas contribuições são divididas entre empregador e empregado (pensões) (Seg.)
Control account	Conta de controle

Control environment	Ambiente de controle
Controllable cost	Custo controlável
Controlled company	Empresa controlada
Controlled economy	Economia dirigida
Controller	Controlador (pessoa que exerce função de controladoria)
Controller's department	Controladoria
Controllership	Controladoria
Controlling account	Conta de controle
Controlling company	Empresa controladora; controladora
Controlling interest	Participação majoritária
Control panel	Painel de controle
Control procedures	Procedimentos de controle
Control risks (Aud.)	Riscos relacionados com controles; riscos de controle (Aud.)
Controls over system-generated data (EDP)	Controles sobre dados gerados pelo sistema (PED)
Controls to safeguard assets	Controles para salvaguardar ativos
Convention (historical cost convention, for example)	Convenção (p. ex.: convenção de custo histórico)
Conversion	Conversão, câmbio de uma moeda por outra
Conversion cost	Custo de conversão
Conversion rate	Taxa de conversão
Convertibility	Conversibilidade
Convertible bond (Fin.)	Obrigação conversível (Fin.)
Convertible currency (Fin.)	Moeda conversível (Fin.)
Convertible securities (Fin.)	Títulos conversíveis (Fin.)
Convexity (or gamma) risk (Fin.)	Risco de convexidade (ou gama) (Fin.)
Conveyor belt	"Cinta" transportadora
Coobligation (Leg.)	Coobrigação (Jur.)
Cooperation agreement	Acordo de cooperação
Cooperative	Cooperativa
Cooperative agreement	Acordo de cooperação
Coordination group	Grupo de coordenação
Copyright	Direito autoral
Core business	Negócio principal da empresa
Corporate action	Ato dos acionistas ou dos diretores eleitos
Corporate advisory services	Serviços de consultoria empresarial
Corporate growth	Crescimento da empresa
Corporate image	Imagem da empresa
Corporate income tax	Imposto de renda de pessoa jurídica

Corporate legislation (Leg.)	Legislação societária (Jur.)
Corporate name	Denominação/razão social
Corporate planning	Planejamento empresarial
Corporate reorganization	Reorganização empresarial
Corporate restructuring services (Fin.)	Reestruturação societária (Fin.)
Corporate structure	Estrutura da empresa/social
Corporate tax	Imposto sobre empresas
Corporate taxpayer	Contribuinte - pessoa jurídica
Corporate tax rate	Taxa de imposto de renda incidente sobre a empresa
Corporation	Empresa, sociedade, sociedade por ações
Corporation law (Leg.)	Lei das sociedades por ações (Jur.)
Correcting entry	Lançamento de retificação, de correção
Correction of an error	Correção de um erro
Corrective action	Medida corretiva
Correlation analysis	Análise de correlação
Correspondent bank (Fin.)	Banco correspondente (Fin.)
Corroborating evidence (Aud.)	Evidência comprobatória/corroborativa (Aud.)
Cost (n.) (v.)	Custo, gasto, encargo (s.); custear (v.)
Cost accounting	Contabilidade de custos
Cost allocation ·	Distribuição, rateio, "apropriação" de custos
Cost and Freight - C & F	Custo e frete - C & F
Cost awareness	Consciência sobre custos
Cost basis	Base de custo
Cost-benefit	Custo-benefício
Cost-benefit analysis	Análise de custo-benefício
Cost-benefit ratio	Relação custo/benefício
Cost center	Centro de custo
Cost control	Controle de custos
Cost cutting	Redução/corte de custos
Cost-effective service	Serviço eficaz em termos de custo
Cost elements	Elementos de custo
Cost estimate	Estimativa de custos
Costing	Custeio
Cost, Insurance, Freight - CIF	Custo, seguro, frete - CIF
Cost ledger	Razão de custos
Costly	Dispendioso
Cost method	Método de custo
Cost of capital	Custo de capital

Cost of goods sold	Custo de mercadorias ou de produtos vendidos
Cost of living	Custo de vida
Cost of living allowance	Ajuda de custo
Cost of living index	Índice de custo de vida
Cost of money	Custo de dinheiro
Cost of sales	Custo de vendas
Cost of stoppages	Custo de paralisações
Cost or market	Custo ou mercado
Cost or market test (Aud.)	Teste de custo ou mercado (Aud.)
Cost overrun	Custos superiores aos previstos
Cost-plus contract	Contrato por administração; aquele em que o empreiteiro cobra uma taxa previamente combinada sobre os custos incorridos no cumprimento do contrato
Cost price	Preço de custo
Cost recovery	Recuperação de custos
Cost recovery method	Método de recuperação de custo
Cost reduction	Redução de custos
Cost saving	Redução de custos
Cost-saving techniques	Técnicas de redução de custo
Cost sheet	Folha de custo
Costs of idle site awaiting cleanup	Custos de propriedades desocupadas aguardando limpeza
Costs of performing remediation/repairs	Custos de execução de reparações
Cost subsidy	Subvenção de custeio
Cost system	Sistema de apuração de custos
Cost underrun	Custos inferiores aos previstos
Cost-volume-profit relationship	Relação custo-volume-lucro
Counsel (Leg.)	Assessoria legal; advogados indicados para conduzir um processo ou dar assessoria legal (Jur.)
Counselling	Aconselhamento
Counsellor	Assessor, advogado de defesa/fiscal
Counter	Balcão
Counter check	Cheque avulso
Counter entry	Contrapartida
Counterfeit (Leg.)	Falsificado, forjado (Jur.)
Counterfoil	Canhoto de cheques, talão de cheques
Counts and averages methods (Ins.)	Métodos de contagens e médias (Seg.)
County	Município

Countersignature (n.);	Rubrica; contra-assinatura (s.);
countersign (v.)	contra-assinar (v.)
Coupon	Cupom
Courier	Correio rápido
Court of Appeals (Leg.)	Tribunal (Jur.)
Court of last resort (Leg.)	Última instância (Jur.)
Court order (Leg.)	Alvará judicial (Jur.)
Covenants (Leg.)	Acordo ou cláusulas de contrato (Jur.)
Coverage	Cobertura
Coverage (Ins.)	Cobertura (Seg.)
Covered (Fin.)	Coberta (situação em que os riscos de juros e mercado estão cobertos) (Fin.)
Covered call (Fin.)	Opção coberta (quando o lançador de papel financeiro possui o item objeto da opção) (Fin.)
Cover letter	Carta de encaminhamento
Crane	Guindaste
Crash	Quebra, falência
Crash course	Curso intensivo
Creative accounting	Contabilidade criativa
Creative thinking	Espírito criativo
Credit (n.) (v.)	Crédito, saída; capacidade ou direito de comprar ou tomar empréstimo com promessa de pagamento posterior; lançamento de criação ou acréscimo de uma obrigação, ou patrimônio líquido, ou receita, ou ainda a redução ou eliminação de um bem ou despesa (s.); fazer um lançamento de crédito, creditar (v.)
Credit advice	Aviso de crédito
Credit balance	Saldo credor
Credit card	Cartão de crédito
Credit facilities (Fin.)	Serviços de crédito (Fin.)
Credit grantor (Fin.)	Concedente de crédito (Fin.)
Credit letter (Fin.)	Carta de crédito (Fin.)
Credit limit	Limite de crédito
Credit line (Fin.)	Linha de crédito (Fin.)
Credit measurement risk (Fin.)	Risco de mensuração de crédito (Fin.)
Credit note	Nota de crédito
Creditor	Financiador ou credor
Credit rating (Fin.)	Avaliação de crédito (Fin.)

Credit ratings and classifications (Fin.)	Conceitos e classificações de crédito (Fin.)
Credit report	Relatório de crédito
Credit review (Fin.)	Revisão de crédito (Fin.)
Credit risk (Fin.)	Risco de crédito (Fin.)
Credit sale	Venda a prazo
Credit squeeze (Fin.)	Aperto de crédito (Fin.)
Credit terms (Fin.)	Condições de crédito (Fin.)
Credit worthiness (Fin.)	Capacidade financeira para obter crédito (Fin.)
Crew	Tripulação
Criminal clearance certificate (Leg.)	Atestado de antecedentes (Jur.)
Criterion, criteria	Critério, critérios
Critical mass	Massa crítica
Critical Path Analysis	Análise crítica de etapas
Critical Path Method - CPM	Método do caminho crítico - CPM
Critical Success Factors - CSF	Fatores Críticos do Sucesso - FCS
Cross border debt	Dívida externa
Cross check	Verificação cruzada
Crossed check	Cheque cruzado
Cross-border risks (Fin.)	Riscos internacionais (Fin.)
Cross-firing (Fin.)	Situação onde há uso de fundos depositados antes da compensação do cheque original (Fin.)
Cross-hedge (Fin.)	"Hedge" cruzado (Fin.)
Cross rates (Fin.)	Taxas cruzadas; taxas de câmbio resultantes da cotação de duas moedas, tendo como referência uma terceira (Fin.)
Cross reference (in work papers) (Aud.)	Referência cruzada (em papéis de trabalho) (Aud.)
Crude oil	Óleo cru, petróleo bruto
Cryptography (EDP)	Criptografia (PED)
Cum dividend (Fin.)	Com dividendo, ação cheia (Fin.)
Cum rights	Com direitos
Cumulative accounting adjustments	Ajustes contábeis acumulados
Cumulative dividend	Dividendo cumulativo
Cumulative effect of a change in accounting principle	Efeito cumulativo de mudança em princípio contábil
Cumulative preferred stock	Ações preferenciais com direito a dividendo cumulativo
Currency	Moeda, dinheiro

Currency board (FED) - USA	Junta diretiva da política monetária do FED (EUA)
Currency devaluation	Desvalorização da moeda
Currency exchange (Fin.)	Câmbio (Fin.)
Currency futures contracts (Fin.)	Contratos de moedas no mercado futuro (Fin.)
Currency options (Fin.)	Opções de moedas (Fin.)
Currency swap (Fin.)	"Swap" de moeda (Fin.)
Currency unit	Unidade monetária
Current	Atual
Current account	Conta corrente; conta-movimento (Reino Unido)
Current assets	Ativo circulante, ativo corrente
Current cost	Custo corrente, custo atual
Current exchange rate (Fin.)	Taxa de câmbio atual ou vigente (Fin.)
Current exposure (Fin.)	Exposição atual (Fin.)
Current liability	Passivo circulante (exigível a curto prazo)
Current market value	Valor de mercado atual
Current maturity	Vencimento a curto prazo
Current price	Preço atual
Current ratio	Quociente de liquidez
Current value accounting	Contabilidade a valores atuais
Current year	Ano em curso
Cursor (EDP)	Cursor (PED)
Custodial services	Serviços de custódia
Custodian	Custodiante/depositário
Custody	Custódia
Custom and usage (Leg.)	Usos e costumes (Jur.)
Customer	Cliente, consumidor
Customer creditworthiness (Fin.)	Capacidade de pagamento (de crédito) de clientes (Fin.)
Customer driven company	Empresa voltada para o cliente
Customer in credit	Cliente com saldo credor
Customer Information Control System - CICS (EDP)	Sistema de controle de informação de usuário (PED)
Customer profile	Perfil do consumidor
Customers' credit balances	Saldos credores de clientes
Customer service	Serviço ao cliente
Customized orders	Pedidos sob medida (na produção)
Customs	Alfândega, aduana
Customs barrier	Barreira alfandegária
Customs broker	Despachante alfandegário, aduaneiro

Customs clearance	Desembaraço alfandegário, aduaneiro
Customs duties	Direitos alfandegários, aduaneiros
Customs invoice	Fatura aduaneira
Cutback (in working hours)	Diminuição da jornada, redução
Cut-off (Aud.)	Corte de documentação (para aplicar o regime de competência de exercícios) (Aud.)
Cut-off rate of return	Taxa de rentabilidade aceitável
Cycle count	Contagem cíclica
Cyclical activity	Atividade cíclica
Cyclical sales	Vendas cíclicas

D

Daily	Diariamente
Daily newspaper	Jornal
Damage	Perda, dano, avaria, estrago
Damages sum (Ins.)	Total dos danos (Seg.)
Dark horse	Concorrente desconhecido
Data	Dados, informações
Data Automation - DATAMATION (EDP)	Automação de dados (PED)
Data bank (EDP)	Banco de dados (PED)
Database administration (EDP)	Administração de base de dados (PED)
Data Base Administrator - DBA (EDP)	Administrador de banco de dados (PED)
Data base, Database (EDP)	Base de dados (PED)
Data Base Management System - DBMS (EDP)	Sistema de administração de base de dados - DBMS (PED)
Data-base system (EDP)	Sistema de base (banco) de dados (PED)
Data compression (EDP)	Compressão de dados (PED)
Data conversion (EDP)	Conversão de dados (PED)
Data Encryption Standard - DES (EDP)	Padrão de Cifração de Dados (PED)
Data File Utility - DFU (EDP)	Utilitário de arquivo de dados (PED)
Data input (EDP)	Dados de entrada (PED)
Data integrity (EDP)	Integridade/fidelidade dos dados (PED)
Data model (EDP)	Modelo de dados (PED)
Data output (EDP)	Dados de saída (PED)
Data ownership (EDP)	Propriedade dos dados (PED)
Data processing (EDP)	Processamento de dados (PED)
Data Processing Center - DATACENTER (EDP)	Centro de Processamento de Dados - CPD (PED)
Data sharing (EDP)	Compartilhamento de dados (PED)
Data storage unit (EDP)	Unidade de armazenamento de dados (PED)
Data transmission controls (EDP)	Controles sobre transmissão de dados (PED)
Date of issue	Data da emissão
Date of issue (Ins.)	Data de emissão (da apólice) (Seg.)
Date of record	Data de registro
Date, to	Até agora
Date, up to	Atualizado
Daylight exposure (Fin.)	Risco relacionado ao nível de saques a descoberto no mesmo dia (Fin.)
Daylight/intraday transactions (Fin.)	Transações feitas no mesmo dia (Fin.)
Day loan (Fin.)	Empréstimo por um dia (Fin.)
Days of grace	Dias de carência
Days of sales outstanding	Dias de vendas em aberto (a receber)

Day trade (Fin.)	Compra e venda de títulos no mesmo dia (Fin.)
Deadline	Data fatal, data-limite, data final
Dead time	Tempo perdido pelo empregado, por falha de máquina ou outro motivo
Deal	Transação, negociação
Dealer	Revendedor intermediário, operador de bolsa, negociador
Dealership	Concessionário/revendedor
Dealing	Acordo, negociação
Dealing room (Fin.)	Mesa de operações (negociações) (Fin.)
Deal making	Execução de negociações
Death by any cause (Ins.)	Morte por qualquer causa (Seg.)
Debenture (Fin.)	Debênture (Fin.)
Debit (n.) (v.)	Débito (s.); debitar (v.)
Debit balance	Saldo devedor
Debit card (Fin.)	Cartão de débito (Fin.)
Debit insurance (Ins.)	Seguro com débito em conta (Seg.)
Debit note	Nota de débito
Debriefing	Apreciação do resultado final de um trabalho
Debt	Dívida; débito
Debt agreement (Fin.)	Contrato de dívida (Fin.)
Debt clean-up (Fin.)	Liquidação da dívida (Fin.)
Debt conversion	Conversão de dívida
Debt covenants (Fin.)	Contratos de financiamentos (Fin.)
Debt defeasance (Fin.) (Leg.)	Dívida revogável (Fin.) (Jur.)
Debt-equity ratio	Índice dívida/patrimônio
Debt/equity swap	"Swap" de dívida por ações
Debt financing (Fin.)	Financiamento de dívida (Fin.)
Debt instrument - loan (Fin.)	Títulos de dívida, empréstimo (Fin.)
Debtor	Devedor, financiado
Debt recovery	Recuperação de dívida
Debt rescheduling (Fin.)	Reescalonamento da dívida (Fin.)
Debt security (Fin.)	Título representativo de dívida (Fin.)
Debt service (Fin.)	Serviço da dívida (Fin.)
Debt to assets ratio	Índice de endividamento, patrimônio
Debug (EDP)	"Debug", corrigir erros, depurar (DEP)
Decapitalize	Descapitalizar
Deceased customers accounts (Fin.)	Contas canceladas (de clientes falecidos) (Fin.)
Decentralization	Descentralização

Decentralize	Descentralizar
Decision making	Tomada de decisão
Decision process	Processo de decisões
Declaratory act (normative) (Leg.)	Ato declaratório (normativo) (Jur.)
Declaratory action (Leg.)	Ação declaratória (Jur.)
Declared capital	Capital declarado
Declared dividend	Dividendo declarado
Declared value (Ins.)	Valor declarado (Seg.)
Declination (Ins.)	Não-aceitação de proposta de seguro (Seg.)
Declining-balance method (depreciation)	Método de saldos decrescentes (depreciação)
Declining operation	Operação em declínio
Declining profits	Lucros decrescentes
Decode	Descodificar
Decrease (n.) (v.)	Redução; diminuição (s.); deduzir, diminuir (v.)
Decree (Leg.)	Decreto (Jur.)
Decryption (EDP)	Descodificação, decriptação (PED)
Deductible (Ins.)	Franquia (Seg.)
Deductible amount (Ins.)	Franquia (Seg.)
Deductible, deductibility	Dedutível, dedutibilidade
Deduction	Dedução, abatimento, redução, desconto
Deduction at source	Dedução na fonte
Deed (Leg.)	Escritura (Jur.)
Deed of assignment (Leg.)	Acordo de cessão ou transferência (Jur.)
Deed of sale (Leg.)	Escritura de venda (Jur.)
Deed of trust (Leg.)	Escritura de fideicomisso ("trust") (Jur.)
Deeds of partnership (Leg.)	Escrituras de sociedade; contrato social (Jur.)
De facto	De fato
Defalcation	Desfalque, fraude
Default	Falha, negligência, omissão, inadimplemento de cláusula contratual, particularmente quanto ao pagamento
Default (EDP)	"Default" (direcionamento automático pré-programado) (PED)
Default waiver on loan agreement	Perdão por descumprimento de cláusula de contrato de empréstimo
Defendant	Réu
Defer	Diferir, adiar

232

Deferment	Diferimento, adiamento
Deferral	Diferimento, adiamento
Deferred acquisition costs (Ins.)	Custos de aquisição diferidos (Custos para conseguir novas contratações de seguros ou de renovações) (Seg.)
Deferred asset	Ativo diferido
Deferred benefits and payments (pension) (Ins.)	Benefícios e pagamentos diferidos (pensões) (Ins.)
Deferred charge/expense	Despesa diferida ou suspensa, conta de resultado pendente, pagamento antecipado
Deferred compensation plan (pension)	Plano de remuneração diferida (pensões)
Deferred costs	Custos diferidos
Deferred credit	Crédito diferido
Deferred income	Resultado de exercícios futuros; receita diferida
Deferred liability	Passivo diferido
Deferred premium (Ins.)	Prêmio diferido (Seg.)
Deferred profit-sharing plan	Plano de participação nos lucros diferida
Deferred tax	Imposto diferido
Deferred tax asset	Ativo de imposto diferido
Deferred tax expense or benefit	Despesa ou crédito de imposto diferido
Deferred tax liability	Passivo de imposto diferido
Deficiency	Deficiência, insuficiência, falha
Deficiency letter (Fin.) (USA)	Carta de deficiências (Fin.) (EUA)
Deficit	Déficit, prejuízo
Deficit financing (Fin.)	Financiamento de déficit (Fin.)
Defined benefit pension plan (pension) (Ins.)	Plano de benefícios de pensão definidos (pensões) (Seg.)
Defined contribution pension plan (pension) (Ins.)	Plano de contribuição de pensão definida (pensões) (Seg.)
Definite	Definitivo, preciso
Definition	Definição, explicação
Deflation	Deflação
Defraudation	Defraudação
Defray	Cobrir as despesas, arcar com os custos
Degree	Grau, hierarquia, medida
Degree of risk (Ins.)	Grau de risco (Seg.)
Degressive scale	Escala decrescente
De jure	De direito
Delayed batch entry mode (EDP)	Modo de entrada em lote (posterior) (PED)

Delayed collections	Recebimentos atrasados
Delay in loading/unloading	Demora para carga ou descarga
Del credere	Del credere
Del credere agent	Agente a del credere
Delegation of authority	Delegações de autoridade/atribuições
Delegation of powers (Leg.)	Delegação de poderes (Jur.)
Delete (EDP)	Eliminar, apagar, "deletar" dados (PED)
Delinquent	Inadimplente, mau pagador, com saldos em atraso
Delinquent accounts receivable	Créditos em liquidação
Delinquent loans (Fin.)	Empréstimos com parcelas em atraso/ inadimplentes (Fin.)
Deliverable	Produto de uma atividade
Delivered price	Preço na entrega, preço incluindo transporte, seguro, frete etc.
Delivery	Entrega
Delivery date	Data de entrega
Delivery expense	Despesas de entrega
Delivery note	Nota de entrega (nota fiscal, no Brasil)
Delivery notice	Aviso de entrega
De luxe	De luxo
Demand (n.) (v.)	Demanda, procura (s.); demandar, procurar, exigir (v.)
Demand and supply	Oferta e procura
Demand deposit (Fin.)	Depósito a vista (Fin.)
Demand deposit account (Fin.)	Conta de depósito a vista em bancos (Fin.)
Demand draft (Fin.)	Saque a vista (Fin.)
Demand loan (Fin.)	Empréstimo a vista, sem vencimento (Fin.)
Demonetization (Fin.)	Desmonetização (Fin.)
Demotion	Demoção
Demurrage	Compensação pela demora de navio mercante no porto
Denationalization	Desnacionalização
Denomination (Fin.)	Denominação (Fin.)
Denouncement (Leg.)	Denúncia (Jur.)
Density	Densidade
Department	Departamento, seção
Departmental overhead	Despesa indireta departamental
Departmental planning	Planejamento departamental
Departmental profit	Lucro departamental

Departmentalization	Departamentalização
Department of Trade and Industry - DTI	Departamento do Comércio e Indústria
Department store	Loja de departamentos
Departure	Partida
Depend	Confiar
Dependable	Confiável
Dependent	Dependente
Depletion	Exaustão
Depletion installment	Quota de exaustão
Deployment	Desdobramento
Deposit (n.) (v.)	Depósito, caução, vinculação (s.); depositar, caucionar, vincular (v.)
Deposit acceptance and withdrawal (Fin.)	Aceites e saques de depósitos (Fin.)
Deposit account (Fin.)	Conta-depósito; conta bancária que, geralmente, rende juros (Fin.)
Depositary bank (Fin.)	Banco depositário (Fin.)
Deposit at notice (Fin.) (USA)	Depósitos para saque com aviso prévio (Fin.) (EUA)
Deposit balances (Fin.)	Saldos de depósitos (Fin.)
Deposit certificate (Fin.)	Certificado de depósito bancário (Fin.)
Deposit Facility Agreement - DFA (USA) (Fin.)	Administração financeira de recursos para distribuição (EUA) (Fin.)
Deposit float (Fin.)	"Float" de depósito (Fin.)
Deposit liabilities (Fin.)	Depósitos de clientes (Fin.)
Deposit premium (Ins.)	Sinal/entrada referente ao prêmio (Seg.)
Depositor (Fin.)	Depositante (Fin.)
Depositor statements (Fin.)	Extratos de depositantes (Fin.)
Deposit slip	Recibo de depósito (bancário)
Depot	Armazém, depósito
Depreciable	Depreciável
Depreciable asset	Ativo depreciável
Depreciable life (of an asset)	Vida depreciável/vida útil (de um ativo)
Depreciate	Depreciar
Depreciated cost	Custo depreciado
Depreciation	Depreciação
Depreciation charge	Encargo de depreciação
Depreciation installment	Quota de depreciação
Depreciation rate	Taxa de depreciação
Depreciation reserve/provision	Provisão para depreciação
Depression	Depressão
Depth	Profundidade
Depth analysis	Análise em profundidade

Deputy	Deputado, substituto do titular
Deputy chairman	Vice-presidente do Conselho
Derail	Descarrilar
Deregulation	Desregulamentação
Derivative contracts (Fin.)	Contratos de derivativos (Fin.)
Derivative securities (Fin.)	Títulos de derivativos (Fin.)
Derrick	Guindaste para grandes pesos
Describe	Descrever, relatar
Design (n.)(v.)	Projeto, esquema, desenho (s.); projetar, esquematizar, desenhar, designar (v.)
Desk	Escrivaninha; segmento de uma entidade de serviços que se especializa em algum assunto (p. ex.: The Eastern European Desk-London)
Desk review (Aud.)	Revisão sumária (Aud.)
Desktop (EDP)	Micro de mesa (PED)
Destabilize	Desestabilizar
Detach	Destacar, separar
Detachable	Destacável, separável
Detail (n.) (v.)	Detalhe (s.); detalhar (v.)
Detailed engineering	Estudos/planos técnicos detalhados
Detailed planning documentation (Aud.)	Documentação do planejamento detalhado (Aud.)
Detailed records	Registros auxiliares à contabilidade
Detection risk (Aud.)	Risco de detecção (Aud.)
Detective controls	Controles de detecção
Deterioration	Deterioração
Deterioration in credit worthiness (Fin.)	Deterioração da capacidade financeira de obter créditos (Fin.)
Devaluation	Desvalorização
Developed country	País desenvolvido
Developing country	País em desenvolvimento
Development	Desenvolvimento, formação, criação
Development potential	Potencial de desenvolvimento
Development program	Programa de desenvolvimento
Development stage enterprise	Empresa em fase de desenvolvimento
Device (EDP)	Dispositivo, unidade, equipamento (PED)
Diagnostic procedures (Aud.)	Procedimentos de diagnóstico (Aud.)
Diagram	Diagrama
Dial	Sintonia
Diary	Agenda
Dictation (n.); dictate (v.)	Ditado, prescrição (s.); ditar, impor (v.)

Differ	Diferir, divergir
Difference	Diferença, distinção
Differential cost	Custo diferencial
Digit (n.) (v.) (EDP)	Dígito (s.); digitar (v.) (PED)
Digital computer (EDP)	Computador digital (PED)
Dilution (Fin.) (USA)	Diluição (Fin.) (EUA)
Diminishing balance method (depreciation)	Método de saldo decrescente (depreciação)
Direct cause (Ins.)	Ação direta (Seg.)
Direct controls	Controles diretos
Direct cost	Custo direto
Direct costing	Custeio direto
Direct debit (Fin.)	Débito direto em conta (automático) (Fin.)
Direct labor	Mão-de-obra direta
Direct leasing financing (Fin.)	Financiamento direto de "leasing" (arrendamento) (Fin.)
Direct liability (Ins.)	Responsabilidade direta (Seg.)
Direct losses (Ins.)	Prejuízos diretos (Seg.)
Direct mail	Mala direta
Direct material	Material direto
Director	Diretor; administrador
Directors' report	Relatório da diretoria
Direct overhead	Despesas diretas de fabricação
Direct placement (Fin.)	Colocação direta (Fin.)
Direct selling costs	Custos de venda diretos
Direct settlement	Liquidação direta
Direct tax	Imposto direto
Direct writer (Ins.)	Agente emissor de apólices (Seg.)
Disability (Ins.)	Incapacidade (física ou mental); invalidez (Seg.)
Disability benefit (Ins.)	Benefício de incapacidade/invalidez (Seg.)
Disability compensation	Auxílio-doença
Disability contracts (Ins.)	Seguros de incapacidade (cobrem o montante não coberto pelo seguro de acidentes do trabalho) (Seg.)
Disability insurance (Ins.)	Seguro de incapacidade/invalidez (Seg.)
Disability retirement	Aposentadoria por doença ou acidente
Disadvantage	Desvantagem
Disagree	Discordar
Disagreement	Desacordo, divergência

Disallow	Glosar, rejeitar
Disallowance	Glosa, rejeição
Disapprove	Desaprovar
Disaster (Ins.)	Desastre (Seg.)
Disaster plan (EDP)	Plano de contingência (PED)
Disaster relief	Ajuda a áreas afetadas por terremotos etc.
Disbursement	Desembolso (despesa, gasto)
Discard	Excluir, descartar
Discharge	Dispensar, liberar de um pagamento
Disclaimer of opinion (Aud.)	Parecer com abstenção de opinião; negativa de parecer/opinião (Aud.)
Disclosure	Divulgação (informações sobre as demonstrações financeiras, geralmente em forma de notas explicativas)
Discontinuation	Descontinuação
Discontinued operation	Operação abandonada, descontinuada
Discount (n.) (v.)	Desconto; valor da diferença para menos sobre o valor par de um título (deságio); valor dos juros antecipadamente deduzidos do valor de um título na data do vencimento (s.); descontar (v.)
Discount bond (Fin.)	Obrigação com preço abaixo do par (Fin.)
Discounted cash flow	Fluxo de caixa futuro, descontado ao valor presente
Discounted future earnings	Lucros futuros descontados ao valor presente
Discounted trade receivables	Contas a receber descontadas
Discounted with recourse	Descontado com direito a recurso
Discounting of loss reserves (Ins.)	Desconto de provisões para sinistro (Seg.)
Discount rate	Taxa de desconto
Discount rate (or rho) risk (Fin.)	Risco de taxa de desconto (ou rô) (Fin.)
Discovery hearing (Leg.)	Audiência de instrução (Jur.)
Discredit	Descrédito
Discrepancy	Discrepância, divergência
Discretionary management of client funds (Fin.)	Administração dos fundos de clientes, sem restrições (Fin.)
Discriminate	Discriminar
Discuss	Debater, discutir
Disembark	Desembarcar
Dishonest	Desonesto

Dishonor	Recusa ou falta de pagamento de dívida; inadimplência
Dishonored bill	Título não pago
Disk drive (EDP)	"Disk drive", acionador de disco (PED)
Diskettes (EDP)	Disquetes, discos flexíveis (PED)
Disk Operating System - DOS (EDP)	Sistema operacional de disco (PED)
Dismantle	Desmontar, desguarnecer
Dismemberment	Desmembramento
Dismissal	Demissão, exoneração, dispensa
Dismiss a law suit or claim (Leg.)	Arquivar um processo, indeferir (Jur.)
Disobedience	Desobediência
Dispatch (n.) (v.)	Despacho (s.); despachar (v.)
Dispatch note	Romaneio de embarque
Dispenser	Aparelho de onde se tira alguma coisa (p. ex.: toalheiro de papel)
Displays (EDP)	Terminais, visores, mostradores, monitores (PED)
Disposable income	Renda disponível
Disposal	Alienação, transmissão, entrega, baixa (de um bem)
Disposal (of assets)	Baixa, destinação (de ativo)
Dispose of	Destinar, alienar, baixar
Disposition of resources	Distribuição, destinação de recursos
Dissent	Discordância, dissidência
Dissolution	Dissolução
Distort	Distorcer
Distribute	Distribuir, dividir, ratear
Distributed processing (EDP)	Processamento distribuído (PED)
Distribution	Distribuição, comercialização, rateio
Distribution chain	Cadeia de distribuição
Distribution cost	Custo de distribuição, despesa de comercialização
Distribution network	Rede de distribuição
Distribution of participations in retrocession accounts and pooled business (Ins.)	Distribuição de participações em lucros operacionais de retrocessões e consórcios (Seg.)
Distributor	Distribuidor
District	Distrito, jurisdição
Diversification	Diversificação
Diversified company	Empresa diversificada
Divestment	Venda de uma empresa, redução do ativo
Divestiture	Alienação, normalmente de uma participação societária

Dividend	Dividendo
Dividend cover	Cobertura de dividendo
Dividend in kind	Dividendo em espécie
Dividend policy	Política de dividendos
Dividend restriction	Restrição de dividendos
Dividends in arrears	Dividendos atrasados
Dividends payable	Dividendos a pagar
Division of premiums (Ins.)	Fracionamento de prêmios (Seg.)
Dock	Doca, dique
Docket (Fin.)	Boleto (Fin.)
Document (n.) (v.)	Documento (s.); documentar (v.)
Documentary bill of exchange (Fin.)	Letra de câmbio de comércio exterior acompanhada dos documentos que deram origem ao saque (Fin.)
Documentary credits (Fin.)	Créditos documentários (Fin.)
Documentation	Documentação
Document processing (EDP)	Processamento de documento (PED)
Document reader (EDP)	Leitora de documentos (PED)
Dollar future market (Fin.)	Mercado futuro de dólar (Fin.)
Domestic company	Empresa nacional
Domestic consumer	Consumidor interno
Domestic market	Mercado interno
Domestic trade	Comércio interno
Domicile (Leg.)	Domicílio (Jur.)
Donated capital stock	Ações doadas de volta à empresa emitente, pelos acionistas
Donation	Doação, donativo
Donor	Doador
Door to door	Porta a porta
Dormant account	Conta inativa
Dormant company	Empresa inativa
Dotted line	Linha pontilhada; relação entre membros do "staff" da organização e certos departamentos dos quais não dependem
Double-entry	Partida dobrada
Double indemnity (Ins.)	Indenização em dobro (Seg.)
Double taxation (Leg.)	Bitributação (Jur.)
Double taxation relief	Desconto por impostos duplicados
Doubtful account	Conta de cobrança duvidosa
Doubtful accounts receivable	Contas a receber (consideradas) duvidosas

Doubtful debt	Crédito de liquidação duvidosa
Downgrade	Substituição para pior
Download (EDP)	Transferência de dados de computador grande para pequeno (PED)
Down payment	Entrada, pagamento inicial, sinal
Downsizing	Redução de tamanho (no redimensionamento de atividades)
Downstream merger	Incorporação de controladora pela subsidiária; incorporação inversa
Downstream profit	Lucro em atividades secundárias
Down the line	Níveis mais baixos
Down time	Tempo ocioso
Draft	Saque, letra de câmbio; minuta, rascunho
Draft law (Leg.)	Projeto de lei (Jur.)
Draw a check	Emitir um cheque
Drawback	"Drawback"
Draw down (Fin.)	Saque parcelado (Fin.)
Drawee	Sacado
Drawer	Emitente, sacador
Drawing account	Conta de adiantamento; conta corrente
Drawings	Retiradas em dinheiro ou mercadorias
Drill	Broca, perfuratriz
Drill, fire	Exercício (treino) de simulação de incêndio
Drive (EDP)	"Drive" (acionador de disco flexível) (PED)
Drop	Deixar cair, abandonar
Dual currency bonds (Fin.)	Obrigações em moedas duplas (Fin.)
Dual-purpose tests (Aud.)	Testes de dupla finalidade (Aud.)
Due bills	Faturas devidas/vencidas
Due date	Data de vencimento
Due diligence (Aud.)	Devido zelo; tipo de revisão limitada aplicável a casos de aquisições de empresas, entre outros (Aud.)
Due diligence (Fin.) (USA)	Devida diligência (Fin.) (EUA)
Due from banks	Contas a receber de bancos
Due professional care (Aud.)	Zelo profissional (Aud.)
Dues	Mensalidade; licença, taxas a pagar
Dummy	"Testa de ferro"
Dumping	"Dumping"; vendas a preços inferiores aos normais
Durable goods	Bens duráveis

Duration	Prazo de duração
Duties	Direitos alfandegários
Duties of insured (Ins.)	Obrigações do segurado (Seg.)
Duty-free	Isento de tarifas, de direitos, de impostos
Dynamic hedging (Fin.)	"Hedge" dinâmico (Fin.)

E

Earliest convenience, at your	Logo que puder
Earmark	Assinalar, destinar, reservar
Earn	Ganhar, fazer jus a, realizar, auferir
Earned income	Lucro/receita auferida
Earned premiums (Ins.)	Prêmios ganhos/auferidos (Seg.)
Earned surplus	Lucros acumulados
Earning assets (Fin.)	Ativos geradores de receita (Fin.)
Earning power	Capacidade de gerar receita
Earnings	Lucros, rendas, receitas
Earnings capacity	Capacidade de gerar lucros
Earnings method	Método de rentabilidade
Earnings Per Share - EPS	Lucro por ação
Earnings stream	Fluxo de lucros projetados
Earthquake (Ins.)	Terremoto (Seg.)
Eastern Standard Time - EST (USA)	Hora-padrão do leste (EUA)
Ecological reserve	Reserva ecológica
Econometrics	Econometria
Economic cycle	Ciclo econômico
Economic depression	Depressão econômica
Economic development	Desenvolvimento econômico
Economic distress	Desequilíbrio econômico
Economic expansion	Expansão econômica
Economic feasibility	Viabilidade econômica
Economic growth	Crescimento econômico
Economic growth rate	Taxa de crescimento econômico
Economic indicators	Indicadores econômicos
Economic life	Vida econômica
Economic lot size	Lote econômico
Economic mission	Missão econômica
Economic order quantity	Quantidade econômica de pedido
Economic plan	Plano econômico
Economic planning	Planejamento econômico
Economic recovery	Recuperação econômica
Economic resources	Recursos econômicos
Economics	Economia, ciência da economia
Economic trend	Tendência econômica
Economic unit	Unidade econômica
Economies of scale	Economias de escala
Edit test (EDP)	Teste de edição (PED)
Editorial (Press)	Editorial (Imprensa)
Educational background	Formação escolar
Educational grant	Bolsa educacional

Effect	Efeito
Effective date	Data de vigência
Effective rate	Taxa efetiva
Effective rate of interest (Fin.)	Taxa efetiva de juros (Fin.)
Effective rate of return (Fin.)	Taxa efetiva de retorno (Fin.)
Efficiency, efficient	Eficiência, eficiente
Elasticity	Elasticidade
Electronic Data Gathering and Retrieval - EDGAR (Fin.) (USA)	Sistema eletrônico de coleta, análise e recuperação de dados (Fin.) (EUA)
Electronic Data Interchange - EDI (EDP)	Intercâmbio eletrônico de dados - EDI (PED)
Electronic Data Processing - EDP	Processamento Eletrônico de Dados - PED
Electronic Funds Transfer - EFT (EDP)	Transferência Eletrônica de Fundos - TEF (PED)
Electronic Information System - EIS (EDP)	Sistema eletrônico de informações - EIS (PED)
Electronic mail	Correio eletrônico
Electronic spreadsheet (EDP)	Planilha eletrônica (PED)
Element	Elemento; fundamento
Elevator	Elevador
Eligibility	Habilitação, idoneidade
Eligibility, eligible	Elegibilidade, elegível, aptidão, apto
Eligible	Qualificado, idôneo, apto, habilitado
Eligible for benefit (Ins.)	Direito a benefícios (Seg.)
Elimination (intercompany)	Eliminação (de transações entre empresas do mesmo grupo)
Ellipsis (...)	Reticências
E-mail (Electronic mail) (EDP)	Correio eletrônico (PED)
Embargo	Embargo
Embezzlement	Fraude; desfalque, quando o bem envolvido é dinheiro
Embossed	Modelado em relevo
Emergency	Emergência
Emerging business	Empresa emergente
Emigration	Emigração
Emphasis	Ênfase
Emphasis of matter paragraph (Aud.)	Parágrafo de ênfase (Aud.)
Employed for wages	Assalariado
Employee benefits plan	Plano de benefícios a empregados
Employee bonus	Gratificação a empregados
Employee costs	Custos de pessoal
Employee pension fund	Fundo de pensão e aposentadoria dos empregados

Employees	Empregados, funcionários
Employee Stock Ownership Plan - ESOP (Fin.) (USA)	Plano de aquisição de ações por parte dos empregados (Fin.) (EUA)
Employer	Empregador
Employment exchange	Bolsa de empregos
Emporium	Centro comercial, entreposto
Empower	Dar poderes (p. ex.: procuração)
Empty	Vazio
Enamel	Esmalte
Enclosure	Anexo
Encryption (EDP)	Codificação, encriptação (PED)
Encumber	Onerar; comprometer com dívida ou obrigação
Encumbrance	Ônus, gravame
Endorse	Endossar
Endorsed bond	Obrigação endossada
Endorsee	Endossatário, pessoa jurídica ou física favorecida por endosso
Endorsement	Endosso
Endorser	Endossante
Endowments insurance (Ins.)	Seguros dotais (Seg.)
End product	Produto final
End-user (EDP)	Usuário final (PED)
Energy resources	Recursos energéticos
Energy supply	Fornecimento de energia
Enforce	Pôr em execução
Enforceable (Leg.)	Executável (força legal) (Jur.)
Enforceable claims (Leg.)	Direitos executáveis (direito de regresso) (Jur.)
Enforceable contracts (Leg.)	Contratos executáveis (Jur.)
Enforced discontinuance of operations	Sustação forçada das operações
Engagement	Contratação
Engagement	Trabalho, incumbência, compromisso, contratação
Engagement letter (Aud.)	Carta de contratação; carta em que os auditores descrevem para o cliente o escopo de suas responsabilidades e as características e condições do trabalho a ser feito (Aud.)
Engine	Máquina, motor
Engineer (n.) (v.)	Engenheiro (s.); engendrar, executar (v.)

Enjoyment (usufruct)	Injunção (usufruto)
Enlist	Inscrever-se, registrar
Enquiry procedures (Aud.)	Procedimentos de consulta, de indagação (Aud.)
Enrich	Enriquecer; adornar; melhorar
Enrollment (n.); enroll (v.)	Registro, protocolo (s.); registrar-se, arrolar (v.)
Enrollment fee	Taxa de inscrição
Enter	Digitar, dar entrada
Enter (in books etc.)	Lançar, dar entrada
Enterprise	Empreendimento, empresa
Entertainment expenses	Despesas de representação, de entretenimento
Entire; entirety	Inteiro, íntegro; totalidade, completamente
Entity	Entidade, estabelecimento, empresa, sociedade
Entrance fee	Taxa de matrícula, jóia
Entrepreneur	Empresário, homem de negócios, empreendedor
Entrepreneurial (adj.)	Empreendedor (adj.)
Entrepreneurial spirit	Espírito empreendedor
Entrepreneurship	Espírito empreendedor
Entrust	Confiar; igualar, equiparar
Entry (in accounting books)	Lançamento (contabilidade), entrada; registro do efeito de uma operação ou transação, em um livro de contas ou outro documento contábil
Envelope	Envelope
Environmental accounting	Reflexos na contabilidade (registro e divulgação) de assuntos do meio ambiente
Environmental affairs management	Administração de assuntos do meio ambiente
Environmental audit (Aud.)	Auditoria de assuntos do meio ambiente (Aud.)
Environmental investigation (Aud.)	Investigação de assuntos do meio ambiente (Aud.)
Environmental liability accrual	Provisão para passivo do meio ambiente
Environmental management system	Sistema gerencial do meio ambiente
Environmental perfomance report	Relatório de desempenho ambiental
Environmental remediation costs	Custos de reparação do meio ambiente
Environmental requirements	Exigências ambientais

Equal (n.) (v.) Igual (s.), igualar, equiparar (v.)

Equalization point Ponto de nivelamento

Equalization reserve Reserva para equalização

Equate (n.) (v.) Igualdade (s.), igualar (v.)

Equation Equação

Equipment Equipamento

Equipment and installations Equipamentos e instalações

Equities Ações (investimentos)

Equities funds (Fin.) Fundos de ações (Fin.)

Equity Patrimônio, patrimônio líquido

Equity instrument (Fin.) Instrumento em ações de capital (Fin.)

Equity interest Interesses (direito de propriedade) sobre as ações; participação em ações

Equity-linked bank deposits (Fin.) Depósitos bancários vinculados a ações (Fin.)

Equity method of accounting Método contábil da equivalência patrimonial

Equity options (Fin.) Opções de ações (Fin.)

Equity (proprietary) ratio Quociente patrimonial (do proprietário)

Equity securities Ações do capital

Equity swaps (Fin.) "Swaps" de ações (Fin.)

Equivalent Equivalente

Erasure Rasura

Ergonometrics Medição do trabalho

Errand Mensagem; missão

Erratic Errático; irregular

Error log schedule Cédula de registro de erro

Errors and Omissions Excepted - E&OE Salvo Erro ou Omissão - SEO

Errors and omissions liability insurance (Ins.) Seguro de responsabilidade por erros ou omissões (Seg.)

Escalating price Preço em rápida elevação

Escalation clause Cláusula de ajuste; cláusula que permite elevação de preços sob condições específicas

Escalator Escada rolante

Escrow Caução

Escrow funds Fundos em caução

Essential Essencial

Estate (Leg.) Conjunto de bens (de uma pessoa); espólio, "trust" (Jur.)

Estate planning (Leg.) Planejamento de espólio; condução dos negócios de uma pessoa, de modo a facilitar a transferência de seus bens

	aos herdeiros, usufruindo-se todos os beneficios previstos em lei (Jur.)
Estimate (n.) (v.)	Estimativa (s.); estimar (v.)
Ethics; ethical	Ética; ético
Eurobonds	Euroobrigações
Eurodollar market	Mercado de eurodólares
Eurodollars	Eurodólares
European Commission - EC	Comissão Européia
European Currency Unit - ECU	Unidade monetária européia
European Economic Area - EEA	Área Econômica Européia - AEE
European Free Trade Association - EFTA	Associação Européia de Livre Comércio - AELC
European Union - EU	União Européia - UE
Evade	Escapar; iludir; sofismar
Evaluate	Avaliar
Evasive responses	Respostas evasivas
Even (n.) (v.)	Par (número) (s.); nivelar, equilibrar (v.)
Event of default (Fin.)	Ocorrência de inadimplência contratual (Fin.)
Eviction (Leg.)	Ação de despejo (Jur.)
Evidence	Evidência
Evolution	Evolução
Exact	Exato
Examination (Aud.)	Exame, auditoria completa, perícia, verificação (Aud.)
Example	Exemplo
Exceed	Exceder
Exception (Aud.)	Exceção, erro (Aud.)
Exception report	Relatório de exceções
Excerpt	Extrato, excerto
Excess (Ins.)	Excedente (Seg.)
Excess funds	Recursos excedentes, extras
Excess of loss reinsurance (Ins.)	Resseguro de excedente de responsabilidade; excedente de dano (Seg.)
Excess profits	Lucros excedentes
Exchange (n.) (v.)	Câmbio, intercâmbio de valores ou mercadorias (s.); trocar, cambiar (v.)
Exchange band (Fin.)	Faixa/banda cambial (Fin.)
Exchange control	Controle cambial
Exchange cover	Cobertura cambial
Exchange difference	Diferença cambial

Exchange gain	Ganho de câmbio ou na conversão de moeda (transações)
Exchange loss	Perda de câmbio ou na conversão da moeda (transações)
Exchange market	Mercado de câmbio
Exchange rate (Fin.)	Taxa de câmbio (Fin.)
Exchange Rate Agreement - ERA (Fin.)	Acordo de taxa de câmbio (Fin.)
Exchange risk (Fin.)	Risco cambial (Fin.)
Exchange traded futures (Fin.)	Futuros transacionados em bolsa (Fin.)
Exchange traded options (Fin.)	Opções transacionadas em bolsa (Fin.)
Exclusion (Ins.)	Exclusão (Seg.)
Exclusive	Exclusivo, único
Ex-coupon	Sem cupom; títulos sem direito a juros correntes
Excursion ticket	Bilhete de excursão
Ex-dividend (Fin.)	Sem dividendo; diz-se de ações negociadas cujo preço de mercado não inclui mais o direito aos dividendos; ação vazia (Fin.)
Ex-dock	Posto nas docas
Execute (Leg.)	Penhorar (Jur.); executar, exercer
Executive	Executivo
Executive (power, branch)	Executivo; poder executivo
Executive committee	Comitê executivo
Executive compensation	Remuneração/compensação do executivo
Executive proceedings (Leg.)	Ação executiva (Jur.)
Executive search	Recrutamento de executivos
Executor (Leg.)	Testamenteiro, executor de um testamento (Jur.)
Exempt (n.) (v.)	Isento (s.); isentar (v.)
Exempt offering (Fin.) (USA)	Oferta isenta (Fin.) (EUA)
Exercise	Praticar, exercer
Exercise price (Fin.)	Preço de realização (de exercício) de opção (Fin.)
Ex-factory	Posto na fábrica
Exhaustion (n.); exhaust (v.)	Exaustão, esvaziamento (s.); esvaziar, exaurir (v.)
Exhibit	Anexo, documento, demonstração
Existence assertion (Aud.)	Asserção quanto à existência (Aud.)
Exit	Saída
Exorbitant	Exorbitante
Expanding operation	Operação em expansão

Expansion	Expansão
Expansion period	Período de expansão
Expansion strategy	Estratégia de expansão
Expectation	Expectativa, perspectiva
Expected error (Aud.)	Erro esperado (Aud.)
Expected return	Retorno esperado
Expedite	Despachar, apressar
Expenditure	Dispêndio, pagamento, gasto, desembolso feito, obrigação assumida ou transferência de propriedade
Expense (n.) (v.)	Despesa, gasto, ônus, encargo (s.); levar à conta de lucros e perdas (v.)
Expense account	Conta de despesa
Expense allocation	Apropriação de despesas
Expense budget	Orçamento de despesas (autorizadas)
Expensive	Caro, dispendioso
Experience	Experiência
Expert	Perito, especialista
Expertise	Perícia, habilidade, especialização
Expert systems (EDP)	Sistemas especializados de inteligência (PED)
Expiration (Ins.)	Data do término da cobertura; prescrição (Seg.)
Expiration date	Data de expiração ou vencimento, maturidade
Expiration notice (Ins.)	Aviso de término da cobertura (Seg.)
Exploration costs	Custos de exploração
Export (n.) (v.)	Exportação (s.); exportar (v.)
Export and Import Bank of the United States - EXIMBANK	Banco de Exportação e Importação dos Estados Unidos - EXIMBANK
Export credit	Crédito de exportação
Export credit insurance (Ins.)	Seguro de crédito de exportação (Seg.)
Export draft	Saque de exportação
Export duty	Imposto/direito de exportação
Exporter	Exportador
Export financing	Financiamento de exportação
Export incentive	Incentivo à exportação
Export license	Guia de exportação
Exposure	Exposição a risco
Exposure (Ins.)	Exposição a riscos de perda (Seg.)

Exposure Draft - ED (FASB) — Texto de exposição provisória; minuta de exposição e comentários para serem considerados no texto final

Express lane — Via rápida; gíria para definir processos rápidos

Expressway — Via expressa

Expropriation (Leg.) — Expropriação, desapropriação (Jur.)

Expropriation of assets — Expropriação de ativos/bens

Ex-rights — Sem os direitos; diz-se dos títulos cujo preço de mercado não inclui mais o direito à compra de novas ações

Extended credit (Fin.) — Crédito ampliado, crédito concedido (Fin.)

Extension — Prorrogação, extensão, cálculo, concessão

Extension of credit (Fin.) — Concessão de crédito (Fin.)

Extension services — Serviços logísticos

Extensive aid — Ajuda ampla

External audit (Aud.) — Auditoria externa (Aud.)

External auditor (Aud.) — Auditor externo (Aud.)

External market — Mercado externo

External relations — Relações externas

Extinguishment — Liquidação; extinção

Extinguishment of debt — Liquidação de dívida

Extract (n.) (v.) — Extrato, essência (s.); extrair, deduzir (v.)

Extraordinary credit — Crédito extraordinário

Extraordinary General Meeting — Assembléia Geral Extraordinária - AGE

Extraordinary item — Item extraordinário

Extraordinary loss — Perda/prejuízo extraordinário

Extraordinary stockholders' (USA)/ shareholders'(UK) general meeting — Assembléia Geral Extraordinária de acionistas - AGE

Extrapolation — Extrapolação

External sources of information — Fontes de informação externas

Ex-warehouse — Posto no armazém/depósito

F

Fabric	Textura, estrutura, tecido
Face amount, face value	Valor nominal, de face
Facilitate	Facilitar
Facilities	Instalações, dependências, funções, recursos
Fact-finding	Levantamento de dados
Factor	Fator (Matemática); empresa que compra contas a receber (EUA)
Factored receivables	Contas a receber negociadas
Factoring	"Factoring"; serviço financeiro que consiste na compra, por uma agência especializada, de contas a receber
Factor of production	Fator de produção
Factory	Fábrica, usina
Factory overheads	Despesas gerais da fábrica
Factual	Fatual, real
Factual findings	Descobertas fatuais
Facultative contract (Ins.)	Contrato facultativo (Seg.)
Failure	Falha
Fair	Justo, fidedigno, adequado
Fairly (present) (Aud.)	(Apresentar) fidedignamente/ adequadamente (Aud.)
Fair market value	Justo valor de mercado
Fairness	Fidedignidade/adequação
Fair play	Jogo limpo, honestidade de atos
Fair presentation	Apresentação adequada
Fair price	Preço justo, real
Fair rate of return	Taxa de retorno adequada
Fair value	Valor justo, real (que pode ser obtido por um bem, se vendido)
Falling due	Vencível
Family allowance	Salário-família
Family allowances (income tax)	Deduções por encargos de família (imposto de renda)
Family insurance/policy (Ins.)	Seguro familiar (Seg.)
Fancy	Fantasia, imaginação
Farm	Fazenda
Farming	Lavoura, agricultura
Fashion	Forma, modelo, moda, maneira
Fast track	Linha expressa (carreira rápida)
Fast-track (Fin.)	Processo (andamento) rápido (Fin.)
Fault	Defeito, falha, culpa, omissão

Favor	Favor, predileção, facilidade
Favorable trade balance	Balança comercial favorável
Fax	Fac-símile, cópia similar
Feasibility study	Estudo de viabilidade
Feature	Aspecto, característica
Federal Deposit Insurance Corporation - FDIC (USA)	Entidade Federal de Seguros de Depósitos (EUA)
Federal funds (USA)	Fundos federais (EUA)
Federal Reserve Bank (USA)	Banco Central Norte-Americano (EUA)
Federal Reserve Board - FRB (USA)	Junta do "Federal Reserve" (EUA)
Federal Reserve System - FED (USA)	Sistema do "Federal Reserve" - FED (EUA)
Federal Revenue Service - FRS	Delegacia da Receita Federal - DRF
Federal Trade Commission - FTC (USA)	Comissão Federal de Comércio (EUA)
Féderation des Experts Comptables Européens - FEE	Federação dos Peritos Contábeis Europeus
Fee	Honorário, taxa
Fee charges	Débitos de serviços/honorários
Feedback	"Feedback"; retroinformação
Feeder flight	Vôo regional para conexão com outros vôos de longa distância
Fee note	Nota de honorários
Fee quotation	Honorários cotados, estimativa de honorários
Fellow member	Membro de uma organização
Fence	Obstáculo, resguardo
Ferry	Balsa
Fertilizer	Fertilizante
Fictitious	Fictício
Fidelity bond	Seguro-fidelidade
Fidelity insurance (Ins.)	Seguro-fidelidade (Seg.)
Fiduciary	Fiduciário, fideicomissário, depositário ou administrador de um espólio - "trust"
Fiduciary accounting	Contabilidade fiduciária
Fiduciary services	Serviços de administração e guarda de patrimônios e outros (serviços em confiança)
Field underwriting (Ins.)	Contratação de seguros no campo (Seg.)
Field work (Aud.)	Trabalho de campo; trabalho feito pelo auditor fora do seu escritório, geralmente nas dependências do cliente (Aud.)

Field work standards (Aud.) — Normas de trabalho no campo/de execução do trabalho (Aud.)

Figure out — Compreender, calcular

Figures — Contas, cifras

File (n.) (v.) — Arquivo (s.); arquivar (v.)

File copy — Cópia para arquivo

Filing of a lawsuit (Leg.) — Ajuizamento de causa; abrir um processo (Jur.)

Filing of supporting documents (Leg.) — Instrução de processo (Jur.)

Fill — Cumprir

Fill in — Preencher

Fill out — Preencher

Film — Filme

Final dividend — Dividendo final

Final visit (Aud.) — Visita final (Aud.)

Finance company — Empresa financeira

Finance director — Diretor financeiro

Finance manager — Gerente financeiro

Financial accounting — Contabilidade financeira

Financial Accounting Standards Board - FASB (USA) — Junta de Normas de Contabilidade Financeira (EUA)

Financial advisor — Assessor financeiro

Financial analyst — Analista financeiro

Financial and Management Accounting Committee - FMAC (IFAC) — Comitê de Contabilidade Financeira e Gerencial (IFAC)

Financial asset (Fin.) — Ativo financeiro (Fin.)

Financial charges — Encargos financeiros

Financial condition — Situação financeira

Financial expense — Despesa financeira

Financial funding — Captação de recursos financeiros

Financial funding method (Fin.) — Método de obtenção de recursos financeiros (Fin.)

Financial futures (Fin.) — Mercado financeiro de futuros (Fin.)

Financial income (Fin.) — Receita financeira (Fin.)

Financial institution (Fin.) — Instituição financeira (Fin.)

Financial instruments (Fin.) — Papéis (valores, títulos), instrumentos financeiros (Fin.)

Financial leverage (Fin.) — Alavancagem financeira (Fin.)

Financial liability (Fin.) — Passivo / obrigação financeira (Fin.)

Financial management — Administração financeira

Financial market (Fin.) — Mercado financeiro (Fin.)

Financial package (Fin.) — Conjunto/pacote de medidas financeiras (Fin.)

254

Financial performance	Desempenho financeiro
Financial plan	Plano de financiamento
Financial planning	Planejamento financeiro
Financial policy	Política financeira
Financial position	Posição/situação financeira
Financial pyramid (Fin.)	Pirâmide financeira (Fin.)
Financial ratios (Fin.)	Índices financeiros (Fin.)
Financial recovery	Recuperação financeira
Financial reporting	Relatórios financeiros/contábeis
Financial Reporting Concil - FRC	Conselho de Relatórios Financeiros
Financial Reporting Exposure Drafts - FRED	Textos de Exposição Provisória sobre Relatórios Financeiros
Financial resources provided by (stockholders/banks)	Aporte de recursos (de acionistas, de bancos), origens de recursos
Financial statement	Demonstração financeira/contábil
Financial statements assertions (Aud.)	Asserções nas demonstrações financeiras/contábeis (Aud.)
Financial statements denominated in foreign currency	Demonstrações financeiras/contábeis expressas ou denominadas em moeda estrangeira
Financial statements in constant currency	Demonstrações financeiras/contábeis em moeda de poder aquisitivo constante
Financial strategy (Fin.)	Estratégia financeira (Fin.)
Financial structure (Fin.)	Estrutura financeira (Fin.)
Financial support (Fin.)	Apoio financeiro (Fin.)
Financial year	Exercício financeiro
Financier	Financista
Financing (Fin.)	Financiamento (Fin.)
Financing area (Fin.)	Área de financiamentos (Fin.)
Financing lease (Fin.)	Arrendamento de natureza financeira (Fin.)
Financing of premiums (Ins.)	Fracionamento de prêmios (Seg.)
Finder (Fin.) (USA)	Agente promotor (Fin.) (EUA)
Findings	Descobertas, revelações
Fine (n.) (v.) (Leg.)	Multa (s.); multar (v.) (Jur.)
Fine-tune	Ajustar em detalhes, focar
Finish	Terminar
Finished goods	Produtos acabados
Finite risk insurance (Ins.)	Seguro de risco finito (Seg.)
Fire	Demitir
Fire drill	Exercício (treino) de simulação de incêndio

Fire extinguisher (Ins.)	Extintor de incêndio (Seg.)
Fire insurance (Ins.)	Seguro contra incêndio (Seg.)
Fireproof	À prova de fogo
Firm	Firma, sociedade
Firm commitment (Fin.) (USA)	Compromisso firme (Fin.) (EUA)
First aid	Primeiros socorros
First class	Primeira classe, primeiríssima qualidade
First-In, First-Out - FIFO	Primeiro a Entrar, Primeiro a Sair - PEPS
First line manager	Gerente de primeira linha
First mortgage	Primeira hipoteca
Fiscal council	Conselho fiscal; nos EUA, mais conhecido como "Audit Committee"
Fiscal fund	Fundo fiscal
Fiscal incentive reserve	Reserva de incentivo fiscal
Fiscal period	Período contábil; o período a que se referem as demonstrações financeiras ou contábeis
Fiscal policy	Política fiscal
Fiscal year	Ano fiscal, exercício social, ano contábil
Fit/fitness	Adaptação, encaixe; aptidão
Fixed asset	Imobilizado, ativo fixo
Fixed capital	Capital fixo
Fixed cost	Custo fixo
Fixed dividend	Dividendo fixo
Fixed-income investment (Fin.)	Investimento de renda fixa (Fin.)
Fixed-income security	Título de renda fixa
Fixed interest loans (Fin.)	Empréstimos com juros fixos (Fin.)
Fixed price contract	Contrato de preço fixo
Fixed rate deposit certificate (Fin.)	Certificado de depósito com taxa fixa (Fin.)
Fixed rate notes (Fin.)	Obrigações com taxa fixa (Fin.)
Fixed term	Prazo fixo
Fixed-term insurance (Ins.)	Seguro a prazo fixo (Seg.)
Fixture	Utensílio, normalmente classificado como item do imobilizado
Fixtures and equipment	Instalações e equipamentos
Flash report	Relatório sucinto de estimativas de resultados
Flat (UK)	Liso, raso, plano; apartamento (Reino Unido)
Flat fee (Fin.)	Taxa fixa (Fin.)
Flat rate (Fin.)	Taxa uniforme (Fin.)

Flaw	Imperfeição
Flawless	Perfeito, com perfeição
Flax	Linho
Fleet	Frota
Flexible	Flexível
Flexible budget	Orçamento flexível
Flexible premium annuities (Ins.)	Anuidades em prêmios flexíveis (Seg.)
Flight	Vôo, trajetória
Float (Fin.)	"Float" (Fin.)
Floater (policy or endorsement) (Ins.)	Apólice flutuante (Seg.)
Floating activities (Fin.)	Atividades de "floating" (Fin.)
Floating charge (Fin.)	Direito sobre os bens de uma empresa, dado em garantia da dívida, porém sem ligação com um desses bens, especificamente (Fin.)
Floating interest loan (Fin.)	Empréstimo com taxa flutuante/juros variáveis (Fin.)
Floating rate debt	Dívida a taxa flutuante
Floating rate deposit certificates (Fin.)	Certificados de depósito com taxa flutuante (Fin.)
Floating Rate Notes - FRN (Fin.)	Obrigações com taxa flutuante (Fin.)
Floating rate of exchange (Fin.)	Taxa de câmbio flutuante (Fin.)
Flock	Rebanho de ovelhas, multidão
Flood (Ins.)	Enchente, inundação (Seg.)
Flood insurance (Ins.)	Seguro contra inundação (Seg.)
Floor (Fin.)	Juros mínimos (em contrato de opção) (Fin.)
Floor of stock exchange	Pregão da bolsa de valores
Floor plan loans (Fin.)	Financiamentos a distribuidores de bens de consumo duráveis (Fin.)
Flop	Malogro
Floppy disk (EDP)	Disco flexível (PED)
Flotation (Fin.)	Lançamento ou emissão de títulos no mercado (Fin.)
Flotation (Fin.)	Flutuação; levantar empréstimo (Fin.)
Flour	Farinha
Flowchart	Fluxograma
Flow of capital	Fluxo de capital
Flow of funds	Fluxo de fundos
Flow production	Produção em cadeia
Fluctuation	Flutuação
Fly	Voar, passar velozmente

Flying	Transitório, veloz
Following	Seguinte, próximo
Following through	Levar um projeto até o final
Follow-up (n.) (v.)	Acompanhamento, seguimento (s.); acompanhar (v.)
Food and Agriculture Organization of the United Nations - FAO	Organização de Alimentos e Agricultura das Nações Unidas
Foot (USA)	Somar colunas ou cifras (EUA)
Footing (USA)	Soma de colunas ou cifras (EUA)
Footnotes	Notas de rodapé
Footwear	Calçado
For cash	Pagamento em dinheiro
Forced sale	Venda forçada; liquidação
Forced sale value	Valor de liquidação forçada
Forecast (n.) (v.)	Previsão; uma estimativa de eventos e condições futuros (s.); fazer previsão (v.)
Foreclose (Leg.)	Executar hipoteca (Jur.)
Foreclosed assets	Ativos de hipotecas executadas (no Brasil, as empresas contabilizam estes ativos na conta "bens não destinados a uso")
Foreclose the property (Leg.)	Executar (hipoteca) o imóvel (Jur.)
Foreclosure (Leg.)	Execução de hipoteca (Jur.)
Foreground (EDP)	Alta prioridade (PED)
Foreign capital	Capital estrangeiro
Foreign company	Empresa estrangeira
Foreign Corrupt Practices Act (Fin.) (USA)	Lei de práticas de corrupção no exterior (Fin.) (EUA)
Foreign currency	Moeda estrangeira, câmbio, divisas
Foreign currency financial statements	Demonstrações financeiras expressas em moeda estrangeira
Foreign currency transactions	Transações com moeda estrangeira
Foreign currency translation (of financial statements)	Conversão para moeda estrangeira (de demonstrações financeiras)
Foreigner	Estrangeiro
Foreign exchange	Troca de moeda de um país pela de outro; a moeda de um país estrangeiro; câmbio exterior
Foreign exchange cover	Cobertura cambial
Foreign exchange rate	Taxa de câmbio
Foreign exchange swap (Fin.)	"Swap" de câmbio (Fin.)
Foreign investment	Investimento estrangeiro
Foreign issuer (Fin.) (USA)	Emissor estrangeiro (Fin.) (EUA)

Foreign loan (Fin.)	Empréstimo estrangeiro (Fin.)
Foreign market	Mercado externo
Foreign Office	Ministério das Relações Exteriores
Foreign resources	Recursos externos
Foreign tax credit (Leg.)	Crédito fiscal do exterior (Jur.)
Foreign trade	Comércio exterior
Foreman	Capataz, chefe de turma
Forestry	Silvicultura
Forfeit (Leg.)	Caducar (patente) (Jur.)
Forfeited shares (Leg.)	Ações caídas em comisso (Jur.)
Forgery (Leg.)	Falsificação (Jur.)
Forgiveness of debt	Perdão de dívida
Forklift truck	Empilhadeira
Form (n.) (v.)	Formulário (s.); formar (v.)
Formal	Formal
Format	Formato
Form-driven approach	Abordagem "baseada em formulários"
Former employment references	Referências do emprego anterior
For own account	Por conta própria
Fortune	Casualidade, sucesso imprevisto; haveres
Forum (Leg.)	Árbitro (Jur.)
Forward	Enviar, expedir
Forward (Fin.)	A termo, futuro (Fin.)
Forward contract (Fin.)	Contrato a termo (Fin.)
Forward Exchange Agreement -	Acordo de câmbio a termo (Fin.)
FXA (Fin.)	
Forward exchange contract (Fin.)	Contrato de câmbio a termo (Fin.)
Forward rate (Fin.)	Taxa a termo (Fin.)
Forward Rate Agreement - FRA (Fin.)	Acordo de taxa a termo (Fin.)
Forward rate of exchange (Fin.)	Taxa de câmbio a termo (Fin.)
Forward Spread Agreement - FSA (Fin.)	Acordo de "spread" a termo (Fin.)
Forward swap (Fin.)	"Swap" a termo (Fin.)
Forward transactions (Fin.)	Transações a termo (Fin.)
Founders' shares	Partes beneficiárias (de fundadores)
Founders' shares redemption	Resgate de partes beneficiárias
Fourth Generation Language - 4GL (EDP)	Linguagem de quarta geração (PED)
Fractional share	Ação fracionária
Framework	Estrutura
Franchise	"Franchise"; franquia, licença, concessão, privilégio de exploração
Franchise fees	Honorários de franquia
FRA options (Fin.)	Opções em acordos de taxas a termo (Fin.)

Fraud	Fraude, sonegação
Fraudulent declarations (Ins.)	Declarações fraudulentas (Seg.)
Free Alongside Ship - FAS	Livre ao lado do navio - FAS
Free and open market	Mercado livre e aberto
Free company	Livre empresa
Free currency	Moeda conversível
Free enterprise	Livre iniciativa
Freehold property	Propriedade que inclui posse do terreno, ao contrário da propriedade arrendada, na qual a posse da terra é separada do uso
Freelance worker	Autônomo, trabalhador independente
Free lease agreement (Leg.)	Contrato de comodato (Jur.)
Free market	Mercado livre
Free of charge	Isento de encargos/de débitos
Free On Board - FOB	Livre a bordo - FOB
Free reserve	Reserva livre
Free-trade zone	Zona franca, zona de livre comércio
Freeway	Auto-estrada
Freeze	Congelar
Freight	Frete
Freight insurance (Ins.)	Seguro de frete (Seg.)
Frequency curve	Curva de freqüência
Frequent	Freqüente, habitual
Fresh	Fresco, novo, recém-criado/chegado, saído
Friction	Atrito
Fringe benefits	Benefícios adicionais; vantagens que o empregado pode ter, além do salário
Front-end fee (Fin.)	Honorário inicial (Fin.)
Front-end instructions (Aud.)	Instruções iniciais (Aud.)
Front-end review (Aud.)	Revisão inicial (Aud.)
Front-end training	Treinamento em que a transmissão dos conceitos gerais precede a dos conceitos básicos e de sua aplicação
Front office	Funções de operação
Frozen account (Leg.)	Conta congelada; conta bancária cuja movimentação é sustada por decisão judicial (Jur.)
Frozen prices	Preços congelados
Fruition share	Ação de fruição
Fulfill	Preencher
Full absorption cost method	Método de custeio por absorção total
Full cost	Custo total

Full coupon bond (Fin.)	Obrigação com cupom pleno (Fin.)
Full coverage	Cobertura total
Full disclosure	Divulgação completa, total
Full rates	Taxas plenas
Full stop	Ponto final
Full time	Tempo integral
Fully diluted (capital)	Completamente diluído (capital)
Fully paid capital stock	Capital totalmente integralizado
Functional analysis	Análise funcional
Functional currency	Moeda "funcional"; moeda do principal ambiente econômico em que a empresa opera
Functional responsability	Responsabilidade funcional
Fund (n.) (v.)	Fundo, parcela do capital ou patrimônio separada para fins específicos (s.); fornecer fundos para determinado fim (v.)
Funded by	Financiado por
Funded debt	Dívida fundada
Funding	Provimento de fundos; transformação de dívida de curto em longo prazo
Funding method	Método de obtenção de recursos financeiros para saldar obrigações futuras
Funding of bank's activities	Financiamento das atividades bancárias
Funding of other bank activities	Financiamento de outras atividades do banco
Funds	Fundos, recursos
Funds (check cleared for...)	"Resgatado em dinheiro"
Fund surplus	Superávit de um fundo; patrimônio líquido de um fundo
Funeral grant	Auxílio-funeral
Fungible custody (Fin.)	Custódia fungível (Fin.)
Furlough	Licença temporária, férias
Furnish	Suprir, aparelhar
Furniture and fixtures	Móveis e utensílios
Further	Auxiliar, adicional; mais além
Future price	Preço futuro
Future remittance	Remessa futura
Futures contract (Fin.)	Contrato de futuros (Fin.)
Futures exchange (Fin.)	Bolsa de futuros/câmbio futuro (Fin.)
Futures option (Fin.)	Opção sobre futuros (Fin.)
Futures transactions (Fin.)	Transações no mercado de futuros (Fin.)

G

Gain — Lucro, ganho

Gain contingency — Contingência de ganho, de lucro

Gain or loss — Ganho ou perda; lucro ou prejuízo

Galley — Galera

Gantt chart — Gráfico de Gantt

Gap (Fin.) (EDP) — "Gap" (diferença); o período entre o vencimento de empréstimos tomados e feitos ou, no caso de moeda estrangeira, entre os vencimentos para compra e os vencimentos para venda (Fin.); intervalo vazio (PED)

Garage — Garagem

Garbage — Refugo, sobras, lixo

Garble — Deturpar, adulterar

Garment — Artigo de vestuário

Gas, gasoline — Gasolina

Gateways (EDP) — Dispositivos de interconexão de redes (PED)

Gearing (Fin.) — Alavancagem/engrenagem financeira (Fin.)

General Agreement on Tariffs and Trade - GATT — Acordo Geral de Tarifas e Comércio - GATT

General Agreement on Trade and Services - GATS (UNO) — Acordo Geral em Comércio e Serviços (ONU)

General expenses — Despesas gerais

General insurance — Seguro geral

General journal — Diário geral

General ledger — Razão geral

Generally Accepted Accounting Principles - GAAP (USA) — Princípios contábeis geralmente aceitos - PCGA (EUA)

Generally Accepted Auditing Standards - GAAS (Aud.) (USA) — Normas de auditoria geralmente aceitas (Aud.) (EUA)

General manager — Gerente-geral

General overhead — Despesas gerais indiretas

General purpose financial statements — Demonstrações financeiras para fins gerais

General reserve — Reserva geral

Gentlemen's agreement — Acordo de cavalheiros

Genuine — Genuíno, autêntico

Geometric mean — Média geométrica

Gilt-edged security (UK) (Fin.) — Título de grande segurança (Reino Unido) (Fin.)

262

Give a true and fair view (UK) (Aud.)	Apresentam adequadamente (Reino Unido) (Aud.)
Give notice	Demitir, pedir demissão
Glass	Vidro, copo
Global Depositary Receipts - GDRs (Fin.)	Recibos de Depósitos Globais - GDRs (Fin.)
Global mathematical reserve (Ins.)	Reserva matemática global (Seg.)
Goal	Meta
Goal seeking	Identificação de objetivos
Goal setting	Estabelecimento de objetivos
Going concern	Empresa em funcionamento, em marcha Conceito de continuidade de funcionamento operacional da empresa
Going private	Fechamento de capital
Going public	Abertura de capital
Golden share (Fin.)	Ação (título) especial (Fin.)
Gold loan contracts (Fin.)	Mútuo de ouro (Fin.)
Gold reserves	Reservas de ouro
Gold standard (Fin.)	Padrão ouro (Fin.)
Good faith (Leg.)	Boa-fé (Jur.)
Goods	Produtos, mercadorias
Goods in process	Produtos em processo
Goods in transit	Produtos, mercadorias em trânsito
Goodwill	Fundo de comércio; bens intangíveis, tais como o valor do bom relacionamento com clientes, moral elevado dos empregados, bom conceito nos meios empresariais, boa localização etc., os quais excedem o ativo líquido tangível de uma empresa
Go on strike	Fazer greve
Go slow	Operação tartaruga
Government agency	Entidade governamental
Governmental accounting	Contabilidade pública
Governmental taxing authority (Leg.)	Autoridade fiscal federal (Jur.)
Government business enterprises	Empresas governamentais/estatais
Government bond	Título governamental, instrumento da dívida pública
Government-guaranteed credits	Créditos garantidos pelo governo
Government obligations (Fin.)	Obrigações governamentais (Fin.)

Government-owned companies	Empresas de propriedade do governo; estatais
Government securities (Fin.)	Títulos governamentais (Fin.)
Grace period (Ins.) (Fin.)	Prazo de graça/carência (Seg.) (Fin.)
Grade	Grau, classificação
Graduate	Classificar
Grain	Grão, semente
Grandfather clause (Leg.)	Cláusula de direito adquirido (Jur.)
Grand Jury	Júri Principal
Grant (n.) (v.)	Verba, doação, subsídio (s.); conceder (v.)
Grantee (Leg.)	Outorgado (Jur.)
Granting (Leg.)	Deferimento (Jur.)
Grantor (Leg.)	Outorgante (Jur.)
Graph	Gráfico
Graphical user interface (EDP)	Interface gráfica do usuário (Ex. Windows) (PED)
Gratuity	Gratificação, gorjeta, propina
Greenback (USA)	Papel-moeda (EUA)
Green light	Luz verde
Greenwich Mean Time - GMT	Hora do meridiano de Greenwich
Grind (n.) (v.)	Estudo ou trabalho árduo (s.); triturar (v.)
Gross book value	Valor bruto contábil
Gross Domestic Product - GDP	Produto Interno Bruto - PIB
Gross income	Receita bruta
Gross margin	Margem bruta
Gross National Product - GNP	Produto Nacional Bruto - PNB
Gross premium issued (Ins.)	Prêmios brutos emitidos (Seg.)
Gross profit	Lucro bruto
Gross profit margin	Margem de lucro bruto
Gross profit ratio	Índice de lucro bruto
Gross revenue	Receita bruta
Gross sales	Vendas brutas
Gross up	Calcular "por dentro"; somar de novo ao valor de um bem, lucro ou receita, o valor do imposto correspondente, antes deduzido
Gross weight	Peso bruto
Ground	Fundamento, base, motivo, solo
Group accounts	Demonstrações financeiras consolidadas
Group company	Companhia ligada
Group dymanics	Dinâmica de grupo

Group insurance	Seguro em grupo
Group life insurance (Ins.)	Seguro de vida em grupo (Seg.)
Group of companies	Grupo de empresas
Group training	Treinamento em grupo
Growth area	Área de crescimento
Growth index	Índice de crescimento
Growth industry	Indústria em crescimento
Growth prospects	Perspectivas de crescimento
Growth rate	Taxa de crescimento
Growth strategy	Estratégia de crescimento
Guarantee (n.) (v.)	Fiança, garantia, aval (s.); garantir, avalizar, abonar (v.) (Jur.)
Guaranteed bonds (Fin.)	Obrigações garantidas (Fin.)
Guaranteed sales	Vendas com direito de devolução ilimitado
Guarantor	Fiador, avalista
Guess estimate	Estimativa aproximada
Guidance	Orientação
Guidelines	Orientação; linhas de orientação, diretrizes
Guild	Grêmio, associação
Gun jumping (Fin.) (USA)	"Saída antes do tempo" (Fin.) (EUA)

H

Hail (Ins.)	Chuva de granizo (Seg.)
Hail insurance (Ins.)	Seguro contra chuva de granizo (Seg.)
Half-year	Semestre
Handicap	Obstáculo, desvantagem, vantagem
Handicraft, hand made	Artesanato
Handling charge	Custo de manuseio
Handout	Papéis distribuídos numa reunião, seminário, curso etc. com o conteúdo das apresentações feitas
Hard selling	Venda agressiva
Hands-off	Sem experiência ou participação direta
Hands-on	Experiência prática
Handwritten	Escrito à mão
Hard currency	Moeda forte
Hard disk (EDP)	Disco rígido (PED)
Hardware (EDP)	"Hardware"; equipamento que compõe a parte física do computador (PED)
Harmonization of accounting principles (between the holding and subsidiaries in order to apply the equity method of accounting)	Equalização de princípios contábeis (entre controladora e controladas, para aplicar o método de equivalência patrimonial)
Haul	Transporte; mudar de direção
Hazard	Sorte, risco, acaso
Hazard insurance (Ins.)	Seguro contra acidentes (bens - desabamento, incêndio etc.) (Seg.)
Head count	Número de funcionários
Head-hunter	Profissional que busca executivos para seus clientes
Heading	Título, cabeçalho
Head office	Sede, matriz, direção geral
Headquarters - HQ	Escritório central, sede da empresa, quartel-general
Health	Saúde
Health insurance (Ins.)	Seguro de saúde (Seg.)
Health insurance plan (Ins.)	Plano de seguro de saúde (Seg.)
Hear from	Ter notícias
Hearing (Leg.)	Audiência (Jur.)
Hear opinions	Solicitar opiniões
Heat	Aquecido
Heavily-indebted (Fin.)	Altamente endividado (Fin.)
Heavy	Pesado, excessivo, abundante
Heavy losses	Perdas substanciais

Hedge	"Hedge"; comprar ou vender mercadorias ou contratos de câmbio futuros, com a finalidade precípua de eliminar ou restringir o risco envolvido em flutuações de preços
Hedge operations market (Fin.)	Mercado de operações de "hedge" (Fin.)
Hedging	"Hedging"; proteção, mediante transações, contra riscos de mercado, de taxa de juros ou de câmbio; cobertura contra um risco potencial (não se trata de seguro)
Helmet	Capacete
Hereby	Por meio deste
Hereunder	De acordo com isto
Herewith	Com este documento...; com a presente...
Hidden asset	Ativo oculto, o que está abaixo do seu valor real
Hidden liability	Passivo oculto
Hidden partner	Sócio oculto
Hidden reserve	Reserva oculta
Hierarchy	Hierarquia
High Court of Justice (Leg.)	Superior Tribunal de Justiça - STJ (Jur.)
High level	Alto nível
High-level performance	Desempenho de alto nível
Highlight (n.) (v.)	Realce, destaque (s.); realçar, destacar (v.)
Highly liquid debt	Título de dívida de alta liquidez
Highly-paid job	Emprego bem remunerado
High risk	Alto risco
High-tech industries	Indústrias de alta-tecnologia
Hire	Contratar/admitir pessoal
Hire purchase (UK)	Aluguel com cláusula de aquisição; acordo pelo qual o consumidor pode fazer uso das mercadorias durante o período de pagamento destas, embora o título de posse só seja assegurado depois de feitos todos os pagamentos
Historical carrying value	Valor histórico pelos livros
Historical cost	Custo histórico
Historical exchange rate	Taxa de câmbio histórica
History of payments	Histórico de pagamentos
Holder (Fin.)	Detentor; quem detém a posse de um instrumento negociável (Fin.)

Holder (Ins.)	Segurador (Seg.)
Hold harmless	Isentar de responsabilidade
Holding company	"Holding", companhia controladora
Holding company	"Holding", companhia controladora, sociedade de participação
Holding gain	Lucro vegetativo
Holding loss	Prejuízo vegetativo
Holdings	Posses, investimentos
Hold-mail account (Fin.)	Conta de retenção de correspondência (o cliente solicita ao banco para reter a correspondência e retira-a pessoalmente) (Fin.)
Hold margins	Manter as margens (de rentabilidade)
Holdovers	Pendências
Holiday	Feriado
Holiday pay (UK)	Ausência remunerada, férias remuneradas, pagamento de férias (Reino Unido)
Holidays	Férias
Home banking	Acesso a serviços bancários em casa
Home delivery	Entrega em domicílio
Home equity loans (Fin.)	Empréstimos garantidos por hipotecas de residências (Fin.)
Homemade	Fabricação nacional/caseira
Home market	Mercado interno local
Home Office (UK)	Ministério dos Negócios Interiores (Reino Unido)
Home owner insurance (Ins.)	Seguro habitacional/residencial (Seg.)
Homologate (Leg.)	Homologar (Jur.)
Honor	Honrar; cumprir uma exigência; pagar a dívida até o vencimento
Horizontal integration	Integração horizontal
Hospital daily care expenses (Ins.)	Cobertura de diárias hospitalares (Seg.)
Hospital expense insurance (Ins.)	Seguro de despesas hospitalares (Seg.)
Hospital insurance (Ins.)	Seguro de internação hospitalar (Seg.)
Host computer (EDP)	Computador principal (PED)
Hostile takeover	Encampação hostil; compra de participação majoritária contra a vontade dos acionistas existentes
Hot money (Fin.)	Recursos financeiros de curtíssimo prazo; "hot money" (Fin.)
Hourly rate	Taxa horária

House accounts	Contas de funcionários e diretores e de empresas de um banco
House debits	Débitos internos
Household	Pertencente ou relativo à residência
Housekeeping (Fin.) (USA)	Preparação interna (Fin.) (EUA)
Housing	Alojamento
Hull	Invólucro; casco (parte exterior de navio)
Hull insurance (Ins.)	Seguro de embarcações/cascos (Seg.)
Human error	Erro humano
Human relations	Relações humanas
Human resources	Recursos Humanos - RH
Hundred per cent, a	Cem por cento
Hundreds	Centenas
Hydrocarbon	Hidrocarboneto
Hydroelectric	Hidroelétrica
Hydrogen	Hidrogênio
Hyperinflation	Hiperinflação
Hypermarket	Hipermercado

I

Icon (EDP)	Ícone (PED)
Ideal capacity	Capacidade ideal
Identification Codes - ID	Códigos de identificação
Identified financial reporting framework	Estrutura do relatório financeiro identificada/definida/estabelecida
Identity	Identidade
Idle capacity	Capacidade ociosa
Idle facilities	Instalações ociosas
Idle money	Dinheiro ocioso
Idle terminal (EDP)	Terminal ocioso (PED)
Idle time	Tempo ocioso
Illegal acts by companies (Leg.)	Atos ilegais praticados por empresas (Jur.
Illegal strike	Greve ilegal
Illiquid	Ilíquido
Illiquidity	Iliquidez
Illiterate	Analfabeto
Ill-timed	Inoportuno, intempestivo
Immaterial	Irrelevante
Immediate accounting recognition	Reconhecimento contábil imediato
Immigration	Imigração
Immigration authorities	Autoridades da imigração
Impairment	Deterioração
Impartial	Imparcial
Impediment (Leg.)	Impedimento (Jur.)
Imperfect	Imperfeito
Implementation	Implementação, introdução
Implicit interest	Juros implícitos/embutidos
Implied	Envolvido, subentendido
Import (n.) (v.)	Importação (s.); importar (v.)
Import credit	Crédito de importação
Import duty	Imposto de Importação - II
Import license	Guia/licença de importação
Import permit	Permissão de importação
Import quota	Quota de importação
Import restrictions	Restrições a importações
Imports	Importações
Import tariff	Tarifa de importação
Imprest cash fund	Fundo fixo ou rotativo de caixa
Imprest system	Sistema de fundo fixo ou rotativo de caix
Improvement	Melhoramento, benfeitoria
Improvements coverage (Ins.)	Seguro/risco de benfeitorias (Seg.)
Imputed cost	Custo imputado

Imputed interest (Fin.)	Juros imputados, embutidos (Fin.)
Imputed interest rate (Fin.)	Taxa de juros imputada, embutida (Fin.)
Inability	Incapacidade
Inaccurate	Impreciso, incorreto
Inactive corporation	Empresa inativa
Inactive/idle asset	Bem inativo
Inactive stock	Ações inativas
Inalienable	Inalienável
In arrears	Em atraso
Inbound	Viagem de volta
In bulk	A granel
Incapable	Inidôneo, incapaz
Incentive	Incentivo
Incentive bonus	Gratificação de incentivo
Inception	Início
Incidence (Leg.)	Incidência (Jur.)
Incidental costs	Custos adicionais
Inclusive	Inclusivo
Income	Lucro, ganho, receita
Income account	Conta do resultado
Income and spendings	Rendimentos e desembolsos
Income distribution/redistribution	Distribuição/redistribuição de renda
Income from operations	Lucro das operações
Income insurance (Ins.)	Seguro de renda (Seg.)
Income per head	Renda per capita
Income received/realized	Receita realizada
Income statement	Demonstração do resultado
Income tax (Leg.)	Imposto de renda (Jur.)
Income tax expense (benefit)	Despesa (benefício) de imposto de renda
Income tax provision	Provisão para imposto de renda
Income tax return (Leg.)	Declaração de imposto de renda (Jur.)
Incoming auditor (Aud.)	Auditor recém-contratado, novo auditor (Aud.)
Incoming confirmation (Aud.)	Confirmações recebidas (de circularização) (Aud.)
Incoming note	Nota de entrada, nota recebida
Incoming telex	Telex recebidos
Incompetence	Incompetência, inaptidão
Inconsistency	Falta de uniformidade
Incorporate a company	Constituir uma pessoa jurídica
Increase (n.) (v.)	Aumento, acréscimo, elevação (s.); aumentar, acrescer, elevar (v.)

Incremental	Com incremento, com aumento, marginal
Incremental cash flow	Fluxo de caixa adicional
Incremental cost	Custo marginal/incremental
Incurred	Incorrido
Incurred But Not Reported - IBNR (Ins.)	Ocorrido (sinistro) mas não avisado (Seg.)
Incurred cost	Custo incorrido
Incurred losses (Ins.)	Perdas ocorridas (Seg.)
Incurred risks (Ins.)	Riscos decorridos (Seg.)
Indebtedness	Endividamento; o conjunto das obrigações
Indemnitee (Ins.)	Recebedor da indenização (Seg.)
Indemnitor (Ins.)	Pagador da indenização (Seg.)
Indemnity	Indenização
Indemnity (Ins.)	Indenização; compensação por perda (Seg.)
Indemnity estimates for events which have occurred (Ins.)	Estimativa de indenizações para os eventos ocorridos (Seg.)
Indent	Deixar espaço entre a margem esquerda e o início do texto
Indenture	Contrato, escritura
Independence (Aud.)	Independência (Aud.)
Independent accountant (Aud.)	Contador público independente; auditor externo (Aud.)
Independent adjustor (Ins.)	Ajustador independente (Seg.)
Independent auditor (Aud.)	Auditor independente (Aud.)
Index	Índice
Indexation	Indexação, correção monetária
Indexed bond	Obrigação (título) reajustável
Index parity contract (Fin.)	Contrato de paridade de indexadores (Fin.)
Indicate	Indicar, assinalar, significar
Indicator	Indicador
Indirect charges	Encargos indiretos
Indirect cost	Custo indireto
Indirect liability (Ins.)	Responsabilidade indireta (Seg.)
Indirect expense	Despesa indireta
Indirect labor	Mão-de-obra indireta
Indirect loans (Fin.)	Empréstimos indiretos (Fin.)
Indirect loss (Ins.)	Perda indireta (Seg.)
Indirect material	Material indireto
Indirect taxes	Impostos indiretos
Indisputable	Indisputável
Individual insurance policy (Ins.)	Apólice individual (Seg.)

Individual life insurance (Ins.)	Seguro de vida individual (Seg.)
Individual mathematical reserve (Ins.)	Reserva matemática individual (Seg.)
Individual taxpayer	Contribuinte, pessoa física
Indivisibility of premium (Ins.)	Indivisibilidade de prêmio (Seg.)
Induction	Indução, iniciação
Industrial accounting	Contabilidade industrial
Industrial espionage	Espionagem industrial
Industrial facilities	Instalações industriais
Industrialized country	País industrializado
Industrial psychology	Psicologia industrial
Industrial relations	Relações industriais
Industry	Tipo de atividade, área de atividade, setor
Industry incentives	Incentivos à indústria, às empresas
Industry segment	Segmento da indústria, do setor de atividades
Industry skills	Conhecimentos especializados/ habilidades em setores de atividades
In effect	Em vigor
Ineffective	Ineficaz
Inefficient	Ineficiente
Inelastic demand	Demanda inelástica
Inequality	Desigualdade
Inflation	Inflação
Inflation accounting	Contabilidade que leva em conta os efeitos da inflação
Inflationary trend	Tendência inflacionária
Inflation gain	Lucro inflacionário
Inflation loss	Prejuízo inflacionário
Inflation rate	Taxa de inflação
Inflow	Entrada, influxo
Influence	Influência, prestígio
In-force and benefit reserve (Ins.)	Provisão em vigor e de benefícios (Seg.)
Informal economy	Economia informal
Informal record	Registro informal, extracontábil
Information	Informações
Information base	Informações-base
Information Center - IC (EDP)	Centro de Informações - CI (PED)
Information engineering (EDP)	Engenharia da informação (PED)
Information handling	Manipulação de informações
Information network	Rede de informações
Information retrieval (EDP)	Recuperação de informações (PED)
Information Technology - IT (EDP)	Tecnologia de Informática - TI (PED)

Informed judgment	Julgamento fundamentado
Infrastructure	Infra-estrutura
Infringe	Violar, infringir
Infringement	Infração
Inherent risks (Aud.)	Riscos inerentes (Aud.)
Inheritance (Leg.)	Herança (Jur.)
Initial (n.) (v.)	Rubrica (s.), rubricar (v.)
Initial costs	Custos iniciais
Initial engagement (Aud.)	Trabalho inicial, primeiro trabalho (Aud.)
Initial Public Offering - IPO (Fin.) (USA)	Oferta pública inicial (Fin.) (EUA)
Initiation of legal action (Leg.)	Instauração de processo (Jur.)
Injunction (Leg.)	Mandado de segurança, ação cominatória (Jur.)
In kind	Em espécie
Inland freight	Frete interno
Inland marine insurance (Ins.)	Seguro de transporte fluvial
Inland transit (Ins.)	Transporte rodoviário (Seg.)
Innovation	Inovação
In process (goods)	Em processo, em fabricação (produtos)
Input	Insumo; a quantidade de bens e serviços que entra no processo de produção; dados de entrada; inserir dados (PED)
Input-output analysis	Análise de entrada-e-saída
Inquiry (Leg.)	Interrogatório (Jur.)
In quotes	Entre aspas (citação)
Insert	Inserir, intercalar
Insider	Pessoa que tem acesso a informações não disponíveis para o público/em posição privilegiada
Insider information	Informações confidenciais obtidas de pessoal interno da empresa
Insolvency	Insolvência
Insolvent	Insolvente
Inspect	Inspecionar
Installed capacity	Capacidade instalada
Installment loan (Fin.)	Empréstimo a prestações (Fin.)
Installment sale	Venda a prestações
Institute of Chartered Accountants in England and Wales - ICAEW (UK)	Instituto de Contadores Registrados na Inglaterra e no País de Gales (Reino Unido)
Institute of Internal Auditors - IIA	Instituto de Auditores Internos
Institutional advertising	Propaganda institucional
Institutional investor	Investidor institucional

Instruction and reporting (Aud.)	Instrução e relatório (Aud.)
Instructions	Instruções
Instrument (Fin.)	Papel, título, valor mobiliário, instrumento (Fin.)
Instrumental	Instrumental
In-substance defeasance (Leg.)	Revogável em essência (Jur.)
Insufficient funds	Fundos insuficientes
Insufficient reserves (Ins.)	Insuficiência de reservas (Seg.)
Insulate	Isolar
Insurable amount (Ins.)	Valor segurável (Seg.)
Insurable value (Ins.)	Valor segurável (Seg.)
Insurance (Ins.)	Seguro (Seg.)
Insurance agent (Ins.)	Agente de seguros (Seg.)
Insurance broker (Ins.)	Corretor de seguros (Seg.)
Insurance claim (Ins.)	Reclamação de seguros (Seg.)
Insurance company (Ins.)	Companhia de seguros (Seg.)
Insurance consortia (Ins.)	Companhia de seguros consorciada (Seg.)
Insurance contract (Ins.)	Contrato de seguros (Seg.)
Insurance contracted (Ins.)	Seguro contratado (Seg.)
Insurance cover (Ins.)	Cobertura de seguros (Seg.)
Insurance group (Ins.)	Grupo segurador (Seg.)
Insurance industry (Ins.)	Setor (atividade de seguros) (Seg.)
Insurance lines (Ins.)	Ramos de seguro (Seg.)
Insurance operations (Ins.)	Operações de/com seguros (Seg.)
Insurance policy (Ins.)	Apólice de seguro (Seg.)
Insurance premium (Ins.)	Prêmio de seguro (Seg.)
Insurance premium tariff (Ins.)	Tarifas de prêmios de seguros (Seg.)
Insurance rates (Ins.)	Tarifas de seguros (Seg.)
Insurance risk (Ins.)	Risco de seguro (cobertura) (Seg.)
Insurance with monthly premium payments (Ins.)	Seguro com pagamentos mensais do prêmio (Seg.)
Insurer (Ins.)	Segurador (Seg.)
Intangible	Intangível
Intangible asset	Ativo intangível
Intangible cost	Custo intangível
Integer	Número inteiro, todo
Integrated accounting	Contabilidade integrada
Integrated company	Empresa integrada
Integrated cost system	Sistema de custo integrado
Integrated management system	Sistema integrado de gestão
Integrity	Integridade, fidelidade, confiabilidade
Integrity of management	Integridade da administração

Intensive production	Produção intensiva
Interact	Interagir
Interaction	Interação
Interamerican Association of Accountants - IAA	Associação Interamericana de Contadores - AIC
Interamerican Development Bank - IDB	Banco Interamericano de Desenvolvimento - BID
Interbank accounts (Fin.)	Contas interbancárias (Fin.)
Interbank funds applied (Fin.)	Recursos interbancários investidos (Fin.)
Interbank placement market (Fin.)	Mercado interbancário de colocações (Fin.)
Interchange	Intercâmbio
Intercompany elimination	Eliminação de operações mútuas entre empresas do mesmo grupo
Intercompany loss	Prejuízo entre empresas do mesmo grupo
Intercompany profit	Lucro entre empresas do mesmo grupo
Intercompany transactions	Transações entre empresas do mesmo grupo
Intercorporate investments	Investimentos entre companhias
Interdepartmental profit	Lucro em transações entre departamentos da mesma empresa
Interdependence	Interdependência
Interest	Juros; participação em sociedade
Interest and fee charges (Fin.)	Débitos de juros e serviços (Fin.)
Interest and fee income (Fin.)	Receita de juros e serviços (Fin.)
Interest-bearing assets (Fin.)	Ativos com incidência de juros (Fin.)
Interest-bearing bond (Fin.)	Obrigação com juros (Fin.)
Interest-bearing deposits (Fin.)	Depósitos que rendem juros (Fin.)
Interest-bearing liabilities (Fin.)	Passivos com incidência de juros (Fin.)
Interest capitalization	Capitalização de juros
Interest expense	Despesas de juros
Interest-free (Fin.)	Sem juros (Fin.)
Interest future market (Fin.)	Mercado futuro de juros (Fin.)
Interest on arrears	Juros de mora
Interest on non-accrual loans (Fin.)	Juros sobre empréstimos cuja possibilidade de cobrança é precária (Fin.)
Interest rate (Fin.)	Taxa de juros (Fin.)
Interest rate swap (Fin.)	"Swap" de taxa de juros (Fin.)
Interface (EDP)	Interface (PED)
Interfinancial deposits (Fin.)	Depósitos interfinanceiros (Fin.)

Interim audit (Aud.)	Auditoria intermediária, intercalar, "de ínterim" (Aud.)
Interim certificate	Certificado provisório
Interim closing	Fechamento intermediário, intercalar, "de ínterim"
Interim dividend	Dividendo intermediário, intercalar, "de ínterim"
Interim financial statements	Demonstrações financeiras intermediárias, intercalares, "de ínterim"
Interim period	Período intermediário, intercalar, "de ínterim"
Interim report	Relatório intermediário, intercalar, "de ínterim"
Interim visit (Aud.)	Visita de ínterim/intermediária (Aud.)
Intermediary (Fin.) (Ins.)	Intermediário (Fin.) (Seg.)
Intermediate	Intermediário
Intermediation (Fin.)	Intermediação (Fin.)
Internal accounting control	Controle contábil interno
Internal audit (Aud.)	Auditoria interna (Aud.)
Internal control	Controle interno
Internal control memorandum (Aud.)	Memorando de controle interno (Aud.)
Internal control questionnaire (Aud.)	Questionário de controle interno (Aud.)
Internal control recommendation (Aud.)	Recomendação de controle interno (Aud.)
Internal control system	Sistema de controle interno
Internal rate of return	Taxa de retorno interno
Internal Revenue Service - IRS (USA)	Departamento da Receita Federal (EUA)
International Accounting Standards - IAS	Normas contábeis internacionais - IAS
International Accounting Standards Committee - IASC	Comitê de Normas Contábeis Internacionais (IASC)
International Auditing Practices Committee - IAPC (IFAC)	Comitê Internacional de Práticas de Auditoria (IFAC)
International Bank for Reconstruction and Development - IBRD	Banco Internacional de Reconstrução e Desenvolvimento - BIRD
International Capital Markets Group - ICMG (UNO)	Grupo de Mercados Internacionais de Capitais (ONU)
International cooperation	Cooperação internacional
International Depositary Receipts - IDRs (Fin.)	Recibos de Depósitos Internacionais (IDRs) (Fin.)
International documentary credit transactions (Fin.)	Transações internacionais de crédito documentário (Fin.)

International Federation of Accountants - IFAC | Federação Internacional de Contadores (IFAC)

International Finance Corporation - IFC | Corporação Financeira Internacional (IFC)

International Monetary Fund - IMF | Fundo Monetário Internacional - FMI

International Money Market - IMM | Mercado monetário internacional

International Organization of Securities Commissions - IOSCO | Organização Internacional de Comissõe de Valores Mobiliários

International reinsurance market (Ins.) | Mercado internacional de resseguros (Seg.)

International Standardization Organization - ISO | Organização para Padronização Internacional (ISO)

International Standards of Accounting and Reporting - ISAR (UNO) | Normas Internacionais de Contabilizaçã e Apresentação de Relatório (ONU)

International Standards on Auditing (IFAC) - ISAs (Aud.) | Normas Internacionais de Auditoria do IFAC - NIAs (Aud.)

International Transport Letter-Bill of Lading | Conhecimento-Carta de Porte Internacional

Interoffice | Interescritórios

Interperiod tax allocation | Diferimento contábil do imposto de renda apropriação do imposto de renda entr períodos (regime de competência d exercícios)

Interpersonal relationships | Relações interpessoais

Interpolation | Interpolação

Interpret | Interpretar, explicar

Interstate | Interestadual

Interview | Entrevista

In the aggregate | No total

In the black | Operando com lucro, com saldo credor

In the money (Fin.) | Abaixo (dentro do valor de mercado) quando o preço de um pape financeiro, na venda, está abaixo d valor de mercado (ver "at the money" e "out of the money") (Fin.)

In the red | Operando com prejuízo, com saldo devedor

Intracompany transactions | Transações dentro da mesma empresa

Intrinsic value | Valor intrínseco

Introduction | Introdução

Invalid pension | Aposentadoria por invalidez

Inventory	Inventário; listagem de bens; a contagem anual ou outra, específica, do estoque; os artigos inventariados; estoques
Inventory control	Controle de estoque
Inventory count	Contagem de estoque
Inventory ending balance	Saldo final de estoques
Inventory financing	Financiamento dos estoques
Inventory obsolescence	Obsolescência de estoque
Inventory overage	Excesso de estoque
Inventory shortage (in physical count)	Falta de estoque (na contagem física)
Inventory shrinkage	Falta de estoque (perdas)
Inventory turnover	Rotatividade dos estoques
Inventory valuation	Valorização de estoques
Investee	Empresa investida
Investing and funding risk (Fin.)	Risco de investimento e de provimento de recursos (Fin.)
Investment	Investimento
Investment advisor/adviser (UK) (Fin.)	Consultor de investimentos (Fin.)
Investment analysis	Análise de investimentos
Investment bank (Fin.)	Banco de investimentos (Fin.)
Investment banking (Fin.)	Atividades dos bancos de investimentos (Fin.)
Investment broker (Fin.)	Corretor de investimentos (Fin.)
Investment budget	Orçamento de investimentos
Investment company (Fin.)	Companhia de investimentos (Fin.)
Investment income (Fin.)	Receita/renda proveniente de investimentos (Fin.)
Investment in subsidiary company	Participação em controlada
Investment letter (Fin.) (USA)	Carta de investimento (Fin.) (EUA)
Investment policy	Política de investimentos
Investment portfolio	Carteira de investimentos
Investment securities	Títulos de investimentos
Investment strategy	Estratégia de investimentos
Investment subsidy	Subvenção de investimentos
Investment value	Valor do investimento
Investor	Investidor
Invitation to bid	Licitação
Invoice	Nota fiscal/fatura
Invoice clerk	Faturista
Invoice register	Registro de faturas
Invoicing	Faturamento

Involuntary bankruptcy	Falência involuntária
Involution	Involução
I Owe You - IOU	"Eu devo a você" - (vale)
IRB shares (Ins.)	Ações do IRB (Seg.)
Irredeemable bond (Fin.)	Obrigação não resgatável (Fin.)
Irregular	Irregular
Irrevocable	Irrevogável
Irrevocable credit (Fin.)	Crédito irrevogável (Fin.)
Irrevocable letter of credit (Fin.)	Carta de crédito irrevogável (Fin.)
Irrigation	Irrigação
Issue (n.) (v.)	Saída (de materiais); emissão (de ações, debêntures); número de publicação, exemplar (s.); baixar instrução/ regulamento; emitir, publicar (v.)
Issued capital	Capital emitido
Issued premiums receivable (Ins.)	Prêmios emitidos a receber (Seg.)
Issue of policies (Ins.)	Emissão de apólices (Seg.)
Item in the course of collection	Item em processo de cobrança
Itemize	Detalhar, discriminar
Itinerary	Itinerário

J

Jacket	Jaqueta, paletó, revestimento
Janitor	Porteiro
Jeopardize	Comprometer, prejudicar :
Jet; jet plane	Jato; avião a jato
Jettison	Jogar carga ao mar
Job	Tarefa, emprego, trabalho
Job analysis	Análise de cargo
Jobber	Atacadista, distribuidor
Job card	Cartão de apontamento de horas de trabalho
Job challenge	Desafio do cargo
Job competence	Competência no cargo
Job cost sheet	Folha de custo de serviço
Job costing	Custeio por ordem de produção
Job description	Descrição de cargo
Job evaluation	Avaliação de cargo
Jobless	Desempregado
Job order	Ordem de produção
Job performance	Desempenho do cargo
Job satisfaction	Satisfação no trabalho
Job specification	Especificação de cargo ou trabalho
Job status	Situação do trabalho
Joint account	Conta conjunta
Joint and several guarantee	Garantia conjunta e solidária
Joint audit	Auditoria em conjunto (feita por mais de uma firma de auditoria, com um só parecer)
Joint facilities	Instalações conjuntas
Joint negotiation	Negociação conjunta
Joint ownership	Propriedade conjunta, condomínio
Joint responsibility (Leg.)	Responsabilidade conjunta (Jur.)
Joint venture	"Joint venture", empreendimento conjunto de duas ou mais partes, com objetivo de explorar um negócio ou projeto de interesse mútuo, consórcio
Jot down	Anotar
Journal	Diário, qualquer livro de lançamento original, inclusive os diários especializados de vendas, de caixa etc.
Journal entry	Lançamento de diário
Journalize	Lançar no diário

Journal voucher	Comprovante de lançamento
Judgment	Capacidade de julgamento, ajuizamento, arrazoamento
Judgemental test	Teste por critério pessoal
Judgment sampling (Aud.)	Amostragem por julgamento (Aud.)
Judicial deposits (Leg.)	Depósitos judiciais (Jur.)
Judicial notice (Leg.)	Notificação judicial (Jur.)
Judicial notification (Leg.)	Interpelação (Jur.)
Judiciary (Power, Branch)	Poder judiciário
Junior accountant	Contador auxiliar, subalterno, assistente de auditoria
Junior clerk	Auxiliar de escritório
Junior debt (Fin.)	Dívida secundária (hipoteca em segundo grau, por exemplo) (Fin.)
Junior mortgage (Fin.)	Hipoteca de segundo grau/secundária
Junk	Refugo
Junk bond	Obrigações (títulos) emitidas por empresas de alto risco
Jurisdiction (Leg.)	Jurisdição (Jur.)
Jurisprudence (Leg.)	Doutrina (Jur.)
Jury (Leg.)	Júri, jurados (Jur.)
Just In Time - JIT	"Just In Time" (No momento certo/ necessário, exato)
Justice (Leg.)	Justiça (Jur.)

K

Keep (books etc.) — Manter (registros etc.)

Keep in touch — Ficar em contato

Keep up — Continuar

Key (EDP) — Chave (PED)

Keyboard (EDP) — Teclado (PED)

Keyboard printer (EDP) — Impressora com teclado (PED)

Key controls — Controles-chave, os controles primordiais dos controles internos da entidade em cada área e atividade

Key data — Dados-chave/básicos

Key money — "Luvas"

Key personnel — Pessoal-chave

Key position — Posição-chave

Key ratios — Coeficientes-chave

Keystroke (EDP) — Batida na tecla (PED)

Keystroke buffers (EDP) — Memória intermediária de digitação (PED)

Kickback — Propina, suborno

Kit — Conjunto (de peças, por exemplo) para montagem completa de equipamento, automóvel etc.

Kiting — Tipo de fraude que consiste em encobrir o desvio fraudulento de numerário, cobrindo temporariamente sua falta com recursos destinados a pagamentos posteriores ou fundos de outras origens

Knock-for-knock agreement (Ins.) — "Knock-for-knock" (Acordo entre seguradoras para não acionarem umas às outras) (Seg.)

Knock-out - K.O. (USA) — Fora de combate, derrubado (EUA)

Know-how — Conhecimento técnico e experiência em campo especializado

Knowledge of the business — Conhecimento do negócio

L

Label	Rótulo, etiqueta
Labor	Mão-de-obra
Laboratory	Laboratório
Labor cost	Custo de mão-de-obra
Labor Court of Appeals (Leg.)	Tribunal do Trabalho (Jur.)
Labor dispute	Litígio trabalhista, disputa, paralisação
Labor force	Força de trabalho, quadro de empregado mão-de-obra
Labor intensive industry	Indústria de mão-de-obra intensiva
Labor market	Mercado de trabalho
Labor relations	Relações trabalhistas
Labor slowdown	Operação "tartaruga"
Labor-surplus area	Área com excedente de mão-de-obra
Labor turnover	Rotatividade de mão-de-obra/do pessoa
Labor union	Sindicato de trabalhadores
Lacking	Desprovido de, com falta de
Ladder	Escada; meio de conseguir algo
Lag (Fin.)	Defasagem (Fin.)
Lag response	Resposta retardada
Lame duck	Inútil, incapaz (aplica-se a funcionários etc. que já não têm importância)
Land	Terrenos
Landed price	Preço que inclui todas as despesas até descarga da mercadoria no ponto d destino
Land improvement	Melhoramentos/benfeitorias em terrenos
Landing charges	Despesas com descarga
Landlord	Proprietário locador
Lapping	Tipo de fraude que consiste em omitir dos registros e reter temporariament os recebimentos de caixa, encobrind a falta com recebimentos subseqüentes
Lapsed	Prescrito, caducado
Lapsed policy (Ins.)	Apólice caducada (Seg.)
Lapsed rates (Ins.)	Tarifas caducadas (Seg.)
Lapse of time (Leg.)	Decurso de prazo (Jur.)
Laptop (EDP)	Micro portátil, "laptop" (PED)
Larceny	Apropriação indébita, roubo, furto
Large estate	Latifúndio
Laser printer (EDP)	Impressora laser (PED)

Last-In, First-Out - LIFO	Último a Entrar, Primeiro a Sair - UEPS
Last-minute	De última hora
Last trading day	Último dia de negociação
Late payment	Pagamento atrasado
Late payment charges (Fin.)	Encargos por pagamentos atrasados (Mora) (Fin.)
Lathe	Torno
Latin American Free Trade Association - LAFTA	Associação Latino-americana de Livre Comércio - ALALC
Launch	Lançamento de navio; empreender algo
Launching	Lançamento, oferta de ações ao público; oferta pública
Laundry	Lavanderia
Law (Leg.)	Lei (Jur.)
Law firm	Firma de advogados
Law of supply and demand	Lei da oferta e da procura
Lawsuit (Leg.)	Processo judicial; ação legal (Jur.)
Lawyer (Leg.)	Advogado, assessor jurídico (Jur.)
Lay away sales	Vendas para entrega no pagamento final
Lay days	Demora para carga ou descarga
Layers of review (Aud.)	Escalas de revisão (Aud.)
Layman	Leigo
Layoff	Dispensa de empregados
Layout	Arranjo físico, disposição de equipamento de produção; esboço, projeto (publicidade)
Leader	Líder
Leadership	Liderança
Leading-edge technology	Tecnologia de ponta
Leading indicators	Principais indicadores
Lead insurer (Ins.)	Seguradora líder (Seg.)
Lead time	Tempo de espera; o tempo exigido para se obter material para estoque ou para se concluir determinada tarefa
League	Liga, união
Leak (n.) (v.)	Vazamento (s.); transpirar (informação) (v.)
Lean	Inclinar, tender
Learning curve	Curva de aprendizado / aprendizagem
Lease	Arrendamento
Lease back	Ato em que o proprietário vende o imóvel (ou outro bem) e o arrenda em seguida
Leased assets	Ativos arrendados

Lease financing	Financiamento de "leasing"/arrendamento
Leaseholder	Arrendatário
Leasehold improvement	Benfeitoria em propriedade arrendada
Leasehold property	Propriedade arrendada
Lease rental	Arrendamento
Lease term	Prazo do arrendamento
Leasing	Arrendamento
Least-effort principle	Lei do menor esforço
Leave	Licença
Leave of absence	Ausência com autorização
Ledger	Razão, razonete
Ledger card	Ficha de razão
Ledger control	Controle de razão
Legacy (Leg.)	Legado, herança (Jur.)
Legal action/suit (Leg.)	Ação legal, processo judicial (Jur.)
Legal claims (Leg.)	Reclamações/reivindicações legais (Jur.)
Legal counsel (Leg.)	Assessor jurídico, advogado (Jur.)
Legal domicile (Leg.)	Domicílio legal (Jur.)
Legal entity	Pessoa jurídica
Legal expenses	Despesas legais, custos advocatícios
Legal fees	Honorários legais (advogados)
Legal liability (Leg.)	Obrigação legal (Jur.)
Legal opinion (Leg.)	Parecer legal (Jur.)
Legal procedure (Leg.)	Procedimento legal (Jur.)
Legal representative (Leg.)	Representante legal (Jur.)
Legal risk (Fin.)	Risco legal (Fin.)
Legal tender (Fin.)	Moeda corrente (Fin.)
Legend stock (Fin.) (USA)	Ações com notas de rodapé (Fin.) (EUA)
Legislation (Leg.)	Legislação (Jur.)
Legislative (Power, Branch)	Poder legislativo
Legitimate	Legítimo
Lend	Emprestar
Lender	Concessor de empréstimo, financiador, mutuante, outorgante
Length of service	Tempo de serviço
Less-developed country	País menos desenvolvido
Lessee	Arrendatário
Lessor	Arrendador
Let	Alugar (dar em aluguel)
Letterhead	Timbre, cabeçalho
Letter of credit (Fin.)	Carta de crédito (Fin.)
Letter of intent (Leg.) (Fin.) (USA)	Carta de intenção (Jur.) (Fin.) (EUA)

Letter of representation (Aud.)	Carta de representação (Aud.)
Letter of undertaking	Carta de compromisso
Letters of comfort (Aud.) ("comfort")	Cartas de avais genéricos de conforto (Aud.)
Level of risk	Nível de risco
Level premium (Ins.)	Prêmio nivelado (Seg.)
Leverage (Fin.)	Alavancagem (Fin.)
Leveraged lease (Fin.)	Arrendamento com alavancagem (Fin.)
Leveraged management buyout	Aquisição de ações pelos administradores, com financiamento
Leveraged stock (Fin.)	Ações alavancadas (Fin.)
Levy (Leg.)	Incidência de imposto, taxação (Jur.)
Liability	Passivo, obrigação, exigível
Liability action (Leg.)	Ação de responsabilidade (Jur.)
Liability commitment (Leg.)	Termo de responsabilidade (Jur.)
Liability for cleanup of waste	Passivo para limpeza de lixo, detritos etc.
Liability insurance (Ins.)	Seguro da responsabilidade (Seg.)
Liable third party (Ins.)	Terceiro responsável (Seg.)
Library (EDP)	Biblioteca (PED)
License	Licença
License agreement	Acordo de licença (de fabricação, geralmente)
Licensee	Pessoa a quem se concede a licença, licenciado
Licensee bank	Banco licenciado
Licensor	Concessor de licença
Lien (Leg.)	Gravame (Jur.)
Life and health insurance (Ins.)	Seguro de vida e de saúde (Seg.)
Life annuity (pension) (Ins.)	Seguro de vida com rendimentos periódicos (Seg.); pensão vitalícia (pensões)
Life expectancy (Ins.)	Expectativa de vida (Seg.)
Life insurance (Ins.)	Seguro de vida (Seg.)
Life insurance policy (Ins.)	Apólice de seguro de vida (Seg.)
Life risk factors (Ins.)	Fatores de risco de vida (Seg.)
Limbo	Limbo, ostracismo
Limited Company	Sociedade anônima ou de responsabilidade limitada
Limited liability (Leg.)	Responsabilidade limitada (Jur.)
Limited liability company	Sociedade de responsabilidade limitada
Limited liability corporation	Sociedade Anônima - S.A.
Limited Liability Partnership - Ltd.	Limitada - Ltda.

Limited payment plan (Ins.)	Plano de pagamentos limitados (Seg.)
Limited review (Aud.)	Revisão limitada (Aud.)
Limited risk	Risco limitado
Limited scope audit (Aud.)	Auditoria de escopo limitado (Aud.)
Limit of retention (Ins.)	Limite da retenção (Seg.)
Linear	Linear
Line-by-line consolidation	Consolidação linha a linha
Line executive	Executivo de linha
Line function	Função de linha
Line management	Administração/gerência de linha
Line of business (Ins.)	Ramos de negócios (Seg.)
Line of command	Linha de comando
Line of credit (Fin.)	Linha de crédito (Fin.)
Lines of insurances, major (Ins.)	Principais ramos de seguros (Seg.)
Linking	Coordenação, ligação
Liquid asset	Ativo a curtíssimo prazo
Liquid securities (Fin.)	Valores mobiliários de pronta liquidez (Fin.)
Liquidated damages (Leg.) (Ins.)	Danos apurados (Jur.) (Seg.)
Liquidation	Liquidação
Liquidator (Leg.)	Liquidante (Jur.)
Liquidity ratio	Índice/quociente de liquidez
Liquidity shortage	Insuficiência de liquidez
Liquidity squeeze	Crise de liquidez
Listed company	Empresa com ações transacionadas em bolsa de valores
Listed security	Título cotado em bolsa
List price	Preço de lista
Literacy	Capacidade de ler e escrever
Litigation (Leg.)	Litígio (Jur.)
Litigation claim (Leg.)	Reclamação litigiosa (Jur.)
Livestock	Semoventes, bens semoventes, gado
Living benefits of life insurance (Ins.)	Benefícios do seguro de vida, em vida (Seg.)
Load (EDP)	Carga de dados (PED)
Loan (Fin.)	Empréstimo, financiamento (Fin.)
Loan agreement (Fin.)	Contrato de empréstimo, de financiamento (Fin.)
Loan application (Fin.)	Solicitação de empréstimo (Fin.)
Loan asset (Fin.)	Empréstimo a receber (Fin.)
Loan covenants (Fin.)	Condições (cláusulas) de empréstimos/financiamentos; compromissos assumidos em financiamentos (Fin.)

Loan liability (Fin.)	Empréstimo a pagar (Fin.)
Loan fund	Fundo para empréstimos
Loan portfolio (Fin.)	Carteira de empréstimos
Loans and commitments (Fin.)	Empréstimos e compromissos de empréstimos (Fin.)
Loan servicing activity (Fin.)	Atividades relacionadas a financiamentos (Fin.)
Loans held for resale (Fin.)	Empréstimos mantidos para revenda/ recolocação (Fin.)
Loans outstanding (Fin.)	Empréstimos em aberto (Fin.)
Lobby	Exercitação de influência para conseguir vantagens, "lobby"
Lobbyist	Executor do "lobby", lobista
Local Area Network - LAN (EDP)	Rede de Área Local (PED)
Local currency	Moeda local, do país, nacional
Location	Localização, situação
Lockboxes	Cofres, cofres especiais (por exemplo, para manter correspondência bancária não enviada - "hold-mail accounts")
Lockout	Greve do empregador
Lock-up (Fin.) (USA)	Imobilização (Fin.) (EUA)
Loco, in	No local
Lodging	Alojamento, pousada
Log (n.) (v.)	Diário, registro (s.); anotar, registrar (v.)
Log-in authorization codes (EDP)	Códigos de autorização de acesso ao terminal (PED)
Logistics	Logística
Logotype	Logotipo
London Interbank Offered Rate - LIBOR (UK) (Fin.)	Taxa Interbancária de Londres - LIBOR (Reino Unido) (Fin.)
London International Financial Futures Exchange - LIFFE (UK) (Fin.)	Bolsa de Futuros Financeiros Internacionais de Londres (Reino Unido) (Fin.)
Long bill (Fin.)	Letra de câmbio com vencimento superior a três meses a partir da data de emissão (Fin.)
Long-dated/long-term contracts	Contratos a longo prazo
Long-form report (Aud.)	Relatório em forma longa (Aud.)
Long position (Fin.)	Posição comprada (excesso de ativos - e/ou contratos de compra a termo - sobre passivos - e/ou contratos de venda a termo) (Fin.)

Long-range planning	Planejamento a longo prazo
Long-tail (Ins.)	Longa duração (Seg.)
Long-term asset	Ativo a longo prazo
Long-term debt	Dívida/endividamento a longo prazo
Long-term financing (Fin.)	Financiamento a longo prazo (Fin.)
Long-term liability	Passivo a longo prazo
Long-term loan (Fin.)	Empréstimo a longo prazo (Fin.)
Look-up tables (EDP)	Tabelas de consulta (PED)
Loosening of credit (Fin.)	Menor rigor na concessão de crédito (Fin.)
Loss	Prejuízo, perda
Loss (Ins.)	Sinistro (Seg.)
Loss accrual	Provisão para perda
Loss Adjustment Expenses - LAE (Ins.)	Custos/despesas de ajustes de sinistros (Seg.)
Loss and damage (Ins.)	Perdas e danos (Seg.)
Loss communication (Ins.)	Comunicação de sinistro (Seg.)
Loss compensation	Compensação por perdas e danos
Loss contingency	Passivo contingente
Loss development methods (Ins.)	Método de desenvolvimento de sinistros (Seg.)
Losses incurred (Ins.)	Perdas incorridas (Seg.)
Losses outstanding (Ins.)	Perdas por reclamações não pagas (Seg.
Loss maker	Empresa deficitária/que faz prejuízos
Loss notice (Ins.)	Aviso de sinistro (Seg.)
Loss of profit (Ins.)	Lucros cessantes (Seg.)
Loss of profit insurance (Ins.)	Seguro de lucros cessantes e de despesa gerais (Seg.)
Loss rate (Ins.)	Taxa de sinistros/perdas (Seg.)
Loss ratio (Ins.)	Índice de sinistros/sinistralidade (Seg.)
Loss ratio reserve method (Ins.)	Método de provisionamento baseado no índice de sinistros (Seg.)
Loss reserves (Ins.)	Provisões para sinistros/indenizações (Seg.)
Loss reserving methodologies (Ins.)	Metodologias de provisionamento de sinistros (Seg.)
Loss settlements (Ins.)	Liquidação de sinistros (Seg.)
Lost discount	Desconto perdido/não aproveitado
Lot	Lote de terreno, de mercadorias, de ações ou de obrigações
Lower of cost or market	Custo ou mercado, o que for menor
Lowest level	Níveis mais baixos

Low profile	Baixo perfil
Low return	Baixo retorno
Low risk	Baixo risco
Low-value tasks	Tarefas de pouca importância
Luggage	Bagagem
Lumber	Traste, madeira serrada
Lump-sum purchase	Compra de bens de forma global, isto é, sem individualização do preço ("porteira fechada")
Lunch	Almoço

M

Machine-hour	Hora de máquina
Machine-hour rate	Taxa de hora de máquina
Machine language (EDP)	Linguagem de máquina (PED)
Machine operator	Operador de máquina
Machinery	Maquinário, maquinaria
Machinery and equipment	Máquinas e equipamentos
Machine time	Tempo de máquina
Machine time record	Registro de tempo de máquina
Macroeconomics	Macroeconomia
Magnetic disk (EDP)	Disco magnético (PED)
Magnetic tape (EDP)	Fita magnética (PED)
Mailing address	Endereço postal
Mailing list	Lista de endereços para expedição de correspondência
Mailing room	Sala de expedição
Main hour	Hora principal
Main office	Matriz, casa matriz, escritório central
Main screen (EDP)	Tela principal (PED)
Mainframe (EDP)	Computador de grande porte (PED)
Maintenance	Manutenção, conservação
Maintenance agreement sales	Vendas de contratos/acordos de manutenção
Maintenance cost	Custo de manutenção
Maintenance materials	Materiais para manutenção
Maintenance program	Programa de manutenção
Maintenance reserve	Reserva para manutenção
Major assets	Ativos principais
Major clients	Clientes principais
Major firms	Firmas de renome, principais, maiores
Majority (Leg.)	Maioria absoluta (Jur.)
Majority interest	Participação majoritária
Majority-owned subsidiary	Subsidiária em que há participação majoritária; a empresa na qual o acionista/quotista possui mais de 50% do capital votante
Make	Marca
Make a market (Fin.)	Fazer o mercado (negociar de maneira a criar um mercado para determinado ativo) (Fin.)
Make-or-buy decision	Decisão de fazer ou comprar
Maker	Cedente de nota promissória; fabricante
Mala fide (Leg.)	Má-fé (Jur.)

Malfeasance	Infração, conduta ilegal, delito, não-cumprimento do contrato, inadimplemento
Malfunction	Mau funcionamento, defeito
Malpractice	Imperícia
Malpractice liability insurance (Ins.)	Seguro de responsabilidade por imperícia (Seg.)
Manageable	Manejável
Managed cost	Custo administrado
Management	Administração, gerência alta, direção; as pessoas envolvidas na administração
Management accounting	Contabilidade gerencial
Management and independent controls	Controles independentes e da administração
Management audit (Aud.)	Auditoria administrativa (Aud.)
Management buyout	Aquisição de ações pelos administradores
Management by crisis	Administração por crise
Management by exception	Administração por exceção
Management by objectives	Administração por objetivos
Management committee	Comitê de administração
Management consulting	Consultoria de organização
Management controls	Controles administrativos/gerenciais
Management fees	Honorários da administração
Management information systems	Sistema de informações gerenciais/da administração
Management operations report	Relatório de operações de administração
Management reports	Relatórios gerenciais
Management representation letter (Aud.)	Carta de representação da administração/carta de responsabilidade da administração (Aud.)
Management review	Revisão pela administração
Management succession	Plano de sucessão dos administradores
Manager	Gerente, administrador
Managerial control	Controle gerencial
Managerial function	Função administrativa
Managerial grid	Grade administrativa
Managerial structure	Estrutura administrativa
Managerial style	Estilo gerencial/administrativo
Managing underwriter (Fin.) (USA)	Agente líder da colocação (Fin.) (EUA)
Mandate (Leg.)	Delegação; autoridade conferida a uma pessoa para gerir os negócios de outra; mandado (Jur.)

Mandatorily redeemable securities (Fin.)	Títulos e valores obrigatoriamente resgatáveis (Fin.)
Mandatory	Obrigatório, mandatório
Man-hour	Hora-homem
Manifest	Romaneio
Manipulation	Manipulação
Man of straw	"Testa-de-ferro"
Manpower	Mão-de-obra, recursos humanos
Manpower forecast	Previsão de mão-de-obra
Manpower requirements	Necessidades de pessoal/mão-de-obra
Manual (as opposed to computerized)	Manual (em oposição a computadorizado)
Manual (of accounting)	Manual (de contabilidade)
Manufacture	Fabricar, manufaturar
Manufacturer	Fabricante
Manufacturing	Fabricação
Manufacturing control	Controle de fabricação
Manufacturing cost	Custo de fabricação
Manufacturing expense	Despesa de fabricação
Margin	Margem; depósitos feitos em uma corretora, pelo cliente, para compensar eventuais prejuízos decorrentes de especulação; diferença entre preços de compra e venda de um produto
Marginal benefit	Benefício marginal
Marginal cost	Custo marginal
Marginal costing system	Sistema de custo marginal
Marginal income	Lucro marginal
Margin deposit	Depósito de margem (tipo de garantia, "sinal" etc. que aumenta à medida que aumenta o valor da transação)
Margin of contribution	Margem de contribuição
Margin of safety	Margem de segurança
Marine insurance (Ins.)	Seguro marítimo (Seg.)
Maritime law (Leg.)	Lei sobre tráfego e comércio marítimos (Jur.)
Maritime mortgage	Hipoteca sobre navio
Mark down	Remarcação para menos (de preços)
Market	Mercado; preço de mercado
Marketability	Liquidez
Marketable securities	Valores/títulos mobiliários
Market analysis	Análise de mercado

Market analysis services (Fin.)	Análise mercadológica (Fin.)
Market appraisal	Avaliação do mercado
Market dynamics	Dinâmica do mercado
Market economy	Economia de mercado
Market entry strategy	Estratégia de entrada no mercado
Market forces	Tendências do mercado
Market index (Fin.)	Índice de mercado (Fin.)
Market leader	Líder do mercado
Market liquidity (Fin.)	Liquidez do mercado (Fin.)
Marketing	"Marketing"; a organização e execução das atividades que dirigem e auxiliam a troca de bens entre produtores e consumidores
Marketing mix	Combinação de atividades de "marketing"
Market maker (jobber) (Fin.)	Operador intermediário (Fin.)
Market penetration	Penetração no mercado
Market potential	Potencial de mercado
Market price	Preço de mercado
Market prospects	Perspectivas do mercado
Market rate (interest)(Fin.)	Taxa (de juros) de mercado (Fin.)
Market research	Pesquisa de mercado
Market risk (Fin.)	Risco de mercado (Fin.)
Market saturation	Saturação do mercado
Market segmentation	Segmentação do mercado
Market share	Participação no mercado
Market test	Teste de mercado
Market valuation (Fin.) (USA)	Valorização de mercado (Fin.) (EUA)
Market value clause (Ins.)	Cláusula de valor de mercado (Seg.)
Market value	Valor de mercado
Market window (Fin.) (USA)	Janela do mercado (Fin.) (EUA)
Mark-to-market	Remarcação ao mercado
Mark up	Remarcação para mais (de preços); marcação; preço com margem de lucro
Mart	Mercado, empório
Mass media	Meios de informação
Mass production	Produção em massa
Master budget	Orçamento central/principal
Master copy	Cópia mestra
Master file	Arquivo-mestre
Mastermind	Mentor
Master plan	Plano diretor

Matched book agreement (Fin.)	Operação casada (Fin.)
Matched swaps (Fin.)	"Swaps" equilibrados ("casados")/ compatibilizados (Fin.)
Match funding (Fin.)	Compatibilização/equilíbrio de fundos (Fin.)
Matching (Fin.)	Compatibilização/equilíbrio (processo para assegurar que as compras e vendas em cada moeda e que os depósitos (empréstimos) feitos e recebidos estão compatibilizados - "casados" - por montante e por vencimento) (Fin.)
Matching concept (accounting)	Conceito de compatibilização/correlação (entre receita e despesa) para assegurar o regime de competência
Material (n.) (adj.)	Material; o que é empregado no processo de fabricação, direta ou indiretamente (s.); relevante, significativo em relação ao todo do qual faz parte (adj.)
Material control	Controle de material
Materiality	Relevância, materialidade, importância, significação em relação ao todo
Materiality concept (Aud.)	Conceito de relevância/significação relativa (Aud.)
Materiality measure	Mensuração de relevância
Materiality thresholds (Aud.)	Limites de relevância/materialidade (Aud.)
Material requisition	Requisição de material
Material return note	Nota de devolução de material
Materials handling	Manuseio de material
Material transfer note	Nota de transferência de material
Material usage	Consumo de material
Maternity assistance	Auxílio-maternidade
Maternity leave	Licença-maternidade
Mathematical reserve (Ins.)	Reserva/provisão matemática (Seg.)
Mathematics	Matemática
Matrix	Matriz
Matter	Assunto, fato
Mature economy	Economia madura
Maturity	Vencimento/prazo de resgate
Maturity date	Data de vencimento

Maturity gap (Fin.)	Diferença no vencimento (entre ativos e passivos correlatos), em tempo e montantes (Fin.)
Maximization	Maximização
Maximum	Máximo
Maximum possible loss (Ins.)	Perda máxima possível (Seg.)
Maximum probable loss (Ins.)	Perda máxima provável (Seg.)
Means of payment	Meios de pagamento
Measurement	Medição, mensuração, aferição, quantificação
Measurement assertion (Aud.)	Asserção quanto à quantificação (Aud.)
Mechanics	Mecânica
Mechanism	Mecanismo
Media	Mídia
Median	Mediana (medida estatística), mediano
Mediate (n.) (v.)	Mediato (s.); mediar (v.)
Mediation	Mediação
Medical and hospital accident expenses (Ins.)	Despesas médico-hospitalares por acidentes (Seg.)
Medical care expenses (Ins.)	Despesas com assistência médica (Seg.)
Medical expenses insurance (Ins.)	Seguro de despesas médicas (Seg.)
Medium-dated security (Fin.)	Título a médio prazo (Fin.)
Medium of exchange (Fin.)	Meio de pagamento (Fin.)
Medium-sized company	Empresa de porte médio
Medium term	Médio prazo
Meet	Cumprir (prazos)
Meeting	Reunião, encontro
Member; membership	Membro; associação, quadro de membros
Memorandum account	Conta pró-memória, conta de compensação
Memorandum entry	Lançamento contábil sem indicação de valores; anotação, em um livro de conta, que não altera o saldo desta
Memorandum ledgers	Razões de contas de compensação
Memorandum, memoranda	Memorando, memorandos
Memorandum of internal control (Aud.)	Memorando de controle interno (Aud.)
Memory equipment (EDP)	Equipamento de memória auxiliar (PED)
Menu (EDP)	Menu, cardápio (PED)
Mercantile law (Leg.)	Direito comercial/mercantil (Jur.)
Merchandise	Mercadorias, estoque
Merchandising	"Merchandising"; mercadologia
Merchant accounts	Contas de comerciantes

Merchant bank (Fin.)	Banco que serve grandes corporações com consultoria sobre fusões e aquisições, financiamento de operações comerciais etc. (Fin.)
Merged company	Empresa incorporada
Merger	Fusão, união, consolidação (de sociedades)
Merging company	Empresa incorporada ou incorporadora
Merit rating	Avaliação de mérito; classificação por mérito
Message switch operators (EDP)	Operadores de ligação de mensagem (PED)
Metal	Metal
Metallurgy	Metalúrgica
Method	Método
Methodology	Metodologia
Metric system	Sistema métrico
Microcomputer (EDP)	Microcomputador (PED)
Microeconomics	Microeconomia
Microfilm (n.) (v.)	Microfilme (s.); microfilmar (v.)
Mid-market price (Fin.)	Preço médio de mercado (Fin.)
Middleman	Intermediário
Middle management	Gerência de nível médio de segundo escalão
Middle market	Mercado de nível médio
Middle rate (Fin.)	Taxa média (entre demanda e oferta) (Fin.)
Migration (n); migrate (v.) (EDP)	Migração (s.); migrar (v.) (PED)
Mileage	Milhagem ("Mileagem"); pagamento feito para ressarcimento de despesas de viagem de negócios; também é a taxa de transporte de mercadorias
Milk cow	Companhia, departamento etc. que produz bons resultados continuamente
Mill (sugar, steel)	Moinho, usina
Millions	Milhões
Mineral resources	Recursos minerais
Minicomputer (EDP)	Minicomputador (PED)
Minimum benefit (Ins.)	Benefício mínimo (Seg.)
Minimum rate (Ins.)	Taxa mínima (Seg.)
Minimum salary	Salário mínimo
Mining deposit	Jazida mineral
Mining rights	Direitos de lavra
Ministry of Agriculture	Ministério da Agricultura

Ministry of Culture	Ministério da Cultura
Ministry of Defense	Ministério da Defesa
Ministry of Finance	Ministério da Fazenda
Ministry of Foreign Affairs	Ministério das Relações Exteriores
Ministry of Labor	Ministério do Trabalho
Ministry of Planning	Ministério do Planejamento
Ministry of Social Security	Ministério da Previdência Social
Ministry of the Environment	Ministério do Meio Ambiente
Minor exceptions (Aud.)	Exceções irrelevantes (Aud.)
Minority interest	Participação minoritária
Minority stockholder	Acionista minoritário
Mint	Casa da Moeda
Minus	Menos
Minus sign	Sinal negativo
Minute book	Livro de atas
Minutes	Atas
Misappropriation	Apropriação indébita, desvio, malversação
Miscalculate	Calcular mal
Miscellaneous expenses	Despesas diversas
Miscellaneous items	Itens diversos
Misinterpret	Interpretar mal
Misleading	Ilusório, enganoso
Mismatch	Falta de correlação; desequilíbrio/ desigualdade/descasamento/ descompasso
Misprint	Erro de impressão
Misrepresentation (Leg.)	Declaração falsa, falsidade ideológica (Jur.)
Miss a deadline	Perder um prazo fatal
Misstatement	Erro, classificação indevida
Misstatement	Erro, classificação indevida, falha, deturpação
Mistake	Erro, engano
Mistrust	Desconfiar
Misunderstand	Entender mal
Mixed capital	Economia mista
Mixed perils insurance (Ins.)	Seguro de riscos diversos (Seg.)
Mock-up	Minuta ("boneco"), projeto (p. ex.: de demonstrações financeiras)
Modal insurance (Ins.)	Seguro modal (Seg.)
Mode	Modo, costume
Model	Modelo
Model confirmation requests (Aud.)	Modelo de pedidos de confirmação (Aud.)

Modeling system (EDP)	Sistema de projeções (PED)
Modelling	Modelagem
Modem (EDP)	Modulador, "modem" (PED)
Moderate	Moderado
Moderator	Moderador
Modern	Moderno
Modify	Modificar
Modular production	Produção modular
Monetarist	Monetarista
Monetary asset	Ativo monetário
Monetary assets/liabilities	Ativos/passivos monetários
Monetary basis	Base monetária
Monetary expansion	Expansão monetária
Monetary gain	Lucro monetário
Monetary liability	Passivo monetário
Monetary loss	Prejuízo monetário
Monetary policy	Política monetária
Monetary stringency	Austeridade monetária
Monetary unit	Unidade monetária
Monetary variation	Variação monetária
Money	Dinheiro
Money at call (Fin.)	Fundos disponíveis mediante solicitação (Fin.)
Money market (Fin.)	Mercado financeiro/de dinheiro (Fin.)
Money order (Fin.)	Ordem de pagamento (Fin.)
Money supply (Fin.)	Disponibilidade de moeda, meio circulante (Fin.)
Money transfer (Fin.)	Transferência de fundos (Fin.)
Monitor (n.) (v.)	Monitor, o que instrui, supervisiona e auxilia (s.); monitorizar, fiscalizar, verificar (v.)
Monopoly	Monopólio
Monthly premium payments (Ins.)	Pagamentos mensais de prêmios (Seg.)
Monthly tax installments	Duodécimos do imposto de renda
Moratorium (Leg.)	Moratória (Jur.)
Morbidity (Ins.)	Morbidade; morbidez (Seg.)
Morbidity rate (Ins.)	Taxa de morbidade (Seg.)
Mortality coverage (Ins.)	Cobertura de mortalidade (Seg.)
Mortality rate (Ins.)	Taxa de mortalidade (Seg.)
Mortgage (n.) (v.) (Leg.)	Hipoteca (s.); hipotecar (v.) (Jur.)
Mortgage banking companies	Corretoras de hipotecas, banco hipotecário
Mortgage bond (Fin.)	Título de dívida garantido por hipoteca (Fin.)

Mortgage clause (Ins.)	Cláusula hipotecária (Seg.)
Mortgagee	Credor hipotecário
Mortgage insurance (Ins.)	Seguro de crédito hipotecário (Seg.)
Mortgage lending (Fin.)	Empréstimos hipotecários (Fin.)
Mortgage loan company (Fin.)	Empresa/companhia hipotecária (Fin.)
Mortgage loans (Fin.)	Empréstimos sobre hipotecas de residências (Fin.)
Mortgage foreclosure proceedings (Leg.)	Ação hipotecária (Jur.)
Mortgager	Devedor hipotecário
Mortgage servicing	Pagamento de hipotecas
Mortgage servicing rights	Taxas sobre serviços de hipotecas
Motion	Moção
Motion picture	Filme cinematográfico, película
Motivational research	Pesquisa de motivação
Mountain Standard Time - MST (USA)	Hora-padrão das Montanhas (EUA)
Mouse (EDP)	"Mouse", rato (PED)
Moving average	Média móvel, flutuante
Multiannual policy (Ins.)	Apólice plurianual (Seg.)
Multimedia (EDP)	Multimídia (PED)
Multinational (company)	Empresa multinacional
Multiperils insurance (Ins.)	Seguro de multirrisco (Seg.)
Multiple bank (Fin.)	Banco múltiplo (Fin.)
Multiple banking (Fin.)	Atividades de banco múltiplo (Fin.)
Multiple levels of review (Aud.)	Diversos níveis de revisão (Aud.)
Multiple location insurance (Ins.)	Seguro de riscos em múltiplos locais (Seg.)
Multiple of earnings	Índice preço-lucro, P/L
Multiple rate (Ins.)	Taxa múltipla (Seg.)
Multiple sampling (Aud.)	Amostragem múltipla (Aud.)
Multiplier effect	Efeito multiplicador
Multiply	Multiplicar, propagar
Multipurpose project	Projeto de múltiplas finalidades
Multi-task (EDP)	Multiprocessamento (PED)
Multi-user (EDP)	Multiusuário (PED)
Municipal Audit Court	Tribunal de Contas do Município (Jur.)
Municipal bond	Título municipal
Mutual corporation	Tipo misto de sociedade anônima e cooperativa
Mutual fund	Fundo mútuo; fundo em condomínio
Mutual insurance company (Ins.)	Companhia de seguros mútuos (Seg.)

N

Naked option (Fin.) — Opção a descoberto (Fin.)

Naked position (Fin.) — Posição descoberta (Fin.)

National Association of Securities Dealers Automated Quotations - NASDAQ (USA) — Sistema Automático de Cotações da Associação Nacional de Corretores de Valores (EUA)

National Association of Securities Dealers - NASD (Fin.) (USA) — Associação Nacional de Corretores de Valores (NASD) (Fin.) (EUA)

National Congress — Congresso Nacional

National debt — Dívida nacional

National holiday — Feriado nacional

National income — Renda nacional

Nationalism — Nacionalismo

Nationalization — Nacionalização

Natural death (Ins.) — Morte natural (Seg.)

Natural losses (Ins.) — Sinistros naturais (Seg.)

Nautical — Náutico

Nautical insurance (Ins.) — Seguro marítimo (Seg.)

Negative assurance (Aud.) — Segurança negativa (Aud.)

Negative balance — Saldo negativo

Negative cash flow — Fluxo de caixa negativo

Negative confirmation (Aud.) — Confirmação negativa (Aud.)

Negative goodwill — Deságio; fundo de comércio negativo

Negative interest — Juro negativo

Negative working capital — Capital de giro negativo

Neglect (n.) (v.) — Descuido, desleixo, negligência (s.); descuidar, negligenciar (v.)

Negligence — Negligência

Negotiable instrument (Fin.) — Papel (financeiro) negociável (Fin.)

Negotiable Orders of Withdrawal - NOW (Fin.) — Ordens de Saque Negociáveis (Fin.)

Negotiable securities (Fin.) — Valores mobiliários negociáveis (Fin.)

Negotiate — Negociar

Negotiation — Negociação

Negotiation strategy — Estratégia de negociação

Negotiator — Negociador

Net — Líquido

Net adjustments in technical reserves (Ins.) — Reservas técnicas - variações (Seg.)

Net assets — Ativo líquido

Net book value — Valor líquido segundo os livros contábeis

Net carrying amount — Montante líquido nos livros contábeis

Net current assets — Ativo circulante líquido

Net earned premiums (Ins.) — Prêmios líquidos auferidos/ganhos (Seg.)

Net earnings	Ganhos líquidos
Net equity	Patrimônio líquido
Net income	Renda líquida; lucro líquido, resultado, rendimento líquido
Net income per share	Lucro líquido por ação
Net interest	Juro líquido
Net loss	Prejuízo líquido
Net margin	Margem líquida
Net of tax	Líquido de imposto; após o imposto correspondente
Net operating loss	Prejuízo operacional líquido
Net Present Value - NPV	Valor presente líquido
Net price	Preço líquido
Net proceeds	Produto líquido de uma transação (entrada de recursos)
Net profit	Lucro líquido
Net realizable value	Valor líquido de realização
Net receivables	Líquido de contas a receber
Net sales	Vendas líquidas, valor líquido das vendas
Net weight	Peso líquido
Network	Rede de empresas (bancos, hotéis etc.)
Network central computer (EDP)	Computador central de rede (PED)
Net working capital	Capital de giro líquido
Net worth	Patrimônio líquido
Net yield	Rendimento líquido
New product development	Desenvolvimento de novos produtos
News	Notícias
Newsboard	Quadro de avisos
News conference	Entrevista coletiva à imprensa
Newsletter	Boletim informativo
Newspaper	Jornal
New York Stock Exchange - NYSE (USA)	Bolsa de Valores de Nova Iorque (EUA)
Next	Próximo, seguinte
Niche	Nicho (de mercado etc.)
Nickel	Níquel
Night shift	Turno da noite
No-break (EDP)	Dispositivo de fornecimento temporário de energia elétrica (PED)
No default letter (Fin.)	Carta de confirmação de cumprimento de cláusulas contratuais (Fin.)
Nominal asset	Ativo nominal, ativo de valor simbólico
Nominal capital	Capital nominal

Nominal owner	Proprietário nominal, que detém a posse de um bem, em nome de seu proprietário real
Nominal value	Valor nominal
Nominal wage	Salário nominal, salário simbólico
Nominate	Nomear
Nomination	Nomeação
Nominative Preferred (Stock (USA)/Share (UK))	Preferencial Nominativa - PN (Ação)
Nominative stock (USA)/share (UK)	Ação nominativa
Nominee	Pessoa nomeada para determinada função
Non-accrual loans (Fin.)	Empréstimos que não auferem juros em vista da dificuldade de receber o principal (Fin.)
Non-audit services	Serviços outros que não de auditoria
Non-billable start-up production	Produção inicial não sujeita a faturamento
Non-callable bond (Fin.)	Obrigação resgatável apenas no vencimento (Fin.)
Non-compliance	Descumprimento, não cumprimento
Non-contributory pension plan (pension) (Ins.)	Plano de pensão sem contribuição do empregado, mas apenas do empregador (pensões) (Seg.)
Non-controlling block shares	Bloco de ações que não dão o controle
Non-convertible bonds (Fin.)	Obrigações não conversíveis em ações (Fin.)
Non-convertible currency (Fin.)	Moeda não conversível (Fin.)
Non-convertible securities (Fin.)	Valores mobiliários não conversíveis (Fin.)
Non-cumulative dividend	Dividendo não cumulativo
Non-current asset	Ativo não circulante
Non-current debt	Dívida não corrente/a longo prazo
Non-current liability	Passivo não circulante
Non-durable goods	Bens não duráveis
Non-forfeiture provision (Ins.)	Cláusula de não confiscar (Seg.)
Non-forfeiture values (Ins.)	Valores não confiscáveis (Seg.)
Non-insurable risk (Ins.)	Risco não segurável (Seg.)
Non-interest income/expense (Fin.)	Receita/despesa sem incidência de juros (Fin.)
Nonlinear	Não linear
Non-marketable security	Título sem cotação no mercado, aquele que não é passível de realização imediata
Non-monetary assets/liabilities	Ativos/passivos não monetários

Non-official market	Mercado extra-oficial
Non-operating expenses	Despesas não operacionais
Non-operation income	Lucro não operacional
Non-operative	Não operacional
Non-participating insurance (Ins.)	Seguro sem participação nos lucros (Seg.)
Non-performing assets (Fin.)	Ativos sem rendimentos (juros) devido a não-pagamento do principal (Fin.)
Non-performing loans (Fin.)	Empréstimos vencidos (não pagos) (Fin.)
Non-profit entity	Entidade sem fins lucrativos
Non-profit maker	Entidade sem fins lucrativos
Non-profit organization	Organização sem fins lucrativos
Non-profit private pension plan (pension)	Entidade de previdência privada sem fins lucrativos (pensões)
Non-proportional reinsurance (Ins.)	Resseguro não proporcional (Seg.)
Non-public enterprise	Empresa fechada, sem ações ou debêntures no mercado
Non-recourse liabilities	Obrigações (passivos) sem direito a reclamações
Non-recurring	Não recorrente; o que não é normal na atividade da empresa, que não tem caráter repetitivo
Non-redeemable (Fin.)	Não resgatável (Fin.)
Non-removable storage media (EDP)	Meios de armazenamento não removíveis (PED)
Non-statistical sampling	Amostragem não estatística
Non-stop	Ininterrupto
Non-unionized	Não sindicalizado
Non-vested benefit obligation (pension) (Ins.)	Obrigação para benefícios sem direito adquirido (não expirados) (pensões) (Seg.)
Non-voting capital	Capital sem direito a voto
Norm	Norma, regra
Normal course of business	Curso normal dos negócios
Normal retirement age (pension)	Idade normal de aposentadoria (pensões)
Normal spoilage	Desperdício normal, refugo, sobras
Normal standard cost	Custo padrão normal
North American Free Trade Association - NAFTA	Associação Norte-Americana de Livre Comércio (NAFTA)
Nostro account (Fin.)	Conta de correspondentes, no país e no exterior (contas do banco com outros bancos) (Fin.)
Not applicable	Não aplicável/pertinente

Notarize	Autenticar, legalizar, reconhecer a firma
Notary public	Tabelião
Note	Nota promissória, título, obrigação
Notebook (EDP)	"Notebook" (PED)
Not elsewhere specified - n.e.s.	Não especificado em outra parte
Notepad	Bloco de anotações
Notes to financial statements	Notas explicativas às demonstrações financeiras
Not-for-profit organizations	Organizações sem fins lucrativos
Notice	Aviso; notificação; aviso prévio
Notice account deposit (Fin.)	Depósito a prazo (Fin.)
Notice of loss (Ins.)	Aviso de sinistro (Seg.)
Notional principal (Fin.)	Valor do principal nocional (conceitual) - Em "swap" de taxa de juros ou papel similar, é o montante contratual sobre o qual os pagamentos de juros são calculados. O principal é nocional porque o seu valor não troca de mãos (Fin.)
Notional value (Fin.)	Valor nocional/de referência/nominal (Fin.)
Novation (Fin.)	Novação (Fin.)
Nuclear risks (Ins.)	Riscos nucleares (Seg.)
Null and void	Nulo e sem efeito
Number of days' sales in receivables	Dias de vendas em contas a receber

O

Oath (Leg.) — Juramento (Jur.)

Object storage system (EDP) — Sistema de armazenagem por objeto (PED)

Obligation — Obrigação, debênture, título; empenho de verba orçamentária (Contabilidade Pública)

Observe — Observar, perceber

Obsolescence — Obsolescência

Obsolescence reserve — Reserva para obsolescência

Obsolete — Obsoleto

Occupancy — Ocupação, posse

Occupancy expenses — Despesas/encargos com ocupação de espaço físico

Occupational disease — Doença profissional (provocada pela função exercida)

Occupational health — Saúde ocupacional

Occurrence (Ins.) — Ocorrência (Seg.)

Occurrence assertion (Aud.) — Asserção quanto à ocorrência (Aud.)

Odd date trade — Negociação com data diferente da data padrão

Odd lot — Fração de ações ou unidade menor que a unidade usual na bolsa

Odd lot market — Mercado fracionário

Off-balance sheet item — Item não registrável no balanço patrimonial/nas contas (exemplo: garantias, acordos de compensação, compromissos de compra e venda a termo)

Off-duty — Fora de uso

Offer — Oferta, lançamento

Offer price (Fin.) — Preço de oferta (Fin.)

Offering circular (Fin.) (USA) — Circular de oferta (Fin.) (EUA)

Offering memorandum/circular — Documento (prospecto) que apóia um lançamento de ações

Office — Escritório, repartição (pública); cargo público de confiança

Office automation (EDP) — Automação de escritório (PED)

Office building — Edifício de escritórios

Office burglary and robbery insurance/ contract (Ins.) — Seguro de arrombamento e furto em escritório (Seg.)

Office clerk — Funcionário de escritório

Office expenses — Despesas de escritório, despesas de expediente

Office management	Administração do escritório
Officer	Funcionário graduado da empresa, diretor, executivo
Office supplies	Material de escritório
Official	Funcionário responsável (chefe de seção)
Official exchange rate	Taxa oficial de câmbio
Official translator	Tradutor juramentado
Offset (n.) (v.)	Retificação, ação de contrabalançar (s.); retificar, compensar (v.)
Offset agreement	Acordo compensatório
Offsetting effects	Efeitos compensatórios
Offsetting error	Erro retificador
Offshore	Atividades fora do país, principalmente em paraísos fiscais
Off-site	Fora do local de trabalho
Off-the-job training	Treinamento fora da empresa
Off-the-record	Oficioso, extra-oficial
Oil	Óleo
Oil risks (Ins.)	Riscos de petróleo (Seg.)
Old-age pension	Aposentadoria por velhice
Oligopoly	Oligopólio
Omission	Omissão
Omission (Ins.)	Omissão (Seg.)
Omnibus opinion (Aud.)	Parecer técnico que engloba vários assuntos (Aud.)
On account	Por conta, pagamento parcial, entrada
On average	Na média
On board	A bordo
On consignment	Em consignação
On demand	A vista, contra-apresentação
Ongoing dialogue	Diálogo contínuo
Ongoing operation	Operação em andamento
On hand	Em mãos, existente em estoque, disponível
On leave	Em licença
On-lending (Fin.)	Repasse de empréstimo (Fin.)
On-line (EDP)	"On-line" - em linha direta (PED)
On-line/batch processing (EDP)	Processamento por lotes/"on-line" (PED)
On-line computer system (EDP)	Sistema de computador "on-line" (PED)
On-line computer systems (EDP)	Sistemas de computadores "on-line" (PED)
On-line/downloading/uploading processing (EDP)	Processamento por descarga/recarga/ "on-line" (PED)
On-line/memo up date (EDP)	Atualização de arquivo memorando/"on-line" (PED)

On-line/real-time processing (EDP)	Processamento em tempo real/"on-line" (PED)
On-line wire transfer capabilities	Equipamentos de transferência telegráficos "on-line"
On order	À ordem; encomendado, mas não recebido; sujeito à confirmação
On-site	No local de trabalho
On-the-job training (Aud.)	Treinamento no trabalho/no campo (Aud.)
Open account	Conta em aberto
Open-ended policy (Ins.)	Apólice de prazo indefinido (Seg.)
Opening balance	Saldo de abertura, inicial
Opening entry	Lançamento inicial, lançamento de abertura
Open market (Fin.)	Mercado aberto (Fin.)
Open position (Fin.)	Posição em aberto; a diferença entre o ativo e passivo, em determinada moeda (Fin.)
Open time deposit account (Fin.)	Depósitos de prazo em aberto (Fin.)
Operating	Operacional
Operating budget	Orçamento operacional
Operating capacity	Capacidade operacional
Operating company	Empresa em funcionamento/operante/ativa
Operating cost	Custo operacional
Operating cycle	Ciclo operacional
Operating division	Divisão operacional
Operating expenses	Despesas operacionais
Operating income	Resultado operacional
Operating lease	Arrendamento operacional
Operating leverage	Alavancagem operacional
Operating limits (by line of insurance)(Ins.)	Limite de operações (Seg.)
Operating loss	Prejuízo operacional
Operating margin	Margem operacional
Operating profit/loss	Lucro/prejuízo operacional
Operating program	Programa de execução
Operating ratio	Índice (taxa) de operação; percentagem de custos operacionais totais em relação à receita operacional total
Operating result	Resultado das operações
Operating revenue	Receita operacional
Operating statement	Relatório (demonstração) das operações
Operational audit (Aud.)	Auditoria operacional (Aud.)

Operational control	Controle operacional
Operational guidelines	Linhas de orientação operacional
Operational risk (Fin.)	Risco operacional (Fin.)
Operational strategy	Estratégia operacional
Operations (console) log (EDP)	Registro (console) de operações (PED)
Operations of insurance companies (Ins.)	Operações de companhias de seguros (Seg.)
Operations research	Pesquisa operacional
Operator	Operador, telefonista
Opinion (Aud.)	Parecer (Aud.)
Opportunity cost	Custo de oportunidade
Optical disk (EDP)	Disco ótico (PED)
Optical fiber	Fibra ótica
Option contract (Fin.)	Contrato de opção; contrato de câmbio com data fixa, mas que pode ser liquidado a qualquer momento, por opção de uma das partes (Fin.)
Optional monthly income tax - individuals	Mensalão
Optional third party liability (Ins.)	Responsabilidade civil facultativa (Seg.)
Options box (Fin.)	"Box" de opções (Fin.)
Options market (Fin.)	Mercado de opções (Fin.)
Order	Ordem, pedido
Ordinary creditor	Credor quirografário; credor sem garantia
Ordinary General Meeting	Assembléia Geral Ordinária - AGO
Ordinary income	Renda ordinária
Ordinary law (Leg.)	Lei ordinária (Jur.)
Ordinary lawsuit (Leg.)	Ação ordinária (Jur.)
Ordinary life insurance (Ins.)	Seguro de vida comum (Seg.)
Ordinary stock	Ação ordinária
Ore (iron, etc.)	Minério (ferro etc.)
Organizational development	Desenvolvimento de organização
Organizational structure	Estrutura organizacional
Organization and Methods - O&M	Organização e Métodos - O&M
Organization chart	Organograma
Organization expenses	Despesas de organização
Organization of American States - OAS	Organização dos Estados Americanos OEA
Organization of Petroleum Exporting Countries - OPEC	Organização dos Países Exportadores de Petróleo - OPEP
Original cost	Custo original
Orthodox	Ortodoxo

Ostensible partner	Sócio ostensivo
Other auditor (Aud.)	Outro auditor (terceiro) (Aud.)
Other income	Outras receitas
Other party	A parte que negocia com a entidade (a outra parte em uma transação)
Outbound	Viagem de ida
Out-clearings (Fin.)	Compensações efetuadas fora do banco (Fin.)
Outcome	Resultado, conseqüência
Outflow	Saída, escoamento
Outgoings	Saída de caixa (dispêndio), gasto, despesa
Outgoing telex, fax etc.	Telex/"fax" enviados
Outgrow	Crescer mais do que as estimativas, mais do que os limites
Outlay	Desembolso, gasto, dispêndio monetário
Outlet	Ponto de venda; mercado comprador; lojas que praticam preços de fábrica
Outlook	Perspectiva, panorama
Out-of-book records	Registros informais/paralelos
Out-of-court settlement	Acordo extrajudicial
Out of line	Fora de linha
Out of order	Com defeito
Out of pocket expenses	Desembolso
Out of print	Fora de impressão, livro esgotado no mercado
Out of room, lack of space	Falta de espaço, sem espaço
Out of stock	Em falta no estoque, sem estoque
Out of the money (Fin.)	Fora do valor de mercado - Quando o preço de um papel financeiro ultrapassa o valor de mercado (ver "at the money" e "in the money") (Fin.)
Out of the question	Fora de questão
Outplacement	Colocação de executivos
Output	Produção; dados de saída (PED)
Output budgeting	Orçar a produção
Output cost	Custo de produção
Outside adjusters (Ins.)	Reguladores externos (Seg.)
Outsider	Estranho, intruso
Outsourcing	Terceirização

Outstanding	A receber ou a pagar, em mãos de terceiros; em circulação; não apresentados (cheques)
Outstanding capital stock	Ações emitidas em poder do público
Outstanding loans (Fin.)	Empréstimos em aberto (Fin.)
Outstanding premiums (Ins.)	Prêmios a receber (Seg.)
Outstanding receivable or payable	A receber ou a pagar
Outward bills	Faturas enviadas
Overabsorb	Absorver a maior
Overabsorbed burden	A quantia pela qual os custos indiretos aplicados excedem os custos indiretos reais
Overage	Excedente
Overall check	Verificação genérica
Overall demand	Demanda global
Overallotment option (Fin.) (USA)	Opção de distribuição a maior (Fin.) (EUA)
Overall performance	Desempenho global/geral
Overcapitalized	Sobrecapitalizado
Overcharge	Débito a mais
Overdraft (Fin.)	Saque a descoberto (Fin.)
Overdue	Vencido
Overdue premiums (Ins.)	Prêmios vencidos (Seg.)
Overestimate	Estimar a mais, superestimar
Overextended	Prolongado em excesso
Overgold (Fin.)	"Overgold" (Fin.)
Overhaul	Vistoria, reforma
Overhead	Despesas gerais indiretas
Overhead costs	Custos gerais indiretos
Overhead rate	Taxa de despesas indiretas
Overinsurance (Ins.)	Sobre-seguro (Seg.)
Overlapping	Superposição
Overload	Sobrecarga
Overnight positions (Fin.)	Posições durante a noite (Fin.)
Overpay	Pagar a mais
Overpricing (Fin.) (USA)	Sobrepreço (Fin.) (EUA)
Overrate	Sobrestimar, cotar acima do preço
Overrun	Orçamento ultrapassado (de gastos, de tempo etc.)
Overseas	No estrangeiro, ultramarino
Overseas brokers (Ins.)	Corretores no exterior (Seg.)
Overseas customer	Cliente do exterior

Overseas insurers (Ins.)	Seguradores no exterior (Seg.)
Oversee	Supervisar
Oversize	Demasiado grande
Oversold	Vendido em quantidade maior do que aquela que pode ser fornecida
Overstaffed	Com excesso de pessoal
Overstaffing	Excesso de pessoal
Overstocking	Excesso de estoque
Oversubscription	Subscrição superior aos limites da emissão
Oversupply	Oferta em excesso
Over-the-counter market (Fin.)	Mercado de balcão (Fin.)
Over-the-counter options (Fin.)	Opções negociadas nos mercados de balcão (Fin.)
Overtime - OT	Horas Extras - HE
Overtrading	Excesso de atividades para o qual o capital da empresa é insuficiente
Overvalue	Avaliar a mais, superavaliar
Overworked	Sobrecarregado de trabalho
Owe	Dever
Owner	Proprietário
Owner of a large estate	Latifundiário
Owner's equity	Patrimônio líquido
Ownership	Controle da empresa, posse, direito de propriedade
Ownership interest	Participação do proprietário (no capital da empresa)
Ownership percentage	Percentual de participação

P

Pacific Standard Time - PST (USA)   Hora Padrão do Pacífico (EUA)

Package deal   Pacote negociado

Package (n.) (v.)   Acondicionamento, pacote (s.); empacotar, acondicionar (v.)

Packing   Embalagem

Packing list   Lista de embarque, romaneio

Packing material   Material de embalagem

Pact   Pacto, tratado

Padlock   Cadeado

Paid   Pago

Paid in   Pago

Paid-in capital   Capital integralizado

Paid-in surplus   Superávit contribuído por acionistas

Paid up   Pago

Paid-up or extended term insurance (Ins.)   Seguro pago ou com o prazo aumentado (Seg.)

Paint (n.) (v.)   Pintura (s.); colorir, retratar (v.)

Pallet   Paleta; estrutura (plataforma) de madeira para facilitar a estocagem de mercadorias

Palletize   Paletizar

Palmtop (EDP)   Micro de bolso (PED)

Panel   Painel

Panellist   Panelista (apresentador)

Panic   Pânico

Paper clearing (Fin.)   Compensação de títulos (Fin.)

Paper money   Papel-moeda

Paper profit   Lucro no papel, lucro escritural

Paperwork   Papéis; termo genérico que descreve documentos, cartas e formulários processados pela função burocrática em uma organização

Paragraph   Parágrafo

Parallel dollar   Dólar paralelo

Parallel market   Mercado paralelo

Parallel running (EDP)   Ciclo de funcionamento em paralelo (PED)

Parameters   Parâmetros

Parcel   Parcela

Parent company   Empresa controladora, matriz

Parenthesis (USA)   Parêntese

Parenthetic disclosure   Divulgação entre parênteses

Parity	Paridade
Par, par value	Par, valor par, valor nominal
Partial accident disability (Ins.)	Invalidez parcial por acidente (Seg.)
Partial disability (Ins.)	Incapacidade parcial (Seg.)
Partial loss (Ins.)	Perda/dano parcial (Seg.)
Participating insurance (Ins.)	Seguro com participação nos lucros (Seg.)
Participating policies (Ins.)	Apólices com participação nos lucros (Seg.)
Participation in salvage and recovery (Ins.)	Participações em salvados e ressarcimentos (Seg.)
Participation (Fin.)	Cessão parcial de empréstimo; parte de empréstimo originada em um banco, comprada por outro banco (Fin.)
Partly owned subsidiary	Subsidiária não integral
Partner	Sócio
Partnership	Sociedade (de pessoas)
Partnership deed	Contrato social
Partnership in which some partners are passive	Sociedade em conta de participação
Partnership in which the managing partners have unlimited liability and the others have liability limited to the subscribed capital	Sociedade em comandita
Part of audit performed by other independent auditors (Aud.)	Parte da auditoria executada por outros auditores independentes (Aud.)
Parts	Peças
Part-time	Tempo parcial; meio expediente
Party	Grupo; parte interessada
Passage of title (Leg.)	Transferência de título de propriedade (Jur.)
Passbook (for savings account) (Fin.)	Caderneta de depósito em poupança (Fin.)
Pass-through	Transferência
Pass-through certificate	Certificado de transferência
Password (EDP)	Senha, palavra secreta (PED)
Past due	Vencido (com prazo esgotado)
Past due status	Situação de vencidos (itens a receber)
Past service benefit (pension) (Ins.)	Benefícios do período do emprego anterior ao plano de aposentadoria e pensão (pensões) (Seg.)
Past service liability (pension) (Ins.)	Passivo relativo ao período do emprego anterior ao plano de aposentadoria e pensão (pensões) (Seg.)

315

Past service pension cost (pension) — Custo de pensão relativo ao período de emprego anterior à vigência do plano de aposentadoria e pensão (pensões)

Patent — Patente

Patent application — Solicitação de patente

Patent trading — Negociação de patentes

Paternity leave — Licença-paternidade

Path (EDP) — Caminho de acesso a dados (PED)

Patron — Patrono, defensor; cliente de certos estabelecimentos (restaurantes)

Pattern — Modelo, molde, padrão

Pawn (n.) (v.) — Penhor (s.); penhorar (v.)

Pay (n.) (v.) — Ordenado, remuneração (s.); pagar (v.)

Payable — Conta a pagar

Pay as you earn — Pagar à medida que recebe

Pay as you go — Pagar na medida do uso

Pay back — Retorno ou economia resultante de investimento; devolver

Pay-back period — Período de retorno de um investimento

Pay by the hour — Pagar por hora

Paydowns — Pagamentos/liquidações

Payee — Recebedor de um pagamento, beneficiário

Payer — Pagador

Payment — Pagamento, saída, recolhimento (de imposto)

Payment in advance — Pagamento antecipado

Payment in kind — Pagamento em espécie

Payment of capital — Integralização de capital

Payment order — Ordem de pagamento

Payment schedule — Esquema de pagamento

Pay-off — Pagamento de salário

Pay out — Pagar.

Payroll — Folha de pagamento

Payroll distribution — Distribuição de mão-de-obra (de folha de pagamento)

Payroll tax — Imposto sobre a folha de pagamento

Peak period — Período de mais movimento/de pico

Peddle — Espalhar boatos

Peer review — Revisão por entidade ou pessoa altamente especializada

Pegboard — Tabuleiro perfurado para registrar resultados

Pegging (Fin.)

Manutenção de um preço fixo no mercado (Fin.)

Penal Code (Leg.)
Código Penal (Jur.)

Penalty interest
Juros de mora

Pending matters
Assuntos pendentes

Pension (pension) (Ins.)
Aposentadoria/pensão (pensões) (Seg.)

Pension and retirement plans (pension) (Ins.)
Planos de pensão e aposentadoria (pensões) (Seg.)

Pension cost (pension) (Ins.)
Custo de aposentadoria/pensão (pensões) (Seg.)

Pension fund (pension) (Ins.)
Fundo de pensão (pensões) (Seg.)

Pension plan (pension) (Ins.)
Plano de aposentadoria e pensão (pensões) (Seg.)

Pension plan funding (pension) (Ins.)
Financiamento do plano de aposentadoria e pensão (pensões) (Seg.)

Pension plan integration with social security (pension) (Ins.)
Integração do plano de aposentadoria com a seguridade social (pensões) (Seg.)

Pension reserve (pension) (Ins.)
Reserva para aposentadoria/pensão (pensões) (Seg.)

Pent-up/contained demand
Demanda reprimida

Per annum - p.a.
Ao ano - a.a.

Per capita
Per capita

Percentage
Percentagem

Percentage holding
Percentagem de participação

Percentage-of-completion method
Método de percentagem/parcela concluída; método contábil que reconhece a receita proporcionalmente à parcela concluída de um fornecimento de bens ou serviços

Per diem (Fin.)
Ao/por dia (Fin.)

Performance against objectives
Desempenho versus objetivos

Performance analysis
Análise de desempenho

Performance appraisal
Avaliação de desempenho

Performance bond
Obrigação emitida como garantia da execução de uma tarefa ou de uma obra

Performance budget
Orçamento funcional

Performance rating
Classificação do desempenho

Period
Período, exercício social

Period costs
Despesas do exercício (não integrantes dos custos de produção)

Periodic audit (Aud.)	Auditoria periódica, exame periódico (Aud.)
Peripheral equipment (EDP)	Equipamento periférico (PED)
Perishable	Perecível
Permanent assets	Ativo permanente
Permanent differences	Diferenças permanentes (entre o lucro contábil e o tributável)
Permanent file (Aud.)	Pasta, arquivo permanente (Aud.)
Permanent records	Registros permanentes
Permit (Leg.)	Alvará, autorização (Jur.)
Per month - p.m.	Ao mês - a.m.
Perpetual inventory records	Registros permanentes de estoques
Personal ability	Aptidão pessoal
Personal accident insurance (Ins.)	Seguro contra acidentes pessoais (Seg.)
Personal accidents (Ins.)	Acidentes pessoais (Seg.)
Personal account	Conta pessoal, nominal
Personal computer - PC (EDP)	Computador pessoal - PC (PED)
Personal damages (Ins.)	Danos pessoais (Seg.)
Personal drawings	Retiradas pessoais
Personal effects	Objetos de uso pessoal; efeitos pessoais
Personal financial statement	Demonstração financeira de pessoa física
Personal holding company	Companhia "holding" controlada por uma ou poucas pessoas físicas
Personal Identification Number - PIN	Número de identificação pessoal
Personal income	Renda pessoal/individual
Personal injury (Ins.)	Danos pessoais (Seg.)
Personal injury insurance (Ins.)	Seguro de danos pessoais (Seg.)
Personal insurance (Ins.)	Seguro pessoal (Seg.)
Personal liability insurance (Ins.)	Seguro de responsabilidade pessoal (Seg.)
Personal lines (Ins.)	Ramos de seguros pessoais (Seg.)
Personal references	Referências pessoais
Personnel	Quadro de pessoal
Personnel cost	Custo de pessoal
Personnel department	Departamento de pessoal
Personnel management	Administração de pessoal
Personnel rating	Classificação de pessoal
Persuasive evidence (Aud.)	Evidência de natureza persuasiva (Aud.)
Petition	Petição, requerimento
Petroleum	Petróleo
Petty cash	Caixa pequeno
Petty cash voucher	Comprovante de caixa pequeno

318

Phase out	Reduzir progressivamente ou eliminar por etapas
Photocopy	Fotocópia
Physical inventory	Inventário físico, contagem de estoques e outros bens
Physical operating capacity	Capacidade física operacional
Piecemeal opinion (Aud.)	Parecer parcial, isto é, que não cobre as demonstrações financeiras no seu conjunto (Aud.)
Piece rate	Salário-tarefa
Piecework	Empreitada
Pie-chart	Gráfico em forma de pizza (circular)
Pilferage (Insurance)	Furto (Seguros)
Pilot plan	Plano-piloto
Pilot plant	Fábrica-piloto
Pilot production	Produção piloto/experimental
Pilot project	Projeto-piloto
Pitfall	Armadilha, cilada
Placing of reinsurance (Ins.)	Colocação de resseguro (Seg.)
Plan (n.) (v.)	Plano (s.), planejar (v.)
Plan for supplementing retirement pensions (Ins.)	Plano de suplementação de aposentadoria (Seg.)
Planning and supervision (Aud.)	Planejamento e supervisão (Aud.)
Planning documentation (Aud.)	Documentação de planejamento (Aud.)
Planning file (Aud.)	Pasta de planejamento (Aud.)
Planning process (Aud.)	Processo de planejamento (Aud.)
Plant	Fábrica, usina, instalações fabris
Plantation	Plantio
Pledge (n.) (v.)	Penhor, garantia, fiança, vinculação (s.); penhorar, dar em garantia, vincular (v.)
Pledged assets	Bens empenhados, oferecidos em garantia ou em fiança
Plot of land	Lote de terreno
Plotter (EDP)	"Plotter", plotador gráfico (PED)
Plowing/ploughing (UK)	Processo de arado
Plummet	Desabar um preço etc.
Pocket money	Dinheiro para gastos pessoais
Point (Fin.)	Ponto; um centésimo de centavo em um preço referente à movimentação das taxas de câmbio (Fin.)
Point of order	Ponto de pedido; questão de ordem

Point of sale	Ponto de venda
Point out	Salientar, realçar
Policy	Diretriz, política
Policy (Ins.)	Apólice (Seg.)
Policy count (Ins.)	Numeração de apólices (Seg.)
Policy formulation	Formulação de política
Policy issuing (Ins.)	Emissão de apólices (Seg.)
Policyholder (Ins.)	Segurado, portador / detentor da apólice (Seg.)
Policy loans (Ins.)	Adiantamentos/empréstimos sobre as apólices (Seg.)
Policy making	Elaboração de políticas ou diretrizes (empresa)
Policy manual	Manual de políticas, de diretrizes
Policy numbering (Ins.)	Numeração das apólices (Seg.)
Policyowner (Ins.)	Segurado, detentor dos direitos da apólice (Seg.)
Policyowner examining committee (Ins.)	Comitê examinador de segurados (Seg.)
Policy period (Ins.)	Duração do seguro (Seg.)
Policy provisions (Ins.)	Dispositivos contidos na apólice (Seg.)
Policy size (Ins.)	Tamanho da apólice (Seg.)
Poll	Votação, eleição
Pollution control	Controle de poluição
Pollution prevention audit (Aud.)	Auditoria de prevenção da poluição (Aud.)
Pool (Ins.)	"Pool"; grupo de seguradoras (Seg.)
Pool (of secretaries etc.)	Grupo de secretárias ou funcionários sem chefe exclusivo
Pooling of interests	Fusão de interesses/de participação
Pooling of interests method	Método de fusão de interesses
Pool syndicate (Ins.)	Consórcio; "pool" (Seg.)
Poor working conditions	Condições de trabalho insatisfatórias
Population (statistics)	População (estatística)
Port (EDP)	Dispositivo de ligação de computador (PED)
Portability (EDP)	Portabilidade (capacidade de mover "software" de um sistema operativo para outro) (PED)
Portfolio	Carteira (de negócios)
Portfolio securities	Valores mobiliários em carteira
Position	Posição
Positive confirmation (Aud.)	Confirmação positiva (Aud.)
Possession	Posse

320

Possible audit procedures (Aud.)	Possíveis procedimentos de auditoria (Aud.)
Post	Lançar nos livros
Post-balance sheet event	Evento posterior ao balanço patrimonial
Post-dated check	Cheque pós-datado (com data futura para descontar)
Posting	Lançamento nos livros
Post office - P.O.	Correio
Post office box - P.O. Box	Caixa Postal
Post-retirement benefits	Benefícios pós-aposentadoria
Potential	Potencial
Potential exposure (Fin.)	Exposição potencial (Fin.)
Potential recovery of environmental costs	Recuperação potencial de custos do meio-ambiente
Power of attorney (Leg.)	Procuração (Jur.)
Practice	Prática; desempenho de uma profissão
Practitioner	Aquele que desempenha profissão liberal desconto futuro
Preacquisition	Pré-aquisição
Precatory letter of summons and pledge (Leg.)	Carta precatória de citação e penhora (Jur.)
Precedent (Leg.)	Precedente judicial, jurisprudência (Jur.)
Precious metals	Metais preciosos
Pre-cleared check	Cheque visado
Predate	Predatar, antedatar
Pre-dated check	Cheque pré-datado (com data atual para)
Predatory discounts	Descontos agressivos
Predecessor auditor (Aud.)	Auditor precedente/anterior (Aud.)
Predecessor company	Empresa antecessora
Prediction	Predição
Preeminent reputation	Conceituada reputação
Preference on liquidation	Preferência na liquidação
Preferential duty	Tarifa preferencial
Preferential rate of exchange (Fin.)	Taxa de câmbio preferencial (Fin.)
Preferential subscription right	Direito de subscrição preferencial de acionistas
Preferred capital stock	Ação preferencial
Preferred creditor	Credor preferencial
Preferred dividend	Dividendo preferencial
Preliminary audit (Aud.)	Auditoria preliminar (Aud.)
Preliminary balance sheet	Balanço patrimonial preliminar
Preliminary injunction (Leg.)	Liminar (Jur.)

Premises	Local, edifício, instalações; premissas
Premium	Prêmio, ágio
Premium (Ins.)	Prêmio (Seg.)
Premium adjustment (Ins.)	Ajuste de prêmio (Seg.)
Premium computation (Ins.)	Cálculo do prêmio (Seg.)
Premium discount (Ins.)	Desconto sobre o prêmio (Seg.)
Premium expense (Ins.)	Despesas de prêmios (Seg.)
Premium on the sale of subscription premium rate (Ins.)	Ágio na venda de direito de taxa de prêmio (Seg.)
Premiums cancelled (Ins.)	Prêmios cancelados (Seg.)
Premiums ceded (Ins.)	Prêmios cedidos (Seg.)
Premiums issued (Ins.)	Prêmios emitidos (Seg.)
Premiums receivable (Ins.)	Prêmios emitidos a receber (Seg.)
Premiums received (Ins.)	Prêmios recebidos (Seg.)
Premiums reimbursed (Ins.)	Prêmios restituídos (Seg.)
Premiums retained (Ins.)	Prêmios retidos (Seg.)
Premiums retained by overseas reinsurers (Ins.)	Prêmios retidos pelos resseguradores no exterior (Seg.)
Premiums retroceded (Ins.)	Prêmios retrocedidos (Seg.)
Preoperating expense	Despesa pré-operacional
Prepaid costs	Custos pagos antecipadamente
Prepaid expense	Despesas pagas antecipadamente
Prepay	Pagar na origem (frete); pagar antecipadamente
Prepayment	Pagamento antecipado
Prescription barring (Ins.)	Prescrição (Seg.)
Prescriptive period (Leg.)	Período de prescrição (Jur.)
Present fairly in all material respects (USA) (Aud.)	Apresentam adequadamente em todos os aspectos relevantes (EUA) (Aud.)
Present Value - PV	Valor presente/atual
Present value table (Fin.)	Tabela a valor presente; "tablita" (Fin.)
Presentation	Apresentação
Presentation and disclosure	Apresentação e divulgação
Presentation and disclosure assertion (Aud.)	Asserção quanto à apresentação e divulgação (Aud.)
Press clippings	Recortes de jornais
Press conference	Entrevista coletiva à imprensa
Press release	Comunicado à imprensa
Prestige	Prestígio
Pretax income	Lucro antes do imposto de renda
Prevailing	Prevalecente
Prevailing market rate (Fin.)	Taxa de mercado em vigor (Fin.)

Preventive controls	Controles preventivos
Preventive maintenance	Manutenção preventiva
Price	Preço
Price amendment (Fin.) (USA)	Correção do preço (Fin.) (EUA)
Price ceiling	Preço-teto
Price controls	Controles de preços
Price determination	Determinação de preços
Price differential	Diferencial de preços
Price/Earnings ratio - P/E	Índice Preço-Lucro - P/L
Price increase	Aumento de preço
Price index	Índice de preços
Price level	Nível de preços
Price-level adjustment	Ajuste pela variação do nível de preços
Price-level changes	Variações do nível de preços
Price-level restatement	Ajuste pela variação do nível de preços; correção monetária
Price limit	Preço-limite
Price-performance ratio	Relação de preço-desempenho
Price range	Faixa de preço
Price-stabilization policy	Política de estabilização de preços
Price structure	Estrutura de preço
Price support	Preço de sustentação
Price variance	Variação de preço
Price war	Guerra de preços
Pricing of insurance risks (Ins.)	Cálculo do preço dos riscos de seguros (Seg.)
Pricing policy	Política de preços
Primary liability	Obrigação inicial/primária
Primary market (Fin.)	Mercado primário (Fin.)
Primary offering (Fin.) (USA)	Emissão primária (Fin.) (EUA)
Primary product	Produto primário/básico
Primary reporting responsibility	Linha de responsabilidade principal
Prime cost	Custo primário
Prime rate (USA)	"Prime rate" - taxa de juros que um banco cobra de clientes de primeira linha (EUA)
Prime time (Advertising)	Horário nobre (Publicidade)
Principal	Principal; capital original de uma dívida
Principal auditor (Aud.)	Auditor principal (responsável pela auditoria da parte principal de um grupo de empresas) (Aud.)
Principal sum (Ins.)	Importância principal (Seg.)

Principle	Princípio
Principle of equality (Leg.)	Princípio da igualdade (Jur.)
Printer (EDP)	Impressora (PED)
Prior notice	Aviso prévio
Prior period/year adjustment	Ajuste de período/exercício anterior
Private banking (Fin.)	Atendimento a clientes especiais (do banco) (Fin.)
Private insurance policy (Ins.)	Política de seguros privados (Seg.)
Privately negotiated forwards (Fin.)	Termos (mercado futuro) negociados particularmente (Fin.)
Privately negotiated options (Fin.)	Opções negociadas particularmente (Fin.
Private pension operations (pension) (Ins.)	Operações de previdência privada (pensões) (Seg.)
Private pension plan (pension) (Ins.)	Plano de aposentadoria privada (pensões (Seg.)
Private placing services (Fin.)	Colocação privada (Fin.)
Private offering (Fin.) (USA)	Oferta privada (Fin.) (EUA)
Private placements (Fin.)	Colocações de títulos privados (Fin.)
Private sector	Setor privado
Privatization Certificate (CP)	Certificado de Privatização - CP
Privatize	Privatizar
Privilege	Privilégio
Privileged information	Informação privilegiada
Privity of contract	Relação particular das partes contratante
Probability (Ins.)	Cálculo das probabilidades (Seg.)
Probability sample	Amostra probabilística
Problem area	Área problemática
Procedural law (Leg.)	Lei adjetiva (Jur.)
Procedural steps (Leg.)	Trâmites (Jur.)
Proceduring (Leg.)	Tramitação (Jur.)
Proceeds	Produto/resultado/receita de uma operação ou transação
Process	Processo em andamento
Processing controls	Controles de processamento
Procrastinate	Procrastinar
Procurement	Obtenção, aquisição
Procedures manual	Manual de procedimentos
Processor (EDP)	Processador (PED)
Produce (n.) (v.)	Frutos, produção agrícola (s.); produzir, fabricar; (v.)
Product	Produto (bem)
Product area	Área de produtos

Product cost	Custo do produto
Product design	Desenho de produtos
Product development	Desenvolvimento de produtos
Product development expenses	Despesas com desenvolvimento de novos produtos
Product image	Imagem do produto
Product improvement	Aperfeiçoamento do produto
Production	Produção
Production control	Controle de produção
Production cost	Custo de produção
Production cycle	Ciclo de produção
Production facilities	Instalações de produção
Production line	Linha de produção
Production mode (EDP)	Modalidade de produção (PED)
Production planning	Planejamento de produção
Production schedule	Programa de produção
Productive assets	Ativos produtivos
Productive capacity	Capacidade produtiva
Productivity agreement	Acordo de produtividade
Product launch	Lançamento de produto
Product line	Linha de produtos
Product management	Gerência de produtos
Product profitability	Rentabilidade do produto
Product technology	Tecnologia do produto
Product warranties	Garantias dos produtos
Profession	Profissão liberal
Professional behavior (Aud.)	Comportamento/atitude profissional (Aud.)
Professional competence (Aud.)	Competência/capacidade profissional (Aud.)
Professional development	Desenvolvimento profissional
Professional ethics	Ética profissional
Professional exposure risk (Aud.)	Risco profissional (Aud.)
Professional indemnity insurance (Ins.)	Seguro de indenização profissional (Seg.)
Professional liability insurance (Ins.)	Seguro de responsabilidade profissional (Seg.)
Professional partnership	Sociedade de profissionais
Professional risk (Ins.)	Risco profissional (Seg.)
Professional secrecy	Sigilo profissional
Professional staff	Pessoal profissional
Professional standards (Aud.)	Normas profissionais (Aud.)
Proficiency	Proficiência

Profit	Lucro, ganho, resultado, superávit
Profitability	Rentabilidade, lucratividade
Profitable	Lucrativo, rentável
Profitable operation	Operação com lucro
Profit and loss account	Conta de lucros e perdas/de resultados
Profit and loss statement	Demonstração de lucros e perdas, de resultados
Profit center	Centro de lucros
Profit contribution	Contribuição para o lucro
Profiteer	Aproveitador, explorador
Profit improvement	Melhora do lucro
Profit maker	Empresa que visa lucros
Profit margin	Margem de lucro
Profit maximization	Maximização de rentabilidade/ lucratividade
Profit optimization	Otimização do lucro
Profit-oriented entity	Empresa que visa lucros
Profit outlook	Perspectiva do lucro
Profit participation in retrocession accounts and pooled business (Ins.)	Participações em lucros operacionais de retrocessões e consórcios (Seg.)
Profit planning	Planejamento de rentabilidade/ lucratividade
Profit remittance	Remessa de lucros
Profit sharing	Participação nos lucros
Profit sharing plan	Plano de participação nos lucros
Profit target	Meta de lucro
Pro forma	"Pro forma"; para constar
Pro forma statement	Demonstração "pro forma"
Program (n.) (v.)	Programa (s.); programa de computador; programar (v.)
Program and data security (EDP)	Segurança de programas e dados (PED)
Programmed learning	Aprendizagem programada
Programed balancing controls (EDP)	Controles programados de balanceamento (PED)
Programed cost	Custo programado; fixo
Programed cut-off controls (EDP)	Controles programados de corte de documentação (PED)
Programer	Programador
Program Evaluation and Review Technique - PERT	Técnica de Avaliação e Revisão de Programas
Program generator (EDP)	Gerador de programa (PED)
Programing	Programação

Program library (EDP)	Biblioteca de programas (PED)
Progress billing	Faturamento parcelado/parcial
Progress chart	Gráfico de execução
Progressive taxation (Leg.)	Tributação progressiva (Jur.)
Progress payment	Pagamento parcelado/parcial
Project (n.) (v.)	Projeto, empreendimento (s.); projetar (v.)
Project analysis	Análise de projeto
Project assessment	Avaliação de projetos
Projected benefit valuation method (pensions) (Ins.)	Método de avaliação de benefícios projetados (pensões) (Seg.)
Projected financial statement	Demonstração financeira projetada
Projected profit	Lucro projetado
Projection	Projeção
Projects financing services (Fin.)	Financiamento de projetos (Fin.)
Promissory note	Nota promissória
Promotion	Promoção de pessoal; promoção (em "marketing")
Promotion expense	Despesa de promoção
Prompt delivery	Pronta entrega
Prompt payer	Pagador no vencimento
Pronouncement	Pronunciamento
Proof department	Departamento de conferências
Proof of loss	Comprovação de perda ou prejuízo
Proof of transactions	Conferência das transações
Proofreading	Revisão de provas (de relatórios etc.)
Proper amount	Valor correto/apropriado/adequado
Proper level of authority	Nível competente de autoridade
Property	Propriedade; bem imóvel
Property and casualty insurance (Ins.)	Seguro de bens e de acidentes; ramos elementares (Seg.)
Property and liability insurance (Ins.)	Seguro de ramos elementares e de responsabilidade civil (Seg.)
Property/casualty (Ins.)	Ramos elementares (Seg.)
Property damage insurance (Ins.)	Seguro de danos (Seg.)
Property, plant and equipment	Ativo imobilizado
Property tax	Imposto sobre a propriedade
Proportional mean	Média proporcional
Proportional reinsurance (Ins.)	Resseguro proporcional (Seg.)
Proposal	Proposta
Proposed dividend	Dividendo proposto
Proprietary	Proprietário, dono
Pro rata	"Pro rata", rateado

Prorate	Ratear
Pros and cons	Prós e contras
Prosecution (Leg.)	Instauração de processo (Jur.)
Prospection	Prospecção
Prospective financial information	Informações financeiras prospectivas
Prospectus (stock issue)	Prospecto (emissão de ações)
Prosper	Prosperar
Protective practices	Práticas protecionistas
Protest (n.) (v.)	Protesto (s.); protestar (v.)
Prototype	Protótipo
Prove	Provar
Proven reserves	Reservas existentes (minas)
Provide	Provisionar, fornecer, prover
Provided for	Provisionado
Provision	Provisão contábil; cláusula de contrato (Jur.)
Provisional measure (Leg.)	Medida provisória (Jur.)
Provision for discounts	Provisão para descontos
Provision for expired risks (Ins.)	Provisão de riscos decorridos (Seg.)
Provision for income tax	Provisão para imposto de renda
Provision for loss	Provisão para perdas
Provision for unearned premiums (Ins.)	Provisão de prêmios não ganhos/não auferidos (Seg.)
Provision for unsettled claims (Ins.)	Provisão para sinistros a liquidar (Seg.)
Provisions (of a contract)	Cláusulas (de contrato)
Provisions of laws and regulations (Leg.)	Dispositivos de leis e regulamentos (Jur.)
Proxy (Leg.)	Procuração (Jur.)
Prudence	Prudência
Public	Público
Public accountant's opinion (Aud.)	Parecer do auditor independente (Aud.)
Public accounting (Aud.)	Auditoria independente (Aud.)
Public agencies	Órgãos públicos
Public bid	Concorrência pública
Public debt	Dívida pública
Public domain (Leg.)	Domínio público (Jur.)
Public finances	Finanças públicas
Public holiday	Feriado oficial
Publicity	Publicidade
Public liability (Ins.)	Responsabilidade pública (Seg.)
Publicly traded company	Empresa aberta/com ações cotadas/com ações transacionadas em bolsa de valores

Public notary	Tabelião
Public offering	Oferta pública (de ações)
Public placing services (Fin.)	Colocação pública (Fin.)
Public records	Cartórios públicos
Public relations	Relações públicas
Public riots (Ins.)	Tumultos públicos (Seg.)
Public sector	Setor público
Public Sector Committee (IFAC) - PSC (Aud.)	Comitê do Setor Público do IFAC (Aud.)
Public Sector Perspective (IFAC) - PSP (Aud.)	Perspectiva do Setor Público do IFAC (Aud.)
Public utilities	Serviços públicos
Public works	Obras públicas
Purchase	Compra, aquisição
Purchase acquisition	Aquisição por compra
Purchase contract	Contrato de compra
Purchase department	Departamento de compras
Purchase discount	Desconto sobre compra
Purchased option (Fin.)	Opção comprada (de títulos) (Fin.)
Purchased technology	Tecnologia comprada/adquirida
Purchase method	Método de compra
Purchase order	Pedido de compra, encomenda
Purchase price	Preço de compra
Purchaser	Comprador
Purchase requisition	Requisição de compra
Purchases of consumption materials	Compras de material de consumo, de suprimentos
Purchasing manager	Gerente de compras
Purchasing power	Poder de compra/aquisitivo
Purveyor	Fornecedor
Put option (Fin.)	Opção de venda (de papéis financeiros) (Fin.)
Pyramid (staff)	Pirâmide de pessoal

Q

Qualification (Aud.)	Ressalva, restrição, exceção (Aud.); habilitação, qualificação
Qualified	Habilitado, qualificado; ressalvado, com exceção (Aud.)
Qualified official	Funcionário qualificado
Qualified opinion (Aud.)	Parecer com ressalva (Aud.)
Qualifying period for benefits (Ins.)	Prazo de carência (Seg.)
Qualify insurance brokers (Ins.)	Habilitar corretoras de seguros (Seg.)
Quality	Qualidade
Quality and timeliness of audit evidence (Aud.)	Qualidade e oportunidade da evidência de auditoria (Aud.)
Quality control	Controle de qualidade
Quality control review (Aud.)	Revisão de controle de qualidade (Aud.)
Quantification	Quantificação
Quantity	Quantidade
Quarterly Financial Information	Informações Trimestrais - ITRs
Quarterly review (Aud.)	Revisão trimestral (Aud.)
Quartile	Quartil
Quasi-governmental securities	Títulos quase governamentais
Quasi-public corporation	Paraestatal
Quasi-reorganization	Conjunto de medidas que resultam em reestruturação organizacional
Query (EDP)	Pesquisa (PED)
Questionnaire	Questionário
Quick asset	Ativo de realização imediata
Quick ratio	Quociente de liquidez imediata
Quiet filing (Fin.) (USA)	Apresentação em silêncio (Fin.) (EUA)
Quiet (or cooling-off) period (Fin.) (USA)	Período de silêncio (ou calma) (Fin.) (EUA)
Quit (to)	Renunciar, desistir
Quota	Quota, cota
Quotaholder	Quotista, cotista
Quotaholders' equity	Patrimônio líquido dos quotistas/cotistas
Quota reinsurance (Ins.)	Resseguro de cota (Seg.)
Quotation	Cotação, citação, aspas
Quoted company	Empresa aberta/com ações cotadas/transacionadas em bolsa de valores
Quoted security	Título cotado em bolsa
Quoted value	Valor de cotação

R

Racketeering — Formação de quadrilhas

Railroad, railway — Estrada de ferro

Rainfall — Chuva, aguaceiro

Raise (e.g. capital) — Aumento (p. ex.: de capital)

Ranch — Fazenda

Random — Aleatório, ao acaso

Random access (EDP) — Acesso aleatório (PED)

Random Access Memory - RAM (EDP) — Memória de acesso aleatório - (RAM) (PED)

Random numbers — Números aleatórios

Random sampling — Amostragem aleatória

Range — Escala, amplitude, extensão, âmbito, faixa

Rank — Classificação, posição

Rate (n.) (v.) — Taxa, alíquota, índice (s.); taxar, classificar (v.)

Rate making (Ins.) — Cálculo do prêmio (Seg.)

Rate-making process — Processo de fixação de tarifa (empresas de utilidade pública)

Rate of earnings on total capital employed — Índice de lucros sobre o capital total empregado

Rate of exchange (Fin.) — Taxa de câmbio (Fin.)

Rate of growth — Taxa de crescimento

Rate of inflation — Taxa de inflação

Rate of interest (Fin.) — Taxa de juros (Fin.)

Rate of return — Taxa de retorno

Rate of return pricing — Apreçamento pela taxa de retorno

Rate of turnover — Taxa de rotatividade

Rating — Classificação

Rating (Ins.) — Avaliação do risco (Seg.)

Rating bureaus (Ins.) — "Bureaus" de tarifação (Seg.)

Ratio — Índice, relação, quociente, proporção

Ratio analysis — Análise por meio de quocientes

Rationalization — Racionalização

Ratio of administrative expenses over net interest income (Fin.) — Índice de despesas administrativas sobre receita líquida de juros (Fin.)

Ratio of fees from services over net interest income (Fin.) — Índice de honorários de serviços sobre receita líquida de juros (Fin.)

Ratio of interbank funds applied over total assets (Fin.) — Índice de recursos interbancários investidos sobre total do ativo (Fin.)

Ratio of interbank funds applied plus securities over total assets (Fin.) — Índice de recursos interbancários investidos mais títulos e valores mobiliários sobre total do ativo (Fin.)

Ratio of loan loss reserve over past due loans (Fin.) — Índice de provisão para perdas sobre empréstimos vencidos (Fin.)

Ratio of loan loss reserve over period end loans (Fin.) — Índice da provisão para perdas com empréstimos sobre empréstimos no fim do período (Fin.)

Ratio of loans over deposits (demand, savings, and time deposits) (Fin.) — Índice de empréstimos sobre depósitos (a vista, de poupança e a prazo) (Fin.)

Ratio of loans over total assets (Fin.) — Índice de empréstimos sobre total do ativo (Fin.)

Ratio of long-term debt to equity (Fin.) — Índice da dívida a longo prazo sobre o patrimônio (Fin.)

Ratio of net income to net sales — Índice de retorno sobre vendas líquidas

Ratio of net intermediation income over — Índice de receita líquida de intermediações sobre total do ativo (Fin.)

Ratio of non-performing assets to loans (Fin.) — Índice de empréstimos não pagos sobre a carteira de empréstimos (Fin.)

Ratio of past due obligations over period end loans (Fin.) — Índice de obrigações vencidas sobre empréstimos no fim do período (Fin.)

Ratio of permanent assets over stockholders' equity (Fin.) — Índice do permanente sobre patrimônio líquido (Fin.)

Ratio of stockholders' equity over assets (Fin.) — Índice de patrimônio líquido sobre ativos (Fin.)

Ratio of stockholders' equity over loans (Fin.) — Índice de patrimônio líquido sobre empréstimos (Fin.)

Ratios of returns on average assets - (pretax and after tax) - (Fin.) — Índices de retornos sobre o ativo médio (antes e depois da tributação) (Fin.)

Ratios of returns on average equity - (pretax and after tax) (Fin.) — Índices de retorno sobre o capital médio (antes e depois da tributação) (Fin.)

Raw material — Matéria-prima

Readily available — Prontamente disponível

Readjustment — Reajuste

Real cost — Custo real

Real estate — Bens imóveis; propriedade imobiliária

Real estate development — Desenvolvimento imobiliário

Real estate investments trusts — Fundos de investimentos imobiliários

Real estate loans (Fin.) — Empréstimos imobiliários (Fin.)

Real estate operators — Imobiliárias

Real estate registry — Registro de imóveis

Realizable value — Valor realizável

Realization value — Valor de realização

Realized gain/loss — Lucro/prejuízo realizado

Reallocate	Realocar
Real rate of interest (Fin.)	Taxa de juros efetiva (Fin.)
Real rate of return (Fin.)	Taxa de retorno efetiva (Fin.)
Real time update (EDP)	Atualização em tempo real (PED)
Realty credit insurance (Ins.)	Seguro de crédito imobiliário (Seg.)
Reappoint	Designar/nomear novamente
Reappraise	Reavaliar, avaliar novamente
Reasonable assurance (Aud.)	Segurança razoável (Aud.)
Reassure (Ins.)	Reassegurar, tranquilizar; ressegurar (Seg.)
Rebate	Abatimento
Reboot (EDP)	Desligar e religar (PED)
Receipt	Recebimento; ato de receber dinheiro ou mercadorias; quantia ou mercadoria recebida; recibo; reconhecimento, por escrito, do recebimento de dinheiro ou mercadoria
Receivable (adj.) (n.)	A receber (adj.); conta a receber (s.)
Receivables with recourse	Contas a receber com direito a reclamação/recurso
Receivership	Concordata
Receiving note	Nota de recebimento
Receiving report	Guia ou relatório de recebimento
Recession	Recessão
Reciprocity	Reciprocidade
Reckon	Considerar, estimar, calcular, chegar a uma conclusão
Reclaim	Reclamar
Reclassification	Reclassificação
Recognition (recognized)	Reconhecimento (reconhecido); contabilizado
Recommend	Recomendar
Recompute	Recomputar, recalcular
Reconcile	Reconciliar, conciliar
Reconciliation	Reconciliação, conciliação
Recondition	Recondicionar
Reconsider	Reconsiderar
Record (n.) (v.)	Registro, livro contábil (s.); contabilizar, registrar, anotar (v.)
Record date	Data de registro (de acionistas)
Record of work done (Aud.)	Registro do trabalho efetuado (Aud.)
Recount	Recontagem

Recourse (Leg.)	Recurso (Jur.)
Recourse rights (Leg.)	Direitos de regresso (Jur.)
Recover	Recuperar, reaver, converter em dinheiro ou outro tipo de realizável a curto prazo
Recoverable amount	Montante recuperável
Recoveries from retrocession claims and salvage (Ins.)	Recuperações por salvados e ressarcimentos (Seg.)
Recovery of claims (Ins.)	Recuperação de sinistros (Seg.)
Recovery of claims from retroceded premiums (Ins.)	Recuperação de indenizações de sinistros por retrocessão (Seg.)
Recruit	Recrutar
Rectify	Retificar
Recurring audit (Aud.)	Auditoria recorrente (Aud.)
Recurring basis	Base recorrente, periódica
Redeemable	Resgatável
Redemption	Resgate
Redemption price	Preço de resgate
Red herring (Fin.) (USA)	Versão quase definitiva de prospecto para emissão de ações etc. (Fin.) (EUA)
Rediscount	Redesconto
Redistribute	Redistribuir
Redlining	Destaques
Reduction	Redução, diminuição
Redundancy	Redundância; dispensa de pessoal
Re-employment	Recolocação de pessoal dispensado
Reengineering	Reengenharia
Referee (Leg.)	Árbitro (Jur.)
Reference file	Cadastro
Refinancing	Refinanciamento
Refine	Refinar, requintar
Reforestation	Reflorestamento
Refuel	Reabastecer
Refund (n.) (v.)	Reembolso, restituição, devolução (de dinheiro) (s.); reembolsar, restituir, devolver (v.)
Refundable deposit	Depósito reembolsável
Refunding	Reembolso/restituição
Refuse (Leg.)	Indeferir, recusar (Fin.)
Refuse a risk (Ins.)	Recusar um risco (Seg.)
Refutation (Leg.)	Impugnação (Fin.)

Register (n.) (v.)	Registro, cadastro (s.); registrar, contabilizar, lançar (v.)
Registered bond	Obrigação (título de dívida) nominativa
Registrar (Fin.) (USA)	Encarregado do registro (Fin.) (EUA)
Registration of insurance brokers (Ins.)	Registro de corretores de seguros (Seg.)
Registration statement (Fin.) (USA)	Documento de registro (Fin.) (EUA)
Registration tax	Taxa de inscrição
Registry of deeds and documents	Registro (cartório) de títulos e documentos
Registry of legal entities (Leg.)	Registros de pessoas jurídicas (Jur.)
Regression analysis	Análise de regressão
Regulated industries	Indústrias/setores de atividades regidas por normas governamentais (reguladas, regulamentadas)
Regulation	Regulamento, regulamentação
Regulation of capital capacity	Regulamentação sobre capital realizado
Regulatory actions (Leg.)	Ações normativas (Jur.)
Regulatory agency (Leg.)	Entidade normativa (Jur.)
Regulatory authorities (Leg.)	Autoridades normativas (Jur.)
Regulatory examiners (Leg.)	Inspetores dos órgãos normativos (Jur.)
Regulatory framework	Estrutura normativa
Reimbursed premiums (Ins.)	Prêmios restituídos (Seg.)
Reimbursement	Reembolso
Reinforce	Reforçar
Reinstall	Reinstalar
Reinstate	Reinstalar, reintegrar
Reinsurance (Ins.)	Resseguro (Seg.)
Reinsurance accepted (Ins.)	Resseguro aceito (Seg.)
Reinsurance capacity (Ins.)	Capacidade de resseguro (Seg.)
Reinsurance ceded (Ins.)	Resseguro cedido (Seg.)
Reinsurance clause (Ins.)	Cláusula de resseguro (Seg.)
Reinsurance commission (Ins.)	Comissão de resseguro (Seg.)
Reinsurance of excess liability (Ins.)	Resseguro do excedente da responsabilidade (Seg.)
Reinsurance operations (Ins.)	Operações de resseguro (Seg.)
Reinsurance placed (Ins.)	Resseguro cedido (Seg.)
Reinsurance premium (Ins.)	Prêmio de resseguro (Seg.)
Reinsurance premiums assigned (Ins.)	Prêmios de resseguros cedidos (Seg.)
Reinsurance premiums ceded (Ins.)	Prêmios de resseguros cedidos (Seg.)
Reinsurance recoveries (Ins.)	Recuperação de resseguro (Seg.)
Reinsurance reserve (unearned premium reserve) (Ins.)	Reserva de resseguros (reserva de prêmios não ganhos/não auferidos) (Seg.)

Reinsured (Ins.)	Ressegurado (Seg.)
Reinsurer (Ins.)	Ressegurador (Seg.)
Reinvestment of profits and reserves	Reinvestimento de lucros e reservas
Reissue	Reemitir
Reject (Leg.)	Indeferir, rejeitar (Jur.)
Rejection costs	Custos de rejeição
Rejection log	Relação de itens rejeitados
Related parties	Partes relacionadas
Related party transactions	Transações entre partes relacionadas
Related services (Aud.)	Serviços correlatos (Aud.)
Relationship, relation	Vinculação, ligação
Release	Liberar, desobrigar
Relending (Fin.)	Reempréstimo (Fin.)
Relevant	Pertinente, atinente; importante, relevante
Reliability	Confiabilidade
Reliable	Confiável
Relief	Ajuda, assistência; realce
Relocation	Remanejamento, transferência
Remeasurement	Remensuração
Remedial action	Ação corretiva
Reminder	Lembrete, lembrança
Remittance	Remessa
Remittance advice	Aviso de remessa
Remittance slip	Guia de remessa
Remote	Remoto, distante, improvável
Removable storage media (EDP)	Meios de armazenamento removíveis (PED)
Removal of beneficiary (Ins.)	Revogação de beneficiário (Seg.)
Remove	Remover, demitir, eliminar
Remuneration	Remuneração
Render (service etc.)	Prestar (serviços etc.)
Renegotiable	Renegociável
Renegotiation	Renegociação
Renewal	Renovação de dívida; reposição ou custo de reposição de uma peça
Renewal (Ins.)	Renovação (Seg.)
Renewal (or replacement) fund	Fundo de renovação (ou reposição)
Renewal premium (Ins.)	Prêmio de renovação (Seg.)
Renewal provision (Ins.)	Dispositivo de renovação (Seg.)
Rent (n.) (v.)	Aluguel (s.); alugar, arrendar (v.)
Renumeration	Renumeração
Reopen (books)	Reabrir (registros contábeis)

Reorder point	Ponto de renovação de pedido
Reorganization	Reorganização
Repair (n.) (v.)	Reparo, conserto (s.); reparar, consertar (v.)
Repair or replacement (Ins.)	Reparação ou reposição (Seg.)
Repairs and maintenance	Reparos e manutenção
Repatriation of capital	Repatriamento de capital
Repay	Reembolsar
Repayment	Reembolso
Repeal (n.) (v.)	Revogação, anulação (s.); revogar, anular (v.)
Replace	Repor, substituir
Replacement	Reposição, substituição
Replacement cost	Custo de reposição, de substituição
Replacement price adjustment	Ajuste pelos níveis de preços de reposição
Replacement, reconstruction, and reproduction cost (Ins.)	Custo de reposição, reconstrução e reparação (Seg.)
Replacement value	Valor de reposição
Replenish	Prover novamente, encher novamente
Reply (Leg.)	Réplica (Fin.)
Report (n.) (v.)	Relatório; parecer do auditor, relação (s.); relatar (v.)
Reporting currency	Moeda do relatório da empresa (das demonstrações financeiras)
Reporting date (Aud.)	Data do relatório sobre demonstrações financeiras (Aud.)
Reporting entity	Entidade que apresenta o relatório
Reporting standards (Aud.)	Normas de relatório (Aud.)
Repossess	Reintegrar na posse
Re-presentation	Reapresentação
Representation letter (Aud.)	Carta de representação (Aud.)
Representations	Representações, declarações
Representative	Representante
Representative sample	Amostra representativa
Repricing (Fin.)	Repactuação (Fin.)
Repricing date (Fin.)	Data de repactuação (Fin.)
Repurchase agreements (Fin.)	Acordos de recompra (Fin.)
Reputable	Respeitável, bem-conceituado
Requirement	Requerimento
Requirements of insurable risks (Ins.)	Requisitos dos riscos seguráveis (Seg.)
Requisition	Requisição

Reroute (EDP)	Redirecionar, endereçar por caminho alternativo (PED)
Resale	Revenda
Reschedule	Reprogramar
Rescind	Rescindir
Rescission	Rescisão
Rescission (Ins.)	Rescisão (Seg.)
Rescission of contract	Rescisão de contrato
Research and development	Pesquisa e desenvolvimento
Resell	Revender
Reservation	Reserva (no sentido de limitação)
Reserve	Reserva
Reserve assets	Ativos de reserva
Reserve for claims (Ins.)	Provisão para sinistros a liquidar (Seg.)
Reserve for claims incurred but not reported (Ins.)	Provisão para sinistros ocorridos mas não avisados (Seg.)
Reserve for risk oscillation (Ins.)	Provisão de oscilação de riscos (Seg.)
Reserve for unexpired risks (Ins.)	Provisão para riscos não expirados (Seg.)
Reserve for unsettled claims (Ins.)	Provisão para sinistros a liquidar; reserva de sinistros a liquidar (Seg.)
Reserve for unsettled claims incurred but not reported (Ins.)	Provisão para sinistros a liquidar ocorridos e não avisados (Seg.)
Reserve required by the company's statutes	Reserva estatutária
Reserve requirements	Exigências de reservas
Reset date (Fin.)	Data de repactuação (Fin.)
Residence insurance (Ins.)	Seguro residencial (Seg.)
Residential mortgages (Fin.)	Hipotecas residenciais (Fin.)
Residual cost	Custo residual
Residual value	Valor residual
Resign	Renunciar, demitir-se
Resources	Recursos, bens, expedientes, meios, fundos
Response	Resposta
Responsibility	Responsabilidade
Restart and recovery controls (EDP)	Controles de reinício e recuperação (PED)
Restated financial statements	Demonstrações financeiras reformuladas/reapresentadas
Restatement of financial statements	Reformulação das demonstrações financeiras
Restore (EDP)	Restauração de arquivo danificado (PED)
Restraint of mortgage (Leg.)	Impenhorabilidade (Jur.)

Restricted retained earnings	Lucros retidos (acumulados) restritos
Restraint on alienation (Leg.)	Inalienabilidade (Jur.)
Restricted stock (Fin.) (USA)	Ações restritas (Jur.) (EUA)
Restrictive covenants (Leg.)	Cláusulas restritivas (Fin.)
Restrictive endorsement	Endosso restritivo
Restrictive practices	Práticas restritivas
Restructured loans (Fin.)	Empréstimos reestruturados (Fin.)
Results of operations	Resultados das operações
Résumé	Resumo, sumário
Resume (payments etc.)	Retomar, reassumir (pagamentos etc.)
Retail	Varejo
Retail bank (Fin.)	Banco de varejo (Fin.)
Retail credit loans (Fin.)	Empréstimos para o setor de varejo (Fin.)
Retailers	Varejistas
Retail insurance (Ins.)	Seguro lojista/varejo (Seg.)
Retail price index	Índice de preços de varejo
Retail sale	Venda a varejo
Retained earnings	Lucros retidos, acumulados
Retained premiums (Ins.)	Prêmios retidos (Seg.)
Retainer	Adiantamento (honorários) para serviços (p. ex.: de advogado)
Retaliation	Represália, retaliação
Retention	Retenção
Retention (Ins.)	Retenção (Seg.)
Retention against possible losses (Ins.)	Retenções por perdas futuras (Seg.)
Retention and limits clause (Ins.)	Cláusula de retenções e limites (Seg.)
Retention of premiums and technical reserves (Ins.)	Retenção de prêmios e provisões técnicas (Seg.)
Retentions for risk (Ins.)	Retenções para riscos (Seg.)
Retirement	Baixa contábil de bem; aposentadoria
Retirement (disposal of property and equipment)	Baixas para despesas, retiradas, vendas (de itens do imobilizado)
Retirement age (pension) (Ins.)	Idade de aposentadoria (pensões) (Seg.)
Retirement benefits (pension) (Ins.)	Benefícios de aposentadoria (pensões) (Seg.)
Retirement benefits plan (pension) (Ins.)	Plano de benefícios de aposentadoria (pensões) (Seg.)
Retirement plan	Plano de aposentadoria
Retirement plan (pension) (Ins.)	Plano de aposentadoria (pensões) (Seg.)
Retrieve (EDP)	Recuperação de informações em arquivo (PED)

Retroactive adjustment	Ajuste de efeito retroativo
Retrocedent (Ins.)	Retrocedente (Seg.)
Retrocession (Ins.)	Retrocessão (Seg.)
Retrocessionnaire (Ins.)	Retrocessionário (Seg.)
Return	Declaração exigida de pessoas físicas e jurídicas (p. ex.: declaração de imposto de renda); lucro resultante de um investimento ou transação (retorno sobre o investimento)
Return of commission (Ins.)	Devolução de comissão (Seg.)
Return of premium (Ins.)	Devolução de prêmios (Seg.)
Return on capital	Índice de lucros sobre o capital empregado
Return on equity	Rentabilidade sobre o patrimônio
Return On Investment - ROI	Retorno sobre o investimento
Return on plan assets (pension) (Ins.)	Retorno sobre ativos do plano (pensão) (Seg.)
Return on sales	Índice de lucros sobre vendas
Return premium payments (Ins.)	Devolução dos pagamentos do prêmio (Seg.)
Return to vendor	Devolução de mercadoria ao vendedor
Revaluation reserve	Reserva de reavaliação
Revalue	Reavaliar
Revenue	Receita bruta, renda bruta
Revenue recognition	Reconhecimento contábil de receita
Revenue reserves	Reservas de lucros
Reverse	Estornar
Reverse repurchase agreements (Fin.)	Acordos de revenda (Fin.)
Reversing entry	Estorno de lançamento
Review (n.) (v.)	Exame, revisão (s.); rever, passar em revista, examinar (v.)
Review by interview (Aud.)	Revisão por entrevista (Aud.)
Review engagement (Aud.)	Contratação/trabalho de revisão (Aud.)
Review responsibilities	Responsabilidades pela revisão
Revocable	Revogável
Revocation suit (Leg.)	Ação revocatória (Jur.)
Revoke (Leg.)	Revogar (Jur.)
Revolving credit (Fin.)	Crédito rotativo (Fin.)
Revolving lines of credit (Fin.)	Linhas de crédito rotativo (Fin.)
Reward system	Sistema de remuneração/compensação
Rework	Refazer o trabalho
Riding the yield curve	Seguindo a curva de rendimento
Right/rights of recourse, etc.	Direito/direitos de regresso etc.

Rights and obligations assertion (Aud.)	Asserção quanto a direitos e obrigações (Aud.)
Rightsizing	Tamanho adequado de uma atividade para obtenção do melhor desempenho possível
Rig, rigging	Acertar alguma coisa de maneira propositalmente errada (p. ex.: melhorar resultados com base em lançamentos indevidos); manipular fraudulentamente
Riot (Ins.)	Distúrbio, desordem violenta (Seg.)
Riot and civil commotion insurance (Ins.)	Seguro contra desordem e comoção civil (Seg.)
Rise (n.) (v.)	Subida, aumento (s.); subir, aumentar (v.)
Rising demand	Demanda/procura crescente
Rising prices	Preços crescentes
Risk	Risco
Risk (Ins.)	Risco (Seg.)
Risk analysis	Análise do risco
Risk appraisal (Ins.)	Avaliação de risco (Seg.)
Risk assessment	Avaliação de risco
Risk-based capital	Capital sujeito a risco
Risk capital	Capital de risco
Risk elimination (Ins.)	Extinção de risco (Seg.)
Risk factor	Fator de risco
Risk-free rate (Fin.)	Taxa sem risco (Fin.)
Risk-free return	Retorno sem risco
Risk management	Administração de risco
Risk management system	Sistema de administração de risco
Risk of incorrect acceptance (Aud.)	Risco de aceitação incorreta (Aud.)
Risk of incorrect rejection (Aud.)	Risco de rejeição incorreta (Aud.)
Risk of over reliance (Aud.)	Risco de superavaliação da confiança (Aud.)
Risk of under reliance (Aud.)	Risco de subavaliação da confiança (Aud.)
Risk rate (Ins.)	Taxa do risco (Seg.)
Risk retention (Ins.)	Retenção de risco (Seg.)
Risk spread (Ins.)	Pulverização do risco (Seg.)
Risks underwritten (Ins.)	Riscos contratados (Seg.)
Risk transfer (Ins.)	Transferência de risco (Seg.)
Risky business	Negócio arriscado
Robbery (Ins.)	Furto, roubo (Seg.)

Robotics	Robótica
Role	Papel (função)
Rollback (EDP)	Desfazer operações (PED)
Roll-over (Fin.)	Rolagem (da dívida) (Fin.)
Room for improvement	Espaço, campo, lugar para melhoramento etc.
Rotation	Rodízio, rotação
Rotation counts	Contagens em sistema de rodízio
Rotation of emphasis	Rotação de ênfase
Rough approximation	Aproximação grosseira
Round figures	Cifras arredondadas
Round off	Arredondar
Round table	Mesa-redonda
Round trip	Viagem de ida e volta
Routine test (Aud.)	Teste de rotina (Aud.)
Row	Fila, fileira, série
Royalty	"Royalty", pagamento pelo direito de exploração
Rubber stamp	Carimbo de borracha
Rule	Regra, norma
Rule-of-thumb	Forma de cálculo grosseira, sem precisão
Ruling (Leg.)	Julgamento (Jur.)
Run	Corrida; período (de tempo); exibição sucessiva; lista
Runaway	Foragido, escapadiço, escapado
Runaway inflation	Inflação desenfreada
Runway	Canal, trilho, pista
Rural insurance (Ins.)	Seguro rural (Seg.)
Rush	Pressa, arremetida

S

Safe deposit box	Cofre particular em banco
Safeguard	Salvaguarda
Safety guidelines	Linhas de orientação sobre segurança
Safe-keeping	Custódia
Safety margin	Margem de segurança
Salary	Salário, geralmente, ordenado de empregados mensalistas
Salary base	Salário de contribuição
Salary earner	Mensalista
Salary progression curve	Curva de incremento salarial
Saleable/salable	Vendável
Sale and lease-back (with repurchase option)	Venda de bem e arrendamento do mesmo bem, pelo vendedor, com opção de recompra
Sale and repurchase agreements (Fin.)	Acordos de venda e recompra (Fin.)
Sale of assets (Fin.)	Venda de ativos (Fin.)
Sales	Vendas
Sales appeal	Atração comercial (para vendas)
Sales area	Área de vendas
Sales budget	Orçamento de vendas
Sales commission	Comissão sobre vendas
Sales contract	Contrato de vendas
Sales department	Departamento de vendas
Sales discount	Desconto sobre vendas
Sales downturn	Declínio de vendas
Sales drive	Esforço de vendas
Sales expansion effort	Esforço para aumentar as vendas
Sales expectations	Expectativas de vendas
Sales financing operation (vendor) (Fin.)	Operação de financiamento de vendas ("vendor") (Fin.)
Sales forecast	Previsão de vendas
Sales for future delivery	Vendas para entrega futura
Sales invoice	Fatura de vendas
Sales journal	Registro de vendas, diário auxiliar de vendas
Salesman	Vendedor
Sales management	Administração de vendas
Sales manager	Gerente de vendas
Sales policy	Política de vendas
Sales price	Preços de vendas
Sales projections	Expectativas/projeções de vendas
Sales promotion	Promoção de vendas

Sales quota	Quota de vendas
Sales representative	Representante de vendas
Sales returns	Devoluções de mercadorias vendidas/de vendas
Sales revenue	Receita de vendas
Sales tax	Imposto sobre vendas
Sales-type lease	Arrendamento do tipo de venda
Salvage	Salvados (de incêndio, de naufrágio); salvamento
Salvage and recovery (Ins.)	Salvados e ressarcimentos (Seg.)
Salvage value	Valor de sucata, de salvados
Sample	Amostra
Sample size	Tamanho de amostra
Sampling	Amostragem
Sampling error	Erro de amostragem
Sampling risk (Aud.)	Risco de amostragem (Aud.)
Sanction	Sanção
Satisfaction (Aud.)	Satisfação (Aud.)
Save Our Souls - SOS	Socorro - SOS
Savings (Fin.)	Poupança, economia (Fin.)
Savings account (Fin.)	Conta de poupança (Fin.)
Savings and Loan Association (USA)	Sociedade de crédito imobiliário
Savings deposit (Fin.)	Depósito de poupança (Fin.)
Savings deposit account (Fin.)	Conta de depósito para poupança (Fin.)
Savings remuneration rate	Taxa de remuneração da poupança
Scab	Fura-greve
Scale	Escala, tabela
Scanner (EDP)	"Scanner", leitora ótica (PED)
Scarce funds (Fin.)	Fundos escassos (Fin.)
Schedule (n.) (v.)	Tabela, programa, roteiro, cédula (s.); programar (v.)
Scheduled cost	Custo programado
Schedule flight	Vôo programado
Scheme	Plano, esquema
School life	Vida escolar
Scope (Aud.)	Âmbito, alcance, extensão, escopo (Aud.)
Scope decisions (Aud.)	Decisões sobre o escopo/alcance (Aud.)
Scope limitations (Aud.)	Limitações ao escopo do exame (Aud.)
Scope of audit work (Aud.)	Escopo/alcance (extensão) do trabalho de auditoria (Aud.)
Scope paragraph (Aud.)	Parágrafo do escopo (no parecer de auditoria) (Aud.)

Scrap (n.) (v.)	Sucata (s.); sucatear (v.)
Scrap value	Valor de sucata
Screen (EDP)	Tela (PED)
Screen-based systems (EDP)	Sistemas baseados em terminais de vídeo (PED)
Screen saver (EDP)	Protetor da tela (PED)
Scroll	Leitura rápida
Scrutinize	Escrutinizar, examinar
Sealed (Leg.)	Lacrado (Jur.)
Seam, seamless	Costura, sem costura (utiliza-se para indicar que não se percebe problema, p. ex.: na prestação de um serviço por várias pessoas ou firmas que atuam em conjunto)
Search (n.) (v.)	Procura, busca (s); procurar, buscar (v.)
Season, busy	Época de mais trabalho
Seasonal activity	Atividade sazonal
Seasonal variation/variance	Variação sazonal
Seat (n.) (v.)	Cadeira, assento (s.); sentar (v.)
Secondary market (Fin.)	Mercado secundário (Fin.)
Secondary offering/partial secondary offering (Fin.) (USA)	Colocação secundária/colocação secundária parcial (Fin.) (EUA)
Secondary stocks "-Junk" (Fin.)	Ações de segunda linha, secundárias (Fin.)
Secondhand	Segunda mão
Second mortgage	Hipoteca secundária/em segundo grau
Secretary/secretariat	Secretário/secretaria
Section/sectional	Seção/secional
Secure (contract)	Garantia (contrato)
Secured account (Fin.)	Conta garantida (Fin.)
Secured creditors	Credores garantidos
Secured liability	Obrigação garantida
Secured loans (Fin.)	Empréstimos garantidos (Fin.)
Secure the borrower's indebtedness (Fin.)	Garantir a dívida do financiado (Fin.)
Securities Act of 1933 (Fin.) (USA)	Lei de valores de 1993 (Lei de 1933) (Fin.) (EUA)
Securities and Exchange Commission - SEC (USA)	Comissão de Valores Mobiliários e Câmbio (EUA)
Securities' count	Contagem de valores mobiliários
Securities dealers (Fin.)	Distribuidores de títulos e valores mobiliários (Fin.)
Securities Exchange Act of 1934 (Fin.) (USA)	Lei da bolsa de valores de 1934 (Lei de 1934) (Fin.) (EUA)

Securities in custody (Fin.)	Valores mobiliários/títulos em custódia (Fin.)
Securities with option characteristics (Fin.)	Títulos com características de opções (Fin.)
Securitization (Fin.)	Securitização (Fin.)
Securitize	Oferecer garantia
Securitized receivables (Fin.)	Securitização de recebíveis (Fin.)
Security	Valor mobiliário/título (Fin.); propriedade debitada ou penhorada para assegurar o cumprimento do contrato ou pagamento de dívida (garantia); segurança
Security software (EDP)	"Software" de segurança (PED)
Segment of a business	Segmento de uma empresa/negócio
Segregation of duties	Segregação de funções
Selection	Seleção
Self appraisal	Auto-avaliação
Self-financing	Autofinanciamento
Self-insurance	Auto-seguro, seguro próprio
Self-insurance (Ins.)	Auto-seguro (Seg.)
Self-sufficiency	Auto-suficiência
Sell at a loss	Vender com prejuízo
Seller	Vendedor
Sellers' market	Mercado dominado por vendedores
Selling and administrative expenses	Despesas de vendas e administrativas
Selling expenses	Despesas de vendas
Selling point	Argumento de vendas
Selling price	Preço de venda
Selling short (Fin.)	Venda a descoberto (Fin.)
Semi-annual	Semestral, semi-anual
Semi-finished product	Produto semi-acabado
Semi-fixed costs	Custos semifixos
Semiprecious metals	Metais semipreciosos
Semiprocessed	Semiprocessado
Semipublic	Semipúblico, p. ex.: órgão parcialmente dependente de governo
Semi-variable costs	Custos semivariáveis
Senate	Senado
Send	Enviar, remeter
Senior accountant	Contador sênior
Senior debt	Dívida principal
Senior executives	Executivos de alto nível

Seniority	Antigüidade (no emprego)
Senior management	Alta administração
Senior official	Alto funcionário
Senior partner	Sócio principal
Senior stock (USA)	Ação com direitos especiais (EUA)
Sensitivity analysis	Análise de sensibilidade
Sequence check (Aud.)	Verificação seqüencial (Aud.)
Sequential sampling	Amostragem seqüencial
Serial port key (EDP)	Chave (para acesso ao sistema) (PED)
Server (EDP)	Servidor (PED)
Service bureau (EDP)	Bureau de serviços de computação (PED)
Service charges	Débitos de serviços
Service company	Empresa de prestação de serviços
Service cost (pension)	Custo de serviços (pensões)
Service fee income	Receita de serviços
Service order	Ordem de serviço
Service organization	Organização prestadora de serviços
Services rendered	Serviços prestados
Serving chairman	Presidente em exercício
Session controls (EDP)	Controles de sessão (PED)
Set aside	Reservar
Set aside	Separar; apartar
Set forth	Estabelecer
Settlement	Liquidação, pagamento, acordo, acerto
Settlement date	Data de liquidação
Settlement disposition (Ins.)	Dispositivo sobre liquidação de sinistro (Seg.)
Settlement of claims (Ins.)	Liquidação de sinistros (Seg.)
Settlement risk (Fin.)	Risco de liquidação (Fin.)
Settlement systems	Sistemas de liquidação
Settling banks (Fin.)	Bancos de liquidação (Fin.)
Setup (EDP)	Configuração (PED)
Set up a company	Constituir uma pessoa jurídica
Set-up time	Tempo de preparo
Severance pay	Pagamento de desligamento de funcionário
Shareholding restructuring services (Fin.)	Reestruturação acionária (Fin.)
Share premium	Capital excedente; capital integralizado superior ao valor nominal; ágio
Sharing (EDP)	Compartilhamento de recursos (PED)
Share capital (UK)	Capital de uma empresa, capital social representado por ações

Sheet	Folha de papel
Shelf	Prateleira, estante
Shift	Turno
Ship	Navio
Shipment	Remessa, expedição, embarque
Shipment of goods	Embarque de produtos
Ship owner	Armador
Shipping dock	Cais de embarque
Shipping document	Documento de embarque
Shipping order	Nota de remessa/embarque
Shop steward	Representante sindical
Shopping list	Relação de compras
Shortage	Falta (em), escassez
Short bill (Fin.)	Papel de curto prazo (Fin.)
Shortcomings	Falhas, deficiências
Shortfall	Deficiência, diminuição
Short-form report (Aud.)	Relatório em forma curta (Aud.)
Shorthand	Estenografia, taquigrafia
Short position (Fin.)	Posição a descoberto/vendida (excesso de passivo (e/ou contratos de venda a termo) sobre ativos (e/ou contratos de compra a termo)) (Fin.)
Short sale (Fin.)	Venda a descoberto (Fin.)
Short-swing profits (Fin.) (USA)	Lucro por transações de ida e volta (Fin.) (EUA)
Short-tail (Ins.)	Curta duração (Seg.)
Short-term	A curto prazo
Short-term borrowing (Fin.)	Financiamento/empréstimo a curto prazo (Fin.)
Short-term debt (Fin.)	Dívida a curto prazo (Fin.)
Short-term loan (Fin.)	Empréstimo/financiamento a curto prazo (Fin.)
Short-term policy (Ins.)	Apólice de prazo curto (Seg.)
Short-term security (Fin.)	Título a curto prazo (Fin.)
Show (n.) (v.)	Mostra, pretexto (s.); revelar, mostrar (v.)
Showcase	Mostruário
Showroom	Sala de exposição
Shredder	Máquina picotadeira
Shrink	Contrair, encolher
Shrinkage	Encolhimento
Shut-down basis	Método de liquidação/encerramento de atividades

Shut-down costs	Custos fixos que continuam a ser incorridos, mesmo depois de cessar a produção; custos de fechamento de uma instalação de produção
Shuttle	Tráfego de ida e volta
Sick leave	Ausência devido à doença
Sickness benefit	Auxílio-doença
Side letter	Carta complementar
Sight deposit (Fin.)	Depósito a vista (Fin.)
Sight draft (Fin.)	Saque a vista (Fin.)
Sight/time (Fin.)	A vista/a prazo (Fin.)
Signature	Assinatura
Signature plates	Cartões de assinaturas
Signed note (Fin.)	Título (nota promissória) assinado (Fin.)
Significant	Significante, importante
Silver	Prata
Simple average	Média simples, aritmética
Simple disappearance (of cargo) (Ins.)	Desaparecimento de carga (Seg.)
Simple interest	Juros simples
Simulate	Simular
Simulation	Simulação
Simulator	Simulador
Simultaneous audits (Aud.)	Auditorias simultâneas (emissão de pareceres por mais de uma firma de auditoria) (Aud.)
Single entry	Partida simples
Single policy (Ins.)	Apólice simples (Seg.)
Single premium annuity (Ins.)	Anuidade em um único prêmio (Seg.)
Sinking fund	Fundo de amortização
Sit-down strike	Greve branca
Situation	Situação
Sizable	Tamanho considerável
Size	Tamanho, dimensão
Skill	Especialização, habilidade
Skilled manpower	Mão-de-obra qualificada
Skills	Habilidades, especializações
Skyscraper	Arranha-céu
Slash	Sinal de datilografia - / ou \
Slave work	Trabalho-escravo/servil
Slip	Documento de depósito, prestação de contas etc.
Slow-down	Desaceleração

Slow-moving inventory	Estoque de movimentação lenta/baixa pequena
Slow payer	Pagador com atraso
Slow payers	Devedores que pagam com atraso
Slump	Queda geral de preços
Slumpflation	Depressão com inflação
Slush funds	Fundos fora dos livros
Small business	Empresa pequena
Small business issuers (Fin.) (USA)	Pequenas empresas emissoras (Fin. (EUA)
Small farm	Chácara
Small investor	Pequeno investidor
Smuggling	Contrabando
Social insurance (Ins.)	Seguro social (Seg.)
Social security	Previdência social; seguridade social
Social security contributions	Contribuições para previdência social
Social welfare	Bem-estar social
Society for Worldwide Interbank Financial Telecommunications - SWIFT (Fin.)	Sociedade de Telecomunicações Financeiras Interbancárias Mundiais (Fin.)
Software (EDP)	"Software", programas para computador (PED)
Software piracy (EDP)	Pirataria de "software" (PED)
Sold out	Vendido, esgotado
Sole agent	Agente exclusivo
Solicit	Solicitar, requerer
Solicitor	Advogado, procurador
Solid	Sólido, firme
Solvency	Solvência, solvabilidade
Sorter (EDP)	Ordenador (PED)
Sound business	Negócio sólido
Sound effects (Advertising)	Efeitos sonoros (Publicidade)
Source and application of funds	Origem e aplicação de recursos
Source document	Documento-fonte, documento de origem
Source of funds	Fonte de fundos
South Cone Market	Mercado do Cone Sul - MERCOSUL
Sovereign risk	Risco de soberania
Sow	Semear
Span of control	Esfera de controle
Spare parts	Peças de reposição
Spare time work	Trabalho em horas de folga
Special assessment	Contribuição/tributo/tributação especial

Special deposits	Depósitos especiais
Special Drawing Rights - SDR (Fin.)	Direitos especiais de saques (Fin.)
Special IRB deposits (Ins.)	Depósitos especiais no IRB (Seg.)
Specialist	Especialista
Specialized knowledge	Conhecimento especializado
Special purpose audit engagement (Aud.)	Contratação/trabalho de auditoria para fins especiais (Aud.)
Special purpose financial statement	Demonstração financeira para fins especiais
Special purpose report (Aud.)	Relatório para fins especiais (Aud.)
Specific cost	Custo específico
Specific insurance (Ins.)	Seguro específico (Seg.)
Specified peril insurance (Ins.)	Seguro de coberturas específico (Seg.)
Specimen	Espécime, exemplar
Speculation	Especulação
Speculator	Especulador
Speech	Discurso, palestra, apresentação
Speed, up to	Atualizado no conhecimento de um assunto, negócio etc.
Spell	Soletrar, significar
Spend	Gastar, esgotar
Spending	Gasto, dispêndio
Sphere of influence	Esfera de controle
Spillage	Derramamento
Spin-off	Segregação parcial de uma sociedade
Split	Desmembramento de ações
Split-off	Cisão parcial
Split-up	Cisão total
Spoilage	Refugo
Spokesman	Porta-voz
Sponsor	Fiador, patrocinador
Spool file (EDP)	Arquivo em forma de texto (PED)
Spot	Mercadorias e moedas disponíveis para entrega imediata
Spot contract	Contrato a vista
Spotlight	Refletor, holofote
Spot rate (Fin.)	Taxa a vista/"spot" - taxa de câmbio para entrega imediata da moeda cambiada (Fin.)
Spot sale	Venda para entrega imediata
Spot transactions	Transações a vista
Spread (n.) (v.)	Margem de lucro; comissão do "underwriter" de valores mobiliários;

	diferença entre o preço de compra e ◄ de venda, no mercado de ações, mercadorias ou moedas; diferença entre juros ativos e passivos
Spreadsheet (EDP)	Planilha eletrônica (PED)
Spring	Mola; primavera
Sprinkler damage insurance (Ins.)	Seguro contra danos de "sprinklers" (Seg.
Square (flat) position (Fin.)	Posição "casada" (Fin.)
Squeeze	Aperto, apuro, situação difícil
Stabilization	Estabilização
Staff	"Staff"; assalariados, pessoal
Staff accountant	Assistente de auditoria
Staff Accounting Bulletins (SEC) - SAB (USA)	Boletins do pessoal da contabilidade da SEC (EUA)
Staff development	Aperfeiçoamento de pessoal
Staffing	Dotação de pessoal
Staff reduction	Redução de pessoal
Staff retirement plan	Plano de aposentadoria do pessoal
Stagflation	Estagflação
Stagnation	Estagnação
Stake, at	Em jogo
Stakeholders	Depositários
Stand-alone computer (EDP)	Computador autônomo (PED)
Standard	Padrão, gabarito, norma
Standard contract	Contrato-padrão
Standard cost	Custo-padrão
Standard cost method	Método de custo-padrão
Standard deviation	Desvio-padrão
Standard error	Erro-padrão
Standardization	Padronização
Standardized policy (Ins.)	Apólice padronizada (Seg.)
Standard labor rate	Taxa-padrão de mão-de-obra
Standard labor time	Tempo-padrão de mão-de-obra
Standard of living	Padrão de vida
Standard preparation hours	Tempo-padrão de preparo (de máquina)
Standard price (rate)	Preço (taxa) padrão
Standard risk (Ins.)	Risco padrão/"standard" (Seg.)
Standard-run quantity	Quantidade-padrão de lote, lote-padrão
Standby equipment	Equipamento auxiliar para emergências
Standby letter of credit (Fin.)	Carta de comprometimento de crédito (Fin.)
Standing	Posição

Standing data	Dados permanentes, cadastrais
Standing data for processing	Dados permanentes para processamento
Standing order (Fin.)	Ordem permanente (Fin.)
Standstill	Paralisação, pausa
Start-up	Início das atividades
Start-up cost	Custo de início de atividades
Stated capital ratios	Índices de capital ideais (tidos como referência)
Stated equity ratios	Índices patrimoniais ideais (tidos como referência)
Stated interest rate (Fin.)	Taxa de juros fixada (Fin.)
Stated value	Valor declarado, facial, par, nominal
State insurance (Ins.)	Seguro de Estado (Seg.)
Statement	Extrato, transcrição de conta pessoal; demonstração, qualquer documento que demonstre dados financeiros; declaração
Statement of account	Extrato de conta
Statement of cash flows	Demonstração dos fluxos de caixa
Statement of changes in financial position/of condition	Demonstração de origens e aplicações de recursos/de mudanças na posição financeira
Statement of changes in stockholders' (USA)/shareholders' (UK) equity	Demonstração das mutações no patrimônio líquido
Statement of earnings	Demonstração de lucros
Statement of financial position	Demonstração da posição financeira
Statement of income	Demonstração do resultado
Statement of Position (SOP) - AICPA (USA)	Exposição de posição - AICPA (EUA)
Statement of retained earnings	Demonstração de lucros acumulados
Statements of Financial Accounting Concepts - SFACS (USA)	Exposições de conceitos de contabilidade financeira (EUA)
Statements of Financial Accounting Standards - SFAS (USA)	Exposições de normas de contabilidade financeira (EUA)
Statements of Recommended Practice - SORPS (UK)	Recomendações sobre princípios contábeis (Reino Unido)
Statements of Standard Accounting Practice - SSAPS (UK)	Exposições de prática contábil padrão (Reino Unido)
Statements on Standards for Accounting and Review Service - SSARS - AICPA (USA)	Exposições de normas para serviços contábeis e de revisão (EUA)
Statements on Standards for Attestation Engagements - SSAES -AICPA (USA)	Exposições de normas para trabalhos de atestação (EUA)

State of flux	Sujeito a mudanças constantes
State of the art	Estado atual da técnica
State-owned	Pertencente ao governo
State-owned company	Empresa estatal
State-owned economy	Economia estatizada
Static economy	Economia estática
Stationery	Papelaria
Statism	Estatismo
Statistical analysis	Análise estatística
Statistical distribution	Distribuição estatística
Statistical premium (Ins.)	Prêmio estatístico (Seg.)
Statistical sampling	Amostragem estatística
Statute of limitations (Leg.)	Período/prazo de prescrição (Jur.)
Statutes	Estatutos
Statutory audit (Aud.)	Auditoria obrigatória, exame exigido pela legislação do país onde a empresa atua (Aud.)
Statutory audit committee	Conselho fiscal, comitê de auditoria
Statutory books	Livros e registros contábeis oficiais
Statutory lien	Alienação fiduciária
Statutory limitations	Limitações estatutárias
Statutory provisions	Dispositivos estatutários
Statutory reserve	Reserva legal
Steel industry	Siderurgia
Steering committee	Comissão de direção, comitê diretor (orientador)
Stenography	Estenografia, taquigrafia
Stimulus	Incentivo
Stock (n.) (v.)	Ação (EUA); estoque (Reino Unido) (s.) estocar (v.)
Stockbroker	Corretor de valores
Stock certificate (USA)	Certificado de ação, cautela (EUA)
Stock count (UK)	Contagem de estoques
Stock dividend (USA)	Bonificação em ações (EUA)
Stock exchange (Fin.)	Bolsa de valores (Fin.)
Stockholder (USA)/shareholder (UK)	Acionista
Stockholders' (USA)/shareholders' (UK) equity	Patrimônio líquido dos acionistas
Stockholders' (USA)/shareholders' (UK) meeting	Assembléia de acionistas
Stock issue	Emissão de ações
Stock market	Mercado acionário/de ações
Stock option (USA)	Opção de compra de ações (EUA)

Stockpile	Armazenar, estocar
Stock record	Registro de ações (USA); registro de estoques (Reino Unido)
Stockroom (UK)	Almoxarifado
Stock (USA)/share (UK)	Ação, parcela do capital, quota
Stock (USA)/share (UK) amortization	Amortização de ações
Stock (USA)/share (UK) dealer	Corretor de valores
Stock (USA)/share (UK) index	Índice de ações, indicador das tendências de preços no mercado de ações, baseado em um grupo de ações escolhidas
Stock (USA)/share (UK) premium	Ágio sobre emissão de ações
Stock (USA)/share (UK) redemption	Resgate de ações
Stock (USA)/share (UK) register	Registro de ações
Stock (USA)/share (UK) subscription rights	Preferência na subscrição de ações
Stock split (USA)	Desmembramento de ações (EUA)
Stocktaking (UK)	Contagem de estoques
Stock warrant	Bônus de emissão
Stop-check list	Listagem de cheques sustados
Stop loss policy (Ins.)	Apólice com limitação de prejuízos (Seg.)
Stop loss reinsurance (Ins.)	Resseguro de "stop-loss" (Seg.)
Stoppage	Paralisação, interrupção, obstrução, parada
Storage	Armazenamento
Storeroom (USA)	Almoxarifado; galpão, prédio, sala
Stores	Almoxarifado, loja
Straddle limit	Um limite do controle sobre o montante de contratos de câmbio não vencidos e vigentes em determinado momento
Straight life annuity (Ins.)	Renda em vida comum (Seg.)
Straight life contract (Ins.)	Seguro de vida simples (Seg.)
Straight life insurance (Ins.)	Seguro de vida comum (Seg.)
Straight-line method of depreciation	Método de depreciação linear
Strategic advisory services (Fin.)	Assessoria estratégica (Fin.)
Strategic planning	Planejamento estratégico
Strategy formulation	Formulação de estratégia
Strategy implementation	Execução da estratégia
Stratified sampling	Amostragem estratificada
Street peddler	Camelô
Street vendor	Vendedor ambulante
Strike	Greve
Strike insurance (Ins.)	Seguro contra greve (Seg.)

Strike price (Fin.)	Preço de exercício da opção (Fin.)
Striking	Impacto
Stripped securities (Fin.)	Títulos ex-rendimentos (Fin.)
Stroke buffers (EDP)	Memória intermediária de digitação (PED)
Strong-room	Caixa-forte
Structured financing services (Fin.)	Financiamento estruturado (Fin.)
Structured securities and deposits (Fin.)	Títulos e depósitos estruturados (Fin.)
Stub	Canhoto de documentos
Stub period (Fin.) (USA)	Período intercalar (Fin.) (EUA)
Student loans (Fin.)	Empréstimos a estudantes (Fin.)
Studio (small apartment)	Pequeno apartamento
Stuff	Material, coisas, pertences, bugigangas
Subaccount	Conta subsidiária
Subassembly	Montagem parcial
Subcontract	Subcontratar
Subcontractor	Subempreiteiro
Subject	Assunto
Sublease (n.) (v.)	Subarrendamento (s.); subarrendar, sublocar (v.)
Sublet	Sublocar
Sublicensee bank	Banco sublicenciado
Subliminal advertising	Publicidade subliminar
Submission	Submissão
Submit	Submeter
Subordinated debt	Dívida subordinada
Subparagraph	Parte de um parágrafo
Subpoena (Leg.)	Intimação, citação (Jur.)
Subrogation	Sub-rogação
Subrogation (Ins.)	Sub-rogação (Seg.)
Subscribed capital	Ações subscritas, capital subscrito
Subscription	Subscrição (de ações); assinatura de publicações em geral
Subscription rights	Direitos de subscrição
Subsequent event	Evento subseqüente
Subsidiary	Subsidiária
Subsidiary account	Conta subsidiária
Subsidiary company	Empresa subsidiária
Subsidiary journal	Diário auxiliar
Subsidiary ledger	Razão subsidiário, auxiliar
Subsidiary records	Registros auxiliares à contabilidade
Subsidy	Subsídio, subvenção
Substance	Substância, essência

Substandard risk (Ins.)	Risco fora do padrão (Seg.)
Substantial	Substancial, fundamental, principal
Substantiate	Consubstanciar, comprovar, fundamentar
Substantive approach (Aud.)	Abordagem comprobatória (Aud.)
Substantive law (Leg.)	Lei substantiva (Jur.)
Substantive procedures (Aud.)	Procedimentos de comprovação (Aud.)
Substantive test (Aud.)	Teste comprobatório/de comprovação/ substantivo (Aud.)
Substitute	Substituir
Subtract	Subtrair
Subvention	Subvenção, subsídio
Successor company	Empresa sucessora
Sue (Leg.)	Acionar, processar (Jur.)
Suggestion box	Caixa de sugestões
Suit (Leg.)	Processo/ação legal (Jur.)
Suitable	Apropriado, adequado
Sum (n.) (v.)	Soma (s.); somar (v.)
Sum insured (Ins.)	Importância segurada (Seg.)
Summarized financial statements	Demonstrações financeiras/contábeis condensadas/resumidas
Summary	Sumário, resumo
Summary form	Forma resumida
Summon	Convocar
Sum-of-the-digits method (depreciation)	Método da soma dos dígitos (depreciação)
Sundry	Diversos
Sundry risks (Ins.)	Riscos diversos (Seg.)
Superannuation	Aposentadoria
Superavit	Superávit
Supercomputer (EDP)	Supercomputador (PED)
Supersede	Substituir
Supervise	Supervisionar
Supervisory agency examiners	Inspetores de órgãos de supervisão governamental
Supervisory board	Conselho de administração
Supplemental disclosure	Divulgação suplementar
Supplemental financial information	Informações financeiras suplementares
Supplementary catastrophe coverage (Ins.)	Cobertura suplementar dos riscos de catástrofes (Seg.)
Supplementary cost	Custo suplementar
Supplementary rate (Ins.)	Taxa suplementar (Seg.)
Supplementary retirement income plan (pension) (Ins.)	Plano de suplementação da aposentadoria (pensões) (Seg.)

Supplier	Fornecedor
Supplies	Suprimentos
Supply (n.) (v.)	Oferta (s.); suprir, fornecer (v.)
Supply chain	Cadeia/grupo de fornecedores
Supply price	Preço de abastecimento, fornecimento
Supporting document	Comprovante/documento comprobatório
Supreme Court	Supremo Tribunal Federal - STF
Surcharges	Sobretaxas
Surety (Fin.)	Fiador, caucionário (Fin.)
Surplus	Superávit não distribuído, lucro acumulado
Surplus inventories/stock (UK)	Estoques em excesso/de sobra
Surplus or catastrophe reinsurance (Ins.)	Resseguro de excesso de danos ou catástrofes (Seg.)
Surplus reinsurance (Ins.)	Resseguro de excesso de danos (Seg.)
Surrender value	Valor de resgate
Surtax	Sobretaxa, adicional de um imposto
Survey (n.) (v.)	Levantamento, pesquisa (s.); pesquisar, fazer levantamento (v.)
Survival strategy	Estratégia de sobrevivência
Suspense account	Conta em suspenso
Suspense file	Arquivo em suspenso
Suspense items	Itens em suspenso
Suspense summary	Resumo de itens em suspenso
Sustain losses	Arcar com prejuízos, incorrer prejuízos
Swap	"Swap" (conversão)
Swap auctions (Fin.)	Leilão de "swaps" (Fin.)
Swap average rate (Fin.)	Taxa média de "swap" (Fin.)
Swap options (Fin.)	Opções de "swaps" (Fin.)
Swaptions (Fin.)	Obrigações sobre "swaps" (Fin.)
Sweat shop	Entidade que exige de seus funcionários mais do que o normal
Sweeping	Extenso, vasto
Sweeten	Amenizar, tornar agradável
Swift Interface Device - SID (EDP)	Dispositivo "swift" de ligação (PED)
Swindle (n.) (v.)	Engano, fraude (s.); lograr, defraudar (v)
Switch	Mudança, desvio
Switchboard	Painel de comando
Symbol	Símbolo
Syndicate (Fin.) (USA)	Consórcio (de agentes colocadores) (Fin) (EUA)
Syndicate (Ins.)	"Pool" (Seg.)

Syndicated loan (Fin.)	Empréstimo efetuado por meio de consórcio de bancos (Fin.)
Syndicated loan services (Fin.)	Empréstimos sindicalizados (Fin.)
Syndication fee (Fin.)	Honorários de consórcio de bancos (Fin.)
Synergy	Sinergia
Syntax (EDP)	Sintática (PED)
Synthetic hedge (Fin.)	"Hedge" sintético (Fin.)
System	Sistema
Systematic sampling	Amostragem sistemática
Systems analysis	Análise de sistemas
Systems development	Desenvolvimento de sistemas
Systems of retrocession (Ins.)	Sistemas de retrocessão (Seg.)
Systems updating	Atualização de sistemas

T

Table	Quadro, tabela, mesa
Tabulation	Tabulação
T-Account	Conta em forma de "T"
Tag	Etiqueta
Tailored audit program (Aud.)	Programa de auditoria sob medida, talhado (Aud.)
Taint	Contaminar, sujar
Tainted capital (Leg.)	Capital contaminado (Jur.)
Take advantage	Obter vantagem
Take a sample	Determinar os componentes de uma amostra
Take charge of	Encarregar-se de
Take effect	Começar a ter efeito
Take exception (Aud.)	Fazer ressalva (Aud.)
Take home pay	Salário líquido do empregado
Take it or leave it	Pegar ou largar
Take off	Ter êxito, decolar
Take office	Assumir cargo
Take on	Assumir (responsabilidade etc.)
Takeover	Aquisição de uma empresa por outra ou por um conglomerado
Takeover bid	Oferta pública para aquisição do controle de uma empresa
Take risks	Correr riscos
Take steps	Tomar providências
Take up	Pegar
Take up equities	Subscrever ações
Talent	Talento
Tamper with	Alterar indevidamente
Tangible asset	Ativo tangível
Tangible value	Valor tangível
Tape (n.) (v.)	Fita (s.); gravar em fita (v.)
Tape device (EDP)	Dispositivo de fita magnética (PED)
Tare	Tara
Target	Alvo, meta
Targeted information	Informações dirigidas
Target price	Preço pretendido
Tariff	Tarifa
Tariff (Ins.)	Tarifa (Seg.)
Task	Tarefa, incumbência
Task force	Grupo de trabalho, força-tarefa
Tax (Leg.)	Imposto, taxa, tributo, contribuição (Jur.)

Tax abatement (Leg.)	Redução de imposto (Jur.)
Taxable (Leg.)	Tributável (Jur.)
Taxable event (Leg.)	Fato gerador; o fato que dá origem ao imposto (Jur.)
Taxable income	Lucro tributável, lucro real
Tax allocation	Distribuição de imposto de renda entre períodos ou dentro de um só período contábil
Tax assessment (Leg.)	Lançamento fiscal (Jur.)
Taxation (Leg.)	Tributação (Jur.)
Tax authority (Leg.)	Autoridade fiscal, tributária (Jur.)
Tax avoidance (Leg.)	Não-pagamento de imposto mediante expedientes legais (Jur.)
Tax basis (Leg.)	Base fiscal (Jur.)
Tax benefit (Leg.)	Benefício fiscal (Jur.)
Tax burden (Leg.)	Carga tributária (Jur.)
Tax consequences (Leg.)	Conseqüências fiscais, o efeito de um evento sobre o lucro tributável (Jur.)
Tax contingency (Leg.)	Contingência fiscal (Jur.)
Tax credit (Leg.)	Crédito fiscal (Jur.)
Tax deduction (Leg.)	Dedução fiscal (Jur.)
Tax effects	Efeito de impostos
Tax evasion (Leg.)	Sonegação de imposto; tentativa deliberada de fugir ao pagamento, mediante infração; elisão fiscal (Jur.)
Tax exemption (Leg.)	Isenção de imposto (Jur.)
Tax-free zone	Zona franca
Tax haven (Leg.)	Refúgio/paraíso fiscal (Jur.)
Tax incentive (Leg.)	Incentivo fiscal (Jur.)
Tax jurisdiction (Leg.)	Jurisdição fiscal (Jur.)
Tax law (Leg.)	Lei fiscal (Jur.)
Tax legislation (Leg.)	Legislação tributária (Jur.)
Tax liability	Obrigação com impostos, passivo fiscal
Tax loss (Leg.)	Prejuízo fiscal (Jur.)
Tax loss carryback	Prejuízos ou créditos fiscais utilizados para compensar lucros de exercícios passados
Tax loss carryforward	Prejuízo fiscal a compensar
Taxpayer	Contribuinte
Taxpayers' council (Leg.)	Conselho de contribuintes (Jur.)
Tax payment form	Guia de recolhimento
Tax planning	Planejamento tributário

361

Tax rate	Alíquota de imposto
Tax rebate (Leg.)	Reembolso de imposto (Jur.)
Tax refund (Leg.)	Reembolso de imposto (Jur.)
Tax regulations (Leg.)	Regulamentos fiscais (Jur.)
Tax relief (Leg.)	Benefício fiscal para compensar algo, p. ex.: desconto nos impostos para vítimas de terremoto (Jur.)
Tax return (Leg.)	Declaração de imposto (Jur.)
Tax shelter (Leg.)	Paraíso fiscal (Jur.)
Tax year	Ano-base, período fiscal com base no qual se calcula a obrigação tributária
Team leader (Aud.)	Líder/encarregado da equipe (Aud.)
Team member (Aud.)	Membro da equipe (Aud.)
Teamwork	Trabalho em equipe
Technical assistance	Assistência técnica
Technical assistance fees	Remuneração por assistência técnica
Technical limit (Ins.)	Limite técnico (Seg.)
Technical pronouncements	Pronunciamentos técnicos
Technical provisions (Ins.)	Provisões técnicas (Seg.)
Technical reserves (Ins.)	Reservas técnicas (Seg.)
Technique	Técnica
Technocracy	Tecnocracia
Technological obsolescence	Obsolescência tecnológica
Technology	Tecnologia
Telecommunications	Telecomunicações
Telex test keys	Chaves de teste de telex
Teller	Caixa; o encarregado de efetuar recebimentos e pagamentos em estabelecimento comercial ou banco
Template	Modelo, molde, gabarito
Temporary coverage (Ins.)	Garantia provisória (Seg.)
Temporary differences	Diferenças temporárias/temporais (entre o lucro contábil e o tributável)
Temporary disability benefits (Ins.)	Benefícios de incapacidade temporária (Seg.)
Temporary life annuity (Ins.)	Seguro temporário (Seg.)
Tenant	Arrendatário, locatário
Tender	Proposta, oferta
Tens	Dezenas
Tentative	Tentativa
Tenths	Décimos
Term	Prazo, condições

Termination	Suspensão, supressão, rescisão de contrato, demissão de funcionário
Termination (Ins.)	Cancelamento da apólice (pela seguradora) (Seg.)
Term-life insurance/contract (Ins.)	Contrato/seguro de vida a termo (por período específico) (Seg.)
Term loan (Fin.)	Empréstimo a prazo (Fin.)
Terms of sale	Condições de venda
Test (n.) (v.)	Teste, exame, prova (s.); testar, examinar, provar (v.)
Test counts	Contagens por teste
Test data techniques (EDP)	Técnicas de dados de teste (PED)
Test history records	Registros históricos de testes
Test key (EDP)	Chave de teste (PED)
Test mathematical accuracy (Aud.)	Teste de somas e cálculos (Aud.)
Text	Texto
Textile	Têxteis
The Chartered Association of Certified Accountants - ACCA (UK)	Associação de Contadores Certificados (Reino Unido)
Theft (Ins.)	Roubo, furto (Seg.)
Theft-proof	À prova de roubo
The town clearing	Compensação de cheques da cidade (Fin.)
Third party	Terceiro (pessoal ou empresa)
Third party life insurance (Ins.)	Seguro de vida de terceiro (Seg.)
Thousands	Milhares
Thrift	Parcimônia
Throughput	Rendimento, produto de um processo
Tick (Aud.)	Verificar (Aud.)
Ticket	Bilhete, etiqueta
Tick mark (Aud.)	Tiques de conferência (Aud.)
Tier	Fileira
Tier companies	Empresas líderes/mais importantes/ maiores e melhores
Tie-up	Reconciliação de posições contábeis com físicas, p. ex.: duplicatas
Tight	Apertado, justo, esticado
Tight credit policy	Política de restrição de crédito
Tightening of credit	Contração do crédito
Timberland	Área florestal de madeira de lei
Timber tracts	Reservas florestais
Time barring (Ins.)	Prescrição (Seg.)
Time budget	Orçamento de horas

Time card	Cartão de ponto
Time chart	Cronograma
Time consuming	Tarefa que demanda muito tempo, demorada
Time decay (or theta) risk (Fin.)	Risco de decadência (ou teta) (Fin.)
Time deposit (Fin.)	Depósito a prazo (Fin.)
Time deposit account (Fin.)	Conta de depósito a prazo (Fin.)
Time deposit certificates (Fin.)	Certificados de depósito a prazo (Fin.)
Time draft (Fin.)	Letra de câmbio a prazo (Fin.)
Time frame	Período de execução
Timekeeping functions	Funções de apontamento (de mão-de-obra)
Timeline	Cronograma
Timeliness	Época oportuna/tempo hábil (ter informações em tempo)
Timely basis	Tempo hábil, oportunamente
Time mismatches	Descompassos/desequilíbrios no tempo (entre ativos e passivos correlatos)
Time recorder	Registrador de tempo (de trabalho)
Time sharing	Compartilhamento de tempo
Time sheet	Folha de tempo (de trabalho)
Timetable	Escala de atividades
Time value	Valor temporário
Time zone	Fuso horário
Timing	Oportunidade/cronograma, época oportuna
Tin	Lata, chapa
Tip	Propina, informação privada
Title (Leg.)	Título, direito de propriedade (imobiliária) (Jur.)
Title deed (Leg.)	Escritura (Jur.)
To do list	Lista de pendências/assuntos por fazer
"To-dos"	Pendências, trabalhos a fazer
Token	Símbolo, simbólico
Tolerable error (sampling) (Aud.)	Erro tolerável (amostragem) (Aud.)
Tolerance	Tolerância
Toll	Taxa, pedágio
Tombstone (Fin.) (USA)	Notificação de emissão (Fin.) (EUA)
Ton	Tonelada
Tonnage	Tonelagem
Tool	Ferramenta
Tooling	Trabalho com ferramenta

To order	À ordem
Top-down approach (Aud.)	Abordagem descendente (Aud.)
Top management	Diretoria executiva
Top management approach	Abordagem de diretoria executiva
Top priority	Prioridade máxima
Total (n.) (v.)	Total, soma (s.); somar (v.)
Total loss (Ins.)	Perda total (Seg.)
Total permanent accident disability (Ins.)	Invalidez permanente total por acidente (Seg.)
Total permanent sickness disability (Ins.)	Incapacitação permanente total por doença (Seg.)
Total portfolio premium (Ins.)	Total de prêmios da carteira (Seg.)
Tourist dollar	Dólar-turismo
Tow	Rebocar
Towboat/towtruck	Rebocador
Toy	Brinquedo
Trace (Aud.)	Seguir o curso de uma transação, rastrear (Aud.)
Trackball (EDP)	"Trackball" (PED)
Tract of land	Extensão, área de terreno
Tractor	Trator
Trade (n.) (v.)	Comércio, negócio (s.); comerciar, negociar (v.)
Trade account payable	Conta a pagar a fornecedor
Trade account receivable	Conta a receber de cliente
Trade agreement	Acordo comercial
Trade association	Associação de classe, associação profissional, sindicato patronal
Trade balance	Balança comercial
Trade barriers	Barreiras comerciais
Trade bill of exchange	Letra de câmbio comercial
Trade board	Junta comercial
Trade center	Centro de negócios
Trade cycle	Ciclo comercial
Trade credit	Crédito comercial
Trade date	Data da transação
Trade deficit	Déficit comercial
Trade discount	Desconto comercial
Trade fair	Feira comercial/de negócios
Trade finance	Financiamento de operações comerciais
Trade imbalance	Desequilíbrio na balança comercial
Trade in	Entregar um bem usado como parte do pagamento de uma nova aquisição

Trademark	Marca registrada, marca de fábrica
Trademarks and patents	Marcas e patentes
Trade mission	Missão comercial
Trade note receivable	Duplicata a receber
Trade option (Fin.)	Opção negociada (contrato de opção negociado em bolsa) (Fin.)
Trader	Comerciante/negociante
Trade restriction	Restrições comerciais
Trade union	Sindicato, associação de classe de operários
Trading (Fin.)	Negociação (de mercadorias, de papéis financeiros) (Fin.)
Trading area	Área comercial
Trading and investing activity (Fin.)	Atividades de negociações e investimentos (Fin.)
Trading desk (Fin.)	Mesa de negociações/operações (Fin.)
Trainees	Pessoal novato em treinamento/em aprendizagem
Training	Treinamento
Training and proficiency of the independent auditor (Aud.)	Treinamento e competência do auditor independente (Aud.)
Training department	Departamento de treinamento
Transaction	Transação
Transaction date	Data de efetivação da transação
Transaction gain or loss	Ganho ou perda em uma transação/ conversão de moeda
Transcribe	Transcrever
Transcription	Transcrição
Transfer	Transferência
Transfer agent	Pessoa (física ou jurídica) autorizada a fazer a transferência de ações
Transfer agent (Fin.) (USA)	Agente de transferência (Fin.) (EUA)
Transferee	Recebedor da transferência, cessionário
Transferer / transferor	Cedente
Transfer of insurance (Ins.)	Transmissão de seguro (Seg.)
Transfer of ownership	Cessão de participação acionária
Transfer price	Preço de transferência (entre segmentos da empresa)
Transferrable policy (Ins.)	Apólice à ordem (Seg.)
Transitional period	Período de transição
Transit item	Item em trânsito
Transit operations	Operações em trânsito

Translation	Conversão, tradução
Translation adjustments	Ajustes de conversão (de demonstrações financeiras) de uma moeda para outra moeda
Translation gain	Lucro na conversão, na tradução
Translation loss	Prejuízo na conversão, na tradução
Translation of foreign currency	Conversão de moeda estrangeira
Transnational	Transnacional
Transnational Corporation and Management Division - TCMD (UNO)	Corporações Transnacionais e Divisão de Administração (ONU)
Transparency of information (administration, financial statements etc.)	Transparência de informações (administração, demonstrações financeiras etc.)
Transportation	Transporte
Transportation cost	Custo de transporte
Traveler's check	Cheque de viagem
Traveling expenses	Despesas de viagem
Travel insurance (Ins.)	Riscos de viagens (Seg.)
Travel risks (Ins.)	Riscos de viagens (Seg.)
Treasurer	Tesoureiro
Treasury bonds/bills	Obrigações do Tesouro (Letras etc.)
Treasury department	Tesouraria
Treasury stock (USA)/shares (UK)	Ações em tesouraria
Treaty	Tratado
Trend analysis	Análise de tendências
Trespass	Transgressão, infração
Trial balance	Balancete de verificação
Trillions	Trilhões
Trip	Viagem
Trouble	Transtorno, dificuldade, encrenca
Troubled debt restructurings (Fin.)	Reestruturação de dívida problemática (Fin.)
Trouble-shooter	Pessoa que elimina dificuldades
Troubleshooting	Investigação e resolução de problemas
Truck	Caminhão, vagão
Trucker's insurance (Ins.)	Seguro do caminhoneiro (Seg.)
Truckload	Carga completa de um caminhão
True	Verdadeiro, preciso, legítimo
Truncate	Truncar
Trust	"Trust"/fideicomisso;
Trust administration	Administração de fideicomissos/"trust"
Trust deed	Escritura de fideicomisso/"trust"

Trust fund	Fundo de fideicomisso/"trust"
Trustee	Fideicomissário, administrador do "trust": agente fiduciário, curador
Trustworthy	Digno de confiança
Try (n.) (v.)	Tentativa, prova (s.); tentar, provar (v.); interrogar (v.) (jur.)
Try out	Teste, prova
Turbine	Turbina
Turbo-jet	Turbojato
Turbo-prop	Turbopropulsor
Turnaround	Recuperação/mudança de posição
Turning point	Ponto de retorno, mudança
Turn-key contract	Contrato "chave em mãos"
Turnover	Rotatividade, movimentação, giro, circulação, medida da atividade empresarial relativa ao realizável a curto prazo; vendas
Turnover analysis	Análise de rotatividade
Turnover of finished goods inventory	Rotatividade do estoque de produtos acabados
Turnover of raw material inventory	Rotatividade do estoque de matérias-primas
Turnover of work-in-process inventory	Rotatividade do estoque de produtos em processo
Turnover rate	Taxa de rotatividade
Twist	Curva, volta
Type (n.) (v.)	Tipo, classe, espécie, modelo (s.); datilografar (v.)
Type of policy (Ins.)	Modalidade da apólice (Seg.)
Type of reinsurance (Ins.)	Modalidade do resseguro (Seg.)
Types of insurance offered (Ins.)	Modalidades de seguros operadas (Seg.)
Typewriter	Máquina de escrever
Typist	Datilógrafo

U

Ultimate consumer	Consumidor final
Ultimate shareholder	Acionista da investidora, verdadeiro acionista, dono
Unabsorbed burden	Despesas gerais indiretas não absorvidas
Unaccostumed	Desacostumado
Unallocated	Não distribuído
Unallocated Loss Adjustment Expenses - ULAE (Ins.)	Custos/despesas de ajustes de sinistros não apropriadas (Seg.)
Unallowable	Inadmissível
Unambiguous	Não ambíguo
Unamortized	Não amortizado
Unanimous	Unânime
Unanswered	Não respondido
Unappropriated	Não distribuído, não apropriado
Unappropriated retained earnings	Lucros acumulados não distribuídos/ disponíveis
Unasserted claim (Leg.)	Direitos não reivindicados; reclamação não formalizada (Jur.)
Unattended	Não atendido
Unaudited	Não auditado
Unaudited financial statements	Demonstrações financeiras não auditadas
Unauthorized	Não autorizado
Uncertainty	Incerteza
Unchanged	Não mudado, inalterado
Unclaimed	Não reclamado, não reivindicado
Unclaimed balances	Saldos não reclamados
Unclaimed dividends	Dividendos não reclamados
Uncollected	Não cobrado
Uncollected funds	Fundos não cobrados
Uncollectible	Incobrável
Unconfirmed	Não confirmado
Unconsolidated subsidiary	Subsidiária não consolidada
Unconstitutional	Inconstitucional
Uncontrollable cost	Custo não controlável
Uncover	Descobrir
Uncovered option (Fin.)	Opção descoberta (Fin.)
Underbid	Cotação/oferta abaixo do valor justo
Undercapitalized	Subcapitalizado, descapitalizado
Undercharge	Debitar a menos
Undercut	Redução deliberada de preços, desconto dado
Underdeveloped country	País subdesenvolvido
Underdevelopment	Subdesenvolvimento

Underestimate	Estimativa a menor, subestimar
Underground economy	Economia invisível/informal/paralela
Underinsurance (Ins.)	Seguro insuficiente (Seg.)
Underinvoice	Subfaturar
Underline	Sublinhar
Underlying controls	Controles subjacentes
Underlying financial records	Registros contábeis correspondentes
Underlying net assets	Ativo líquido básico
Undermanned	Com falta de pessoal
Underpaid	Pago a menos
Underpricing (Fin.) (USA)	Subpreço (Fin.) (EUA)
Underrated	Avaliado injustamente (funcionário não considerado tão bom quanto é realmente)
Underrealization	Realização a menor
Undersized	Menor do que o normal, alguma coisa cujo tamanho está aquém do necessário
Understaffed	Insuficiência de pessoal
Understate	Subavaliar
Undersubscribed	Subscrição a menos
Undertaking	Empreendimento
Undervalue	Subavaliar
Underwrite (Ins.)	Assumir o risco de um seguro (Seg.); garantir a colocação de uma emissão inteira de títulos mobiliários
Underwrite (Ins.)	Segurar; firmar contrato de seguro (Seg.)
Underwriter	"Underwriter", subscritor, segurador, agente colocador (Fin.) (EUA)
Underwriters (Ins.)	Contratadores de seguros (Seg.)
Underwriting (Ins.)	Subscrição de uma emissão de títulos mobiliários; "underwriting" (colocação de ações ou títulos de dívida, em garantia de subscrição, pelo colocador, da emissão não vendida); contratação de seguros (Seg.)
Underwriting (Ins.) (Fin.)	Contratação de seguros (Seg.); concessão de crédito (Fin.)
Underwriting agreement (Fin.) (USA)	Acordo de colocação (Fin.) (EUA)
Undesirable	Indesejável
Undeveloped (e.g. land)	Pouco desenvolvido, p. ex.: terras
Undirected effort	Esforços não dirigidos/não orientados

Undisbursed	Gasto a menos
Undisclosed	Não divulgado
Undistributed	Não distribuído
Undistributed profits	Lucros não distribuídos
Undivided	Não dividido
Undue	Indevido, injusto
Unearned	Não realizado/não ganho
Unearned discount	Rendas a apropriar (na nomenclatura contábil dos bancos); juros cobrados antecipadamente e descontados do principal
Unearned income	Lucro/receita não auferido
Unearned premium reserve (Ins.)	Reserva para prêmios não ganhos/não auferidos (Seg.)
Unearned premiums (Ins.)	Prêmios não auferidos/não ganhos (Seg.)
Unearned reinsurance premium (Ins.)	Prêmio de resseguro não ganho/não auferido
Uneconomic	Não econômico
Uneconomic production	Produção antieconômica
Unemployment	Desemprego
Unencumbered	Não onerado, livre, desimpedido
Unequaled	Inigualado
Unexpended	Não despendido
Unexpired cost	Custo não expirado; a parcela de um dispêndio, cujos benefícios ainda não cessaram
Unexpired risk period (Ins.)	Período de risco não decorrido/não expirado (Seg.)
Unextinguished	Não liquidado, não extinto
Unfair competition	Concorrência desleal
Unfair dismissal	Demissão sem justa causa
Unfeasible	Inexeqüível
Unfinished	Não terminado
Unfit	Impróprio, inadequado, não adaptado
Unforeseen	Imprevisto, inesperado
Unfriendly	Descortês, inamistoso
Unfunded	Não financiado
Unguaranteed residual value (Fin.)	Valor residual não garantido (Fin.)
Unhealthy	Insalubre
Unidentifiable	Não identificável
Uniform	Uniforme, igual, invariável
Unilateral	Unilateral
Unimproved	Não melhorado

Unincorporated	Não incorporado
Unincorporated joint-venture	"Joint-venture" extra-oficial (apenas por acordo informal entre as empresas)
Unincurrred risks (Ins.)	Riscos não decorridos (Seg.)
Uninsured loss (Ins.)	Prejuízo não segurado (Seg.)
Uninsured risk (Ins.)	Risco não coberto por seguro (Seg.)
Union	Sindicato (de empregados)
Union dues	Imposto sindical; contribuição para o sindicato
Union officers	Dirigentes sindicais
Unique	Singular, ímpar, inigualável
Unissued	Não emitido
Unissued capital	Ações não emitidas; a parte do capital autorizado, subscrita ou não, que não foi emitida
Unit	Unidade
Unit cost	Custo unitário
Unit of measure	Unidade de mensuração; moeda em que os ativos e passivos, receitas e despesas e ganhos e perdas são mensurados
Unit of sampling	Unidade de amostragem
United Nations Centre on Transnational Corporations - UNCTC (UNO)	Centro das Nações Unidas para Corporações Internacionais (ONU)
United Nations Conference on Environment and Development - UNCED (UNO)	Conferência das Nações Unidas sobre Meio Ambiente e Desenvolvimento (ONU)
United Nations Conference on Trade and Development - UNCTAD (UNO)	Conferência das Nações Unidas sobre Comércio e Desenvolvimento (ONU)
United Nations Organization - UNO	Organização das Nações Unidas - ONU
Universal life insurance (Ins.)	Seguro de vida universal (Seg.)
Universe	Universo, população (Est.)
University	Universidade
Unlawful (Leg.)	Ilegítimo (Jur.)
Unlicensed	Sem licença, não permitido
Unlimited liability (Leg.)	Responsabilidade ilimitada, irrestrita (Jur.)
Unlisted security	Ação não cotada em bolsa
Unload	Descarregar, desembarcar
Unlock	Abrir fechadura; desvendar
Unmarked	Sem marca, sem designação

Unmatched position in currencies (Fin.)	Posição, em moedas, não casada/não equilibrada (Fin.)
Unmatured	Não vencido
Unoccupied	Não ocupado
Unofficial	Não oficial, extra-oficial
Unorthodox	Não ortodoxo
Unpack	Desempacotar, desfazer malas
Unpaid	Não pago
Unpaid balance	Saldo não pago/a pagar
Unpaid capital	Capital não integralizado
Unpaid premiums (Ins.)	Prêmios não pagos (Seg.)
Unpopular	Impopular
Unposted debits	Débitos não lançados
Unpresented check	Cheque não apresentado/descontado
Unprofitable	Não lucrativo/rentável
Unprofitable operation	Operação com prejuízo
Unprovided	Não provisionado
Unqualified opinion (Aud.)	Parecer sem ressalva (Aud.)
Unrealized	Não realizado
Unrealized premium	Ágio não realizado
Unrealized profit	Lucro não realizado
Unrecognized gain or loss	Lucro ou prejuízo não reconhecido (não contabilizado)
Unrecorded assets	Ativos não contabilizados
Unrecorded funds	Fundos não registrados
Unrecorded liabilities	Passivos não contabilizados/não registrados
Unrecovered cost	Custo não recuperado; prejuízo não segurado, decorrente de obsolescência anormal, incêndio, roubo ou flutuações de mercado
Unregulated	Não regulamentado
Unrelated parties	Partes não relacionadas
Unrestricted surplus	Superávit disponível para distribuição
Unsafe	Inseguro, arriscado
Unsatisfactory	Insatisfatório
Unscheduled	Não programado
Unseasonable	Intempestivo, inoportuno, fora de época
Unsecured	Não garantido
Unsecured liability	Passivo não garantido, a descoberto
Unsettled	Não liquidado
Unsettled claims (Ins.)	Sinistros a liquidar (seg.)
Unsigned	Não assinado

Unskilled	Inexperiente, inábil
Unsold	Não vendido
Unsolicited	Não solicitado
Unspecified	Não especificado
Unstable	Instável, inseguro, inconstante
Unsuccessful	Malsucedido
Unsuitable	Impróprio, inadequado, incompatível
Unused	Não usado, desusado
Unusual item	Item não usual/incomum/anormal/ inusitado
Unusually large imbalance (Fin.)	Desequilíbrio financeiro eventual e vultoso (Fin.)
Unwarranted	Não comprovado; não garantido; injustificado
Unwinding costs	Custos, despesas ou prejuízos
Unwritten	Não escrito
Updated value	Valor atualizado
Up-front involvement	Envolvimento inicial
Upgrade	Substituição para melhor, aperfeiçoamento
Upkeep	Manutenção, conservação
Upload (EDP)	Transferência de dados de computador pequeno para grande (PED)
Upstream merger	Incorporação de subsidiária pela controladora
Up-to-date	Atualizado
Usage variance	Variação em relação ao uso
Use & occupancy risks (Ins.)	Seguro de privação do uso e gozo (Seg.)
Useful life (of an asset)	Vida útil (de um ativo)
User	Usuário
User-friendly software (EDP)	"Software" de utilização simples (PED)
Using the work of another auditor (Aud.)	Uso do trabalho de outro auditor (Aud.)
Using the work of a specialist (Aud.)	Utilização de trabalho de especialista (Aud.)
Usucapio; ownership claimed after a period of squatting (Leg.)	Usucapião (Jur.)
Usufruct (Leg.)	Usufruto (Jur.)
Usurer	Usurário, agiota
Usury (Leg.)	Usura (Jur.)
Utensils	Utensílios
Utilities (EDP)	Utilitários (programas - "software" de detecções de erros e exceções) (PED)
Utility company	Empresa de serviços de utilidade pública
Utilize	Utilizar, aproveitar
U turn	Virada de 180 graus

V

Vacancy	Vacância, lacuna
Vacant	Vago, livre, abandonado
Vacate	Vagar, desocupar
Vacation	Férias
Vacation accrual	Férias a pagar
Vacation pay (USA)	Pagamento de férias
Vacuum	Vácuo, vazio
Validate (Leg.)	Legalizar, tornar válido (Jur.)
Validation (Leg.)	Validação (Jur.)
Validity	Validade, validez, integridade, veracidade (esta envolvendo validade e integridade)
Valise	Valise
Valorization	Valorização
Valuable	Valioso
Valuables	Objetos de valor, preciosidades
Valuation	Avaliação
Valuation assertion (Aud.)	Asserção quanto à avaliação (Aud.)
Valuation method (Ins.)	Método de avaliação (Seg.)
Value (n.) (v.)	Valor; o valor de registro de um bem (contabilidade); o valor de uso de um bem ou seu valor de troca, que decorre de sua raridade (economia) (s.); avaliar (v.)
Value added	Valor agregado
Value date	Data de validade da transação, data em que a transação passa a ser válida
Value for money	Custo-benefício
Valuer	Avaliador
Valve	Válvula
Van	Furgão
Vandalism (Ins.)	Vandalismo (Seg.)
Variable	Variável
Variable annuties (Ins.)	Anuidades variáveis (Seg.)
Variable budget	Orçamento variável
Variable cost	Custo variável
Variable income (Fin.)	Renda variável (Fin.)
Variable insurance (Ins.)	Apólice ajustável ou variável (Seg.)
Variable life insurance (Ins.)	Seguro de vida variável (Seg.)
Variance	Variação; a diferença entre o desempenho orçado e o real; a diferença entre o real e o padrão, para um elemento de custo (custo-padrão)

Variance analysis	Análise de variação (ões)
Variation in technical provisions (Ins.)	Variação nas provisões técnicas (Seg.)
Variation in the provision for expired risks (Ins.)	Variação na provisão de riscos decorridos expirados (Seg.)
Variation in the provision for unearned premiums (Ins.)	Variação na provisão de prêmios não auferidos/não ganhos (Seg.)
Variety	Variedade
Vault	Caixa-forte subterrânea
Vehicle insurance (Ins.)	Seguro de automóveis (Seg.)
Vehicles	Veículos
Vendor	Fornecedor
Venture	Empreendimento comercial especulativo
Venture capital	Capital de risco
Verbal	Verbal, oral
Verbatim	Literalmente, textualmente
Verification (Aud.)	Verificação (Aud.)
Vertical analysis	Análise vertical
Vertical integration	Integração vertical
Very Important Person - VIP	Pessoa muito importante
Vested benefit obligation (pension) (Ins.)	Obrigação sobre benefícios com direito adquirido (expirado) (pensões) (Seg.)
Vested right (Leg.)	Direito adquirido (Jur.)
Veto	Veto, proibição
Via	Via, por via de
Vice-president - VP	Vice-presidente
Videoconference	Videoconferência
Video display (EDP)	Monitor (PED)
Video display unit (EDP)	Terminal de vídeo (PED)
Vignettes (Advertising)	Vinhetas (Publicidade)
Vintaged	Analisada por antiguidade
Violation	Violação
Virtual memory (EDP)	Memória virtual (PED)
Virus (EDP)	Vírus (PED)
Visa	Visto (em passaporte)
Visibility	Visibilidade
Visit (n.) (v.)	Visita (s.); visitar (v.)
Visualize	Visualizar
Vital	Vital
Viz	Expressão que precede enumeração completa (p. ex.: a saber, isto é)
Vocation	Vocação (profissão)
Vocational guidance	Orientação profissional

Voicemail	Secretária eletrônica
Void (n.) (v.)	Nulo, inválido (s.); anular, invalidar (v.)
Voidance	Anulação, invalidação
Volatility (or vega) risk (Fin.)	Risco de volatilidade (ou vega) (Fin.)
Volume discount	Desconto baseado no volume
Volume variance	Variação de volume
Voluntary omission (Ins.)	Ocultação (Seg.)
Voluntary plan termination (pension) (Ins.)	Plano de cancelamento voluntário (pensões) (Seg.)
Vostro account (Fin.)	Correspondente, no país ou no exterior, de outros bancos (contas de outros bancos com o banco) - relações interbancárias ou interdepartamentais (Fin.)
Voting agreement	Acordo de voto/para votação
Voting right (Leg.)	Direito a voto (Jur.)
Voting stock	Capital votante; ações com direito a voto
Voting trust (Leg.)	Depositário (de ações) com poderes (procuração) para votar (Jur.)
Vouch (Aud.)	Atestar, comprovar com documentação hábil (Aud.)
Voucher	Comprovante, guia, ficha de lançamento
Voyage	Viagem

W

Wage differential	Disparidade de salários
Wage earner	Assalariado, mensalista, semanalista, horista
Wages	Ordenados, remunerações de trabalhadores, normalmente horistas
Wagon	Carro para cargas pesadas; vagão
Wagonload	Carga total de um vagão
Waiting line	Linha de espera, fila
Waiting list	Lista de espera
Waiting period (Fin.) (USA)	Período de espera (Fin.) (EUA)
Waive payment	Perdoar o pagamento
Waiver	Dispensa, isenção; renúncia formal a direito ou privilégio; o respectivo documento
Walkie-talkie	Aparelho de comunicação
Walkout	Abandono do trabalho
Walk-through (EDP)	Revisão (PED)
Walk-through procedures (Aud.)	Procedimentos de acompanhamento completo de um processo ou transação (Aud.)
Wall chart	Gráfico que se mostra pendurado numa parede
Wallet	Carteira
War clause (Ins.)	Cláusula de guerra (Seg.)
War effort	Esforço de guerra
Warehouse	Armazém, depósito
Warehouse receipt	Recibo de depósito (de um armazém público)
Warehoused mortgage loans (Fin.)	Empréstimos hipotecários no atacado (Fin.)
Warrants (Fin.)	Recibos de depósitos de "commodities" (Fin.)
Warehousing	Armazenagem
Warranty	Garantia
Warranty period	Período de garantia
War risk insurance (Ins.)	Seguro de risco de guerra (Seg.)
Waste	Desperdício, perda
Wasted efforts	Esforços perdidos/em vão
Waste management	Método de eliminação e/ou tratamento de lixo
Wasting asset	Ativo consumível, desgastável
Wave	Onda, oscilação, agitação

Ways and means	Meios, possibilidades
Weakness	Fraqueza, falha, deficiência (em controle interno)
Wealth	Fartura, prosperidade, abundância
Wear and tear	Deterioração pelo uso
Weekday	Dia útil, dia da semana
Weekly	Semanalmente
Weighted average	Média ponderada
Well done	Bem-feito
Well established	Bem-estabelecido
Well informed	Bem-informado
Well known	Renomado, bem-conhecido
Well-to-do	Próspero
Wharf	Cais, desembarcadouro
White-collar crime (Fin.)	Crime do colarinho branco (Fin.)
White-collar workers	Trabalhadores de colarinho branco
Whole-life insurance (Ins.)	Seguro de vida inteira (Seg.)
Wholesale	Atacado
Wholesale bank (Fin.)	Banco de atacado (Fin.)
Wholesale price index	Índice de preços de atacado
Wholesaler	Atacadista, distribuidor
Wholly-owned subsidiary	Subsidiária integral
Wide Area Network - WAN (EDP)	Rede de área estendida (PED)
Wide-body	Avião "largo" (Jumbo, HD81 etc.)
Wide-range activity	Ampla gama de atividades
Will (Leg.)	Testamento (Jur.)
Willful damage	Negligenciar; danos intencionais
Winchester (EDP)	"Winchester" (disco rígido) (PED)
Windfall profit	Lucro inesperado, imprevisto, receitas eventuais
Windfall profit tax	Imposto sobre lucro imprevisto
Winding-up	Liquidação
Window-dressing	Manipulação de contas de uma empresa, de modo a dar melhor impressão aos credores, ao fisco ou ao público em geral sobre a situação financeira e geral da empresa; camuflagem
Windstorm hazard (Ins.)	Risco de vendaval (Seg.)
Winery	Estabelecimento vinícola
Wire transfer (Fin.)	Transferência eletrônica (de fundos) (Fin.)
Wiring	Instalação de cabos
Withdrawal	Retirada (de montante de uma conta)

Withdrawal from the engagement (Aud.)	Retirada do/renúncia ao trabalho (Aud.)
Withholding tax	Imposto retido na fonte; desconto em folha
Witness (Leg.)	Testemunha (Jur.)
Wood	Madeira
Wool	Lã
Word processor (EDP)	Processador de texto (PED)
Wording	Teor
Workable	Aproveitável, praticável
Work cells	Células de trabalho
Workers compensation benefits (pension) (Ins.)	Benefícios de remuneração de trabalhadores (pensões) (Seg.)
Workers compensation daily rate (Ins.)	Diária de incapacidade temporária por acidente (Seg.)
Workers' compensations insurance (Ins.)	Seguro de indenização a trabalhadores; seguro de acidentes de trabalho (Seg.)
Workers' councils	Comissões de trabalhadores
Workers' participation	Participação dos trabalhadores
Workers' representation	Representação dos trabalhadores
Work flow	Fluxo de trabalho
Work force	Força de trabalho
Work group	Grupo de trabalho
Working capital	Capital circulante, capital de giro
Working day	Dia útil
Working Group on Accounting Standards - OECD (UNO)	Grupo de Trabalho em Normas Contábeis (ONU)
Working hours	Horas de trabalho, horas de expediente
Working papers (Aud.)	Papéis de trabalho (Aud.)
Working trial balance	Balancete de trabalho
Work in process/progress	Produto em processo (de fabricação)
Work load	Carga de trabalho
Workmanship	Artesanato
Workmen's compensation	Indenização por acidentes de trabalho
Workpaper documentation (Aud.)	Documentação de papéis de trabalho (Aud.)
Work plan	Plano de trabalho
Work related accident (Ins.)	Acidente de trabalho (Seg.)
Workshop	Oficina
Work simplification	Simplificação do trabalho
Workstation (EDP)	Estação de trabalho (PED)
Work status	Situação do trabalho
Work stoppage	Greve

World Trade Organization - WTO	Organização Mundial de Comércio - OMC
Worldwide	Muito difundido, espalhado pelo mundo
Worth	Valor, dotação
Worthless	Sem valor
Wreck	Afundamento (financeiro, de navio etc.), ruína
Writ (Leg.)	Mandado (Jur.)
Write down	Redução de valor (nos livros)
Write off (n.) (v.)	Baixa (s.); baixar (dos livros), dar baixa (v.)
Writer (Fin.)	Lançador/vendedor (de uma opção) (Fin.)
Write up	Escriturar; aumentar de valor (nos livros)
Writ of delivery (movable assets) (Leg.)	Imissão de posse (móveis) (Jur.)
Writ of entry (properties) (Leg.)	Imissão de posse (imóveis) (Jur.)
Written option (Fin.)	Opção lançada (Fin.)
Written premiums (Ins.)	Prêmios subscritos (Seg.)

X

X-ray   Raio X

Y

Yard	Jarda
Yardstick	Ponto/medida de referência
Yardstick	Medida de uma jarda
Yarn	Fio (de algodão, de lã etc.)
Year-end audit (Aud.)	Auditoria de final de ano; exame feito no encerramento do exercício a que se referem as demonstrações financeiras (Aud.)
Year-end dividend	Dividendo do final de um exercício
Year-end visit (Aud.)	Visita final (Aud.)
Yearly	Anualmente
Yield (n.) (v.)	Rendimento, taxa de rendimento (s.); render (v.)
Yield curve	Curva de rendimento
Yield curve notes (Fin.)	Notas de curva de rendimento (Fin.)

Z

Zeal — Zelo

Zero-basis budgeting — Sistema de elaboração de orçamentos de base zero

Zero coupon bond — Obrigação com cupom zero

Zinc — Zinco

List of productive activities and industry sectors and subsectors

Relação das atividades da produção e de seus setores e subsetores

Productive activities

List of productive activities
  and examples of their main
  types

Basic (heavy) industry
  Chemical
  Electricity production
  Heavy machines and tools
  Metallurgy
  Steel and iron

Consumption (light) industry
  Clothing
  Domestic appliances
  Food

High-tech industry
  Data processing
  Electric-electronic
  Precision equipment and
    tools

Services industry
  Advertising and promotion
  Tourism

Strategic industry
  Basic industry plus armaments

Industry sectors and subsectors

The following list is not
  all-inclusive but
  includes those most
  commonly found.

Auxiliary services
  Administration and
    participation
  Brokerage and intermediation
  Technical advice, administration
  and site inspection

Atividades da produção

Relação das atividades da
  produção e exemplos dos seus
  principais tipos

Indústria de base (pesada)
  Química
  Produção de eletricidade
  Máquinas e ferramentas pesadas
  Metalurgia
  Siderurgia

Indústria de consumo (leve)
  Vestuário
  Utilidades domésticas
  Alimentos

Indústria de alta tecnologia
  Processamento de dados
  Eletroeletrônica
  Equipamentos e ferramentas de
    precisão

Indústria de serviços
  Propaganda e publicidade
  Turismo

Indústria estratégica
  Indústria de base mais material
  bélico

Setores e subsetores

A relação a seguir não é abrangente,
  mas inclui os setores mais
  comumente encontrados.

Serviços auxiliares
  Administração e participação

  Corretagem e intermediação

  Assessoria técnica, administração e
  fiscalização de obras

Banks and other financial institutions

Building societies
Commodities exchange
Co-operative credit
Development banks
Finance companies
Insurance broker
Insurance companies
Investment banks
Leasing companies
Private commercial banks
Private pension funds
Savings and loan banks
Securities' brokers
Securities' dealers
Stock exchange

Beverages and tobacco

Beer, draft beer and malt
Cigarettes and tobacco
Concentrated juices
Other alcoholic beverages
Soft drinks and water
Wine and other grape products

Chemical, petrochemical and pharmaceutical

Chemicals
Cleaning products
Fertilizers, pesticides
Gunpowder, matches and ammunition
Industrial gas
Perfumes
Petrochemical
Petroleum/oil gas
Petroleum/oil refining
Pharmaceutical and veterinary products

Pigments and paint
Plastic transformers
Plastics
Synthetic and artificial fibers

Construction

Construction
Consulting engineering

Bancos e estabelecimentos financeiros

Crédito imobiliário
Bolsa de mercadorias
Cooperativa de crédito
Bancos de desenvolvimento
Financeiras
Corretora de seguros
Companhias de seguros
Bancos de investimento
Arrendamento mercantil
Bancos comerciais privados
Previdência privada
Caixas econômicas
Corretoras de títulos e valores
Distribuidoras de títulos e valores
Bolsa de valores

Bebidas e fumo

Cerveja, chope e malte
Cigarros e fumo
Sucos concentrados
Outras bebidas alcoólicas
Refrigerantes e água
Vinho e outros produtos de uva

Química, petroquímica e farmacêutica

Química
Produtos de higiene e limpeza
Fertilizantes, adubos e defensivos
Pólvora, fósforo e munição
Gás industrial
Perfumaria
Petroquímica
Gás de petróleo
Refino de petróleo
Produtos farmacêuticos e veterinários

Pigmentos e tintas
Transformadores de plástico
Plásticos
Fibras artificiais e sintéticas

Construção

Construção civil
Engenharia consultiva

Heavy construction
Industrial assembly

Education
Basic and intermediate teaching
Colleges and universities
Preparatory courses

Electric and electronic
Communication equipment
Domestic appliances
Electric engines/motors
Electric material
Electric power equipment
Light bulbs
Office equipment
Television, radio, sound receivers
Video apparatus
Lamps

**Farming and cattle raising,
extractive, fishing**
Agriculture
Cattle raising
Co-operative ventures
Fishing
Forestation and reforestation
Fuel alcohol
Extraction of natural products
Poultry raising

Food
Agricultural co-operatives
Animal feed
Chocolate goods
Coffee
Dairy products
Flour mills
Meat-packing plants
Pasta
Preserves, canned foods
Processing of agricultural
   products
Sea food
Sugar and alcohol
Vegetable oils and fats

Foreign trade
Foreign trade - food

Construção pesada
Montagens industriais

Educação
Ensino básico e médio
Faculdades e universidades
Cursos preparatórios

Eletroeletrônica
Equipamentos para comunicação
Aparelhos domésticos
Motores elétricos
Material elétrico
Equipamentos para energia elétrica
Lâmpadas
Equipamento para escritório
Televisão, rádio, receptores de som
Aparelhos de vídeo
Abajures, lustres

**Agropecuária, extrativa vegetal,
pesca**
Agricultura
Pecuária
Cooperativa
Pesca
Florestamento e reflorestamento
Álcool combustível
Extração de produtos naturais
Avicultura

Alimentos
Cooperativas agrícolas
Alimentos para animais
Produtos de chocolate
Café
Laticínios
Moinhos de trigo
Frigoríficos e abatedouros
Massas
Conservas, alimentos enlatados
Beneficiamento de produtos
   agrícolas
Pescado
Açúcar e álcool
Óleos e gorduras

Comércio exterior
Comércio exterior - alimentos

Foreign trade - machines
Intermediaries - export
Trading companies

Health services
Health services
Hospitals

**Holding companies and
conglomerates**
Conglomerates
Foreign holding companies
Private national holding companies
Public holding companies

**Information technology
and office equipment**
Data processing services
Computers and
data processing equipment
Typewriters, calculators and
copying machines

Leather (excluding footwear)
Leather goods
Tanning and tannery products

Leisure
Foundations
Museums, art galleries
Non-profit organizations
Services to individuals
Zoos and botanical gardens

Lodging and catering services
Hotels
Restaurants, bars and fast
food outlets

Mechanical
Agricultural machines
Auto parts
Heavy equipment
Hydraulic and mechanical components

Industrial transportation equipment

Comércio exterior - máquinas
Intermediários - exportação
Companhias "trading"

Serviços de saúde
Serviços de saúde
Hospitais

**Controladoras e
conglomerados**
Conglomerados
Controladoras estrangeiras
Controladoras nacionais privadas
Controladoras públicas

**Informática e material
de escritório**
Serviços de processamento de dados
Computadores eletrônicos e
equipamentos para informática
Máquinas de escrever, de calcular e
copiadoras

Couros (exclusive calçados)
Produtos de couro
Curtumes e produtos industriais
para curtumes

Lazer
Fundações
Museus, galerias de arte
Organizações sem fins lucrativos
Serviços prestados a pessoas físicas
Jardins botânicos e zoológicos

Serviços de alojamento e alimentação
Hotéis
Restaurantes, bares, lanchonetes

Mecânica
Máquinas agrícolas
Autopeças
Equipamento pesado
Componentes mecânicos e
hidráulicos
Equipamentos de transporte
industrial

Machines, engines and
industrial equipment
Optical, watches and
precision apparatus
Refrigeration
Sewing and textile machines

Metallurgical
Heavy boiler manufacturing
Iron and steel foundry
Metal packaging
Non-ferrous metallurgy
Steel products
Steel tubes
Stoves
Tools

Mining
Coal mining
Iron extraction
Limestone, granite and
marble mining
Metallic minerals
Non-metallic minerals
Oil and gas

Non-metallic
Cement and concrete products
Cement and lime
Ceramics, gypsum and asbestos
Glass and glass products

Public services
Electric power
Planning and development
Post office
Public cleaning
Technical and administrative
Telecommunications
Water, sewage, gas, sanitation

Publishing and printing
Newspapers and magazines
Printing services
Publishing houses

Pulp and paper
Integrated pulp and paper products

Máquinas, motores e equipamentos
industriais
Ótica, relógios e aparelhos de
precisão
Refrigeração
Máquinas têxteis e de costura

Metalúrgica
Caldeiraria pesada
Fundição de ferro e aço
Embalagem de metal
Metalurgia dos não ferrosos
Produtos de aço
Tubos de aço
Fogões
Ferramentas

Mineração
Mineração de carvão
Extração de ferro
Mineração de pedras, granito e
mármore
Minerais metálicos
Minerais não metálicos
Petróleo e gás

Não metálicos
Artefatos de cimento e concreto
Cimento e cal
Cerâmica, gesso e amianto
Vidro e artefatos de vidro

Serviços públicos
Energia elétrica
Planejamento e desenvolvimento
Correios
Limpeza pública
Técnicos e administrativos
Telecomunicações
Água, esgoto, gás, saneamento

Editorial e gráfica
Jornais e revistas
Serviços gráficos
Editoras

Papel e celulose
Integradas de papel e celulose

Packaging
Paper and cardboard products
Pulp

Real estate services
Real estate administration,
renting and leasing
Real estate agents
Real estate purchase, sale, development
Sundry real estate services

Retail trade
Department stores
Sundry (see wholesale trade)
Shopping centers
Supermarkets and hypermarkets
Tyre/tire retailers

Rubber
Rubber and rubber artifacts
Tyres/tires

Textiles, clothing and
footwear
Clothing and accessories
Fabrics
Knitwear
Lace and embroidery
Spinning and weaving

Tourism and entertainment
Movies and theater
Radio and television
Sports
Tourism and travel agencies

Transportation
Air transportation
Containers
Passenger road transportation
Passenger urban transportation
Pipelines
Railroad transportation
Road cargo transportation
Sea and river transportation

Embalagem
Artefatos de papel e papelão
Celulose

Serviços imobiliários
Administração, locação e
arrendamento de imóveis
Imobiliárias
Compra, venda, loteamento
Serviços imobiliários diversos

Comércio varejista
Lojas de departamentos
Outros (ver comércio atacadista)
"Shopping centers"
Supermercados e hipermercados
Revendedores de pneus

Borracha
Borracha e artefatos
Pneumáticos

Têxtil, vestuário e
calçados
Artigos de vestuário e acessórios
Artefatos de tecidos
Malharias
Rendas e bordados
Fiação e tecelagem

Turismo e entretenimento
Cinema e teatro
Rádio e televisão
Esportes
Agências de turismo e viagens

Transportes
Transporte aéreo
Contentores (Contêineres)
Transporte rodoviário de passageiros
Transporte urbano de passageiros
Oleodutos
Transporte ferroviário
Transporte rodoviário de carga
Transporte marítimo e fluvial

Transportation and warehousing services

Airports
Ports and docks
Warehousing and supply

Transportation material

Aircraft industry
Auto parts and engines
Automobiles and light (pickup) trucks
Bicycles
Motorcycles
Naval construction
Railroad vehicles and material
Tractors
Trucks and buses

Wholesale trade

Construction materials
Domestic appliances
Extractive products
Fabrics and clothing
Food, beverages, tobacco
Fuel and lubricants
Hardware and tools
Machinery and equipment for
  industrial use
Machines and apparatus
Paper and paper artifacts
Pharmaceuticals and chemicals
Vehicles and parts

Wood and furniture

Agglomerate wood, laminated
  wood and plywood
Furniture and decorative products
Wood and sawmills

Other activities

Abrasive products
Accident and health insurance
Accounting, auditing and
  bookkeeping
Advertising agencies
Aircraft
Aircraft engines and engine parts

Serviços de transporte e armazenagem

Aeroportos
Portos e docas
Armazenagem e abastecimento

Material de transporte

Indústria aeronáutica
Autopeças e motores
Automóveis e camionetas
Bicicletas
Motocicletas
Construção naval
Material e veículos ferroviários
Tratores
Caminhões e ônibus

Comércio atacadista

Material de construção
Utilidades domésticas
Produtos extrativos
Tecidos e artigos de vestuário
Alimentos, bebidas, fumo
Combustíveis e lubrificantes
Ferragens e ferramentas
Máquinas e equipamentos de uso
  industrial
Máquinas e aparelhos
Papel e artefatos
Farmacêuticos e químicos
Veículos e peças

Madeira e móveis

Aglomerados, laminados e
  compensados
Mobiliário e artefatos de decoração
Madeira e serrarias

Outras atividades

Produtos abrasivos
Seguros de vida e acidentes
Contabilidade, auditoria e
  escrituração
Agências de publicidade
Aeronaves
Motores e peças de motores de
  aeronaves

Airport terminal services	Serviços em terminal aéreo - portuário
Asbestos products	Produtos de amianto
Athletic and sporting goods	Produtos esportivos e atléticos
Auto parts and accessories	Peças e acessórios para veículos motorizados
Automotive dealers	Concessionários automotores
Automotive services	Serviços automotores
Bauxite ores	Minérios de bauxita
Biological products	Produtos biológicos
Book printing	Impressão de livros
Book publishing	Edição de livros
Book stores	Livrarias
Bridges, tunnels and elevated highways	Pontes, túneis e vias elevadas
Bus terminal services	Serviços em terminal rodoviário
Candies and cookies	Doces, balas e biscoitos
Childrens' coats	Casacos de crianças
Childrens' dresses	Vestidos de crianças
Citrus fruits	Frutas cítricas
Coffee roasting	Torrefação de café
Commercial laundry equipment	Equipamento de lavanderias comerciais
Concrete work	Trabalhos de concretagem
Condensed and powdered milk	Leite condensado e em pó
Copper ores	Mineração de cobre
Corn	Milho
Cotton	Algodão
Crude oil and natural gas	Óleo cru e gás natural
Dairy cattle	Gado leiteiro
Dairy products	Lacticínios
Data processing services	Serviços de processamento de dados
Demolition work	Trabalhos de demolições
Dental equipment and supplies	Equipamento dentário e acessórios
Department stores	Lojas de departamentos
Dolls	Bonecas
Drilling oil and gas wells	Perfuração de poços de petróleo e gás
Electric lamps	Lâmpadas elétricas
Electric services	Serviços elétricos
Electrical work	Trabalhos elétricos
Electronic components	Componentes eletrônicos
Elevators and moving stairways/escalators	Elevadores e escadas rolantes
Employment agencies	Agências de empregos
Excavating and foundation work	Trabalhos de escavações e fundações
Explosives	Explosivos
Financing institutions	Instituições financeiras

394

Food stores	Lojas de alimentos
Forestry services	Serviços silvicultores
Meat-packing - cattle	Frigoríficos - bovinos
Meat-packing - pork and poultry	Frigoríficos - suínos e aves
Furniture stores	Lojas de móveis
Games, toys and childrens' vehicles	Jogos, brinquedos e veículos para crianças
Gasoline service stations/gas stations	Postos de serviços de gasolina
Glass products	Produtos de vidro
Glass, glazing work	Vidros e trabalhos de envidraçamento
Gold mining	Mineração de ouro
Grocery stores	Mercearias
Highway and road construction	Construção de estradas e ruas
Horses and other equines	Cavalos e outros eqüinos
Hospital and medical service plans	Planos de serviços médicos e hospitalares
Household cooking equipment residenciais	Equipamento para cozinhas
Household furniture	Mobiliário residencial
Household laundry equipment residencial	Equipamentos de lavanderia
Ice creams and desserts	Sorvetes e sobremesas
Industrial buildings and warehouses	Edifícios e armazéns industriais
Industrial furnaces and ovens	Fogões e fornos industriais
Industrial gases	Gases industriais
Internal combustion engines	Motores de combustão interna
Iron ore mining	Mineração de ferro
Jewelers' materials and cutting	Lapidação e materiais de joalheiros
Ladies' handbags	Bolsas de senhoras
Ladies' shoes except athletic	Calçados de senhoras, exceto atléticos
Lawn and garden equipment	Equipamentos para gramados e jardins
Leather gloves	Luvas de couro
Leather goods	Produtos de couro
Local and suburban transportation	Transporte local e suburbano
Lubricating oils and waxes	Graxas e óleos lubrificantes
Luggage and leather goods stores	Lojas de malas e produtos de couro
Men's and boys' clothing	Roupas de homens e meninos
Men's shoes	Calçados de homens
Metal mining services	Serviços de mineração de metais
Metal ores	Mineração de metais
Mining machinery	Maquinário de mineração
Motorcycles, bicycles and parts	Motocicletas, bicicletas e peças
Music stores	Lojas de música
Musical instruments and parts	Instrumentos musicais e peças
Natural gas distribution	Distribuição de gás natural

Needles, pins and fasteners	Agulhas, alfinetes e fechos
Newspapers	Jornais
Non-metallic minerals	Minerais não metálicos
Oats, corn and starches	Aveia, milho e féculas
Optical instruments and lenses	Lentes e instrumentos óticos
Organic fibers	Fibras orgânicas
Painting and decoration	Pintura e decorações
Paper industry machinery	Maquinário para indústrias de papel
Pasta and bakery	Massas e panificação
Pens and mechanical pencils	Canetas e lapiseiras
Pet food: dog, cat and other	Alimentos para cães, gatos e outros
Phonograph records	Discos de vitrola
Potatoes	Batatas
Poultry and eggs	Aves e ovos
Precious metal jewelry	Metais preciosos de joalheria
Radio and TV communication equipment	Equipamentos de comunicação por rádio e televisão
Radio and TV receivers	Aparelhos receptores de rádio e televisão
Radio broadcasting	Difusão por rádio
Railroad equipment	Equipamento ferroviário
Refrigeration and heating equipment	Equipamento para refrigeração e aquecimento
Refrigerators and home freezers	Refrigeradores e "freezers" residenciais
Religious organizations	Organizações religiosas
Residential construction	Construções residenciais
Rice	Arroz
Sanitation services	Serviços sanitários
School buses	Ônibus escolares
Seeds and seedlings	Sementes e mudas
Sewing machines	Máquinas de costura
Silver mining	Mineração de prata
Soap and other detergents	Sabão e outros detergentes
Soybeans	Soja
Special dies and tools	Ferramentas e moldes especiais
Stationery products	Produtos de papelaria
Steam engines and turbines	Máquinas a vapor e turbinas
Steel wire and related products	Arame de aço e produtos relacionados
Surgical instruments	Instrumentos cirúrgicos
Synthetic rubber	Borracha sintética
Taxicabs	Táxis
Telegraph communication	Comunicações telegráficas
Telephone and telegraph apparatus	Aparelhagem de telefonia e telegrafia
Television broadcasting	Difusão por televisão
Textile goods	Produtos têxteis
Textile machinery	Maquinário têxtil

Transformers	Transformadores
Uranium, radium, vanadium ore	Mineração de rádio, urânio, vanádio
Vegetable cooking oil	Óleos vegetais
Watches, watch cases and clocks	Relógios, caixas de relógios e relógios de parede e de ponto
Water supply	Fornecimento de água
Water well drilling	Perfuração de poços de água
Wheat	Trigo
Wines and distilled beverages	Vinhos e bebidas destiladas
Women's and girls' dresses	Vestidos de senhoras e senhoritas
Wooden kitchen cabinets	Gabinetes de madeira para cozinha
Wooden office furniture	Móveis de madeira para escritório
X-Ray apparatus and tubes	Aparelhagem de raios X e sondas

**Siglas comumente usadas
no meio empresarial
no Brasil**

**Common business abbreviations
in Brazil**

No Brasil - In Brazil

A.A. - Ao Ano

P.A. - Per Annum

ABAMEC - Associação Brasileira dos
Analistas do Mercado de Capitais

Brazilian Association of Capital
Market Analysts

ABNT - Associação Brasileira de Normas
Técnicas

Brazilian Association of Technical
Standards

ABRASCA - Associação Brasileira
das Sociedades de Capital Aberto

Brazilian Association of Listed
Companies

ACC - Adiantamento sobre Contratos de
Câmbio

Advance on Export Contracts

AEE - Área Econômica Européia

EEA - European Economic Area

AELC - Associação Européia de Livre Comércio

EFTA -
European Free Trade Association

AGE - Assembléia Geral Extraordinária

Extraordinary General Meeting

AGO - Assembléia Geral Ordinária

Ordinary General Meeting

AIRE - Adicional de Imposto de Renda Estadual

Additional State Income tax

ALADI - Associação Latino-Americana de
Integração

Latin American Association for
Integration

ALALC - Associação Latino-Americana de
Livre Comércio

LAFTA - Latin American Free Trade
Association

ALCA - Área de Livre Comércio das Américas

America's Free Trade Area - AFTA

ALCMS - Área de Livre Comércio de Macapá e
Santana

Macapá and Santana Free Trade Zone

A.M. - Ao Mês

P.M. - Per Month

ANATEL - Agência Nacional de
Telecomunicações

National Agency for Telecomunications
- ANATEL

ANBID - Associação Nacional de Bancos
de Investimento e Distribuidoras

National Association of Investment
Banks and Security Dealers

ANDIMA - Associação Nacional das Instituições de Mercado Aberto	National Association of Open Market Institutions
ANEC - Associação Nacional de Exportadores de Cereais	National Association of Cereal Exporters
ANFAVEA - Associação Nacional de Fabricantes de Veículos Automotores	National Association of Vehicle Manufacturers
ANPE - Associação Nacional de Pesquisas Econômicas	National Association of Economic Research
APE - Associação de Poupança e Empréstimo	Savings and Loans Association
ARO - Antecipação de Receita Orçamentária	Advance of approved budgeted funds
BACEN - Banco Central do Brasil	Brazilian Central Bank
BBC - Bônus do Banco Central	Central Bank Bonds
BEFIEX - Comissão de Benefícios Fiscais e Programas Especiais de Exportação	Committee for Fiscal Incentives and Special Export Programs - BEFIEX
BID - Banco Interamericano de Desenvolvimento	IDB - Interamerican Development Bank
BIRD - Banco Internacional de Reconstrução e Desenvolvimento	IBRD - International Bank for Reconstruction and Development
BM&F - Bolsa Mercantil e de Futuros	Futures and Commodities Exchange - BM&F
BNB - Banco do Nordeste do Brasil	Bank of the Northeast of Brazil - BNB
BNDES - Banco Nacional de Desenvolvimento Econômico e Social	National Bank for Economic and Social Development - BNDES
BOVERJ - Bolsa de Valores do Rio de Janeiro	Rio de Janeiro Stock Exchange - BOVERJ
BOVESPA - Bolsa de Valores de São Paulo	São Paulo Stock Exchange - BOVESPA
BTN - Bônus do Tesouro Nacional	Federal Treasury Bonds - BTN
BTNF - Bônus do Tesouro Nacional Fiscal	Daily Federal Treasury Bonds
CADE - Conselho Administrativo de Defesa Econômica	Administrative Council for Economic Defense

CARNÊ-LEÃO	Compulsory income tax on certain earnings - personal
CAT - Coordenador da Administração do Trabalho	Coordinator of the Labor Administration
CDB - Certificado de Depósito Bancário	Bank Deposit Certificate
CDI - Certificado de Depósito Interfinanceiro	Interbank Deposit Certificate
CDI - Conselho de Desenvolvimento Industrial	Industrial Development Council
CEF - Caixa Econômica Federal	Federal Savings and Loans Bank - CEF
CEI - Centro de Estatística e Informações	Statistics and Information Center
CETESB - Companhia Estadual de Tecnologia de Saneamento Básico e Defesa do Meio Ambiente	São Paulo State Basic Sanitation, Technologyand Environment Protection Agency
CETIP - Central de Custódia e de Liquidação Financeira de Títulos	Clearing House for the Custody and Financial Settlement of Securities
CFC - Conselho Federal de Contabilidade	Federal Accounting Council - CFC
CGC - Cadastro Geral de Contribuintes	General Taxpayers' Register - CGC
CGT - Central Geral dos Trabalhadores	Workers' Central Union
CIAC - Centro Integrado de Apoio à Criança	Integrated Center for Child Support
CIC - Cartão de Identificação do Contribuinte	Individual Taxpayer Identity Card - CIC
CIEF - Coordenação de Informações Econômico-Fiscais	Coordination of Fiscal and Economic Information
CIESP - Centro das Indústrias do Estado de São Paulo	Industrial Association of the State of São Paulo
CIEX - Comissão de Incentivos à Exportação	Export Incentives Commission
CIP - Conselho Interministerial de Preços	Interministerial Prices Board - CIP
CIPA - Comissão Interna de Prevenção de Acidentes	Internal Commission for Accident Prevention
CISE - Conselho Interministerial de Salários de Empresas Estatais	Interministerial Council for Public Employees' Salaries - CISE

CLT - Consolidação das Leis do Trabalho	Consolidation of the Labor Laws - CLT
CMN - Conselho Monetário Nacional	National Monetary Council - CMN
CND - Certidão Negativa de Débito	Social Securities Contributions Clearance
CNP - Conselho Nacional do Petróleo	National Petroleum Council
CNPq - Conselho Nacional de Desenvolvimento Científico e Tecnológico	National Council of Scientific and Technological Development
CNPS - Conselho Nacional de Política Salarial	National Council of Wage Policy
CNSP - Conselho Nacional de Seguros Privados	National Council of Private Insurance
CODIMEC - Comitê de Divulgação do Mercado de Capitais	Committee for Capital Market Dissemination
COFINS - Contribuição para o Financiamento da Seguridade Social (substituto do Finsocial)	Tax for Social Security Financing (in substitution for Finsocial) or Social Contribution on Billings
CONAB - Conselho Nacional de Abastecimento (Anteriormente, CFP - Companhia de Financiamento da Produção)	National Council of Supply (Formerly, Production Finance Company)
CONFAZ - Conselho Nacional da Política Fazendária	National Council of Fiscal Policy
CONIN - Conselho Nacional de Informática e Automação	National Council of Information Technology and Automation
COSENC - Comitê Superior de Estudos de Normas Contábeis	Superior Committee for Accounting Standards Studies - COSENC
CONSIDER - Conselho Nacional de Siderurgia	National Steel Board
CONTEL - Conselho Nacional de Telecomunicações	National Council of Telecommunications
COSIF - Plano Contábil das Instituições do Sistema Financeiro Nacional	Accounting Chart for Institutions of the National Financial System
CP - Certificado de Privatização	Privatization Certificate - CP
CPA - Conselho de Política Aduaneira	Council of Customs Policy
CPD - Centro de Processamento de Dados	DATACENTER - Data Processing Center

CPMF - Contribuição Provisória sobre Movimentação Financeira	Provisional Contribution on Financial Activities - CPMF
CPR - Certificado de Participação em Reflorestamento	Certificate of Participation in Reforestation
CRC - Conselho Regional de Contabilidade	Regional Accounting Council - CRC
CRE - Conselho Regional de Economia	Regional Economic Council - CRE
CRTA - Conselho Regional de Técnicos em Administração	Regional Council of Administration Technicians - CRTA
CSA - Coordenador do Sistema de Arrecadação	Coordinator of the Tax Collection System
CSLL - Contribuição Social sobre o Lucro Líquido	Social Contribution on Net Income
CST - Coordenação do Sistema de Tributação	Coordination of the Taxation System
CTA - Centro Técnico Aeroespacial	Aerospace Technical Center
CTN - Código Tributário Nacional	NTC - National Tax Code
CUT - Central Única de Trabalhadores	Workers' Central Labor Union - CUT
CVM - Comissão de Valores Mobiliários	Securities Commission - CVM
CZPE - Conselho Nacional das Zonas de Processamento de Exportação	National Council of the Export Processing Zones
DAD - Depósito Aduaneiro de Distribuição	Bonded Distribution Warehouses
DAF - Diretoria de Arrecadação e Fiscalização	Administration of Tax Collection and Fiscalization
DALI - Demonstrativo de Apuração do Lucro Imobiliário - PF	Schedule of Gain on Sale of Real Estate - Personal
DAME - Declaração Anual do Movimento Econômico	Annual Declaration of Economic Movement
DARF - Documento de Arrecadação de Receitas Federais	Document for Receipt of Collection of Federal Income
DATAPREV - Empresa de Processamento de Dados da Previdência Social	Social Security Data Processing Company

DCR - Demonstrativo do Coeficiente de Redução do Imposto de Importação — Schedule of Coefficient for Reduction of Import Duty

DCTF - Declaração de Contribuições e Tributos Federais — Declaration of Federal Contributions and Taxes

DECEX - Departamento de Comércio Exterior — Foreign Trade Department

DENTEL - Departamento Nacional de Telecomunicações — National Department of Telecommunications

DERSA - Desenvolvimento Rodoviário S.A. — Highway Development Company

DIPI - Declaração de Informações do Imposto sobre Produtos Industrializados — Declaration of Information on Excise Tax

DIRF - Declaração de Imposto de Renda na Fonte — Declaration of Income Tax at Source

DL - Decreto-Lei — Decree-law - DL

DMEF - Declaração do Movimento Econômico-Fiscal — Annual Economic Return

DNPM - Departamento Nacional de Prospecção de Minerais — National Department for Mineral Prospecting

DOU - Diário Oficial da União — Official Daily Government Newspaper - DOU

DPDC - Departamento de Proteção e Defesa do Consumidor — Consumer's Protection and Defense Department

DRF - Delegacia da Receita Federal — FRS - Federal Revenue Service

DTA - Declaração de Trânsito Aduaneiro — Customs Transit Declaration

DTN - Departamento do Tesouro Nacional — National Treasury Department

ECT - Empresa de Correios e Telégrafos — Post Office and Telegraph Company

ELETROBRÁS - Centrais Elétricas Brasileiras S.A. — Brazilian Electricity Company - ELETROBRÁS

EMBRAER - Empresa Brasileira de Aeronáutica — Brazilian Aeronautics Company - EMBRAER

EMBRATEL - Empresa Brasileira de Telecomunicações S.A.

Brazilian Telecommunications Company - EMBRATEL

EMBRATUR - Empresa Brasileira de Turismo

Brazilian Tourism Company - EMBRATUR

EURE - Excedente Único de Riscos Extraordinários

Excess Fund for Risks Assumed by Federal Government - EURE

FAF - Fundo de Aplicação Financeira

Financial Application Fund - FAF

FAJ - Fator Acumulado de Juros

Cumulative Index for Calculation of Interest

FAP - Fator de Atualização Patrimonial

Balance Sheet Restatement Factor

FAPI - Fundo de Aposentadoria Programada Individual

Individual Programed Retirement Fund - FAPI

FAS - Fator de Atualização Salarial

Salary Adjustment Factor

FAT - Fundo de Assistência ao Trabalhador

Fund for Workers' Assistance

FATES - Fundo de Assistência Técnica, Educacional e Social

Fund for Technical Assistance, Educational and Social Aid

FCESP - Federação do Comércio do Estado de São Paulo

Federation of Commerce of the State of São Paulo

FCVS - Fundo de Compensação de Variações Salariais

Salary Variations Compensation Fund

FDS - Fundo de Desenvolvimento Social

Social Development Fund

FEBRABAN - Federação Brasileira das Associações de Bancos

Brazilian Federation of Bank Associations - FEBRABAN

FEF - Fundo de Estabilização Fiscal

Fund for Fiscal Stabilization

FENACOR - Federação Nacional de Corretoras de Seguros

National Federation of the Insurance Brokers

FENASEG - Federação Nacional das Empresas de Seguros Privados e Capitalização

National Federation of the Private Insurance and Capitalization Companies - FENASEG

FESA - Fundo de Equalização de Sinistralidade da Apólice de Seguros do Sistema Financeiro da Habitação

Insurance Claim Equalization Fund National Housing Program (SFH) Policy - FESA

407

FESR - Fundo de Estabilidade do Seguro Rural	Insurance Fund for Agricultural Loans - FESR
FGGO - Fundo Geral de Garantia Operacional	General Reserve Fund - FGGO
FGTS - Fundo de Garantia do Tempo de Serviço	Government Severance Indemnity Fund for Employees - FGTS
FGV - Fundação Getúlio Vargas	Getulio Vargas Foundation - FGV
FIBASE - Programa de Financiamento e Participação de Insumos Básicos	Program for Financing and Participation of Basic Consumption Materials
FICART - Fundos de Investimentos Culturais e Artísticos	Cultural and Artistic Investment Funds
FIERJ - Federação das Indústrias do Estado do Rio de Janeiro	Federation of Industries of the State of Rio de Janeiro
FIEs - Fundos de Investimentos no Exterior	Funds for Foreign Investments
FIESP - Federação das Indústrias do Estado de São Paulo	Federation of Industries of the State of São Paulo - FIESP
FIF RF - Fundos de Investimento Financeiro - Renda Fixa	Financial Investment Funds - Fixed Income
FIF RV - Fundos de Investimento Financeiro - Renda Variável	Financial Investment Funds - Variable Income
FINAM - Fundo de Investimentos da Amazônia	Amazon Investment Fund
FINAME - Fundo de Financiamento para Aquisição de Máquinas e Equipamentos Industriais	Government Agency for Machinery and Equipment Financing - FINAME
FINEX - Fundo de Financiamento à Exportação	Fund for Financing Exports
FINOR - Fundo de Investimentos do Nordeste	Northeast Investment Fund
FIPE - Fundação Instituto de Pesquisas Econômicas	Institute of Economic Research
FIRCE - Departamento de Registro e Fiscalização do Capital Estrangeiro	Department of Registration and Supervision of Foreign Capital
FISET - Fundo de Investimento Setorial	Fund for Sectorial Investments

FIT - Fundo de Investimentos de Trabalhadores	Workers' Investiments Fund
FNC - Fundo Nacional de Cultura	National Cultural Fund
FND - Fundo Nacional de Desenvolvimento	National Development Fund
FNDE - Fundo Nacional de Desenvolvimento da Educação	National Fund for the Development of Education
FPE - Fundos de Participação dos Estados	States Participation Funds
FPM - Fundos de Participação dos Municípios	Municipalities Participation Funds
FS - Força Sindical	Trade Union Council
FSE - Fundo Social de Emergência	Emergency Social Fund
FUNCEF - Fundação dos Economiários Federais	Federal Savings and Loans Bank Employees' Foundation
FUNENSEG - Fundação Escola Nacional de Seguros	National School of Insurance Foundation - FUNENSEG
FUNRURAL - Fundo de Assistência e Previdência ao Trabalhador Rural	Rural Workers' Assistance Fund
GANA - Grupo de Apoio à Normalização Ambiental	Environment Normalization Support Group
IAPAS - Instituto de Administração Financeira da Previdência e Assistência Social	Institute of Financial Administration of Social Security
IBAMA - Instituto Brasileiro do Meio Ambiente	Brazilian Institute of the Environment - IBAMA
IBC - Instituto Brasileiro do Café	Brazilian Coffee Institute
IBDF - Instituto Brasileiro de Desenvolvimento Florestal	Brazilian Institute of Forestry Development
IBGE - Instituto Brasileiro de Geografia e Estatística	Brazilian Institute of Geography and Statistics - IBGE
IBMEC - Instituto Brasileiro do Mercado de Capitais	Brazilian Institute of Capital Markets - IBMEC
IBOPE - Instituto Brasileiro de Opinião Pública e Estatística	Brazilian Institute of Public Opinion and Statistics - IBOPE

IBRACON - Instituto Brasileiro de Contadores	Brazilian Institute of Accountants - IBRACON
ICMS - Imposto sobre Circulação de Mercadorias e Serviços	Value-Added Tax on Sales and Services - ICMS
IDORT - Instituto de Organização Racional do Trabalho	Institute of Work Organization
IE - Imposto de Exportação	Export Tax
IGP - Índice Geral de Preços	General Price Index - IGP
IGP-DI - Índice Geral de Preços - Disponibilidade Interna	General Price Index - Internal Availability
II - Imposto de Importação	Import Duty
ILL - Imposto de Renda na Fonte sobre Lucro Líquido	Tax at Source on Net Income
IN - Instrução Normativa (Fiscal)	Regulatory Instruction (Tax)
INAMPS - Instituto Nacional de Assistência Médica da Previdência Social	National Institute of Social Medical Assistance
INCC - Índice Nacional do Custo de Construção	National Index of the Construction Cost
INCRA - Instituto Nacional de Colonização e Reforma Agrária	National Institute of Colonization and Agrarian Reform
I(N)PC - Índice (Nacional) de Preços ao Consumidor	(National) Consumer Price Index - I(N)PC
INPI - Instituto Nacional da Propriedade Industrial	National Institute of Industrial Property - INPI
INPM - Instituto Nacional de Pesos e Medidas	National Institute of Weights and Measures
INSS - Instituto Nacional do Seguro Social	National Institute of Social Security - INSS
IOF - Imposto sobre Operações Financeiras	Tax on Financial Operations - IOF
IPCA - Índice de Preços ao Consumidor Ampliado	Amplified Consumer Price Index

IPC-r - Índice de Preços ao Consumidor-Real	Consumer Price Index-Brazilian Real
IPI - Imposto sobre Produtos Industrializados	Excise Tax - IPI
IPMF - Imposto Provisório sobre a Movimentação ou a Transmissão de Valores e de Créditos e Direitos de Natureza Financeira (conhecido como "Imposto Provisório sobre Movimentação Financeira")	Provisional tax on the Movement or Transmittal of Values and Credits and of Rights of a Financial Nature (known as Temporary Tax on Financial Activities) - IPMF
IPT - Instituto de Pesquisas Tecnológicas	Institute for Technological Research
IPTU - Imposto Predial e Territorial Urbano	Municipal Real Estate Tax - IPTU
IPVA - Imposto sobre a Propriedade de Veículos Automotores	Vehicle Tax
IR - Imposto sobre a Renda	Income Tax - IR
IRB - Instituto de Resseguros do Brasil	Brazilian Reinsurance Institute
IRRF - Informe de Rendimentos e Retenção na Fonte	Income and Tax Withholdings Return
IRSM - Índice de Reajuste do Salário Mínimo	Minimum Salary Readjustment Index
ISN - Índice de Salários Nominais	Nominal Salaries Index
ISS - Imposto sobre Serviços de Qualquer Natureza	Services Tax - ISS
ITBI - Imposto sobre Transmissão de Bens Inter-Vivos (O termo usado, na prática, é SISA)	Property Transfer Tax
ITR - Imposto Territorial Rural	Rural Land Tax
ITRs - Informações Trimestrais	Quarterly Information
IUM - Imposto Único sobre Minerais	Tax on Minerals
IVV - Imposto sobre Vendas a Varejo de Combustíveis Líquidos para Veículos, exceto Óleo Diesel	Fuel Tax
JCJ - Junta de Conciliação e Julgamento	Conciliation and Judgment Council (for individual labor agreements)

LALUR - Livro de Apuração do Lucro Real	Taxable Income Control Register - LALUR
LBA - Legião Brasileira de Assistência	Brazilian Legion of Assistance
LFT - Letra Financeira do Tesouro	Financial Treasury Bill
Ltda. - Limitada	Limited Liability Partnership - Ltda.
LTN - Letra do Tesouro Nacional	National Treasury Bill
MAJUR - Manual de Orientação de Pessoa Jurídica (IR)	Instruction Manual for Corporate Income Tax - MAJUR
MERCOSUL - Mercado do Cone Sul	South Cone Market
MNI - Manual de Normas e Instruções (Instituições Financeiras)	Manual of Rules and Instructions for Financial Institutions
MP - Medida Provisória	Provisional Measure - MP
MVR - Maior Valor de Referência	Highest Reference Value
NBC - Normas Brasileiras de Contabilidade	Brazilian Accounting Standards
NBC - Notas do Banco Central	Central Bank Notes
NBM - Nomenclatura Brasileira de Mercadorias	Brazilian Products Nomenclature
NTN - Notas do Tesouro Nacional	National Treasury Notes
OAB - Ordem dos Advogados do Brasil	Brazilian Bar Association - OAB
OFND - Obrigações do Fundo Nacional de Desenvolvimento	National Development Fund Obligations
ONG - Organização Não Governamental	Non-Governmental Organization
OP - Ordinária ao Portador (Ação)	Common Bearer Stock (USA)/Share (UK)
OPEP - Organização dos Países Exportadores de Petróleo	OPEC - Organization of Petroleum Exporting Countries
ORTN - Obrigação Reajustável do Tesouro Nacional	Readjustable Federal Treasury Bond
PASEP - Programa de Formação ao Patrimônio do Servidor Público	Public Service Employee Savings Program

PAT - Programa de Alimentação do Trabalhador	Workers' Meal Program
PED - Processamento Eletrônico de Dados	EDP - Electronic Data Processing
PEPS - Primeiro a Entrar, Primeiro a Sair	FIFO - First-in, First-out
PES - Plano de Equivalência Salarial	Salary Equalization Plan
PETROBRÁS - Petróleo Brasileiro S.A.	Brazilian Petroleum Company - PETROBRÁS
PFCI - Programa de Fomento à Competitividade Industrial	Industrial Competitivity Program
PIB - Produto Interno Bruto	GDP - Gross Domestic Product
PIN - Programa de Integração Nacional	National Integration Program
PIS - Programa de Integração Social	Employees' Profit Participation Program - PIS
PMPP - Plano de Melhoria de Proventos e Pensões	Salaries and Pensions Improvement Plan
PN - Parecer Normativo (Fiscal)	Regulatory Opinion (Tax)
PN - Preferencial Nominativa (Ação)	Nominative Preferred Stock (USA)/ Share (UK)
PNB - Produto Nacional Bruto	GNP - Gross National Product
PND - Programa Nacional de Desestatização	National Privatization Program
PP - Preferencial ao Portador (Ação)	Preferred Bearer Stock (USA)/Share (UK)
PREVIRB - Fundação de Previdência dos Servidores do Instituto de Resseguros do Brasil	Employees' Retirement Fund - PREVIRB
PROAGRO - Programa de Garantia de Atividade Agropecuária	Farming and Cattle-Raising Guarantee Program
PROÁLCOOL - Programa Nacional do Álcool	National Alcohol Program
PROCON - Proteção ao Consumidor	Consumer Protection Agency - PROCON

PROER - Programa de Estímulo à Reestruturação e ao Fortalecimento do Sistema Financeiro Nacional — Program for the Strengthening of the National Financial System - PROER

PROEX - Programa de Financiamento às Exportações — Program for Export Financing

PRONAC - Programa Nacional de Apoio à Cultura (Lei Rouanet) — National Program for Cultural Support (Rouanet Law)

PRORURAL - Programa de Assistência ao Trabalhador Rural — Rural Workers' Assistance Program

PROTERRA - Programa de Redistribuição de Terra e de Estímulo à Agroindústria do Norte e Nordeste — Land Redistribution Program

RADIOBRÁS - Empresa Brasileira de Radiodifusão — Brazilian Radio and Broadcasting Service - RADIOBRÁS

RAIS - Relação Anual de Informações e Salários (Empregados) — Annual Listing of Information and Salaries (Employees)

RE - Registro de Exportação — Export Registration

RENAF - Rede Nacional de Automação Fazendária — National Network of Finance Automation

RFFSA - Rede Ferroviária Federal S.A. — Federal Railway Company

RICMS - Regulamento do ICMS — ICMS Rules

RPSA - Recibo de Prestador de Serviços - Autônomo — Autonomous Person's Receipt for Services Rendered

S.A. - Sociedade Anônima — Limited Liability Corporation

SAF - Secretaria da Administração Federal — Federal Administration Secretariat

SCE - Secretaria de Comércio Exterior — Foreign Trade Secretariat

SCT - Secretaria da Ciência e Tecnologia — Science and Technology Secretariat

SDE - Secretaria do Direito Econômico — Economic Law Departament

SDR - Secretaria do Desempenho Regional — Regional Development Secretariat

SEC - Secretaria da Cultura da Presidência da República — President's Cultural Secretariat

SELIC - Sistema Especial de Liquidação e Custódia — Special System for Settlement and Custody

SEMA - Secretaria Especial do Meio Ambiente — Special Environment Secretariat

SENAC - Serviço Nacional de Aprendizagem Comercial — National Service for Commercial Training

SENAI - Serviço Nacional de Aprendizagem Industrial — National Service for Industrial Training

SENAR - Serviço Nacional de Aprendizagem Rural — National Service for Rural Training

SEPLAN - Secretaria do Planejamento — Planning Secretariat

SERPRO - Serviço Federal de Processamento de Dados — Federal Data Processing Service

SESC - Serviço Social do Comércio — Social Service for Trade

SESI - Serviço Social da Indústria — Social Service for Industry

SEST - Secretaria Especial de Controle das Estatais — Special Secretariat for Control of State - Owned Companies

SFH - Sistema Financeiro de Habitação — National Housing System - SFH

SFN - Secretário da Fazenda Nacional — National Finance Secretary

SIC - Sistema de Informações Computadorizado — CIS - Computerized Information System

SIMPLES - Sistema Integrado de Pagamento de Impostos e Contribuições das Microempresas e das Empresas de Pequeno Porte — Unified System for the Payment of Taxes and Contributions by Small Businesses - SIMPLES

SISA - Ver ITBI — See ITBI

SISBACEN - Sistema de Informações do Banco Central do Brasil — Brazilian Central Bank Information System

SISCOMEX - Sistema Integrado de Comércio Exterior — Integrated Foreign Trade System

SNDC - Sistema Nacional de Defesa do Consumidor — National System for Consumer Defense

SNDE - Secretaria Nacional de Defesa Econômica	National Economic Defense Department
SNE - Secretaria Nacional da Economia	National Economy Secretariat
SNPS - Sistema Nacional de Previdência Social	National Social Security System
SPC - Serviço de Proteção ao Crédito	Credit Protection Service - SPC
STF - Supremo Tribunal Federal	Supreme Court - STF
STJ - Superior Tribunal de Justiça	High Court of Justice - STJ
SUDAM - Superintendência do Desenvolvimento da Amazônia	Superintendency for the Development of the Amazon - SUDAM
SUDECO - Superintendência do Desenvolvimento do Centro-Oeste	Superintendency for the Development of the Central-West - SUDECO
SUDENE - Superintendência do Desenvolvimento do Nordeste	Superintendency for the Development of the Northeast - SUDENE
SUDEPE - Superintendência do Desenvolvimento da Pesca	Superintendency for the Development of Fishing - SUDEPE
SUFRAMA - Superintendência da Zona Franca de Manaus	Superintendency of the Free Zone of Manaus - SUFRAMA
SUNAB - Superintendência Nacional de Abastecimento e Preços	National Superintendency of Supply and Prices - SUNAB
SUNAMAM - Superintendência Nacional da Marinha Mercante	National Superintendency of the Mercantile Marine - SUNAMAM
SUSEP - Superintendência de Seguros Privados	Superintendency of Private Insurances - SUSEP
TA - Tribunal de Alçada	Auxiliary Court of Appeals
TAB - Tabela Aduaneira do Brasil	Brazilian's Customs Table
TBC - Taxa Básica do Banco Central	Central Bank Basic Interest Rate - TBC
TBF - Taxa Básica Financeira	Basic Financial Rate - TBF
TCU - Tribunal de Contas da União	Federal Audit Court - TCU
TDA - Títulos da Dívida Agrária	Agricultural Debt Securities

TDE - Títulos de Desenvolvimento Econômico	Economic Development Notes
TEC - Tarifa Externa Comum	Common External Tariff
TELEBRÁS - Telecomunicações Brasileiras S.A.	Brazilian Telecommunications Company - TELEBRÁS
TIF - Conhecimento-Carta de Porte Internacional	International Transport Letter-Bill of Lading
TIPI - Tabela de Incidência do IPI	Table of Excise Tax Incidence
TJ - Tribunal de Justiça	Supreme Court of the State - TJ
TJLP - Taxa de Juros a Longo Prazo	Long-Term Interest Rate - TJLP
TR - Taxa Referencial	Referential Rate - TR
TRD - Taxa Referencial Diária	Daily Referential Rate - TRD
TRT - Tribunal Regional do Trabalho	Regional Labor Court (for collective labor agreements) - TRT
TST - Tribunal Superior do Trabalho	Superior Labor Court - TST
UEPS - Último a Entrar, Primeiro a Sair	LIFO - Last-in, First-out
UFIR - Unidade Fiscal de Referência	Fiscal Reference Unit - UFIR
UFM - Unidade Fiscal do Município	Municipal Fiscal Unit
UIF - Unidade de Incentivos Fiscais	Fiscal Incentives Unit
UMC - Unidade Monetária Contábil	Accounting Monetary Unit - UMC
UPC - Unidade Padrão de Capital	Standard Capital Unit - UPC
UREF - Unidade de Referência Rural e Agroindustrial	Rural and Agribusiness Referential Unit
URV - Unidade Real de Valor	Unit of Real Value - URV
VBC - Valor Básico de Custeio	Basic Costing Value
ZFM - Zona Franca de Manaus	Manaus Free-Trade Zone
ZPE - Zonas de Processamento de Exportação	Export Processing Zones

Appendix C/Apêndice C

Common business abbreviations in USA/UK

Siglas comumente usadas no meio empresarial nos EUA/Reino Unido

In USA/UK - Nos EUA/Reino Unido

ABM - Activity Based Management — Administração baseada em atividades

ACCA - Chartered Association of Certified Accountants (UK) — Associação de Contadores Certificados (Reino Unido)

ADP - Automatic Data Processing (EDP) — Processamento automático de dados - PED (PED)

ADRs - American Depositary Receipts (Fin.) — Recibos de Depósitos Americanos - ADRs (Fin.)

ADS - American Depositary Shares — Ações de Depósitos Americanos - ADS

AICPA - American Institute of Certified Public Accountants (USA) — Instituto Americano de Contadores Públicos Certificados (EUA)

ALAE - Allocated Loss Adjustment Expenses — Despesas alocadas de regulação de sinistros

AMEX - American Exchange — Bolsa de Valores Americana

APB - Accounting Principles Board (USA) — Junta de Princípios Contábeis (EUA)

ARB - Accounting Research Bulletin (USA) — Boletim de Pesquisa Contábil (EUA)

ASB - Accounting Standards Board (UK) — Junta de Normas Contábeis (Reino Unido)

ATM - Automatic Teller Machine (Fin.) — Caixa automático em banco (Fin.)

BACS - Bankers' Automated Clearing System (Fin.) — Sistema automático de compensação de bancos (Fin.)

BDRs - Brazilian Depositary Receipts — Recibos de Depósitos Brasileiros - BDRs

BIOS - Basic Input/Output System (EDP) — Sistema de entrada/saída básico (PED)

BIS - Bank for International Settlements (Fin.) — Banco para Compensações Internacionais - BIS (Fin.)

CA - Chartered Accountant (UK) — Contador registrado (Reino Unido)

CAD - Computer - Aided Design (EDP) — Projeto assistido por computador (EDP)

CAE - Computer - Aided Engineering (EDP)	Engenharia assistida por computador (PED)
CAM - Computer - Aided Manufacturing (EDP)	Manufatura assistida por computador (PED)
CAO - Chief Accounting Officer	Responsável contábil (setor)
CAT - Computer Assisted Techniques (EDP) (Aud.)	Técnicas de auditoria aplicadas com o auxílio do computador (PED) (Aud.)
CEO - Chief Executive Officer	Presidente
C&F - Cost and Freight	Custo e frete - C&F
CFO - Chief Financial Officer	Responsável financeiro (setor)
CHAPS - Clearing House Automated Payments System (UK) (Fin.)	Sistema automático de pagamentos da Câmara de Compensação (Reino Unido) (Fin.)
CHIPS - Clearing House Interbank Payments System (Fin.)	Sistema interbancário de pagamentos da Câmara de Compensação (Fin.)
CICA - Canadian Institute of Chartered Accountants	Instituto Canadense de Contadores
CIF - Cost, Insurance, Freight	Custo, seguro, frete - CIF
CIMA - Chartered Institute of Management Accountants (UK)	Instituto de Contadores Gerenciais (Reino Unido)
CIO - Chief Informatics Officer (EDP)	Executivo-chefe da informática na empresa (PED)
CMA - Certificate in Management Accounting	Diplomação em contabilidade gerencial
CIPFA - Chartered Institute of Public Finance and Accounting (UK)	Instituto de Finanças e Contabilidade Pública (Reino Unido)
CIS - Computerized Information System (EDP)	Sistema de Informações Computadorizado - SIC (PED)
COD - Cash On Delivery	Pagamento contra entrega
COO - Chief Operating Officer	Responsável pela operação (setor)

CPA - Certified Public Accountant (USA)	Contador público certificado; auditor independente (EUA)
CPM - Critical Path Method	CPM - Método do Caminho Crítico
CPU - Central Processing Unit (EDP)	Unidade Central de Processamento - CPU (PED)
CSF - Critical Success Factors	Fatores Críticos do Sucesso - FCS
CST - Central Standard Time (USA)	Hora-padrão do centro (EUA)
DATACENTER - Data Processing Center (EDP)	Centro de Processamento de Dados - CPD (PED)
DATAMATION - Data Automation (EDP)	Automação de dados (PED)
DBA - Data Base Administrator (EDP)	Administrador de banco de dados (PED)
DBMS - Data Base Management System	Sistema de Administração de Base de Dados - DBMS
DES - Data Encryption Standard (EDP)	Padrão de Cifração de Dados - DES (PED)
DFA - Deposit Facility Agreement (USA)	Administração financeira de recursos para distribuição (EUA)
DFU - Data File Utility (EDP)	Utilitário de arquivo de dados (PED)
DOS - Disk Operating System (EDP)	Sistema Operacional de Disco - DOS (PED)
DTI - Department of Trade and Industry	Departamento de Comércio e Indústria
EC - European Commission	Comissão Européia
ECU - European Currency Unit	Unidade Monetária Européia
ED - Exposure Draft (FASB)	Texto de exposição provisória ("FASB")
EDI - Electronic Data Interchange (EDP)	Intercâmbio Eletrônico de Dados - EDI (PED)
EDP - Electronic Data Processing	PED - Processamento Eletrônico de Dados

423

EEA - European Economic Area

EFT - Eletronic Funds Transfer

EFTA - European Free Trade Association

EIS - Electronic Information System (EDP)

E&OE - Errors and Omissions Excepted

EPS - Earnings Per Share

ERA - Exchange Rate Agreement (Fin.)

EST - Eastern Standard Time (USA)

EU - European Union

EXIMBANK - Export and Import Bank of the
United States

FAO - Food and Agriculture Organization
of the United Nations

FAS - Free Alongside Ship

FASB - Financial Accounting Standards
Board (USA)

FDIC - Federal Deposit Insurance Corporation
(USA)

FED - Federal Reserve System (USA)

FEE - Féderation des Experts Comptables
Européens

FIFO - First-In, First-Out

FMAC - Financial and Management Accounting
Committee (IFAC)

FOB - Free on Board

FRA - Forward Rate Agreement (Fin.)

AEE - Área Econômica Européia

Transferência Eletrônica de Fundos - TEF

AELC - Associação Européia de Livre
Comércio

Sistema Eletrônico de Informações - EIS

S.E.O. - Salvo Erro ou Omissão

Lucro por ação

Acordo de taxa de câmbio (Fin.)

Hora-padrão do leste (EUA)

UE - União Européia

Banco de Exportação e Importação dos
Estados Unidos - EXIMBANK

Organização de Alimentos e Agricultura
das Nações Unidas

Livre ao lado do navio - FAS

Junta de Normas de Contabilidade
Financeira (EUA)

Entidade Federal de Seguros de
Depósitos (EUA)

Sistema do "Federal Reserve" - FED (EUA)

Federação dos Peritos Contábeis Europeus

PEPS - Primeiro a Entrar, Primeiro a Sair

Comitê de Contabilidade Financeira
e Gerencial (IFAC)

Livre a bordo - FOB

Contrato de taxa a termo (Fin.)

FRB - Federal Reserve Board (USA)	Junta do "Federal Reserve" (EUA)
FRC - Financial Reporting Council	Conselho de Relatórios Financeiros
FRED - Financial Reporting Exposure Drafts	Textos de exposição provisória sobre relatórios financeiros
FRN - Floating Rate Notes (Fin.)	Obrigações com taxa flutuante (Fin.)
FRS - Federal Revenue Service	DRF - Delegacia da Receita Federal
FSA - Forward Spread Agreement (Fin.)	Acordo de "spread" a termo (Fin.)
FTC - Federal Trade Commission (USA)	Comissão Federal do Comércio (EUA)
FXA - Forward Exchange Agreement (Fin.)	Acordo de câmbio a termo (Fin.)
GAAP - Generally Accepted Accounting Principles (USA)	Princípios contábeis geralmente aceitos (EUA)
GAAS - Generally Accepted Auditing Standards (USA) (Aud.)	Normas de auditoria geralmente aceitas (EUA) (Aud.)
GATS - General Agreement on Trade and Services (UNO)	Acordo Geral em Comércio e Serviços (ONU)
GATT - General Agreement on Tariffs and Trade	Acordo Geral de Tarifas e Comércio - GATT
GDP - Gross Domestic Product	PIB - Produto Interno Bruto
GDRs - Global Depositary Receipts (Fin.)	Recibos de Depósitos Globais - GDRs (Fin.)
GMT - Greenwich Mean Time	Hora do meridiano de Greenwich
GNP - Gross National Product	PNB - Produto Nacional Bruto
HQ - Headquarters	Sede da empresa, quartel-general, escritório central
IAA - Interamerican Association of Accountants	AIC - Associação Interamericana de Contadores
IAPC - International Auditing Practices Committee (IFAC)	Comitê Internacional de Práticas de Auditoria (IFAC)
IAS - International Accounting Standards	Normas Contábeis Internacionais - IAS

425

IASC - International Accounting Standards Committee — Comitê de Normas Contábeis Internacionais - IASC

IBNR - Incurred But Not Reported — Incorrido (sinistro) mas não avisado

IBRD - International Bank for Reconstruction and Development — BIRD - Banco Internacional de Reconstrução e Desenvolvimento

ICAEW - Institute of Chartered Accountants in England and Wales (UK) — Instituto de Contadores Registrados na Inglaterra e no País de Gales (Reino Unido)

ICMG - International Capital Markets Group (UNO) — Grupo de Mercados Internacionais de Capitais (ONU)

ID - Identification Codes — Códigos de identificação

IDB - Interamerican Development Bank — BID - Banco Interamericano de Desenvolvimento

IDRs - International Depositary Receipts (Fin.) — Recibos de Depósitos Internacionais - IDRs (Fin.)

IFAC - International Federation of Accountants — Federação Internacional de Contadores - IFAC

IFC - International Finance Corporation — Corporação Financeira Internacional - IFC

IMF - International Monetary Fund — FMI - Fundo Monetário Internacional

IMM - International Money Market — Mercado monetário internacional

IOSCO - International Organization of Securities Commissions — Organização Internacional de Comissões de Valores Mobiliários

I.O.U. - I Owe You — "Eu devo a você" (vale)

IRS - Internal Revenue Service (USA) — Departamento da Receita Federal (EUA)

ISAR - International Standards of Accounting and Reporting (UNO) — Normas internacionais de contabilização e apresentação de relatório (ONU)

ISAs - International Standards on Auditing (IFAC) — Normas Internacionais de Auditoria do IFAC - NIAs

ISO - International Standardization Organization — Organização para Padronização Internacional - ISO

IT - Information Technology (EDP)	Tecnologia de Informática - TI (PED)
JIT - Just In Time	"Just In Time" (No momento certo/ necessário/exato)
KO - Knocked-out	Fora de combate, derrubado
LAE - Loss Adjustment Expenses	Custos/despesas de ajustes de sinistros
LAFTA - Latin American Free Trade Association	ALALC - Associação Latino-americana de Livre Comércio
LAN - Local Area Network (EDP)	Rede de área local (PED)
LIBOR - London Interbank Offered Rate (UK) (Fin.)	Taxa Interbancária de Londres - LIBOR (Reino Unido) (Fin.)
LIFFE - London International Financial Futures Exchange (UK) (Fin.)	Bolsa de Futuros Financeiros Internacionais de Londres (Reino Unido) (Fin.)
LIFO - Last-In, First-Out	UEPS - Último a Entrar, Primeiro a Sair
MST - Mountain Standard Time (USA)	Hora-padrão das montanhas (EUA)
NAFTA - North American Free Trade Association	Associação Norte-americana de Livre Comércio - NAFTA
NASDAQ - National Association of Securities Dealers Automated Quotations (USA)	Sistema Automático de Cotações da Associação Nacional de Corretoras de Valores (EUA)
NOW - Negotiable Orders of Withdrawal (Fin.)	Ordens de saque negociáveis (Fin.)
NPV - Net Present Value	Valor presente líquido
NTC - National Tax Code	CTN - Código Tributário Nacional
NYSE - New York Stock Exchange (USA)	Bolsa de Valores de Nova Iorque (EUA)
OAS - Organization of American States	Organização dos Estados Americanos - OEA
OECD - Working Group on Accounting Standards (UNO)	Grupo de Trabalho em Normas Contábeis (ONU)
O&M - Organization and Methods	O&M - Organização e Métodos

427

OT - (Overtime)

Horas Extras - HE

P.A. - Per Annum (Fin.)

A.A. - Ao Ano (Fin.)

PC - Personal Computer (EDP)

Computador Pessoal - PC (PED)

PIN - Personal Identification Number

Número de identificação pessoal

P.M. - Per Month (Fin.)

A.M. - Ao Mês (Fin.)

PO - Post Office

Correio

PSC - Public Sector Committee (IFAC)

Comitê do Setor Público do IFAC - CSP

PSP - Public Sector Perspective (IFAC)

Perspectiva do Setor Público do IFAC - PSP

PST - Pacific Standard Time (USA)

Hora-padrão do Pacífico (EUA)

PV - Present Value

Valor presente/atual

RAM - Random Access Memory

RAM - Memória de Acesso Aleatório (PED)

ROI - Return On Investment

Retorno sobre o investimento

SAB - Staff Accounting Bulletins (SEC) (USA)

Boletins do pessoal da contabilidade SEC (USA)

SDR - Special Drawing Rights (Fin.)

Direitos especiais de saques (Fin.)

SEC - Securities and Exchange Commission (USA)

Comissão de Valores Mobiliários e Câmbio (EUA)

SFACS - Statements of Financial Accounting (USA)

Exposições de normas de contabilidade financeira (EUA)

SID - Swift Interface Device (EDP)

Dispositivo "swift" de ligação (PED)

SOPS - AICPA Accounting Standards Division Statements of Position (USA)

Exposições de posição da divisão de normas contábeis do AICPA (EUA)

SORPS - Statements of Recommended Practice (UK)

Recomendações sobre princípios contábeis (Reino Unido)

SOS - Save Our Souls

Socorro - SOS

SSAES - Statements on Standards for Attestation Engagements - AICPA (USA)	Exposições de Normas para Trabalhos de Atestação - AICPA (EUA)
SSAPS - Statements of Standard Accounting Practice (UK)	Exposições de prática contábil padrão (Reino Unido)
SSARS - Statements on Standards for Accounting and Review Services - AICPA (USA)	Exposições de Normas para Serviços Contábeis e de Revisão - AICPA (EUA)
SWIFT - Society for Worldwide Interbank Financial Telecommunications (UK) (Fin.)	Sociedade de Telecomunicações Financeiras Interbancárias Mundiais (Reino Unido) (Fin.)
T-Bonds (USA)	Bônus do Tesouro (EUA)
TCMD - Transnational Corporations and Management Division (UNO)	Corporações Transnacionais e Divisão de Administração (ONU)
UK - United Kingdom	Reino Unido
ULAE - Unallocated Loss Adjustment Expenses	Custos/despesas de ajustes de sinistros não apropriadas
UNCED - United Nations Conference on Environment and Development (UNO)	Conferência das Nações Unidas sobre Meio Ambiente e Desenvolvimento (ONU)
UNCTAD - United Nations Conference on Table and Development (UNO)	Conferência das Nações Unidas sobre Comércio e Desenvolvimento (ONU)
UNCTC - United Nations Centre on Transnational Corporations (UNO)	Centro das Nações Unidas para Corporações Transnacionais (ONU)
UNO - United Nations Organization	ONU - Organização das Nações Unidas
US/USA - United States of America	Estados Unidos da América - EUA
VIP - Very Important Person	Pessoa muito importante
VP - Vice-President	Vice-presidente
WAN - Wide Area Network	Rede de área estendida (PED)
WTO - World Trade Organization	Organização Mundial do Comércio - OMC

Apêndice D/Appendix D

Unidades monetárias

País	Nome da moeda	Símbolo da moeda
África do Sul	Rande	R
Alemanha	Marco alemão	DM
Arábia Saudita	Rial saudita	SRls
Argentina	Peso argentino	$
Austrália	Dólar australiano	$A
Áustria	Xelim austríaco	S
Bahamas	Dólar das Bahamas	B$
Bahrain	Dinar de Bahrain	BD
Bélgica	Franco belga	FB
Bolívia	Peso boliviano	$b
Brasil	Real	R$
Canadá	Dólar canadense	Can$
Catar	Rial de Catar	QRl
Chile	Peso chileno	Ch$
China	Rennimbi iuan	RMB
Chipre	Libra cipriota	£C
Cingapura	Dólar de Cingapura	S$
Colômbia	Peso colombiano	Col$
Comunidade Européia	Unidade Monetária Européia	ECU
Coréia	Won coreano	Won
Costa Rica	Colón costarriquenho	C/
Dinamarca	Coroa dinamarquesa	Dkr
Egito	Libra egípcia	£E

País	Nome da moeda	Símbolo da moeda
El Salvador	Colón salvadorenho	C/
Emirados Árabes Unidos	Dirhan dos Emirados Árabes	Dh
Equador	Sucre	S/
Espanha	Peseta	Ptas
Estados Unidos da América	Dólar dos Estados Unidos	US$
Filipinas	Peso filipino	P
Finlândia	Marco finlandês	FIM
Formosa	Novo dólar de Formosa	NT$
França	Franco francês	F.F.
Fundo Monetário Internacional - FMI	Direitos Especiais de Saque	DES
Grã-Bretanha	Libra esterlina	£
Grécia	Dracma	Dr
Guatemala	Quetzal	Q
Holanda	Florim holandês	fl.
Honduras	Lempira	L
Hong Cong	Dólar de Hong Cong	HK$
Hungria	Forint	Ft.
Ilhas Caimã	Dólar de Cayman	C$
Índia	Rúpia indiana	Rs
Indonésia	Rúpia indonesiana	Rps.
Irã	Rial iraniano	Rs.
Iraque	Dinar do Iraque	ID
Irlanda	Libra irlandesa	£Ir
Islândia	Coroa islandesa	ISK

País	Nome da moeda	Símbolo da moeda
Israel	Shekel	IS
Itália	Lira italiana	Lit
Jamaica	Dólar jamaicano	J$
Japão.	Iene	¥
Jordânia	Dinar jordaniano	JD
Kuwait	Dinar do Kuwait	Kdin.
Líbano	Libra libanesa	£L
Luxemburgo	Franco de Luxemburgo	Lux Fr.
Malásia	Ringgit	M$
Marrocos	Dirham do Marrocos	DH
México	Novo Peso mexicano	Mex$
Nicarágua	Córdoba	C$
Nigéria	Libra/naira	£N
Noruega	Coroa norueguesa	NOK
Nova Zelândia	Dólar neozelandês	$NZ
Panamá	Balboa	Bl.
Paquistão	Rúpia paquistanesa	Rs.
Paraguai	Guarani	g
Peru	Soles	S/
Polônia	Zíoty	Zl
Portugal	Escudo	Esc$
Quênia	Xelim do Quênia	Ksh
República Checa	Coroa checa	Kcs.
República Dominicana	Peso dominicano	RD$
Rússia	Rublo	Rub.

País	Nome da moeda	Símbolo da moeda
Síria	Libra síria	£S
Suécia	Coroa sueca	SEK
Suíça	Franco suíço	Sw.Fr.
Tailândia	Boht	B.
Trinidad e Tobago	Dólar de Trinidad e Tobago	TT$
Turquia	Lira turca	LT
Uruguai	Peso uruguaio	$
Venezuela	Bolívar	Bs
Vietnã	Dongue	D

Nota:
Tanto os Estados Unidos da América como o Reino Unido não aderiram à convenção do sistema métrico para a expressão de suas moedas. Por essa razão, as casas acima de centavos (milhares, milhões etc.) são expressas com vírgulas e as de centavos, com pontos (Ex.: US$ 10,000.00). O Brasil segue as regras do sistema métrico, isto é, dez mil reais são expressos como R$ 10.000,00.

Appendix E/Apêndice E

Currency units

Country	Name of the currency	Money symbol abbreviation
Argentina	Argentine peso	Arg.$
Australia	Australian dollar	Aus.$
Austria	Austrian schilling	S
Bahamas	Bahamian dollar	B$
Bahrain	Bahrain dinar	Bdin.
Belgium	Belgian franc	BEF
Bolivia	Bolivian peso	Bol.$
Brazil	Brazilian real	R$
Canada	Canadian dollar	Can.$
Cayman Islands	Caymanian dollar	C$
Chile	Chilean peso	Ch.$
Colombia	Colombian peso	Col.$
Costa Rica	Costa Rican colón	Col.
Cyprus	Cypriot pound	£C
Czech Republic	Koruny (Crown)	Kcs.
Denmark	Danish krone	DKK
Dominican Republic	Dominican peso	RD$
Ecuador	Ecuadorian sucre	S/
Egypt	Egyptian pound	£E

Country	Name of the currency	Money symbol abbreviation
El Salvador	Salvadorean colón	Col.
European Communities	European Currency Unit	ECU
Finland	Finlandian markka	FIM
France	French franc	F.F.
Germany	Deutsche mark	DM
Great Britain	Pound sterling	£
Greece	Greek drachma	Dr
Guatemala	Guatemalan quetzal	Q
Holland	Dutch guilder/florin	g; fl.
Honduras	Honduran lempira	L
Hong Kong	Hong Kong dollar	HK$
Hungary	Hungarian forint	Ft.
Iceland	Icelander krona	ISK
India	Indian rupee	Rs
Indonesia	Indonesian rupiah	Rps.
International Monetary Fund - IMF	Special Drawing Rights	SDR
Iran	Iranian rial	Rs.
Iraq	Iraqi dinar	ID
Ireland	Irish pound	I£

Country	Name of the currency	Money symbol abbreviation
Israel	Shekel	IS
Italy	Italian lira	Lit
Jamaica	Jamaican dollar	J$
Japan	Japanese yen	Yen (¥)
Jordan	Jordan dinar	JD
Kenya	Kenyan shilling	Kshs.
Korea	Korean won (hwan)	Won
Kuwait	Kuwait dinar	Kdin.
Lebanon	Lebanon pound	£L
Luxemburg	Luxemburg franc	Lux. Fr.
Malaysia	Malaysian ringgit	M$
Mexico	Mexican new peso	Mex$
Morocco	Moroccan dirham	DH
New Zealand	New Zealand dollar	NZ$
Nicaragua	Nicaraguan córdoba	C$
Nigeria	Nigerian pound/naira	£N
Norway	Norwegian krone	NOK
Pakistan	Pakistan rupee	Rs.
Panama	Panamanian balboa	Bl.
Paraguay	Paraguayan guaraní	g.

Country	Name of the currency	Money symbol abbreviation
Peoples's Republic of China	Remibi yuan	Y
Peru	Peruvian sol	S/
Philippines	Philippine peso	P
Poland	Polish zloty	Zl
Portugal	Portuguese escudo	Esc.
Qatar	Qatar riyal	QRI.
Russia	Russian ruble	Rub.
Saudi Arabia	Saudi Arabian riyal	SRl.
Singapore	Singapore dollar	S$
South Africa	South African rand	R
Spain	Spanish peseta	Ptas
Sweden	Swedish krona	SEK
Switzerland	Swiss franc	Sw.Fr.
Syria	Syrian pound	£S
Taiwan	Taiwan new dollar	NT$
Thailand	Boht	B.
Trinidad and Tobago	Trinidad dollar	TT$
Turkey	Turkish lira	TL
United Arab Emirates	Dirhan	Dh

Country	Name of the currency	Money symbol abbreviation
United States of America	U.S. dollar	US$
Uruguay	Uruguayan peso	$
Venezuela	Venezuelan bolívar	Bs
Vietnam	Vietnam dong	VN$

Note:

The United States of America and the United Kingdom have not adopted the metric system convention for the expression of amounts in their currencies. Consequently, thousands, millions etc. are separated by commas while the separation of cents is made with dots. Brazil follows the metric system rule, i.e. ten thousand reais is expressed R$ 10.000,00.

Appendix F/Apêndice F

Weight and measure conversions
Conversão de medidas e pesos